Schriftenreihe

Schriften zum Handels- und Gesellschaftsrecht

Band 72

ISSN 1860-8868

Verlag Dr. Kovač

Martina Geiser

Leitungspflichten des Vorstandes in der AG

Grenzziehung zwischen der Business Judgment Rule und den notwendigen Anforderungen an eine Compliance-Organisation

Verlag Dr. Kovač

Hamburg
2010

VERLAG DR. KOVAČ
FACHVERLAG FÜR WISSENSCHAFTLICHE LITERATUR

Leverkusenstr. 13 · 22761 Hamburg · Tel. 040 - 39 88 80-0 · Fax 040 - 39 88 80-55

E-Mail info@verlagdrkovac.de · Internet www.verlagdrkovac.de

Bibliografische Information der Deutschen Nationalbibliothek
Die Deutsche Nationalbibliothek verzeichnet diese Publikation
in der Deutschen Nationalbibliografie;
detaillierte bibliografische Daten sind im Internet
über http://dnb.d-nb.de abrufbar.

ISSN: 1860-8868

ISBN: 978-3-8300-4826-8

Zugl.: Dissertation, Universität zu Köln, 2009

Printed in Germany

Gedruckt auf holz-, chlor- und säurefreiem Papier Alster Digital. Alster Digital ist alterungsbeständig und erfüllt die Normen für Archivbeständigkeit ANSI 3948 und ISO 9706.

Meiner Familie.

Vorwort

Die vorliegende Arbeit wurde im Sommersemester 2009 von der Rechtswissenschaftlichen Fakultät der Universität zu Köln als Dissertation angenommen. Literatur und Rechtsprechung konnten bis zum November 2009 berücksichtigt werden.

Mein Dank gilt meinem Doktorvater, Herrn Prof. Dr. Klaus Peter Berger, LL.M., der die Erstellung der Arbeit mit hilfreichen Anregungen und konstruktiver Kritik unterstützt hat und als Ansprechpartner stets erreichbar war. Bedanken möchte ich mich zudem bei Frau Prof. Dr. Barbara Grunewald für die zügige Erstellung des Zweitgutachtens.

Sehr hilfreich waren auch die Anregungen und tieferen Einblicke in die Praxis, die ich im Gespräch mit Herrn Dr. Andreas Juhnke, Compliance Officer der Bayer Business Services GmbH, gewinnen konnte. Für diese Unterstützung bedanke ich mich.

Schließlich gebührt meinen Eltern und meiner Schwester, denen ich diese Arbeit widme, besonders herzlicher Dank. Ihre uneingeschränkte Förderung meiner gesamten bisherigen Ausbildung und ihre liebevolle Unterstützung hat die Anfertigung der vorliegenden Arbeit erst ermöglicht.

Köln, im November 2009

Martina Geiser

Inhaltsverzeichnis

Seite

Literaturverzeichnis

Abeltshauser, Thomas E.	Leitungshaftung im Kapitalgesellschaftsrecht, Habilitationssschrift, Köln/Berlin/Bonn/München 1998 (zit.: *Abeltshauser*, Leitungshaftung im Kapitalgesellschaftsrecht, 1998)
Adams, Heinz W./Johannsen, Dirk	Das „gerichtsfeste“ Produktionsunternehmen, BB 1996, S. 1017-1021
American Law Institute	Principles of Corporate Governance, Analysis and Recommendations, St. Paul, Minnesota 1994 (zit.: American Law Institute, Priciples of Corporate Governance: Analysis and Recommendations, 1994)
Amling, Thomas/Bantleon, Ulrich	Interne Revision – Grundlagen und Ansätze zur Beurteilung deren Wirksamkeit, DStR 2008, S. 1300-1306
Arbeitskreis "Externe und Interne Überwachung der Unternehmung" der Schmalenbach-Gesellschaft für Betriebswirtschaft e. V.	Auswirkung des Sarbanes-Oxley Act auf die Interne und Externe Unternehmensüberwachung, BB 2004, S. 2399-2407
ders.	20 goldene Regeln für die unternehmerische Entscheidung, ZIP 2006, S. 1068
ders.	Praktische Empfehlungen für unternehmerische Entscheidungen, DB 2006, S. 2189-2196
Arbeitskreis Externe Unternehmensrechnung (AKEU)/ Arbeitskreis Externe und Interne Überwachung der Unternehmung (AKEIÜ) der Schmalenbach Gesellschaft für Betriebswirtschaft e.V.	Anforderungen an die Überwachungsaufgaben von Aufsichtsrat und Prüfungsausschuss nach § 107 Abs. 3 Satz 2 AktG i.d.F. des Bilanzrechtsmodernisierungsgesetzes, DB 2009, S. 1279-1282

Ascheid, Reiner/Preis, Ulrich/Schmidt, Ingrid — Kündigungsrecht, Großkommentar zum gesamten Recht der Beendigung von Arbeitsverhältnissen, München 2007
(zit.: *Bearbeiter*, in: Ascheid/Preis/Schmidt, Kündigungsrecht, 3. Aufl. 2007)

Assmann, Heinz-Dieter/Schneider, Uwe H. (Hrsg.) — Wertpapierhandelsgesetz Kommentar, 4. Auflage, Köln 2006
(zit.: *Bearbeiter*, in: Assmann/Schneider, 4. Aufl. 2006)

***B**achmann, Gregor* — Der „Deutsche Coporate Governance Kodex“: Rechtswirkungen und Haftungsrisiken, WM 2002, S. 2137-2143

ders. — Compliance – Rechtsgrundlagen und offene Fragen –
in: Schriftenreihe der Gesellschaftsrechtlichen Vereinigung (Hrsg.), Band 13, Gesellschaftsrecht in der Diskussion 2007 - Jahrestagung der Gesellschaftsrechtlichen Vereinigung (VGR), S. 65-101, Köln 2008
(zit.: *Bachmann*, VGR-Schriftenreihe 2008)

ders./Prüfer, Geralf — Korruptionsprävention und Corporate Governance, ZRP 2005, S. 109-113

Bamberger, Heinz Georg/Roth, Herbert (Hrsg.) — Kommentar zum Bürgerlichen Gesetzbuch, Band 2, §§ 611-1296, AGG, ErbbauVO, WEG, 2. Auflage, München 2008
(zit.: *Bearbeiter*, in: Bamberger/Roth, BGB, 2. Aufl. 2008)

dies. — Kommentar zum Bürgerlichen Gesetzbuch, Band 1, §§ 1-610, CISG, 2. Auflage, München 2007
(zit.: *Bearbeiter*, in: Bamberger/Roth, BGB, 2. Aufl. 2007)

Bauer, Jobst-Hubert/Göpfert, Burkard/Krieger, Steffen — Allgemeines Gleichbehandlungsgesetz , Kommentar, 2. Auflage, München 2008
(zit.: *Bauer/Göpfert/Krieger*, AGG, 2. Aufl. 2008)

Baumann, Horst — Die Kenntnis juristischer Personen des Privatrechts von rechterheblichen Umständen, ZGR 1973, S. 284-299

Baumbach, Adolf(Begr.)/Lauterbach, Wolfgang(Begr.)/Albers, Jan/Hartmann, Peter — Zivilprozessordnung mit FamFG, GVG und anderen Nebengesetzen, Kommentar, 67. Auflage, München 2009
(zit.: *Bearbeiter*, in: Baumbach/Lauterbach/Albers/Hartmann, ZPO, 67. Auflage 2009)

Baumbach, Adolf/Hueck, Alfred (Begr.) — GmbH-Gesetz , Gesetz betreffend die Gesellschaften mit beschränkter Haftung, 18. Auflage, München 2006
(zit.: *Bearbeiter*, in: Baumbach/Hueck, GmbHG, 18. Aufl. 2006)

Baums, Theodor (Hrsg.) — Bericht der Regierungskommission Corporate Governance, Köln 2001
(zit.: *Baums*, Bericht der Regierungskommission Corporate Governance, 2001)

Bayer, Walter/Hoffmann, Thomas — Aktienrecht in Zahlen – Die nichtbörsennotierte Aktiengesellschaft, AG-Report 2008, S. R 379-R 382

Becker, Bernhard/Janker, Bernd/Müller, Stefan — Die Optimierung des Risikomanagements als Chance für den Mittelstand, DStR 2004, S. 1578-1584

Berg, Cai — Korruption in Unternehmen und Risikomanagement nach § 91 Abs. 2 AktG, AG 2007, S. 271-278

Berg, Stefan/Stöcker, Mathias — Anwendungs- und Haftungsfragen zum Deutschen Corporate Governance Kodex, WM 2002, S.1569-1582

Berger, Christian/Frege, Michael C. — Business Judgment Rule bei Unternehmensfortführung in der Insolvenz – Haftungsprivilegierung für den Verwalter?, ZIP 2008, S. 204-210

Bergmoser, Ulrich/Theusinger, Ingo/Gushurst, Klaus-Peter — Coporate Compliance- Grundlagen und Umsetzung, BB Special 5.2008 zu Heft 25, S. 1-11

Berndt, Thomas/Hoppler, Ivo — Whistleblowing – ein integraler Bestandteil effektiver Corporate Governance, BB 2005, S. 2623-2629

Bernhardt, Wolfgang	Sechs Jahre Deutscher Corporate Governance Kodex – Eine Erfolgsgeschichte?, BB 2008, S. 1686-1692
Bezzenberger, Tilman	Der Vorstandsvorsitzende der Aktiengesellschaft, ZGR 1996, S. 661-673
Bihr, Dietrich/Kalinowski, Marc	Risikofrüherkennungssystem bei nicht börsennotierten Aktiengesellschaften – Haftungsfalle für Vorstand, Aufsichtsrat und Wirtschaftprüfer, DStR 2008, S. 620-627
Binder, Jens-Hinrich	Geschäftsleiterhaftung und fachkundiger Rat, AG 2008, S. 274-287
Blasche, Sebastian	Die Mindestanforderungen an ein Risikofrüherkennungs- und Überwachungssystem nach § 91 Abs. 2 AktG, CCZ 2009, S. 62-67
Bohnert, Joachim	Kommentar zum Ordnungswidrigkeitenrecht, 2. Auflage, München 2007 (zit.: *Bohnert*, OWiG, 2. Aufl. 2007)
Bohrer, Michael	Anmerkung zum Urteil des BGH vom 08.12.1989, Az. V ZR 246/87, DNotZ 1991, S. 124-131
Boos, Karl-Heinz/Fischer, Reinfrid/Schulte-Mattler, Hermann	Kreditwesengesetz, Kommentar zu KWG und Ausführungsvorschriften, 3. Auflage, München 2009 (zit.: *Bearbeiter*, in: Boos/Fischer/Schulte-Mattler, KWG, 3. Auflage 2008)
Bosse, Christian	Das Gesetz zur Angemessenheit der Vorstandsvergütung (VorstAG) - Überblick und Handlungsbedarf, BB 2009, S. 1650-1654
Böttcher, Lars	Verpflichtung des Vorstands einer AG zur Durchführung einer Due Diligence, NZG 2005, S. 49-54
Breßler, Steffen/Kuhnke, Michael/Schulz, Stephan/Stein, Roland	Inhalte und Grenzen von Amnestien bei Internal Investigations, NZG 2009, S. 721-727
Brömmelmeyer, Christoph	Neue Regeln für die Binnenhaftung des Vorstandes – Ein Beitrag zur Konkretisierung der Business Judgment Rule,WM 2005, S. 2065-2070

Buchta, Jens — Haftung und Verantwortlichkeit des Vorstandes einer Aktiengesellschaft – Eine Bestandsaufnahme, DB 2006, S. 1939-1943

ders. — Die Haftung des Vorstands einer Aktiengesellschaft – aktuelle Entwicklungen in Gesetzgebung und Rechtsprechung (Teil I), DStR 2003, S. 694-699

Buck, Petra — Wissen und juristische Person, Habilitationsschrift, Tübingen 2001
(*Buck*, Wissen und juristische Person, 2001)

Buck-Heeb, Petra — Private Kenntnis in Banken und Unternehmen, – Haftungsvermeidung durch Einhaltung von Organisationspflichten –, WM 2008, S. 281-285

Buff, Herbert — Compliance, Dissertation, Zürich 2000
(zit.: *Buff*, Compliance, 2000)

Bungartz, Oliver/Szackamer, Marc — Interne Kontrollsysteme in kleinen und mittelständischen Unternehmen – Erfahrungsbericht über Erfolgsfaktoren einer erfolgreichen Projektrealisation, ZCG 2007, S. 123-130

Bürkle, Jürgen — Corporate Compliance als Standard guter Unternehmensführung des Deutschen Coporate Governance Kodex, BB 2007, S. 1797-1801

ders. — Corporate Compliance – Pflicht oder Kür für den Vorstand der AG?, BB 2005, S. 565-570

ders. — Auswirkungen der Unternehmensaufsicht nach dem KWG auf organisatorische Pflichten von Versicherungsunternehmen, WM 2005, S. 1496-1505

ders. — VAG-Novelle: Organisationspflichten zwischen Anspruch und Wirklichkeit, VW 2008, S. 212-215

ders. — Die Compliance-Praxis im Finanzdienstleistungssektor nach Solvency II, CCZ 2008, S. 50-55

Büssow, Thomas/Taetzner, Tobias — Sarbanes-Oxley Act Section 404: Internes Kontrollsystem zur Sicherstellung einer effektiven Finanzberichterstattung im Steuerbereich von Unternehmen – Pflicht oder Kür?, BB 2005, S. 2437-2444

Campos Nave, José A. Chief Compliance Officer – Werbewirksame Mogelpackung oder Garant einer effizienten Corporate Governance?, BB 2007, Heft 31, Die Erste Seite

ders. Strafbarkeit des Compliance Officer aufgrund einer aus dem Aufgabenbereich abgeleiteten Garantenstellung, BB 2009, S. 2059

ders./Bonenberger, Saskia Korruptionsaffären, Corporate Compliance und Sofortmaßnahmen für den Krisenfall, BB 2008, S. 734-741

Cauers, Lutz/Haas, Klaus/Jakob, Alexander/Kremer, Friedhelm/Schartmann, Bernd/Welp, Oliver Ist der gegenwärtig viel diskutierte Begriff „Compliance" nur alter Wein in neuen Schläuchen?, DB 2008, S. 2717-2719

Deiseroth, Dieter/Derleder, Peter Whistleblower und Denunziatoren, ZRP 2008, S. 248-251

Deter, Henryk/Bozicevic, Falko Weniger positive Stimmung zu den neuen Kapitalmarktgesetzen, AG-Report 2006, S. R 532-R 534

Deter, Henryk/Gremmler, Susanne Compliance wandert zunehmend von der Rechtsabteilung zur Investor Relations, AG-Report 2007, S. R 326-R 327

Dietl, Clara-Erika/Lorenz, Egon Dictionary of Legal, Commercial and Political Terms – Part I
Wörterbuch für Recht, Wirtschaft und Politik – Teil I, München 2000
(zit.: *Dietl/Lorenz*, Dictionary of Legal, Commercial and Political Terms, 2000)

Dobler, Michael Die Prüfung des Risikofrüherkennungssystems gemäß § 317 Abs. 4 HGB – kritische Analyse und empirischer Befund, DStR 2001, S. 2086-2092

Dölling, Dieter Handbuch der Korruptionsprävention, München 2007
(zit.: *Dölling*, Hb. der Korruptionsprävention, 2007)

Donald, David C. Die Entwicklung der US-amerikanischen Corporate Governance nach Enron, WM 2003, S. 705-714

Dreher, Meinrad Kartellrechtscompliance, ZWeR 2004, S. 75-106

ders. Direktkontakte des Aufsichtsrats in der Aktiengesellschaft zu dem Vorstand nachgeordneten Mitarbeitern in: Habersack, Mathias/Hommelhoff, Peter/ Hüffer, Uwe/Schmidt, Karsten (Hrsg.), Feschrift für Peter Ulmer zum 70. Geburtstag am 2. Januar 2003, S. 87-103, Berlin/New York (zit.: *Dreher*, in: FS Ulmer 2003)

ders. Die selbstbeteiligungslose D&O-Versicherung in der Aktiengesellschaft, AG 2008, S. 429-438

ders. Das Risikomanagement nach § 64a VAG und Solvency II, VersR 2008, S. 998-1007

ders. Überformung des Aktienrechts durch die Rechtsprechung von Straf- und Verwaltungsvorschriften?, AG 2006, S. 213-223

ders. Die kartellrechtliche Bußgeldverantwortlichkeit von Vorstandsmitgliedern – Vorstandshandeln zwischen aktienrechtlichem Legalitätsprinzip und kartellrechtlicher Unsicherheit in: Dauner-Lieb, Barbara/Hommelhoff, Peter/Jacobs, Matthias/Kaiser, Dagmar/Weber, Christoph (Hrsg.), Festschrift für Horst Konzen zum 70. Geburtstag, 2006, S. 85-107, Tübingen (zit.: *Dreher*, in: FS Konzen, 2006)

ders./Schaaf, Martin Verischerungsunternehmensrecht und Risikomanagement – Gesamtverantwortung der Geschäftsleitung, Outsourcing des Risikomanagements und konzernweites versicherungsaufsichtsrechtliches Risikomanagement – , WM 2008, S. 1765-1774

Drygala, Tim/Drygala, Anja Wer braucht ein Frühwarnsystem?, ZIP 2000, S. 297-305

Ebenroth, Carsten Thomas/Boujong, Karlheinz/Joost, Detlev — Handelsgesetzbuch, Band 2, § 343-475h, Transportrecht, Bank- und Börsenrecht, München 2001 (zit.: *Bearbeiter*, in: Ebenroth/Boujong/Joost)

Eggemann, Gerd/Konradt, Thomas — Risikomanagement nach KonTraG aus dem Blickwinkel des Wirtschaftsprüfers, BB 2000, S. 503-509

Eibelshäuser, Beate — Corporate Compliance: Ist eine globale Uniformität möglich?, Der Konzern 2007, S. 735-744

Eisele, Dieter — Insiderrecht und Compliance, WM 1993, S. 1021-1062

Eisenberg, Melvin Aron — Die Sorgfaltspflicht im amerikanischen Gesellschaftsrecht, Der Konzern 2004, S. 386-405

Endres, Michael — Organisation der Unternehmensleitung aus Sicht der Praxis, ZHR 1999, Band 163, S. 441-460

Erbs, Georg/Kohlhaas, Max (Begr.)/Ambs, Friedrich (Hrsg.) — Erbs/Kohlhaas, Strafrechtliche Nebengesetze, Band IV, Stand: 169. EL, März 2008, München (*Bearbeiter*, in: Erbs/Kohlhaas, Strafrechtliche Nebengesetze, Stand 169. EL 2008)

Ernst, Christoph — BB-Gesetzgebungsreport: Regierungsentwurf des BilKoG, BB 2004, S. 936-937

ders./Seidler, Holger — Kernpunkte des Referentenentwurf eines Bilanzrechtsmodernisierungsgesetzes, BB 2007, S. 2557-2566

Ettinger, Jochen/Grützediek, Elke — Haftungsrisiken im Zusammenhang mit der Abgabe der Corporate Governance Entsprechenserklärung gemäß § 161 AktG, AG 2003, S. 353-366

Fahrion, Hans-Jürgen/Geis, Astrid — Anforderungen an eine wirksame Interne Revision – Kriterien und Methoden zur Überwachung der Internen Revision, ZCG 2007, S. 257-263

Falkenhausen, Joachim Freiherr von/Kocher, Dirk — Die Begründungspflicht für Abweichungen vom Deutschen Corporate Governance Kodex nach dem BilMoG, ZIP 2009, S. 1149-1151

Faßbender, Christian/Neuhaus, Heiner Zum aktuellen Stand der Diskussion in der Frage der Wissenszurechnung, WM 2002, S. 1253-1259

Fischer, Thomas/Petri, Jens-Holger/Steidle, Roland Outsourcing im Bankbereich – neue aufsichtsrechtliche Anforderungen nch § 25a KWG und MaRisk, WM 2007, S. 2313-2321

Fischhoff, Baruch For those Condemned to Study the Past: Heuristics and Biases in Hindsight
in: Kahneman, Daniel/ Slovic, Paul / Tversky, Amos (Hrsg.): Judgment Under Uncertainty: Heuristics and Biases, S. 335-354, Cambridge 1982
(zit.: *Fischhoff*, in: Heuristics and Biases, 1982)

Fleck, Hans-Joachim Zur Beweislast für pflichtwidriges Organhandeln, GmbHR 1997, S. 237-240

Fleischer, Holger Das Gesetz zur Unternehmensintegrität und Modernisierung des Anfechtungsrechts, NJW 2005, S. 3525-3530

ders. Die „Business Judgment Rule“: Vom Richterrecht zur Kodifizierung, ZIP 2004, S. 685-692

ders. Vorstandsverantwortlichkeit und Fehlverhalten von Unternehmensanghörigen – Von der Einzelüberwachung zur Errichtung einer Compliance-Organisation, AG 2003, S. 291-300

ders. Die „Business Judgment Rule“ im Spiegel von Rechtsvergleichung und Rechtsökonomie
in: Wank, Rolf/Hirte, Heribert/Frey, Kasper (Hrsg.), Festschrift für Herbert Wiedemann zum 70. Geburtstag, 2002, S. 827-849, München
(zit.: *Fleischer*, in: FS Wiedemann, 2002)

ders. Zur Leitungsaufgabe des Vorstandes im Aktienrecht, ZIP S. 1-11

ders. Aktienrechtliche Legalitätspflicht und „nützliche“ Pflichtverletzungen von Vorstandsmitgliedern, ZIP 2005, S. 141-152

ders. Legal Transplants im deutschen Aktienrecht, NZG 2004, S. 1129-1137 *ders.* Zum Grundsatz der Gesamtverantwortung im Aktienrecht, NZG 2003, S. 449-459

ders. Aktuelle Entwicklungen der Managerhaftung, NJW 2009, S. 2337-2343

ders. Unternehmensspenden und Leitungsermessen des Vorstands im Aktienrecht, AG 2001, S. 171-181

ders. Corporate Compliance im aktienrechtlichen Unternehmensverbund, CCZ 2008, S. 1-6

ders. Kartellrechtsverstöße und Vorstandsrecht, BB 2008, S. 1070-1076

ders. Haftung des herrschenden Unternehmens im faktischen Konzern und unternehmerisches Ermessen (§§ 317 II, 93 I AktG) – Das UMTS-Urteil des BGH –, NZG 2008, S. 371-373

ders. Buchführungsverantwortung des Vorstands und Haftung des Vorstands für fehlerhafte Buchführung, WM 2006, S. 2021-2029

ders. Die persönliche Haftung der Organmitglieder für kapitalmarktbezogene Falschinformationen– - Bestandsaufnahme und Perspektiven -, BKR 2003, S. 608-616

ders. Gesetz und Vertrag als alternative Problemlösungsmodelle im Gesellschaftsrecht, ZHR 2004, Band 168, S. 673-707

ders. Zur organschaftlichen Treuepflicht der Geschäftsleiter im Aktien- und GmbH-Recht, WM 2003, S. 1045-1058

ders. Konturen der kapitalmarktrechtlichen Informationsdeliktshaftung, ZIP 2005, S. 1805-1812

ders. Organpublizität im Aktien-, Bilanz- und Kapitalmarktrecht, NZG 2006, S. 561-569 *ders.* Haftungsfreistellung, Prozesskostenersatz und Versicherung für Vorstandsmitglieder, - eine rechtvergleichende Bestandsaufnahme zur Enthaftung des Managements –, WM 2005, S. 909-920

ders. Zur Privatsphäre von GmbH-Geschäftsführern und Vorstandsmitgliedern: Organpflichten, organschaftliche Zurechnung und private Umstände, NJW 2006, S. 3239-3244

ders. (Hrsg.) Handbuch des Vorstandsrechts, München 2006 (zit.: *Bearbeiter*, in: Fleischer, Hb. des Vorstandsrechts, 2006)

Franz, Alexander/Jüntgen, David A. Die Pflicht von Managern zur Geltendmachung von Schadensersatzansprüchen aus Kartellverstößen, BB 2008, S. 1681-1687

Froesch, Daniel Managerhaftung - Risikominimierung durch Delegation?, DB 2009, S. 722-726

Gantenberg, Philipp Die Reform der Hauptversammlung durch den Regierungsentwurf eines Gesetzes zur Unternehmensintegrität und Modernisierung des Anfechtungsrechts – UMAG, DB 2005, S. 207-212

Gebauer, Stefan Compliance – Instrument der Selbstkontrolle im Unternehmen in: Deutscher Investor Relations Kreis e.V. (Hrsg.), Handbuch Investor Relations, Wiesbaden 2004, S. 505-544 (zit.: *Gebauer*, in: DIRK, 2004)

Gehb, Jürgen/Heckelmann, Martin Haftungsfreistellung von Vorständen, ZRP 2005, S. 145-149

Geiler, Karl Anmerkung zum Urteil des OLG Dresden vom 7. 11.1918, Az. 4 O 49/18, JW 1919, S. 837-838

Gernoth, Jan P. Die Überwachungspflichten des Aufsichtsrats im Hinblick auf das Risiko-Management und die daraus resultierenden Haftungsfolgen für den Aufsichtsrat, DStR 2001, S. 299-309

Glöckner, Jochen/Müller-Tautphaeus, Ken Rückgriffshaftung von Organmitglieder bei Kartellrechtsverstößen, AG 2001, S. 344-349

Goette, Wulf Leitung, Aufsicht, Haftung – zur Rolle der Rechtsprechung bei der Sicherung einer modernen Unternehmensführung
in: Geißmann, Carl/Nehm, Kay/Brandner, Hans Erich/Hagen, Horst (Hrsg.), Festschrift 50 Jahre Bundesgerichtshof, 2000, S. 123-142, Köln
(zit.: *Goette*, in: FS 50 Jahre BGH, 2000)

ders. Zur Verteilung der Darlegungs- und Beweislast der objektiven Pflichtwidrigkeit bei der Organhaftung, ZGR 1995, S. 648-674

ders./Habersack, Mathias (Hrsg.) Münchener Kommentar zum Aktiengesetz, Band 1, §§ 1–75 AktG, 3. Auflage, München 2008
(zit.: *Bearbeiter*, in: MüKo, 3. Auflage 2008)

dies. (Hrsg.) Münchener Kommentar zum Aktiengesetz, Band 3, §§ 76–117 AktG, MitbestG und DrittelbG, 3. Auflage, München 2008
(zit.: *Bearbeiter*, in: MüKo AktG, 3. Aufl. 2008)

Göhler, Erich (Begr.) Gesetz über Ordnungswidrigkeiten, 14. Auflage, München 2006
(zit.: *Bearbeiter*, in: Göhler, OWiG, 14. Aufl. 2006)

Göpfert, Burkard/Merten, Frank/Siegrist, Carolin Mitarbeiter als „Wissensträger“, NJW 2008, S. 1703-1709

Götz, Heinrich Die Überwachung der Aktiengesellschaft im Lichte jüngerer Unternehmenskrisen, AG 1995, S. 337-353

Gotzens, Markus Nützliche Aufwendungen und das Abzugsverbot nach § 4 Abs. 5 Nr. 10 EStG, DStR 2005, S. 673-678

Graef, Joachim Haftung der Geschäftsführer bei fehlerhafter Kreditvergabe, GmbHR 2004, S. 327-333

Gruber, Johannes Der unabhängige Finanzexperte im Aufsichtsrat nach dem Referentenentwurf des Bilanzrechtsmodernisierungsgesetz, NZG 2008, S. 12-15

Grundei, Jens/von Werder, Axel Die Angemessenheit der Informationsgrundlage als Anwendungsvoraussetzung der Business Judgment Rule, AG 2005, S. 825-834

Grunewald, Barbara Wissenzurechnung bei juristischen Personen in: Beisse, Heinrich/Lutter, Marcus/Närger, Heribald (Hrsg.), Festschrift für Karl Beusch zum 68. Geburtstag am 31. Oktober 1993, S. 301-320, Berlin/New York (zit.: *Grunewald*, in: FS Beusch, 1993)

Gruson, Michael/Kubicek, Matthias Der Sarbanes-Oxley Act, Corporate Governance und das deutsche Aktienrecht (Teil I), AG 2003, S. 337-352

dies. Der Sarbanes-Oxley Act, Corporate Governance und das deutsche Aktienrecht (Teil II), AG 2003, S. 393-406

***H**abersack, Mathias* Gesteigerte Überwachungspflichten des Leiters eines „sachnahen" Vorstandsressorts?, – Kritische Bemerkungen zum Urteil des VG Frankfurt a.M. vom 8.7.2004 = WM 2004, 2157–, WM 2005, S. 2360-2364

ders. Aufsichtsrat und Prüfungsausschuss nach dem BilMoG, AG 2008, S. 98-107

Hahn, Klaus/Weber, Stefan C./Friedrich, Jörg Ausgestaltung des Risikomanagementsystems in mittelständischen Unternehmen, BB 2000, S. 2620-2628

Handelsrechtsausschuss des Deutschen Anwaltsvereins Stellungnahme zum Regierungsentwurf eines Gesetzes zur Modernisierung des Bilanzrechts (BilMoG), NZG 2008, S. 612-618

Haouache, Gerold Unternehmensbeauftragte und Gesellschaftsrecht der AG und GmbH, Dissertation, Berlin 2003 (zit.: *Haouache*, Unternehmensbeauftragte und Gesellschaftsrecht der AG, 2003)

Hasselbach, Kai/Seibel, Markus Die Freistellung von Vorstandsmitgliedern und leitenden Angestellten von der Haftung für Kartellrechtsverstöße, AG 2008, S. 770-778

Hauschka, Christoph E. Compliance am Beispiel der Korruptionsbekämpfung, ZIP 2004, S. 877-883

ders. Ermessensentscheidungen bei der Unternehmensführung, GmbHR 2007, S. 11-16

ders. Grundsätze pflichtgemäßer Unternehmensführung – Entwurf eines Gesetzes zur Unternehmensintegretität und Modernisierung des Anfechtungsrechts (UMAG), ZRP 2004, S. 65-67

ders. Compliance, Compliance-Manager, Compliance-Programme: Eine geeignete Reaktion auf gestiegene Haftungsrisiken für Unternehmen und Management?, NJW 2004, S. 257-261

ders. Corporate Compliance – Unternehmensorganisatorische Ansätze zur Erfüllung der Pflichten von Vorständen und Geschäftsführern, AG 2004, S. 461-475

ders. Compliance-Beauftragte im Kartellrecht, BB 2004, S. 1178-1182

ders. Die Voraussetzungen für ein Compliance System i.S. von § 317 Abs. 4 HGB, DB 2006, S. 1143-1147

ders. Von Compliance zu Best Practice, ZRP 2006, S. 258-261

ders. Compliance – Praktische Erfahrungen und Thesen –

in: Schriftenreihe der Gesellschaftsrechtlichen Vereinigung (Hrsg.), Band 13, Gesellschaftsrecht in der Diskussion 2007 - Jahrestagung der Gesellschaftsrechtlichen Vereinigung (VGR) S. 51-63, Köln 2008
(zit.: *Hauschka*, VGR-Schriftenreihe 2008)

ders. (Hrsg.) Corporate Compliance, Handbuch der Haftungsvermeidung in Unternehmen, München 2007
(zit.: *Bearbeiter*, in: Hauschka, Corporate Compliance, 2007)

ders./ Greeve, Gina Compliance in der Korruptionsprävention – was müssen, was sollen, was können die Unternehmen tun?, BB 2007, S. 165-173

ders./Klindt, Thomas Eine Rechtspflicht zur Compliance im Reklamationsmanagement?, NJW 2007, S. 2726-2729

Hefendehl, Roland Coporate Goverance und Business Ethics: Scheinberuhigung oder Alternativen bei der Bekämpfung der Wirtschaftskriminalität?, JZ 2006, S. 119-125

Hehn, Paul A. von/Hartung, Wilhelm Unabhängige interne Untersuchung im Unternehmen als Instrument guter Corporate Governance – auch in Europa?, DB 2006, S. 1909-1914

Heidel, Thomas Aktienrecht und Kapitalmarktrecht, 2. Auflage, Baden- Baden 2006
(zit.: *Bearbeiter*, in: Heidel, AktR, 2. Aufl. 2006)

Hein, Jan von Vom Vorstandsvorsitzenden zum CEO?, ZHR 2002, Band 166, S. 464-502

Heller, Arne Gesamtverantwortung und Risiko-Management im Zusammenhang mit Produkthaftungsrisiken US-amerikanischer Tochterunternehmen, NZG 2007, S. 851-853

Henze, Hartwig Prüfungs- und Kontrollaufgaben des Aufsichtsrates in der Aktiengesellschaft, NJW 1998, S. 3309-3312

ders. Lcitungsvcrantwortung dcs Vorstands – Überwachungspflicht des Aufsichtsrats, BB 2000, S. 209 -216

Herbert, Manfred/Oberrath, Jörg-Dieter Schweigen ist Gold? – Rechtliche Vorgaben für den Umgang des Arbeitnehmers mit seiner Kenntnis über Rechtsverstöße im Betrieb, NZA 2005, S. 193-199

Hilgard, Marc C. Electronic Discovery im Schiedsverfahren, SchiedsVZ 2008, S. 122-124

Hillenkamp, Thomas — Zur Höchstpersönlichkeit der Geldstrafe in: Küper, Wilfried/ Puppe, Ingeborg/Tenckhoff, Jörg (Hrsg.), Festschrift für Karl Lackner zum 70. Geburtstag am 18. Februar 1987, S. 455-469, Berlin u.a.
(zit.: *Hillenkamp*, in: FS Lackner, 1987)

Hoffmann-Becking, Michael — Vorstandsvorsitzender oder CEO?, NZG 2003, S. 745-750

ders. — Zur rechtlichen Organisation der Zusammenarbeit im Vorstand der AG, ZGR 1998, S. 497-519

ders. (Hrsg.) — Münchener Handbuch des Gesellschaftsrechts, Band 4 Aktiengesellschaft, 3. Auflage, München 2007
(zit.: *Bearbeiter*, in: Münchener Hb. AG, 3. Aufl. 2007)

ders. — Nochmals: Pflicht zur umgehenden Änderung der Entsprechenserklärung zum Kodex nach Inkrafttreten des BilMoG?, ZIP 2009, S. 904

Hofmann, Stefan — Whistleblowing: Heldentat oder Verrat? – Hinweisgeber im Spannungsfeld zwischen Zivilcourage und Denunziantentum, ZCG 2006, S. 121-126

Hommelhoff, Peter — Die Autarkie des Aufsichtsrats , – Besprechung der Entscheidung BGHZ 85, 293 „Hertie“ –, ZGR 1983, S. 551-580

ders. — Die Konzernleitungspflicht, Habilitationsschrift , Köln 1982
(zit.: *Hommelhoff*, Konzernleitungspflicht, 1982)

ders./Hopt, Klaus J./von Werder, Axel (Hrsg.) — Handbuch Corporate Governance Köln, Stuttgart 2003
(*Bearbeiter*, in: Hommelhoff/Hopt/v.Werder, Hb. Corporate Governance, 2003)

ders./Lutter, Marcus/Schmidt, Karsten/Schön, Wolfgang/Ulmer, Peter (Hrsg.) — Corporate Governance, Gemeinschaftssymposium der Zeitschriften ZHR/ZGR, Heidelberg 2002
(zit.: *Bearbeiter*, in: Hommelhoff/Lutter/Schmidt/ Schön/Ulmer, Corporate Governance 2002)

ders./Mattheus, Daniela Corporate Governance nach dem KonTraG, AG 1998, S. 249-259

Hopt, Klaus J./Wiedemann, Herbert (Hrsg.) Aktiengesetz Großkommentar, 19. Lieferung: §§ 76-83, 4. Auflage, Berlin 2003 (zit.: *Bearbeiter*, in: Großkommentar AktG, 4. Aufl. 2003)

dies. (Hrsg.) Aktiengesetz Großkommentar, 26. Lieferung: §§ 84-91; Nachtrag zu § 93, 4. Auflage, Berlin 2006 (zit.: *Bearbeiter*, in: Großkommentar AktG, 4. Aufl. 2006, § 93 Abs. 1 S. 2, 4 nF)

dies. (Hrsg.) Aktiengesetz Großkommentar, 11. Lieferung: §§ 92-94, 4. Auflage, Berlin/New York 1999 (zit.: *Bearbeiter*, in: Großkommentar AktG, 4. Aufl. 1999)

dies. (Hrsg.) Aktiengesetz Großkommentar, Vierter Band §§ 95-117 AktG, 4. Auflage, Berlin 2006 (zit.: *Bearbeiter*, in: Großkommentar AktG, 4. Aufl. 2006)

Horn, Norbert Die Haftung des Vorstands der AG nach § 93 AktG und die Pflichten des Aufsichtsrats in: Zeitschrift für Wirtschaftsrecht 1997, S. 1129-1139

ders. Unternehmerisches Ermessen und Vorstandshaftung nach § 93 AktG in: Aderhold, Lutz/Grunewald, Barbara/Klingberg, Dietgard (Hrsg.), Festschrift für Harm Peter Westermann zum 70. Geburtstag, 2007, S. 1053-1065, Köln (zit.: *Horn*, in: FS Westermann, 2007)

Hüffer, Uwe Aktiengesetz, 8. Auflage, München 2008 (zit.: *Hüffer*, AktG, 8. Aufl. 2008)

ders. Das Leitungsermessen des Vorstands in der Aktiengesellschaft
in: Damm, Reinhard/Heermann, Peter W./Veil, Rüdiger (Hrsg.), Festschrift für Thomas Raiser zum 70. Geburtstag am 20. Februar 2005, S. 163-180, Berlin
(zit.: *Hüffer*, in: FS Raiser, 2005)

ders. Die leitungsbezogene Verantwortung des Aufsichtsrats, NZG 2007, S. 47-54

Huth, Mark-Alexander Grundsätze ordnungsgemäßer Risikoüberwachung, BB 2007, S. 2167-2170

Ihrig, Hans-Christoph Reformbedarf beim Haftungstatbestand des § 93 AktG, WM 2004, S. 2098-2107

ders. Pflicht zur umgehenden Abgabe einer Entsprechungserklärung mit Inkrafttreten des BilMoG?, ZIP 2009, S. 853-854

Immenga, Ulrich/Mestmäcker, Ernst-Joachim (Hrsg.) Wettbewerbsrecht, Band 2. GWB, Kommentar zum europäischen Kartellrecht, 4. Auflage , München 2007
(zit.: *Bearbeiter*, in: Immenga/Mestmäcker, GWB, 4. Aufl. 2007)

Itzen, Uta Richtungswechsel, Bestandsaufnahme, Prävention: Das Gerüst einer erfolgreichen Compliance-Strategie, BB Special 5.2008 zu Heft 25, S. 12-16

Jäger, Carsten/Trölitzsch, Thomas Unternehmerisches Ermessen des Aufsichtsrats bei der Geltendmachung von Schadensersatzansprüchen gegenüber Vorstandsmitgliedern, ZIP 1995, S. 1157-1163

Jahn, Joachim Lehren aus dem „Fall Mannesmann", ZRP 2004, S. 179-184

Jaspers, Philipp Voraussetzungen und Rechtsfolgen der Unabhängigkeit eines Aufsichtsratsmitgliedes nach dem BilMoG, AG 2009, S. 607-615

Joecks, Wolfgang/Miebach, Klaus (Hrsg.) Münchener Kommentar zum Strafgesetzbuch, Band 3, §§ 185–262 StGB, München 2003 (zit.: *Bearbeiter*, in: MüKo StGB, 2003)

Kann, Jürgen van/Eigler, Mira Aktuelle Neuerungen des Corporate Goverance Kodex, DStR 2007, S. 1730-1736

Kapp, Thomas/Schlump, Angelika Ist die Vernichtung von (kartellrechtlich relevanten) Unternehmensunterlagen zulässig?, BB 2008, S. 2478-2486

Kiethe, Kurt Vermeidung der Haftung von geschäftsführenden Organen durch Corporate Compliance, GmbHR 2007, S. 393-400

ders. Die Renaissance des § 826 BGB im Gesellschaftsrecht – Neuere Tendenzen in der Rechtsprechung, NZG 2005, S. 333-338

ders. Das Recht des Aktionärs auf Auskunft über riskante Geschäfte (Risikovorsorge), NZG 2003, S. 401-409

ders. Vorstandshaftung aufgrund fehlerhafter Due Diligence beim Unternehmenskauf NZG 1999, S. 976-983

ders. Falsche Erklärung nach § 161 AktG - Haftungsverschärfung für Vorstand und Aufsichtsrat?, NZG 2003, S. 559-567

ders. Gesellschaftsstrafrecht – Zivilrechtliche Haftungsgefahren für Gesellschaten und ihre Organmitglieder, WM 2007, S. 722-728

Kilian, Matthias Die Globalisierung der Rechtsberatung - Interessenkonflikte und Chinese Walls –, WM 2000, S. 1366-1379

Kindler, Peter Unternehmerisches Ermessen und Pflichtenbindung, ZHR 1998, Band 162, S. 101-119

Kinzl, Ulrich-Peter Wie angemessen muss „angemessene Information" als Grundlage für Vorstandsentscheidungen sein?, DB 2004, S. 1653-1654

Kirchner, Christian — Regulierung durch Unternehmensführungskodices (Codes of Corporate Governance), zfbf 2002, S. 93-120

Klausing, Friedrich — Gesetz über Aktiengesellschaften und Kommanditgesellschaften auf Aktien (Aktien-Gesetz) nebst Einführungsgesetz und „Amtlicher Begründung", Berlin 1937 (zit.: *Klausing*, 1937)

Kless, Thomas — Beherrschung der Unternehmensrisiken: Aufgaben und Prozesse eines Risikomanagements, DStR 1998, S. 93-96

Klindt, Thomas — Nicht-börsliches Compliance-Management als zukünftige Aufgabe der Inhouse-Juristen, NJW 2006, S. 3399-3400

Koch, Jens — Keine Ermessensspielräume bei der Entscheidung über die Inanspruchnahme von Vorstandsmitgliedern, AG 2009, S. 93-102

Koch, Stefan — Neuerungen im Insiderrecht und der Ad-hoc-Publizität, DB 2005, S. 267-274

Kocher, Dirk — Anmerkung zum Urteil des BGH vom 2.6.2008 Az. II ZR 210/06, BB 2008, S. 1980-1981

Kock, Martin/Dinkel, Renate — Die zivilrechtliche Haftung von Vorständen für unternehmerische Entscheidungen, NZG 2004, S. 441-448

Köhler, Annette/Marten, Kai-Uwe/Hülsberg, Frank M./Bender, Gregor — Haftungsrisiken für Gesellschaftsorgane – Aktuelle Beurteilungen und Gegenmaßnahmen, BB 2005, S. 501-510

Kohler, Klaus — Die gewandelte Rolle der Unternehmensrechtsabteilung in: Ekkenga, Jens/Hadding, Walther/Hammen, Horst (Hrsg.), Festschrift für Siegfried Kümpel zum 70. Geburtstag, Bankrecht und Kapitalmarktrecht in der Entwicklung 2003, S. 301-314, Berlin (zit.: *Kohler*, in: FS Kümpel, 2003)

Körner, Marita — Comply or disclose: Erklärung nach § 161 AktG und Außenhaftung des Vorstandes, NZG 2004, S. 1148-1151

Kort, Michael — Verhaltensstandardisierung durch Corporate Compliance, NZG 2008, S. 81-86

ders. — Ethik-Richtlinien im Spannungsfeld zwischen US-amerikanischer Compliance und deutschem Konzernbetriebsverfassungsrecht, NJW 2009, S. 129-133

Krämer, Hans J. — Das Unternehmensinteresse als Verhandlungsmaxime der Leitungsorgane einer Aktiengesellschaft im Rahmen der Organhaftung – In Abgrenzung zum Gesellschaftsinteresse und unter Berücksichtigung US-amerikanischer Rechtsprechung und Literatur, Dissertation, Berlin 2002
(zit.: *Krämer*, Unternehmensinteresse, 2002)

Krause, Rüdiger — „Nützliche" Rechtsverstöße im Unternehmen – Verteilung finanzieller Lasten und Sanktionen, BB Special 8, 2007, Beilage zu Heft 28/29, S. 2-16

Krieger, Gerd/Schneider, Uwe H. (Hrsg.) — Handbuch Managerhaftung, Köln 2007
(zit.: *Bearbeiter*, in: Krieger/Uwe H. Schneider, Hb. Managerhaftung, 2007)

Kromschröder, Bernhard/Lück, Wolfgang — Grundsätze risikoorientierter Unternehmensüberwachung, DB 1998, S. 1573-1576

Kropff, Bruno — Zur Information des Aufsichtsrats über das interne Überwachungssystem, NZG 2003, S. 346-350

ders. — Informationsbeschaffungspflichten des Aufsichtsrats
in: Damm, Reinhard/Heermann, Peter W./Veil, Rüdiger (Hrsg.), Festschrift für Thomas Raiser zum 70. Geburtstag am 20. Februar 2005, S. 225-245, Berlin
(zit.: *Kropff*, in: FS Raiser, 2005)

Küting, Karlheinz/Busch, Julia — Zum Wirrwarr der Überwachungsbegriffe, DB 2009, S. 1361-1368

Kuhner, Christoph	Unternehmensinteresse vs. Shareholder Value als Leitmaxime kapitalmarktorientierter Aktiengesellschaften, ZGR 2004, S. 244-279
Kuntz, Thilo	Geltung und Reichweite der Business Judgment Rule in der GmbH, GmbHR 2008, S. 121-128
Kuthe, Thorsten	BB-Gesetzgebungsreport: Die Fortsetzung der Aktienrechtsreform durch den Entwurf eines Gesetzes zur Unternehmensintegrität und Modernisierung des Anfechtungsrechts, BB 2004, S. 449-451
ders.	Anmerkung zum Urteil des BGH vom 16.02.2009, Az. II ZR 185/07, CCZ 2009, S. 197-200
ders./Geiser, Martina	Die neue Corporate Governance Erklärung, NZG 2008, S. 172-175
ders./Rückert, Susanne/Sickinger, Mirko	Compliance-Handbuch Kapitalmarktrecht, 2. Auflage, Frankfurt am Main 2008 (zit.: *Kuthe/Rückert/Sickinger*, Compliance-Handbuch Kapitalmarktrecht, 2. Aufl. 2008)
***L**ampert, Thomas*	Gestiegenes Unternehmensrisiko Kartellrecht – Risikoreduzierung durch Competition-Compliance-Programme, BB 2002, S. 2237-2243
Lanfermann, Georg/Maul, Silja	EU-Prüferrichtlinie: Neue Pflichtanforderungen für Audit Committees, DB 2006, S. 1505-1511
Lebherz, Axel	Emittenten-Compliance – Organisation zur Sicherstellung eines rechtskonformen Publizitätsverhaltens, Dissertation, Baden-Baden 2008 (zit.: *Lebherz*, Emittenten-Compliance, 2008)
Leipold, Klaus	Strafbarkeit von Unternehmen, NJW-Special 2008, S. 216-217
Lenenbach, Markus	Verbraucherschutz im Kreditgeschäft, Compliance in der Kreditwirtschaft – Bericht zum Bankrechtstag 2008 der Bankrechtlichen Vereinigung e.V. am 20 Juni 2008 in Mainz, ZBB 2008, S. 267-275

Leuering, Dieter/Rubel, Jörgen — Aufsichtsrat und Prüfungsausschuss nach dem BilMoG, NJW-Special 2008, S. 559-560

Liese, Jens — Much Adoe About Nothing? oder: Ist der Vorstand einer Aktiengesellschaft verpflichtet, eine Compliance-Organisation zu implementieren?, BB Special 5.2008 zu Heft 25, S. 17-22

ders./Theusinger, Ingo — Besteht eine Rechtspflicht zur Dokumentation von Risikoüberwachungssystemen i.S. des § 91 II 1 AktG?, NZG 2008, S. 289-291

dies. — Anmerkung zum Urteil des OLG Oldenburg vom. 22.06.2006
Az. 1 U 34/03, BB 2007, S. 71-72

Linklater, William J./McElyea, J.D. — Die Auswirkung von „Corporate Compliance Codes“ auf die strafrechtliche Haftung eines Unternehmens unter den US-amerikanischen „Federal Sentencing Guidelines“, RIW 1994, S. 117-122

Linnerz, Markus — Vom Anfechtungs- zum Haftungstourismus? – Stellungnahme zur geplanten Neuregelung aktienrechtlicher Haftungsklagen; NZG 2005, S. 307-313

Lohr, Martin — Die Beschränkung der Innenhaftung des GmbH-GF, NZG 2000, S. 1204-1213

Lösler, Thomas — Spannungen zwischen der Effizienz der internen Compliance und möglichen Reportingpflichten des Compliance-Officers, WM 2007, S. 676-683

ders. — Das moderne Verständnis von Compliance im Finanzmarktrecht, NZG 2005, S. 104-108

ders. — Zur Rolle und Stellung des Compliance-Beauftragten, WM 2008, S. 1098-1104

ders. — Compliance im Wertpapierdienstleistungskonzern, Dissertation, Berlin 2003
(zit.: *Lösler*, Compliance im Wertpapierdienstleistungskonzern, 2003)

Lück, Wolfgang — Der Umgang mit unternehmerischen Risiken durch ein Risikomanagementsystem und durch ein Überwachungssystem, DB 1998, S. 1925-1930

ders. — Elemente eines Risiko-Managementsystems, DB 1998, S. 8-14

Lücke, Oliver (Hrsg.) — Beck`sches Mandatshandbuch Vorstand der AG, München 2004
(zit.: *Bearbeiter*, in: Beck'sches Mandatshandb. Vorstand der AG, 2004)

Lüpke, Tobias/Müller, Robert — „Pre-Trial Discovery of Documents" und § 142 ZPO - ein trojanisches Pferd im neuen Zivilprozessrecht?, NZI 2002, S. 588-589

Lutter, Marcus — Interessenkonflikte und Business Judgment Rule in: Heldrich, Andreas/Prölls, Jürgen/Koller, Ingo/Langenbucher, Katja/Grigoleit, Hans Christoph/Hager, Johannes/Hey, Felix-Christopher/Neuner, Jörg/Petersen, Jens/Singer, Reinhard (Hrsg.), Festschrift für Wilhelm Canaris, 2007, S. 245-256
Band II, München
(zit.: *Lutter*, in: FS Canaris, 2007)

ders. — Verhaltenspflichten von Organmitgliedern bei Interessenkonflikten
in: Hommelhoff, Peter/Rawert, Peter/Schmidt, Karsten (Hrsg.), Festschrift für Hans-Joachim Priester, 2007, S. 417-425, Köln
(zit.: *Lutter*, in: FS Priester, 2007)

ders. — Die Erklärung zum Corporate Governance Kodex gemäß § 161 AktG, ZHR 2002, Band 166, S. 523-543

ders. — Die Business Judgment Rule und ihre praktische Anwendung, ZIP 2007, S. 841-848

ders. — Vergleichende Corporate Governance – Die deutsche Sicht, ZGR 2001, S. 224-237

ders. — Der Aufsichtsrat im Konzern, AG 2006, S. 517-521

ders./Krieger, Gerd — Rechte und Pflichten des Aufsichtsrats, 5. Auflage, Köln 2008 (zit.: *Lutter/Krieger*, Rechte und Pflichten des AR, 5. Aufl. 2008)

Mahnhold, Thilo — „Global Whistle" oder „deutsche Pfeife" – Whistleblowing-Systeme im Jurisdiktionenkonflikt, NZA 2008, S. 737-743

Marsch-Barner, Reinhard/Schäfer, Frank A. — Handbuch börsennotierte AG, Aktien- und Kapitalmarktrecht, 2. Auflage, Köln 2009 (zit.: *Bearbeiter*, in: Marsch-Barner/Schäfer, Hb. börsennotierte AG, 2. Aufl. 2009)

Martens, Klaus-Peter — Der Grundsatz gemeinsamer Vorstandsverantwortung in: Goerdeler, Reinhard/Hommelhoff, Peter/Lutter, Marcus/Wiedemann (Hrsg.), Herbert Festschrift für Hans-Joachim Fleck zum 70. Geburtstag am 30. Januar 1988, S. 191-208, Berlin/New York (zit.: *Martens*, in: FS Fleck, 1988)

Meckel, Miriam/ Fieseler, Christian/Mohr, Kathrin/Vater, Hendrik — Unternehmenskommunikation und Corporate Governance als qualitative Erfolgsfaktoren in der Kapitalmarktpraxis – Erklärungsmuster auf der Grundlage einer empirischen Untersuchung, ZCG 2008, S. 59-64

Medicus, Dieter — Probleme der Wissenszurechnung in: Karlsruher Forum 1994, Beilage zum Versicherungsrecht, Möglichkeiten der Wissenszurechung, S. 4-16 (zit.: Medicus, Karlsruher Forum 1994)

Mengel, Anja/Hagemeister, Volker — Compliance und Arbeitsrecht, BB 2006, S. 2466-2471

Merkt, Hanno — Zum Verhältnis von Kapitalmarktrecht und Gesellschaftsrecht in der Diskussion um die Corporate Governance, AG 2003, S. 126-136

Moll, Martin/Niedermeier, Elvira — Die neuen regulatorischen Anforderungen aus Brüssel, VW 2006, S. 2001-2008

Mülbert, Peter O. — Shareholder Value aus rechtlicher Sicht, ZGR 1997, S. 129-172

Müller, Michael — Whistleblowing – Ein Kündigungsgrund?, NZA 2002, S. 424-437

Müller, Welf/Rödder, Thomas (Hrsg.) — Beck'sches Handbuch der AG, München 2004 (zit.: *Bearbeiter*, in: Beck'sches Hb. AG, 2004)

Müller-Bonanni, Thomas/Sagan, Adam — Arbeitsrechtliche Aspekte der Compliance, BB Special 5.2008. S. 28-32

Müller-Glöge, Rudi/Preis, Ulrich/Schmidt, Ingrid — Erfurter Kommentar zum Arbeitsrecht, 9. Auflage, München 2009 (zit.: *Bearbeiter*, Erfurter Komm. ArbR, 9.Aufl. 2009)

Mutter, Stefan — Compliance im Corporate Governance Kodex, AG-Report 2007, S. R 352-R 353

ders. — Unternehmerische Entscheidungen und Haftung des Aufsichtsrats der Aktiengesellschaft, Dissertation, Köln 1994 (zit.: *Mutter*, Unternehmerische Entscheidungen und Haftung des Aufsichtsrates der Aktiengesellschaft, 1994)

ders. — Pflicht zur umgehenden Abgabe einer Entsprechenserklärung mit Inkrafttreten des BilMoG - eine versteckte Konsequenz der Entscheidung des BGH vom 16. Februar 2009?, ZIP 2009, S. 750-751

ders. — Garantenstellung bei pflichtwidriger Compliance, AG-Report, S. R 416-R 418

***N**onnenmacher, Rolf/Pohle, Klaus/von Werder, Axel* — Aktuelle Anforderungen an Prüfungsausschüsse, DB 2007, S. 2412-2417

***O**lbrich, Carola/Kassing, Daniel* — Der Selbstbehalt in der D&O Versicherung: Gesetzliche Neuregelung lässt viele Fragen offen, BB 2009, S. 1659-1662

Oppenländer, Frank/Trölitzsch, Thomas (Hrsg.) Praxishandbuch der GmbH-Geschäftsführung, München 2004 (zit.: *Bearbeiter*, in: Oppenländer/Trölitzsch, GmbH-Geschäftsführung, 2004)

Paefgen, Walter G. Unternehmerische Entscheidungen und Rechtsbindung der Organe in der AG, Habilitationsschrift, Köln 2002 (zit.: *Paefgen*, Unternehmerische Entscheidungen und Rechtsbindung der Organe in der AG, 2002)

ders. Dogmatische Grundlagen, Anwendungsbereich und Formulierung einer Business Judgment Rule im künftigen UMAG, AG 2004, S. 245-261

ders. Die Inanspruchnahme pflichtvergessener Vorstandsmitglieder als unternehmerische Entscheidung des Aufsichtsrats, AG 2008, S. 761-769

Pahlke, Anne-Kathrin Risikomanagement nach KonTraG – Überwachungspflichten und Aufsichtspflichten für den Aufsichtsrat, NJW 2002, S. 1680-1688

Palandt, Otto (Begr.) Bürgerliches Gesetzbuch, 68. Auflage, München 2009 (zit.: *Bearbeiter*, in: Palandt, BGB, 68. Aufl. 2009)

Pampel, Gunnar Die Bedeutung von Compliance-Programmen im Kartellordnungswidrigkeitenrecht, BB 2007, S. 1636-1640

Park, Tido Kapitalmarktstrafrecht, Handkommentar, 2. Auflage, Baden-Baden 2008 (zit.: *Bearbeiter*, in: Park, Kapitalmarktstrafrecht, 2. Aufl. 2008)

Peltzer, Martin Corporate Governance Codices als zusätzliche Pflichtbestimmung für den Aufsichtsrat, NZG 2002, S. 10-16

Petrak, Lars/Schneider, Julia Compliance und Steuern: Praxistipps zur Vermeidung wirtschaftlicher Risiken, BC 2008, S. 11-15

Pohle, Klaus/von Werder, Axel	Leitfaden „Best Practice“ von Bilanzprüfungsausschüssen (Audit Committees), DB 2005, S. 237-239
Pollanz, Manfred	Offene Fragen der PRüfung von Risikomanagementsystemen nach KonTraG – Paradigmenwechsel im wirtschaftlichen Prüfungswesen oder vom risikoorientierten zum system-evolutionären Prüfungsansatz? –, DB 2001, S. 1317-1325
Preußner, Joachim	Risikomanagement im Schnittpunkt von Bankaufsichtsrecht und Gesellschaftsrecht – Zur Schrittmacherrolle des Aufsichtsrechts am Beispiel der Organisation des Risikomanagements in Kreditinstituten, NZG 2004, S. 57-61
ders.	Deutscher Corporate Governance Kodex und Risikomanagement, NZG 2004, S. 303-307
ders.	Risikomanagement und Compliance in der aktienrechtlichen Verantwortung des Aufsichtsrats unter Berücksichtigung des Gesetzes zur Modernisierung des Bilanzrechts (BilMoG), NZG 2008, S. 574-576
ders./Becker, Florian	Ausgestaltung von Risikomanagementsystemen durch die Geschäftsleitung - Zur Konkretisierung einer haftungsrelevanten Organisationspflicht, NZG 2002, S. 846-851
ders./Pananis, Panos	Risikomanagement und strafrechtliche Verantwortung – Corporate Governance am Beispiel der Kreditwirtschaft, BKR 2004, S. 347-356
ders./ Zimmermann, Dörte	Risikomanagement als Gesamtaufgabe des Vorstandes, AG 2002, S. 657-662
***R**aiser, Thomas*	Pflicht und Ermessen von Aufsichtsratsmitgliedern – Zum Urteil des OLG Düsseldorf im Fall ARAG/Garmenbeck, NJW 1996, S. 552-554

Raiser, Thomas/Veil, Rüdiger	Recht der Kapitalgesellschaften, 4. Auflage, München 2006 (zit.: *Raiser/Veil*, Rech der Kapitalgesellschaften, 4. Aufl. 2006)
Rappaport, Alfred	Shareholder Value, Ein Handbuch für Manager und Investoren, 2. Auflage, Stuttgart 1999 (zit.: *Rappaport*, Shareholder Value, 1999)
Rebmann, Kurt/Säcker, Franz Jürgen/Rixecker, Roland (Hrsg.)	Münchener Kommentar zum Bürgerlichen Gesetzbuch Band 2, Schuldrecht Allgemeiner Teil §§ 241– 432 BGB, 5. Auflage, München 2007 (zit.: *Bearbeiter*, in: MüKo BGB, 5. Auflage 2008)
dies. (Hrsg.)	Münchener Kommentar zum Bürgerlichen Gesetzbuch Band 4, Schuldrecht Besonderer Teil II, §§ 611–704 BGB, EFZG, TzBG und KSchG, 4. Auflage, München 2005 (zit.: *Bearbeiter*, in: MüKo BGB, 4. Auflage 2005)
dies. (Hrsg.)	Münchener Kommentar zum Bürgerlichen Gesetzbuch Band 5, Schuldrecht Besonderer Teil III, §§ 705–853 BGB, Partnerschaftsgesellschaftsgesetz und Produkthaftungsgesetz, 4. Auflage, München 2004 (zit.: *Bearbeiter*, in: MüKo BGB, 4. Auflage 2004)
Redeke, Julian	Zu den Voraussetzungen unternehmerischer Ermessensentscheidungen, NZG 2009, S. 496-498
Redeker, Konrad	Der Syndikusanwalt als Rechtsanwalt, NJW 2004, S. 889-893
Rehbinder, Eckard	Andere Organe der Unternehmensverfassung – Die institutionelle Vertretung diffuser Interessen im Unternehmen unterhalb der Gesellschaftsorgane –, ZGR 1989, S. 305-368
ders.	Umweltsichernde Unternehmensorganisation, ZHR 2001, Band 165, S. 1-29
Ringleb, Henrik-Michael/Kremer, Thomas/Lutter, Marcus/von Werder, Axel	Kommentar zum Deutschen Corporate Governance Kodex, 3. Auflage, München 2008 (zit.: *Bearbeiter*, in: Ringleb/Kremer/Lutter/ v.Werder, Komm. z. DCGK, 3. Aufl. 2008)

Rodewald, Jörg/Unger, Ulrike — Kommunikation und Krisenmanagement im Gefüge der Corporate Compliance-Organisation, BB 2007, S. 1629-1635

dies. — Corporate Compliance – Organisatorische Vorkehrungen zur Vermeidung von Haftungsfällen der Geschäftsleitung, BB 2006, S. 113-117

Röh, Lars — Compliance nach der MiFID – zwischen höherer Effizienz und mehr Bürokratie, BB 2008, S. 398-410

Rohde-Liebenau, Björn — Eine Hotline allein ist noch kein Whistleblowing-System, BB 2008, Heft 46, Die Letzte Seite, S. M 16

Röhl, Arne/Terhorst, Olaf — Wann sind operationelle Risiken unternehmensgefährdend?, VW 2008, S. 1376-1378

Rosen, Rüdiger von — Fehlentwicklungen bei Compliance und Risikomanagement – Zugleich eine Anmerkung zum Regierungsentwurf BilMoG, AG 2008, S. 357-358

Rosengarten, Joachim/ Schneider, Sven H. — Die „jährliche" Abgabe der Entsprechenserklärung nach § 161 AktG, ZIP 2009, S. 1837-1844

Roth, Markus — Das unternehmerische Ermessen des Vorstands, BB 2004, S. 1066-1069

ders. — Möglichkeiten vorstandsunabhängiger Information des Aufsichtsrats, AG 2004, S. 1-13

ders. — Unternehmerisches Ermessen und Haftung des Vorstands
in: Schriften des Instituts für Arbeits- und Wirtschaftsrecht der Universität zu Köln, Dissertation, München 2001
(*Roth*, Unternehmerisches Ermessen und Haftung des Vorstands, 2001)

Roth, Monika — Compliance, Integrität und Regulierung, Ein wirtschaftsethischer Ansatz in 10 Thesen, Zürich/Basel/Genf 2005
(zit.: *M. Roth*, Compliance, 2005)

Säcker, Franz Jürgen/Rixecker, Roland (Hrsg.) Münchener Kommentar zum Bürgerlichen Gesetzbuch
Band 1, Allgemeiner Teil, 1. Halbband: §§ 1–240 BGB und ProstG, 5. Auflage, München 2006
(zit.: *Bearbeiter*, in: MüKo BGB, 5. Aufl. 2006)

Samson, Erich/Langrock, Marc Bekämpfung von Wirtschaftskriminalität im und durch Unternehmen, DB 2007, S. 1684-1689

Sasse, Stefan Hilfspolizist Arbeitnehmer – oder sinnvolle Neuregelung?, NZA 2008, S. 990-993

Schaefer, Hans/Missling, Patrick J. Haftung von Vorstand und Aufsichtsrat, NZG 1998, S. 441-447

Schäfer, Achim/Zeller, Ulrich Finanzkrise, Risikomodelle und Organhaftung, BB 2009, S. 1706-1711

Schäfer, Carsten Die Binnenhaftung von Vorstand und Aufsichtsrat nach der Renovierung durch das UMAG, ZIP 2005, S. 1253-1259

ders. Effektivere Vorstandshaftung für Fehlinformationen des Kapitalmarkts?, NZG 2005, S. 985-992

Schäfer, Hans-Bernd/Ott, Claus Lehrbuch der ökonomischen Analyse des Zivilrechts, 3. Auflage, Berlin, Heidelberg 2000
(zit.: *Schäfer/Ott*, Lehrbuch der ökonomischen Analyse des Zivilrechts, 3. Aufl. 2000)

Schiessl, Maximilian Gesellschafts- und mitbestimmungsrechtliche Probleme der Spartenorganisation (Divisionalisierung), ZGR 1992, S. 64-86

Schimansky, Herbert/Bunte, Hermann-Josef/Lwowski, Hans-Jürgen (Hrsg.) Bankrechts-Handbuch, Band II, 3. Auflage, München 2007
(zit.: *Bearbeiter*, in: Schimansky/Bunte/Lwowski, Bankrechtshb., 3. Aufl. 2007)

Schimmelpfennig, Hans-Christoph Die externe Ombudsstelle – Risiko für die Wirksamkeit außerordentlicher Kündigungen?, CCZ 2008, S. 161-166

Schlechtriem, Peter Schadenersatzhaftung der Leitungsorgane von Kapitalgesellschaften
in: Kreutzer (Hrsg.), Die Haftung der Leitungsorgane von Kapitalgesellschaften, S. 9-78, Baden-Baden 1991
(zit.: *Schlechtriem*, in: Kreutzer, Die Haftung der Leitungsorgane von Kapitalgesellschaften, 1991)

Schlegelberger, Franz/Quassowski, Leo/Herbig, Gustav/Geßler, Ernst/Hefermehl,Wolfgang Aktiengesetz, Kommentar, Gesetz über Aktiengesellschaften und Kommanditgesellschaften auf Aktien vom 30. Januar 1937, 3. Auflage 1939, Berlin
(zit.: *Schlegelbeger/Quassowski/Herbig/Geßler/Hefermehl*, AktG, 3. Aufl. 1939)

Schlemmel, Alexander/Slowinski, Peter R. Notwendigkeit von Criminal Compliance im Bereich der Betriebsratstätigkeit, BB 2009, S. 830-833

Schlicht, Manuela Compliance nach Umsetzung der MiFID-Richtlinie - Wesentliche Änderungen oder gesetzliche Verankerung schon gelebter Praxis?, BKR 2006, S. 469-475

Schmidt, Henning/Pankau, Frauke Der Syndikusanwalt nach dem Akzo Nobel-Urteil des EuG – Schutz der Vertraulichkeit der Kommunikation zwischen Anwalt und Unternehmen, DB 2008, S. 2295-2299
(zit.: Schmidt/Pankau, DB 2008)

Schmidt, Karsten (Hrsg.) Münchener Kommentar zum Handelsgesetzbuch Band 1, §§ 1–104 HGB, 2. Auflage, München 2005
(zit.: *Bearbeiter*, in: MüKo HGB, 2. Aufl. 2005)

Schmidt, Karsten/Lutter, Marcus (Hrsg.) Aktiengesetz Kommentar, I. Band, §§ 1-149 AktG, Köln 2008
(zit.: *Bearbeiter*, in: Schmidt/Lutter, AktG, 2008)

Schneider, David/Sittard, Ulrich Ethikrichtlinien als Präventivmaßnahmen i.S. des § 12 AGG?, NZA 2007, S. 654-657

Schneider, Sven H. „Unternehmerische Entscheidungen" als Anwendungsvoraussetzung für die Business Judgment Rule, DB 2005, S. 707-712 *ders.* Compliance als Aufgabe der Unternehmensleitung, ZIP 2003, S. 645-650

ders. Ausländisches Unternehmensstrafrecht und Compliance, CCZ 2008, S. 18-19

ders. Corporate Manslaughter und Corporate Compliance, EuZW 2007, S. 553

ders. Unentgeltliche Zuwendungen durch Unternehmen, AG 1983, S. 205-216

ders. Die Wahrnehmung öffentlich-rechtlicher Pflichten durch den Geschäftsführer
Zum Grundsatz der Gesamtverantwortung bei mehrköpfiger Geschäftsführung in der konzernfreien GmbH und im Konzern
in: Lutter, Marcus/Ulmer, Peter/Zöllner, Wolfgang (Hrsg.), Festschrift 100 Jahre GmbH-Gesetz, 1992, S. 473-499, Köln
(zit.: *Uwe H. Schneider*, in: FS 100 Jahre GmbHG, 1992)

ders. Gesellschaftsrechtliche und öffentlich-rechtliche Anforderungen an eine ordnungsgemäße Unternehmensorganisation
– Zur Überlagerung des Gesellschaftsrechts durch öffentlich-rechtliche Verhaltenspflichten und öffentlich-rechtliche Strukturnormen – , DB 1993, S. 1909-1915

ders./Brouwer, Tobias Die Verantwortlichkeit der Gesellschaft und ihrer Geschäftsleiter bei Delegation öffentlich-rechtlicher Pflichteni
in: Hommelhoff, Peter/Rawert, Peter/Schmidt, Karsten (Hrsg.), Festschrift für Hans-Joachim Priester, 2007, S. 713-735, Köln
(zit.: *Uwe H. Schneider/Brouwer*, in: FS Priester, 2007)

ders./Schneider Sven H. Konzern-Compliance als Aufgabe der Konzernleitung, ZIP 2007, S. 2061-2065

ders./v. Buttlar, Julia Die Führung von Insider-Verzeichnissen: Neue Compliance-Pflichten für Emittenten, ZIP 2004, S. 1621-1627

Schoberth, Joerg/Servatius, Hans-Gerd/Thees, Alexander Anforderungen an die Gestaltung von Internen Kontrollsystemen, BB 2006, S. 2571-2577

Schönke, Adolf/Schröder, Horst (Hrsg.) Strafgesetzbuch Kommentar, 27. Auflage, München 2006
(zit.: *Bearbeiter*, in: Schönke/Schröder, 27. Aufl. 2006)

Schröer, Henning Geltendmachung von Ersatzansprüchen gegen Organmitglieder nach UMAG, ZIP 2005, S. 2081-2090

Schulze, Reiner/Dörner, Henrich/Ebert, Ina/Eckert, Jörn/Hoeren, Thomas/Kemper, Rainer/Saenger, Ingo/Schulte-Nölke, Hans/Staudinger, Ansgar Bürgerliches Gesetzbuch, Handkommentar, 5. Auflage, Baden-Baden 2007
(zit.: *Bearbeiter*, in: Schulze/Dörner/Ebert, BGB, 5. Aufl. 2007)

Schüppen, Matthias To comply or not to comply – that's the question! "Existenzfragen" des Transparenz- und Publizitätsgesetz im magischen Dreieck kapitalmarktorientierter Unternehmensführung, ZIP 2002, S. 1269-1279

Schuster, Doris-Maria/Darsow, Ingebjörg Einführung von Ethikrichtlinien durch Direktionsrecht, NZA 2005, S. 273-277

Schwark, Eberhard Virtuelle Holding und Bereichsvorstände – eine aktien- und konzernrechtliche Betrachtung in: in: Habersack, Mathias/Hommelhoff, Peter/Hüffer, Uwe/Schmidt, Karsten (Hrsg.), Festschrift für Peter Ulmer zum 70. Geburtstag am 2. Januar 2003, S. 605-626, Berlin/New York
(zit.: Schwark, in: FS Ulmer, 2003)

ders. Spartenorganisation in Großunternehmen und Unternehmensrecht, ZHR 1978, Band 142, S. 203-227

ders. (Hrsg.) Kapitalmarktrechts-Kommentar, 3. Auflage, München 2004
(zit.: *Bearbeiter*, in: Schwark, KMRK, 3. Aufl. 2004)

Schwarz, Günter Christian/Holland, Björn Enron, Worldcom…und die Coporate Governance Diskussion, ZIP 2002, S. 1661-1672

Schwintowski, Hans-Peter Gesellschaftsrechtliche Anforderungen an Vorstandshaftung und Corporate Governance durch das neue System der kartellrechtlichen Legalausnahme, NZG 2005, S. 200-203

Schwung, Siegfried Coporate Governance/Compliance und der Syndikusanwalt, AnwBl 2007, S. 14-16

ders. Think Global – Welche Anforderungen werden an den Syndikusanwalt im Zeitalter der Globalisierung gestellt?, BB 2007, S. 2419-2423

Seibert, Ulrich Die Entstehung des § 91 Abs. 2 AktG im KonTraG – „Risikomanagement“ oder „Frühwarnsystem“? in: Westermann, Harm Peter/Mock, Klaus (Hrsg.), Festschrift für Gerold Bezzenberger zum 70. Geburtstag am 13. März 2000, S. 427-438, Berlin/New York
(zit.: Seibert, in: FS Bezzenberger, 2000)

ders. Blickpunkt: Der Deutsche Corporate Governance Kodex ist da, BB 2002, S. 581-584

ders./Schütz, Carsten Der Referentenentwurf eines Gesetzes zur Unternehmensintegrität und Modernisierung des Anfechtungsrechts – UMAG, ZIP 2004, S. 252-258

Seibt, Christoph H. Deutscher Corporate Governance Kodex und Entsprechens-Erklärung (§ 161 AktG-E), AG 2002, S. 249-259

Semler, Johannes Entscheidungen und Ermessen im Aktienrecht in: Habersack, Mathias/Hommelhoff, Peter/Hüffer, Uwe/Schmidt, Karsten (Hrsg.), Festschrift für Peter Ulmer zum 70. Geburtstag am 2. Januar 2003, S. 627-642, Berlin/New York
(zit.: Semler, in: FS Ulmer, 2003)

ders. Die Rechte und Pflichten des Vorstands einer Holdinggesellschaft im Lichte der Corporate Governance-Diskussion, ZGR 2004, S. 631-668 *ders.* Rechtsvorgabe und Realität der Organzusammenarbeit in der Aktiengesellschaft in: Schneider, Uwe H./Hommelhoff, Peter/Schmidt, Karsten/Timm, Wolfrag/Grunewald, Barbara/Drygala, Tim (Hrsg.), Festschrift für Marcus Lutter zum 70. Geburstag, 2000, S. 721-734, Köln (zit.: *Semler*, in: FS Lutter, 2000)

ders./Peltzer, Martin (Hrsg.) Arbeitshandbuch für Vorstandsmitglieder, München 2005 (zit.: *Bearbeiter*, in: Semler/Peltzer, Arbeitshb. für Vorstandsmitglieder, 2005)

ders./v. Schenck, Kersten (Hrsg.) Arbeitshandbuch für Aufsichtsratsmitglieder, 3. Auflage, München 2009 (zit.: *Bearbeiter*, in: v. Schenck/Semler, in: Arbeitshb. für AR-Mitglieder, 3. Aufl. 2009)

Senge, Lothar Karlsruher Kommentar zum Gesetz über Ordnungswidrigkeiten, 3. Auflage, München 2006 (zit.: *Bearbeiter*, in: Karlsruher Kommentar, 3. Aufl. 2006)

Sidhu, Karl Die Regelung zur Compliance im Corporate Governance Kodex – Welche Wirkung entfaltet der Sprung in die Kodifizierung der Compliance?, ZCG 2008, S. 13-16

Sina, Peter Voraussetzungen und Wirkungen der Delegation von Geschäftsführer-Verantwortung in der GmbH, GmbHR1990, S. 65-68

Spannagl, Thomas/Häßler, Armin Ein Ansatz zur Implementierung eines Risikomanagement-Prozesses, DStR 1999, S. 1826-1832

Spies, Axel USA: Europäischer Datenschutz steht Electronic Discovery nicht entgegen, MMR 2008, Heft 3, S. XVIII

ders. USA: Grenzüberschreitende elektronische Beweiserhebung (Discovery) vs. Datenschutz?, MMR 2007, Heft 7, S. V-VI *ders./Schröder, Christian* Auswirkungen der elektronischen Beweiserhebung (eDiscovery) in den USA auf deutsche Unternehmen, MMR 2008, S. 275-281

Spindler, Gerald Die Empfehlungen der EU für den Aufsichtsrat und ihre deutsche Umsetzung in den Corporate Governance Kodex, ZIP 2005, S. 2033-2045

ders. Vorstandsvergütungen und Abfindungen auf dem aktien- und strafrechtlichen Prüfstand – Das Mannesmann-Urteil des BGH, ZIP 2006, S. 349-355

ders. Haftung und Aktionärsklage nach dem neuen UMAG, NZG 2005, S. 865-872

ders. Compliance in der multinationalen Bankengruppe, WM 2008, S. 905-918

ders. Regeln für börsennotierte vs. Regeln für geschlossene Gesellschaften – Vollendung des Begonnenen?, AG 2008, S. 598-604

ders. Unternehmensorganisationspflichten, Habilitationsschrift, Köln/Berlin/Bonn/München 2001
(zit.: *Spindler*, Unternehmenorganisationspflichten, 2001)

ders. Die Haftung von Vorstand und Aufsichtsrat für fehlerhafte Auslegung von Rechtsbegriffen in: Heldrich, Andreas/Prölls, Jürgen/Koller, Ingo/Langenbucher, Katja/Grigoleit, Hans Christoph/Hager, Johannes/Hey, Felix-Christopher/Neuner, Jörg/Petersen, Jens/Singer, Reinhard (Hrsg.), Festschrift für Wilhelm Canaris, 2007, S. 403-428
Band II, München
(zit.: *Spindler*, in: FS Canaris, 2007)

ders./Kasten, Roman A. Organisationsverpflichtungen nach der MiFID und ihre Umsetzung, AG 2006, S. 785-791 *ders./Stilz, Eberhard (Hrsg.)* Kommentar zum Aktiengesetz, Band 1, §§ 1-178 AktG, München 2007 (zit.: *Bearbeiter*, in: Spindler/Stilz, AktG, 2007)

Steinau-Steinrück, Robert von/Glanz, Peter Compliance im Arbeitsrecht – Ein Muss für jedes Unternehmen, NJW-Spezial 2008, S. 146-147

Strauch, Mark Der Sarbanes-Oxley-Act und die Entwicklungen im US-Aufsichtsrecht, NZG 2003, S. 952-956

***T**aupitz, Jochen* Wissenszurechnung nach englischem und deutschem Recht in: Karlsruher Forum 1994, Beilage zum Versicherungsrecht, Möglichkeiten der Wissenszurechung, S. 16-30 (zit.: *Taupitz*, Karlsruher Forum 1994)

Theisen, Manuel René Information und Berichterstattung des Aufsichtsrats, 4. Auflage, Stuttgart 2007 (zit.: *Theisen*, Information und Berichterstattung des AR, 2007)

ders./Raßhofer, Martin Wie gut ist „Gute Corporate Governance"? – Ein aktueller Praxistest, DB 2007, S.1317-1321

Thelemann, Klaus-Michael Ergebnisse einer Befragung der Stakeholder zu Risikomanagement und Compliance, CCZ 2008, S. 25-26

Thümmel, Roderich C. Aufsichtsratshaftung vor neuen Herausforderungen – Überwachungsfehler, unternehmerische Fehlentscheidungen, Organisationsmängel und andere Risikofelder, AG 2004, S. 83-91

ders. Die Abweichung von der Entsprechenserklärung nach § 161 AktG, CCZ 208, S. 141-144

ders. Organhaftung nach dem Referentenentwurf des Gesetzes zur Unternehmensintegrität und Modernisierung des Anfechtungsrechts (UMAG) – Neue Risiken für Manager?, DB 2004, S. 471-474

ders. Persönliche Haftung von Managern und Aufsichtsräten
Haftungsrisiken bei Managementfehlern, Risikobegrenzung und D&O-Versicherung, 3. Auflage , Stuttgart u.a. 2003
(zit.: *Thümmel*, Persönliche Haftung von Managern und Aufsichtsräten, 3. Aufl. 2003)

Tödtmann, Ulrich/Schauer, Michael Der Corporate Governance Kodex zieht scharf, ZIP 2009, S. 995-1000

Turiaux, André/Knigge, Dagmar Vorstandshaftung ohne Grenzen? – Rechtssichere Vorstands- und Unternehmensorganisation als Instrument der Risikominimierung, DB 2004, S. 2199-2207

Ulmer, Peter Haftungsfreistellung bis zur Grenze grober Fahrlässigkeit bei unternehmerischen Entscheidungen von Vorstand und Aufsichtsrat?, DB 2004, S. 859-863

ders. Der Deutsche Corporate Governance Kodex – ein neues Regulierungsinstrument für börsennotierte Aktiengesellschaften, ZHR 2002, Band 166, S. 150-181

ders. Die Aktionärsklage als Instrument zur Kontrolle des Vorstands- und Aufsichtsratshandelns, ZHR 1999, Band 163, S. 290-342

Unger, Ulrike Bericht über die Diskussion der Referate Hauschka und Bachmann
in: Schriftenreihe der Gesellschaftsrechtlichen Vereinigung (Hrsg.), Band 13, Gesellschaftsrecht in der Diskussion 2007 - Jahrestagung der Gesellschaftsrechtlichen Vereinigung (VGR), S. 103-107, Köln 2008
(zit.: Unger, VGR-Schriftenreihe 2008)

Veil, Rüdiger Compliance-Organisation im Wertpapierdienstleistungsunternehmen im Zeitalter der MiFID, – Regelungskonzepte und Rechtsprobleme – , WM 2008, S. 1093-1098

Vetter, Eberhard Die Änderungen 2007 des Deutschen Corporate Governance Kodex, DB 2007, S. 1963-1968

ders. Der Deutsche Corporate Governance Kodex nur ein zahnloser Tiger?, NZG 2008, S. 121-126

Voet van Vormizeele, Philipp Kartellrechtliche Compliance-Programme im Rahmen der Bußgeldbemessung *de lege lata* und *de lege ferenda*, CCZ 2009, S. 41-48

Vogel, Andreas Standpunkt: Compliance und Whistleblowing, BB 2008, S. 1280

***W**alker, Wolf-Dietrich* Die eingeschränkte Haftung des Arbeitnehmers unter Berücksichtigung der Schuldrechtsmodernisierung, JuS 2002, S. 736-743

Weber-Rey, Daniela Gesellschafts- und aufsichtsrechtliche Herausforderungen an die Unternehmensorganisation, AG 2008, S. 345-359

dies. Whistleblowing zwischen Corporate Governance und Better Regulation, AG 2006, S. 406-411

Webler, Meike Verbraucherschutz im Kreditgeschäft Compliance in der Kreditwirtschaft, - Bericht über den Bankrechtstag am 20.6.2008 in Mainz -, WM 2008, S. 1435-1442

Weidemann, Morten/Wieben, Hans-Jürgen „Zur Zertifizierbarkeit von Risikomanagement-Systemen", DB 2001, S. 1789-1796

Weiss, Susanne/Buchner, Markus Wird das UMAG die Haftung und Inanspruchnahme der Unternehmensleiter verändern?, WM 2005, S. 162-171

Werder, Axel von/Talaulicar, Till Kodex Report 2008: Die Akzeptanz der Empfehlungen und Anregungen des Deutschen Coporate Governance Kodex, DB 2008, S. 825-831

dies. Kodex Report 2007: Die Akzeptanz der Empfehlungen und Anregungen des Deutschen Corporate Governance Kodex, DB 2007, S. 869-875

Werner, Rüdiger Sorgfaltspflichten des Geschäftsführers bei Unternehmensakquisitionen, Due Diligence, Informationspflichten und Haftungsrisiken, GmbHR 2007, S. 678-682

Wicke, Hartmut Der CEO im Spannungsverhältnis zum Kollegialorgan – Gestaltungsüberlegungen zur Leitungsstruktur der AG, NJW 2007, S. 3755-3758

Wieland, Josef Unternehmensethik und Compliance Management – Zwei Seiten einer Medaille, CCZ 2008, S. 15-17

Wiese, Günther Zur innerbetrieblichen und außerbetrieblichen Kommunikation von Arbeitnehmern in: Krause, Rüdiger/Schwarze, Roland (Hrsg.), Festschrift für Hans-Jörg Otto zum 70. Geburtstag am 23. Mai 2008, S. 621-645, Berlin/New York (zit.: *Wiese*, in: FS Otto, 2008)

Windbichler, Christine/Bachmann, Gregor Corporate Governance und Mitbestimmung als „wirtschaftsrechtlicher ordre public" in: Westermann, Harm Peter/Mock, Klaus (Hrsg.), Festschrift für Gerold Bezzenberger zum 70. Geburtstag am 13. März 2000, S. 797-805, Berlin, New York (zit.: *Windbichler/Bachmann*, in: FS Bezzenberger, 2000)

Wisskirchen, Gerlind/Dannhorn, Wolfgang/Bissels, Alexander Haftung von Geschäftsführern in Matrixorganisationen von Konzernen, DB 2008, S. 1139-1143

Wisskirchen, Gerlind/Körber, Anke/Bissels, Alexander „Whistleblowing" und „Ethikhotlines", BB 2006, S. 1567-1572

Wittmann, Martin Zum Erfordernis eines Bankenführerscheins für Aufsichtsräte, DB 2007, S. 2579-2582

Wolf, Klaus Coporate Compliance – ein neues Schlagwort? Ansatzpunkte zur Umsetzung der Compliance in der Finanzberichterstattung, DStR 2006, S. 1995-2000 *ders.* Stand des Risikomanagements in deutschen Unternehmen – Handlungsempfehlungen, BC 2003, S. 7-11

ders. Erstellung eines Risikomanagementhandbuchs – Ziele und Funktionen, Inhalt und Aufbau, DStR 2002, S. 466-469

Wolf, Martin Wider eine Misstrauenspflicht im Kollegialorgan „Vorstand", VersR 2005, S. 1042-1047

Wolf, Sebastian Die Modernisierung des deutschen Antikorruptionsstrafrechts durch internationale Vorgaben – Momentaufnahme und Ausblick, NJW 2006, S. 2735-2738

Wybitul, Tim Das neue Bundesdatenschutzgesetz: Verschärfte Regeln für Compliance und interne Ermittlungen, BB 2009, S. 1582-1585

ders. Interne Ermittlungen auf Aufforderung von US-Behörden - ein Erfahrungsbericht, BB 2009, S. 606-611

ders. Strafrechtliche Verpflichtung von Compliance-Beauftragten, BB 2009, S. 2263-2264

***Z**iemons, Hildegard* Neuerungen im Insiderrecht und bei der Ad-hoc-Publizität durch die Marktmissbrauchsrichtlinie und das Gesetz zur Verbesserung des Anlegerschutzes, NZG 2004, S. 537-543

Zimmermann, Georg „Whistleblowing" – Anforderungen des Sarbanes-Oxley-Acts, WM 2007, S. 1060-1064

Zimmermann, Martin Kartellrechtliche Bußgelder gegen Aktiengesellschaften und Vorstand: Rückgriffsmöglichkeiten, Schadensumfang und Verjährung, WM 2008, S. 433-442

Zöller, Richard (Begr.) Zivilprozessordnung, Kommentar, 26. Auflage, Köln 2007 (zit.: *Bearbeiter*, in: Zöller, ZPO, 26. Aufl. 2007)

Zöllner, Wolfgang (Hrsg.) Kölner Kommentar zum Aktiengesetz
Band 2, §§ 76-117 AktG und Mitbestimmung im Aufsichtsrat, 2. Auflage
Köln/Berlin/Bonn/München 1996
(zit.: *Bearbeiter*, in: KölnKomm AktG, 2. Aufl. 1996)

Abkürzungsverzeichnis

a. E.	am Ende
a.A.	andere Ansicht
a.M.	am Main
Abl. EG	Amtsblatt der Europäischen Gemeinschaft
Abs.	Absatz
AG	Die Aktiengesellschaft (Zeitschrift)
AG	Aktiengesellschaft
AGG	Allgemeines Gleichbehandlungsgesetz
AktG	Aktiengesetz
AktG-E	Aktiengesetz-Entwurf
ALI	American Law Institute
AnwBl	Anwaltsblatt
AO	Abgabenordnung
AR	Aufsichtsrat
AS	Australian Standard
Aufl.	Auflage
Az.	Aktenzeichen
BaFin	Bundesanstalt für Finanzdienstleistungsaufsicht
BAG	Bundesarbeitsgericht
BB	Der Betriebs-Berater
BC	Bilanzbuchhalter & Controller
BDSG	Bundesdatenschutzgesetz
BeckRS	Beck-Rechtsprechung
BetrVG	Betriebsverfassungsgesetz
BFH	Bundesfinanzhof
BGB	Bürgerliches Gesetzbuch
BGBl.	Bundesgesetzblatt
BGH	Bundesgerichtshof
BGHSt	Entscheidungen des Bundesgerichtshofes in Strafsachen

BGHZ	Entscheidungen des Bundesgerichtshofes in Zivilsachen
BilKoG	Bilanzkontrollgesetz
BilMoG	Bilanzrechtsmodernisierungsgesetz
BJR	Business Judgment Rule
BKR	Zeitschrift für Bank- und Kapitalmarktrecht
BörsG	Börsengesetz
BR-Drucks.	Bundesrat-Drucksache
BT-Ausschussdrs.	Bundestags-Ausschussdrucksache
BT-Drucks.	Bundestags-Drucksache
BVerfG	Bundesverfassungsgericht
BVerfGE	Entscheidungen des Bundesverfassungsgerichts
bzw.	Beziehungsweise
c.i.c.	culpa in contrahendo
CCZ	Corporate Compliance Zeitschrift
CEO	Chief Executive Officer
CG	Corporate Governance
D&O-Versicherung	Directors and Officers Versicherung
DB	Der Betrieb
DCGK	Deutscher Corporate Governance Kodex
ders.	derselbe
dies.	dieselben
DIRK	Deutscher Investor Relations Kreis
DNotZ	Deutsche Notar-Zeitschrift
DRL	Durchführungsrichtlinie
DStR	Deutsches Steuerrecht
e.V.	eingetragener Verein
EDV	elektronische Datenverarbeitung
EL	Ergänzungslieferung
etc.	et cetera
EU	Europäische Union

EuG	Europäische Gericht erster Instanz
EuGH	Europäischer Gerichtshof
EuZW	Europäische Zeitschrift für Wirtschaftsrecht
f. (ff.)	folgende (Plural)
Fn.	Fußnote
FS	Festschrift
FSG	Federal Sentencing Guidelines
GF	Geschäftsführer
GmbH	Gesellschaft mit beschränkter Haftung
GmbHG	Gesetz betreffend die Gesellschaften mit beschränkter Haftung
GmbHR	GmbH-Rundschau
GWB	Gesetz gegen Wettbewerbsbeschränkungen
GwG	Geldwäschegesetz
Hb.	Handbuch
HGB	Handelsgesetzbuch
HGB-E	Handelsgesetzbuch-Entwurf
Hrsg.	Herausgeber
i.E.	im Ergebnis
IDW	Institut der Wirtschaftsprüfer
insb.	insbesondere
JuS	Juristische Schulung
JW	Juristische Wochenschrift
JZ	Juristenzeitung
KG	Kammergericht
KMRK	Kapitalmarktrechts-Kommentar
KonTraG	Gesetz zur Kontrolle und Transparenz im Unternehmensbereich
KrW/AbfG	Kreislaufwirtschafts- und Abfallgesetz
KWG	Kreditwesengesetz
LG	Landgericht
m.w.N.	mit weiteren Nachweisen

m.W.v.	mit Wirkung von
MaRisk	Mindestanforderungen an das Risikomanagement
MiFID	Markets in Financial Instruments Directive (Finanzmarktrichtlinie)
MMR	Multimedia und Recht – Zeitschrift für Informations-, Telekommunikations- und Medienrecht
MüKo	Münchener Kommentar
NJW	Neue Juristische Wochenschrift
Nr.	Nummer
NZA	Neue Zeitschrift für Arbeitsrecht
NZBau	Neue Zeitschrift für Baurecht
NZG	Neue Zeitschrift für Gesellschaftsrecht
NZI	Neue Zeitschrift für das Recht der Insolvenz und Sanierung
OFT	Office of Fair Trading
OLG	Oberlandesgericht
OWiG	Gesetz über Ordnungswidrigkeiten
R	Report
Reg. Begr.	Regierungsbegründung
RegE	Regierungsentwurf
RIW	Recht der Internationalen Wirtschaft
Rn.	Randnummer
S.	Seite
s.	siehe
SchiedsVZ	Zeitschrift für Schiedsverfahren
Sec.	Section
SOA	Sarbanes-Oxley-Act
SprAuG	Sprecherausschussgesetz
StGB	Strafgesetzbuch
StrahlenschutzVO	Strahlenschutzverordnung
TransPuG	Transparenz- und Publizitätsgesetz
u.a.	und andere
UMAG	Gesetz zur Unternehmensintegrität und Modernisierung des

	Anfechtungsrechts
USSG	United States Sentencing Guidelines
v.	von
VAG	Versicherungsaufsichtsgesetz
VerkProspG	Wertpapier-Verkaufsprospektgesetz
VersR	Versicherungsrecht
VG	Verwaltungsgericht
vgl.	vergleiche
VGR	Gesellschaftsrechtliche Vereinigung
VW	Versicherungswirtschaft
WHG	Wasserhaushaltsgesetz
wistra	Zeitschrift für Wirtschafts- und Steuerstrafrecht
WM	Zeitschrift für Wirtschafts- und Bankrecht
WpDVerOV	Wertpapierdienstleistungs-Verhaltens- und Organisationsverordnung
WpHG	Wertpapierhandelsgesetz
WuW DE-R	Wirtschaft und Wettbewerb, Deutschland-Rechtsprechung
WuW/E	Wirtschaft und Wettbewerb, Entscheidungen
ZBB	Zeitschrift für Bankrecht und Bankwirtschaft
ZCG	Zeitschrift für Corporate Governance
zfbf	Schmalenbachs Zeitschrift für betriebswirtschaftliche Forschung
ZGR	Zeitschrift für Unternehmens- und Gesellschaftsrecht
ZHR	Zeitschrift für das gesamte Handelsrecht und Wirtschaftsrecht
ZIP	Zeitschrift für Wirtschaftsrecht
zit.	zitiert
ZPO	Zivilprozessordnung
ZR	Zivilrecht
ZRP	Zeitschrift für Rechtspolitik
ZWeR	Zeitschrift für Wettbewerbsrecht

EINLEITUNG

I. GEGENSTAND DER UNTERSUCHUNG

Große Firmen wie BASF[1], Siemens[2] oder Bayer[3] veröffentlichen heutzutage auf ihrer Homepage ein Compliance-Programm, in dem Wertvorstellungen und Verhaltensvorgaben des Unternehmens an die Mitarbeiter weitergegeben werden. Trotz vieler Diskussionen in der Literatur und dem zunehmenden Auftreten von „Compliance" in der Öffentlichkeit, tappen dennoch viele Betroffene beim umfassenden Verständnis um Compliance im Dunkeln. Um einen Einstieg in die Thematik dieser Bearbeitung zu finden und den Gegenstand der Untersuchung einzugrenzen, ist es im ersten Schritt wichtig, die Begriffe „Compliance" und „Business Judgment[4] Rule" zu definieren.

1. Begriff und Bedeutung der Compliance

a) Erläuterung und Entstehung des Compliance-Begriffs

Der Begriff der Compliance ist in Deutschland neben dem verwandten Begriff der Corporate Governance[5] vor etwa 15 Jahren gebräuchlich geworden[6]. Er wurde Anfang der neunziger Jahre aus der anglo-amerikanischen Rechtsterminologie ohne Übersetzung in das deutsche Wirtschaftsrecht übernommen. Das Wort Compliance bedeutet im Deutschen etwa „Einhaltung, Übereinstimmung,

---

[1] http://www.basf.com/group/corporate/de/function/conversions:/publish/content/about-basf/vision-values-principles/images/Vision_Grundwerte_Leitlinien_BASF.pdf (zuletzt besucht am 19.10.2009).

[2] http://w1.siemens.com/responsibility/de/compliance/index.htm (zuletzt besucht am 19.10.2009).

[3] http://www.bayer.de/de/corporate-compliance.aspx (zuletzt besucht am 19.10.2009).

[4] Es wird der US-amerikanischen Schreibweise „judgment" gefolgt, sie ist weiter verbreitet als die britische Schreibweise „judgement". Die deutsche Literatur kennt beide Formen, der Gesetzgeber folgt der US-Schreibweise, siehe Gesetzesentwurf der Bundesregierung zum UMAG, BT-Drucks. 15/5092 vom 14.03.2005, S. 11.

[5] Vgl. hierzu umfassend: *v. Werder*, in: Hommelhoff/Hopt/v.Werder, Hb. Corporate Governance, 2003, S. 3 ff.; *Hopt*, in: Hommelhoff/Hopt/v.Werder, Hb. Corporate Governance, 2003, S. 29 ff.; zur Entstehung der CG auch: *Lutter*, ZGR 2001, S. 224 ff.; *v. Werder*, in: Ringleb/Kremer/Lutter/v.Werder, Komm. z. DCGK, 3. Aufl. 2008 Rn. 1 f. und siehe sogleich unter Einleitung I. 3. a).

[6] *Hauschka*, in: Hauschka, Corporate Compliance, 2007, § 1 Rn. 1; *ders.*, NJW 2004, S. 257; *Lösler*, NZG 2005, S. 104.

Befolgung, Einhaltung bestimmter Gebote“[7]. *Fleischer*[8] benennt diesen Rechtsimport als „Legal Transplant“, in diesem Falle vor allem aus der angloamerikanischen Bankenwelt[9], *Kort*[10] hingegen sieht die Wurzeln vorwiegend im Kartellordnungswidrigkeitenrecht. Gemein ist den vorgenannten Ansätzen, dass sich Unternehmen und Organe in Übereinstimmung mit den jeweils anwendbaren Regeln bewegen müssen[11]. Dies ist allerdings ein allen Rechtsordnungen immanentes Prinzip – weshalb *Schneider* die Verwendung des Begriffes „Compliance“ sogar als Binsenweisheit bezeichnet[12]. *Schneiders* These dürfte isoliert betrachtet zuzustimmen sein, jedoch kommt es darüber hinaus darauf an, aus welchem Blickwinkel die Compliance beleuchtet wird.

Nach *PricewaterhouseCoopers*[13] steht Compliance für *„ein ganzheitliches Organisationsmodell mit Prozessen und Systemen, das die Einhaltung von gesetzlichen Bestimmungen, interner Standards sowie die Erfüllung wesentlicher Ansprüche der Stakeholder sicherstellt*“[14]. Dieser Definitionsansatz lässt erkennen, dass unter Compliance organisatorische Maßnahmen zur Gewährleistung eines gesetzmäßigen und verantwortungsbewussten Verhaltens verstanden werden. Es handelt sich dabei um den Versuch, durch eine umfassende und zielgerichtete Strukturierung des Unternehmens, die größtmögliche Gesetzeskonformität sowohl für Handlungen des Unternehmens

---

7 *Dietl/Lorenz*, Dictionary of Legal, Commercial and Political Terms, 2000, S. 147.

8 *Fleischer*, NZG 2004, S. 1129 ff.

9 So auch *Eisele*, WM 1993, S. 1021; *ders.*, in: Schimansky/Bunte/Lwowski, Bankrechtshb., 3. Aufl. 2007, § 109 Rn. 2 f.; *Fleischer*, AG 2003, S. 291 (298); *Klindt*, NJW 2006, S. 3399. *Gebauer* sieht die Wurzeln vor allem in der 1993 verabschiedeten Wertpapierdienstleistungsrichtlinie der EG, die Compliance-Strukturen nach dem Vorbild englischer Investmentbanken vorschrieb, in: Hauschka, Corporate Compliance, 2007, § 31 Rn. 6.

10 *Kort*, NZG 2008, S. 81 (82).

11 *Dreher*, ZWeR 2004, S. 75 (78); *Eisele*, WM 1993, S. 1021; *Hauschka*, in: Hauschka, Corporate Compliance, 2007, § 1 Rn. 2; *ders.*, NJW 2004, S. 257; *ders.*, ZRP 2006, S. 258; *ders.*, AG 2004, S. 461 (462); *Kiethe*, GmbHR 2007, S. 393 (394); *Kort*, NZG 2008, S. 81; *Lösler*, NZG 2005, S. 104.

12 *Uwe H. Schneider*, ZIP 2003, S. 645 (646); *Uwe H. Schneider/Sven H. Schneider*, ZIP 2007, S. 2061. Vlg. Auch OLG Düsseldorf (2006), WuW DE-R 1893 (1897) zur Selbstverständlichkeit der Einhaltung der Rechtsordnung.

13 *PriceWaterhouseCoopers*, „Was kostet Compliance?“ vom 30.06.2006, zu finden unter http://www.compliancemagazin.de/compliancefachbeitraege/kosten/ pwc271006.html (zuletzt besucht am 19.10.2009).

14 So auch *Theisen*, Information und Berichterstattung des AR, 4. Aufl. 2007, S. 87; *Wolf*, DStR 2006, S. 1995.

als auch für solche der Leitungsorgane und Mitarbeiter zu erlangen[15]. Neben dieser rein rechtlichen Perspektive beinhaltet Compliance auch eine ethische Dimension. Im Sinne der Integrität[16] - der Bereitschaft, eigenes Handeln nicht in Abhängigkeit von der Akzeptanz, sondern der Legitimierbarkeit zu stellen[17] - müssen sich durch die Unternehmensorganisation ethische Grundsätze im Denken und Handeln der Mitarbeiter manifestieren[18]. Auch hinsichtlich unternehmensintern gesetzter Standards oder „soft law"[19] gilt es, ein ordnungsgemäßes Verhalten eines jeden Unternehmensangehörigen zu verlangen.

Es bleibt festzuhalten, dass zwischen dem abstrakten Compliance-Begriff, der die Einhaltung von Gesetz und Recht bezweckt, und einer Compliance-Organisation, die erst die Umsetzung dieses vorgegebenen Ziels darstellt, zu unterscheiden ist.

b) Ziel der Compliance

Primäres Ziel einer vorbeugenden Unternehmensorganisation soll es sein, drakonische Haftungsfolgen zu vermeiden[20]. Neben finanziellem Schaden droht dem Unternehmen dadurch, dass zweifelhafte oder illegale Praktiken an die Öffentlichkeit geraten, ein beachtliches Reputationsrisiko[21]. Das Ansehen der betroffenen Gesellschaft kann in der Öffentlichkeit, somit bei den Kunden und

---

15 *Bürkle*, BB 2005, S. 565; *Hauschka*, ZIP 2004, S. 877; *Kiethe*, GmbHR 2007, S. 393 (394); *Mengel/Hagemeister*, BB 2006, S. 2466 f. Zur Entwicklung der Compliance Codes in den USA: *Linklater/McElyea*, RIW 1994, S. 117 (118 f.).

16 So *Kiethe*, GmbHR 2007, S. 393 (394); *Wolf*, DStR 2006, S. 1995 mit der englischen Bezeichnung „Integrity".

17 Vgl. *M. Roth*, Compliance, 2005, S. 28 f.

18 Zu ethischen Dimension der Compliance siehe nur: *Buff*, Compliance, 2000, S. 194 ff.

19 Es besteht keine Rechtsverbindlichkeit. Zur Regulierung durch „soft law", d.h. empfehlendes Recht, siehe ausführlich *Kirchner*, zfbf 2002, S. 100 ff.; *Lutter*, ZGR 2001, S. 224 (225). Der Deutsche Corporate Governance Kodex stellt beispielsweise „soft law" dar.

20 *Bürkle*, BB 2005, S. 565; *Eibelshäuser*, Der Konzern 2007, S. 735 (736 f.); *Hauschka*, NJW 2004, S. 257; *Kiethe*, GmbHR 2007, S. 393 (394); *Lösler*, Compliance im Wertpapierdienstleistungskonzern, 2003, S. 158 ff.; *Lücke*, in: Beck'sches Mandatshb. Vorstand der AG, 2004, § 3 Rn. 12.

21 *Bürkle*, BB 2005, S. 565 (566); *Eisele*, in: Schimansky/Bunte/Lwowski, Bankrechtshb., 3. Aufl. 2007, § 109 Rn. 1; *Kohler*, in: FS Kümpel, 2003, S. 301 (304); *Lampert*, BB 2002, S. 2237 (2238); *Lösler*, NZG 2005, S. 104 (105); *Ringleb*, in: Ringleb/Kremer/Lutter/ v. Werder, Komm. z. DCGK, 3. Aufl. 2008, Rn. 626; *Uwe H. Schneider*, ZIP 2003, S. 645.

Investoren, gegebenenfalls bei den für das Unternehmen zuständigen Aufsichtsbehörden und bei den Mitarbeitern, leiden[22]. Ein einziger Vorfall ist in der Lage, das Unternehmensimage nachhaltig zu schädigen und möglicherweise schwerer zu wiegen[23] als der dem Unternehmen aus demselben Vorhaben entstehende materielle Vorteil[24]. Gerade für kleine und mittelständische Betriebe kann ein schwerwiegendes Fehlverhalten dadurch unerwartet zur Existenzbedrohung werden.

Im Einzelnen will Compliance die Mitarbeiter zu rechtmäßigem Verhalten bringen, im Ergebnis das Vertrauen der Geschäftspartner sichern und weiter vertiefen[25] sowie das Unternehmen als gutes Investment im Kapitalmarkt und als „good corporate citizen" in der Öffentlichkeit darstellen[26]. Compliance kommt vor allem eine Schutzfunktion für die Führungskräfte und für das Unternehmen zu.

c) Rechtspraktische Notwendigkeit von Compliance

Bei der Frage nach der Notwendigkeit von Compliance ist erkennbar, dass sich die Praxis einem Wandel unterzogen hat: In den letzten Jahren hat sich die Zahl der Haftungsfälle von Managern und Unternehmen vor den Gerichten gehäuft. Zahlreiche Unternehmensschieflagen und Bilanzskandale wie bei Comroad, Enron, Flowtex, WorldCom, Xerox, Siemens oder Volkswagen sind in das

---

22 Siehe Darstellung bei *Meckel/Fieseler/Mohr/Vater*, ZCG 2008, S. 59 ff. u. a. am Beispiel der Hypo Real Estate. Allgemein zur Reputation bei Unternehmen: *M. Roth*, Compliance, 2005, S. 21 ff.

23 Bei der AG wirkt sich dies häufig auf den Aktienkurs aus. So auch *Campos Nave/Bonenberger*, BB 2008, S. 734 (736).

24 Die Höhe der mittelbaren Folgeschäden ist häufig nicht konkret bezifferbar, kann aber durchaus höher sein als der unmittelbare Schaden, vgl. *Berndt/Hoppler*, BB 2005, S. 2623 (2626).

25 *Eisele*, WM 1993, S. 1021; *Uwe H. Schneider*, ZIP 2003, S. 645 (648).

26 *Bergmoser/Theusinger/Gushurst*, BB-Special 5, 2008, S. 1; *Fleischer*, NJW 2006, S. 3239 (3240); *Grundmann*, in: Ebenroth/Boujong/Joost, Komm. HGB, 2001, § 33 WpHG Rn. VI 251251; zu letzterem *Lösler*, Compliance im Wertpapierdienstleistungskonzern, 2003, S. 12; *Pampel*, BB 2007, S. 1636 (1639) in Bezug auf § 30 OWiG; *Uwe H. Schneider*, ZIP 2003, S. 645 (648); *Schwung*, AnwBl 2007, S. 14. Im Zusammenhang mit Unternehmensspenden *Fleischer*, AG 2001, S. 171 (175).

öffentliche Bewusstsein getreten und haben die Wahrnehmung hinsichtlich der Gefahr der Bilanzmanipulation geschärft[27].

Neben zivilrechtlichen Auseinandersetzungen kommt es dabei nicht selten zu strafrechtlichen Verfahren[28], wie der Mannesmann-Fall[29] gezeigt hat. Beispielhaft sind in diesem Zusammenhang auch Verstöße gegen das Kartellrecht, wodurch europaweit jährlich insgesamt Bußgelder in Milliardenhöhe verhängt werden[30]. Diese Folgen beruhen unter anderem auf einer Normenflut[31], die insbesondere auf den Neuerungen durch das Gesetz zur Kontrolle und Transparenz im Unternehmensbereich von 1998 (KonTraG), das Transparenz- und Publizitätsgesetz von 2002 (TransPuG), dem Bilanzrechtsmodernisierungsgesetz von 2008 (BilMoG)[32], dem Deutschen Corporate Governance Kodex und vielen spezialgesetzlich geregelten Anforderungen basiert. Die durch Unwissenheit oder mangelnde Vorbereitung auf neue gesetzliche Erfordernisse unvermeidlichen Rechtsverletzungen werden, ungeachtet der vorsätzlichen Rechtsverletzungen, für das Unternehmen zum operationellen Risiko[33]. Um derart negativen

---

27 *Eibelshäuser*, Der Konzern 2007, S. 735 (736); *Ernst*, BB 2004, S. 936; *Hauschka/Greeve*, BB 2007, S. 165; *Hefendehl*, JZ 2006, S. 119; *Goette*, in: FS 50 Jahre BGH, 2000, S. 123; *Mengel/Hagemeister*, BB 2006, S. 2246; *Schwarz/Holland*, ZIP 2002, S. 1661 f. Siehe dazu auch die statistische Erhebungen zu der Wahrnehmung von Vorständen und Aufsichtsräten bei *Köhler/Marten/Hülsberg/Bender*, BB 2005, S. 501 ff.

28 Beispiele auflistend: *Hauschka*, VGR-Schriftenreihe 2008, S. 51 (55 ff.).

29 Siehe BGH, NJW 2006, S. 522 ff.

30 In 2007 hat die Europäische Kommission Bußgeldentscheidungen in Höhe von 3,3 Milliarden Euro erlassen. Für 2008 sind diese wieder etwas zurück gegangen (ca. 2,3 Milliarden Euro), wie die Statistik der EU-Kommission zeigt. Abrufbar unter http://ec.europa.eu/competition/cartels/statistics/statistics.pdf (zuletzt besucht am 19.10.2009). Siehe auch *Dreher*, ZWeR 2004, S. 75 ff; *Fleischer*, NZG 2004, S. 1129 (1131); *Hasselbach/Seibel*, AG 2008, S. 770; *Hauschka*, in: Hauschka, Corporate Governance, 2007, § 1 Rn. 8; *Itzen*, BB-Special 5, 2008, S. 12; siehe Tabelle bei *Lampert*, BB 2002, S. 2237 (2238); *Mengel/Hagemeister*, BB 2006, S. 2466 (2467); *Uwe H. Schneider*, ZIP 2003, S. 645.

31 *Bergmoser/Theusinger/Gushurst*, BB-Special 5, 2008, S. 1 (2); *Hauschka*, NJW 2004, S. 257; *ders.*, BB 2004, S. 1178 (1179); *Kiethe*, GmbHR 2007, S. 393; *Ringleb*, in: Ringleb/Kremer/Lutter/v. Werder, Komm. z. DCGK, 3. Aufl. 2008, Rn. 624; *Uwe H. Schneider*, ZIP 2003, S. 645 (646); *ders.*, in: Festschrift 100 Jahre GmbHG, 1992, S. 473 (474); *ders.*, DB 1993, S. 1909 „lawinenartige Anwachsen"; *Spindler*, in: FS Canaris, 2007, S. 403; *ders.*, WM 2008, S. 905.

32 BGBl. I 2009, S. 1102.

33 *Hauschka*, BB 2004, S. 1178; *ders./Greeve*, BB 2007, S. 165 (166). *Uwe H. Schneider*, ZIP 2003, S. 645, versteht unter einem operationellen Risiko, das Risiko von Verlusten aus unzureichenden oder fehlerhaften Systemen und Prozessen, menschlichem oder technischem Versagen sowie externen Ereignissen. Zur Definition vgl. auch Bafin, in:

Entwicklungen vorzubeugen, bedarf es einer Strukturierung, die im Vorfeld versucht, Fehltritte zu vermeiden – eine Compliance-Organisation.

2. Begriff der Business Judgment Rule

Zu dem Begriff „Business Judgment Rule" lassen sich in der Literatur keine Anstrengungen finden, sie wortwörtlich zu übersetzen. Dies liegt insbesondere daran, dass die Rechtsfigur aus dem anglo-amerikanischen Recht übernommen wurde[34]. Im Gegensatz zur Compliance ist die Business Judgment Rule aber durch die Kodifizierung in § 93 Abs. 1 Satz 2 des deutschen Aktiengesetzes anhand ihrer Tatbestandsvoraussetzungen greifbar, so dass keine Notwendigkeit einer grammatikalischen Auslegung besteht.

Nach Vorbild des US-amerikanischen Gesellschaftsrechts[35] wird durch die Business Judgment Rule ein Haftungsfreiraum im Bereich qualifizierter unternehmerischer Entscheidungen geschaffen[36]. Ein Vorstandsmitglied verstößt nicht gegen seine Sorgfaltspflicht, wenn es bei einer unternehmerischen Entscheidung vernünftigerweise annehmen durfte, auf der Grundlage angemessener Information zum Wohle der Gesellschaft zu handeln[37]. Liegen diese Voraussetzungen nicht vor, haftet das Vorstandsmitglied persönlich gegenüber der Gesellschaft für seine Pflichtwidrigkeit.

Bereits in der amtlichen Begründung zu § 84 des Aktiengesetzes von 1937[38] hieß es, den Vorstandsmitgliedern dürfe nicht durch eine allzu strenge Haftung „jeder Mut zur Tat genommen" werden[39]. Dahinter verbirgt sich die Feststellung, dass

---

Konsultation 8/2008 – Entwurf eines Rundschreibens Aufsichtsrechtliche Mindestanforderungen an das Risikomanagement (MaRisk) vom 30.04.2008 unter Punkt 5. Abrufbar unter www.bafin.de unter der Rubrik „Veröffentlichungen" (zuletzt abgerufen am 19.10.2009).

34 Zu „Legal Transplants" siehe Fn. 8.

35 *Brömmelmeyer*, WM 2005, S. 2065; *Fleischer*, in: FS Wiedemann, 2002, S. 827 (833 f.); *Hauschka*, GmbHR 2007, S. 11; vergleiche dazu die weiteren Nachweise bei *Ihrig*, WM 2004, S. 2098, Fn. 4; *Horn*, in: FS Westermann, 2007, S. 1053 (1054); *ders.*, ZIP 1997, S. 1129 (1134); *Paefgen*, AG 2004, S. 245 (246); *Sieg/Zeidler*, in: Hauschka, Corporate Compliance, 2007, § 3 Rn. 1.

36 *Reg. Begr.* UMAG, BT-Drucks. 15/5092, S. 10.

37 So der Wortlaut in § 93 Abs. 1 Satz 2 AktG.

38 Deutscher Reichsanzeiger und Preußischer Staatsanzeiger 1937, Nr. 28 S. 4.

39 Amtl. Begründung wiedergegeben bei *Klausing*, 1937, S. 71. So auch *Fleischer*, NZG 2004, S. 1129 (1130 f.); *ders.*, ZIP 2004, S. 685; *Goette*, in: FS 50 Jahre BGH, 2000,

unternehmerische Entscheidungen - neben der Eröffnung von Chancen - Risiken bergen und oft unter Unsicherheit oder großem Zeitdruck gefällt werden. Die Gefahr einer Haftung für Misserfolge könnte daher zu einem übertrieben defensiven Verhalten der Unternehmensleiter führen[40]. Jedoch stellt gerade das Wagnis unternehmerischer Risiken mit entsprechenden Erfolgschancen für die Aktionäre die Attraktivität eines Investments in das Eigenkapital einer Aktiengesellschaft dar[41]. Ziel der Rechtsfigur ist es somit, ein ausgewogenes Verhältnis zwischen Verwaltungsautonomie und Aktionärsklagerechten innerhalb eines Unternehmens zu schaffen[42]. Die beschriebene Diskrepanz wird durch einen gerichtlich nicht überprüfbaren Ermessensspielraum der Vorstandsmitglieder ausgeglichen.

3. Zusammenhang zwischen Compliance und Business Judgment Rule

a) Corporate Compliance

Der Begriff Compliance ist in unterschiedlichen Rechtsgebieten wiederzufinden. Es treten etwa Kartellrechtscompliance[43], Kapitalmarktrechtscompliance[44] oder zahlreiche andere Rechtsgebiete in den Vordergrund, deren gesetzliche Grundlagen Anforderungen an eine Compliance-Organisation formulieren, z.B. aus dem Umweltrecht, Steuerrecht, Arbeitsrecht oder Strafrecht. Die vorliegende Arbeit beschäftigt sich mit der Corporate Compliance, die sich auf die allgemein gesellschaftsrechtlichen Belange der Unternehmensorganisation

---

S. 123 (124); *ders.*, in: Hommelhoff/Hopt/v.Werder, Hb. Corporate Governance, 2003, S. 749 (767); *Ihrig*, WM 2004, S. 2098; *Lutter*, ZIP 2007, S. 841.

40 BGHZ (1997) 134, S 392 (398 f.)= NJW 1997, S. 1923 (1925) zur GmbH; *Brömmelmeyer*, WM 2005, S. 2065 (2066); *Ihrig*, WM 2004, S. 2098 (2099); *Kock/Dinkel*, NZG 2004, S. 441 (442); *Schäfer*, ZIP 2005, S. 1253.

41 Erläuterungen hierzu anhand der Portfolio- und Investitionstheorie m.w.N. *Kuntz*, GmbHR 2008, S. 121 (122).

42 *Brömmelmeyer*, WM 2005, S. 2065; *Fleischer*, NJW 2005, S. 3525 (3527); *ders.*, ZIP 2004, S. 685; *Gantenberg*, DB 2005, S. 207; *Ihrig*, WM 2004, S. 2098 (2100 f.); *Paefgen*, AG 2004, S. 245 (247); *Schäfer*, ZIP 2005, S. 1253 (1254); *Schröer*, ZIP 2005, S. 2081 (2082); *Seibert/Schütz*, ZIP 2004, S. 252 (254).

43 Dazu ausführlich *Dreher*, ZWeR 2004, S. 75 ff.; *Lampert*, BB 2002, S. 2237 ff.; *Hauschka*, BB 2004, S. 1178 ff; *Pampel*, BB 2007, S. 1636 ff.

44 Umfassend behandelt bei: *Gebauer*, in: DIRK, 2004, S. 505 ff.; *Kuthe/Rückert/Sickinger*, Compliance-Handbuch Kapitalmarktrecht, 2. Aufl. 2008; *Lebherz*, Emittenten-Compliance, 2008; *Lösler*, Compliance im Wertpapierdienstleistungskonzern, 2003.

anhand einer umfassenderen, statt zu speziellen Betrachtungsweise konzentriert. Es kann auch von Compliance im weiteren Sinne gesprochen werden[45].

Die Zusammensetzung des Begriffs lässt das enge Verhältnis von Compliance zur Corporate Governance erkennen, worunter „Verfassung", „Führung" oder „Verwaltung" von Unternehmen zu verstehen ist[46]. Corporate Governance beschreibt das Zusammenspiel der verschiedenen Unternehmensorgane (intern) und ihr Verhältnis zu den wesentlichen Bezugsgruppen des Unternehmens, namentlich den Stakeholdern und Shareholdern (extern)[47], und versucht, für einen Ausgleich der daraus entstehenden, durchaus konfligierenden Interessen zu sorgen[48]. Eine funktionale Corporate Governance will durch einen gesetzten Ordnungsrahmen erreichen, dass sich die Mitarbeiter eines Unternehmens ordnungsgemäß, zielführend und regelkonform verhalten[49] und damit vor allem zeigen, wie eine gute Unternehmensführung bezogen auf die Einhaltung der Unternehmensziele aussieht[50]. Dieser Ansatz ähnelt dem der Compliance, der Unterschied zwischen den beiden Termini liegt deshalb in der divergierenden Perspektive. Corporate Governance wird überwiegend aus der Sicht des Gesetzgebers geprägt, Corporate Compliance sucht nach Lösungsstrategien aus dem Blickwinkel der Unternehmen selbst[51]. Zunehmende regulatorische Vorgaben auf dem Gebiet der Compliance verwischen diese Abgrenzung

---

45 Vgl. *Gebauer*, in: DIRK, 2004, S. 505 (511), der die Wertpapier-Compliance als Compliance im engeren Sinne bezeichnet.

46 *Dölling*, Hb. der Korruptionsprävention, 2007, 3. Kap. Rn. 210; *Eibelshäuser*, Der Konzern 2007, S. 735 (736); *Hauschka*, in: Hauschka, Corporate Compliance, 2007, § 1 Rn. 1; *Körner*, NZG 2004, S. 1148.

47 *v. Werder*, in: Ringleb/Kremer/Lutter/v.Werder, Komm. z. DCGK, 3. Aufl. 2008, Rn. 1. Dazu auch *Fleischer*, in: Fleischer, Hb. des Vorstandsrechts, 2006, § 1 Rn. 33.

48 *Bergmoser/Theusinger/Gushurst*, BB-Special 5, 2008, S. 1. Vgl. Erläuterung bei *Merkt*, AG 2003, S. 126 ff.; *Windbichler/Bachmann*, in: FS Bezzenberger, 2000, S. 797.

49 *Eibelshäuser*, Der Konzern 2007, S. 735; *v.Werder*, in: Hommelhoff/Hopt/v.Werder, Hb. Corporate Governance, 2003, S. 4.

50 Dölling, Hb. der Korruptionsprävention, 2007, 3. Kap. Rn. 210; *Bergmoser/Theusinger/Gushurst*, BB-Special 5, 2008, S. 1; *Berndt/Hoppler*, BB 2005, S. 2623 (2627).

51 Vgl. *Eibelshäuser*, Der Konzern 2007, S. 735 (736); *Hauschka*, in: Hauschka, Corporate Compliance, 2007, § 1 Rn. 2; a.A. *Kort*, NZG 2008, S. 81; kritisch auch *Sidhu*, ZCG 2008, S. 13 (16). *Kort* hält Erklärungsansatz für wenig hilfreich, da der Unterschied angesichts des Umstandes, dass die Corporate Governance-Grundsätze „self regulatory law" sind und Compliance vorwiegend auf gesetzliche Vorgaben abstellt, auch umgekehrt definiert werden könnte. *Merkt*, AG 2003, S. 126 (130), spricht aber insoweit von „interner Corporate Governance".

jedoch. Letztendlich wird Corporate Compliance als Baustein guter Corporate Governance eines Unternehmens angesehen[52].

Der Zusammenhang zur Business Judgment Rule erschliesst sich vordergründig durch die Allgemeingültigkeit. Sowohl Corporate Compliance als auch die Business Judgment Rule umfassen Belange jeglicher Aktiengesellschaft zunächst unabhängig etwa von Größe, Branche oder Unternehmensgegenstand.

b) Zentrale Aufgabe der Geschäftsleitung

Da die Business Judgment Rule sich in Entscheidungen der leitenden Organe erschöpft, stellt sich für die weitere Ergründung des Zusammenhangs zwischen dieser und Compliance die Frage nach der Verantwortlichkeit für die Realisierung eines Compliance-Programmsatzes innerhalb des Unternehmens. Gemäß § 76 Abs. 1 AktG wird die Leitungsfunktion in der Aktiengesellschaft dem Vorstand unter eigener Verantwortung übertragen. Unter Leitung ist vor allem die Wahrnehmung der originären Führungsaufgaben, wie Unternehmensplanung[53], Unternehmenskoordinierung und Unternehmenskontrolle sowie die Besetzung der dem Vorstand nachgeordneten Führungspositionen zu verstehen[54]. Gerade diese Führungsaufgaben sind Voraussetzung einer funktionierenden Compliance-Organisation. Das einzuführende System, bei dem Kompetenzen und Ge- und Verbote klar strukturiert werden sowie Sorge dafür zu tragen ist, dass das Unternehmen vor Schaden und Ansehensverlust bewahrt wird, ist nur von der Spitze des Unternehmens aus zu realisieren. Mithin gilt Compliance als zentrale Aufgabe der Unternehmensleitung[55].

---

52 So auch *Bürkle*, BB 2007, S. 1797; *Buff*, Compliance, 2000, S. 66; *Eibelshäuser*, Der Konzern 2007, S. 735; *Fleischer*, NZG 2004, S. 1129 (1131); *Kiethe*, GmbHR 2007, S. 393 (394); *Uwe H. Schneider*, ZIP 2003, S. 645 (647). Zudem wird dies durch die Aufnahme in den Deutschen Corporate Governance Kodex bestätigt, siehe dazu unter § 1 I. 1. a).

53 Zur Unternehmensstrategie: *v.Werder*, in: Ringleb/Kremer/Lutter/v.Werder, Komm. z. DCGK, 3. Aufl. 2008, Rn. 612 ff.

54 *Fleischer*, NZG 2003, S. 449 (450); aus betriebswirtschaftlicher Sicht, *ders.*, ZIP 2003, S. 1 (4) m.w.N.; *Goette*, in: FS 50 Jahre BGH, 2000, S. 123 (125); *Henze*, NJW 1998, S. 3309; *Lücke*, in: Beck'sches Mandatshandb. Vorstand der AG, 2004, § 3 Rn. 6; *Richter*, in: Semler/Peltzer, Arbeitshb. für Vorstandsmitglieder, 2005, § 4 Rn. 15; *Spindler*, in: MüKo AktG, 3. Aufl. 2008, § 76 Rn. 17; *E.Vetter*, in: Krieger/Uwe H. Schneider, Hb. Managerhaftung, 2007, § 17 Rn. 29.

55 *Eibelshäuser*, Der Konzern, S. 735; *Fleischer*, NZG 2004, S. 1129 (1131); *Hüffer*, AktG, 8. Aufl. 2008, § 76 Rn. 7 f.; *Uwe H. Schneider/Sven H. Schneider*, ZIP 2007, S. 2061

An dieser Stelle zeigt sich der Zusammenhang zur Business Judgment Rule. Hinsichtlich der Rechtspflicht zur Leitung der Gesellschaft bindet § 93 Abs. 1 Satz 1 AktG den Vorstand an die „Sorgfalt eines ordentlichen und gewissenhaften Geschäftsleiters“. Durch die Einfügung des Satzes 2 in § 93 Abs. 1 AktG wird dem Vorstand dabei unter den notwendigen Voraussetzungen ein haftungsfreier Ermessenspielraum gewährt. Innerhalb dieses Ermessenspielraumes kann eine bestehende Compliance-Organisation das Erfüllen der Anforderungen der Business Judgment Rule unterstützen, beispielsweise weil Informationen durch die unternehmensinterne Strukturierung ausreichend weitergeleitet wurden. Auf der anderen Seite können die Organmitglieder in eine Haftungsfalle geraten, wenn sie nicht mit derartigen Präventivmaßnahmen vorgesorgt haben. Hierbei ist jedoch zu beachten, dass nicht jede Entscheidung des Vorstands in den Ermessensbereich der Business Judgment Rule fällt und Compliance nicht vor jeder Pflichtverletzung schützen kann, denn der Vorstand ist selbst an Gesetz und Recht gebunden. Zu klären ist aus diesem Grund auch die Frage, ob die Entscheidung zur Implementierung einer Compliance-Organisation überhaupt eine Entscheidung im Sinne der Business Judgment Rule ist.

Es gilt mithin abzugrenzen, welche Aspekte des unternehmerischen Handelns von der Business Judgment Rule umfasst sind, inwieweit Compliance hier möglichen Fehltritten vorgreifen kann und welche zusätzlichen Maßnahmen im Rahmen der Organisation von Nöten sind, um die Haftung der Gesellschaft, ihrer Organe und deren Mitglieder möglichst umfassend einzugrenzen.

II. Gang der Darstellung

Nachdem die Begrifflichkeiten und ihr Zusammenhang dargestellt wurden, soll im folgenden Kapitel geklärt werden, auf welche Rechtsgrundlage die Corporate Compliance-Organisation gestützt werden kann. Dabei wird ein Blick auf spezialgesetzliche Regelungen und solche aus anderen Rechtsordnungen geworfen und die Frage untersucht, ob eine Rechtspflicht zur Implementierung einer derartigen Organisation für Aktiengesellschaften besteht. Daneben werden

(2062); *Uwe H. Schneider*, ZIP 2003, S. 645 (647); vgl. *Turiaux/Knigge*, DB 2004, S. 2199; *E. Vetter*, in: Krieger/Uwe H. Schneider, Hb. Managerhaftung, 2007, § 17 Rn. 29. *Lösler* bezeichnet Compliance daher auch als „Chefsache“, Compliance im Wertpapierdienstleistungskonzern, 2003, S. 187 f.; *ders.*, WM 2007, S. 676 (679).

die Anforderungen der Business Judgment Rule aus § 93 Abs. 1 Satz 2 AktG mit den in der Literatur aufgeworfenen Problemen dargestellt und untersucht. Zusammenführend werden sodann die Grenzbereiche und Überschneidungen der beiden Rechtsfiguren aufgearbeitet. Um die präventive Wirkung und Notwendigkeit einer Compliance-Organisation und das Wechselspiel zwischen haftungsfreiem Ermessenspielraum und Verantwortlichkeit für das eigene Verhalten zu verdeutlichen, werden anschließend die Gefahren und Haftungsfolgen sowohl für dic Handelnden als auch für das Unternehmen erörtert.

Das zweite Kapitel beschäftigt sich mit der umfassenden Unternehmensorganisation von „oben nach unten“. Begonnen wird deshalb mit der Beschreibung der vorstandsinternen Aufgabenverteilung und dem damit zusammenhängenden Regelungsbedarf. Im Anschluss folgen die nachgeordneten Delegationsmöglichkeiten, wobei es insbesondere zwischen der übertragenen Verantwortung eines jeden zuständigen Mitarbeiters und der Gesamtverantwortung des Vorstandes zu unterscheiden und abzugrenzen gilt. Zur unternehmensinternen Organisation gehören ferner die für die Compliance bedeutsamen Felder des Risikomanagements, der Kommunikation, der Dokumentation sowie der bestehenden oder einzuführenden Kontrollinstanzen, deren Aufgaben sowie Grenzen jeweils herausgearbeitet werden. Die Darstellung soll einen Überblick verschaffen, welche Bereiche ein sorgfältig handelnder Vorstand im Rahmen seiner Organisationsentscheidung in welchem Umfang berücksichtigen muss, um sich präventiv den meist schwerwiegenden Folgen einer Pflichtverletzung entziehen zu können.

Das dritte Kapitel behandelt sodann die praktische Umsetzung der modernen Compliance. Im ersten Schritt werden die personellen Anforderungen an eine Compliance-Organisation geschildert. Die in der Literatur bisher durchaus verwirrend dargestellten Begrifflichkeiten[56] „Compliance Officer, Compliance Beauftragter, Compliance Office, Ombudsmann“ sollen einer Struktur zugeführt und auf ihre Funktionen hin untersucht werden. Zudem werden die einzelnen compliance-typischen Instrumente, die sich durch Rechtsimporte oder durch die Entwicklung in den letzten Jahren etabliert haben, aufgezeigt. Abschließend werden Möglichkeiten der akuten Krisenbewältigung analysiert.

---

[56] Dazu näher unter § 5 I. und § 5 II. 6. b).

Zum Abschluss dieser Arbeit wird die Notwendigkeit einer aktienrechtlichen Regelung für Compliance im Hinblick auf die Wechselwirkung mit der Business Judgment Rule erörtert. Zudem wird versucht, Maßstäbe für die individuelle Implementierung einer Compliance-Organisation zu finden, indem entscheidend auf Rentabilitätsgesichtspunkte abgestellt wird. Letzter Aspekt ist die Überprüfung der Funktionen der Compliance.

Ethische und arbeitsrechtliche Aspekte werden bei der gesamten Bearbeitung nicht vertieft und nur dort behandelt, wo sie für die Bedeutung des Zusammenhangs notwendig sind. Ebenso sind konzernrechtliche Tatbestände vollumfänglich auszuklammern, da sie vielerorts einer speziellen Behandlung bedürften, der der Umfang der Untersuchung nicht gerecht werden kann.

1. Kapitel: Voraussetzungen und Zusammenhänge von Compliance und Business Judgment Rule

Die Compliance-Organisation ist eine Leitungsaufgabe des Vorstands. Die Business Judgment Rule eröffnet dem Vorstand bei seinen Entscheidungen einen Ermessensspielraum. In diesem ersten Kapitel soll neben der Klarstellung der Voraussetzungen und rechtlichen Grundlagen der beiden Rechtsfiguren die wechselseitige Einflussnahme von Business Judgment Rule und Compliance erörtert werden. Es sollen die generellen Möglichkeiten des Vorstandshandelns im Rahmen der gesetzlichen Vorgaben von der tatsächlichen Notwendigkeit bestimmter Entscheidungen im Hinblick auf die Haftungsvermeidung abgegrenzt werden. Im Fokus stehen dabei sowohl allgemeingültige Vorstandspflichten als auch im Speziellen die Compliance-Organisation.

§ 1 Rechtliche Grundlagen und Rechtspflichten

Durch die in den letzten Jahren deutlich fortschreitende Entwicklung der Corporate Governance stellt sich für Unternehmen immer mehr die Frage nach einer Verpflichtung zur Einführung eines Compliance-Systems. Zur Erörterung dieser Thematik sollen im ersten Schritt die rechtlichen Grundlagen und die bestehenden Rahmenbedingungen zur Errichtung einer Compliance-Organisation benannt werden. Daneben ist die Kenntnis über die Voraussetzungen der Business Judgment Rule von erheblicher Bedeutung, um die bestmögliche Prävention vor persönlichen Haftungsgefahren zu erarbeiten. Im Anschluss an diese Darstellung wird das Bestehen einer Rechtspflicht zur Errichtung einer Compliance-Organisation diskutiert.

I. Rechtsgrundlagen für eine Compliance-Organisation

1. Rechtliche Grundlagen im deutschen Recht

Primäre Rechtsgrundlage der Compliance ist die geltende Rechtsordnung[57]. Es stellt sich aber auch die Frage nach einem rechtlichen Ansatzpunkt für die Implementierung eines präventiv wirkenden Compliance-Systems. Im Aktiengesetz selbst ist der Begriff Compliance nicht erwähnt. Ausdrücklich genannt ist er seit der Fassung vom 14. Juni 2007 jedoch im Deutschen Coporate Governance Kodex (DCGK)[58].

a) Der deutsche Corporate Governance Kodex

Durch die Neufassung des Deutschen Corporate Governance Kodexes im Jahre 2007 wurde der Begriff Compliance erstmals an drei Stellen ausdrücklich in den Text aufgenommen[59].

Nach Ziffer 4.1.3 DCGK hat *„der Vorstand [...] für die Einhaltung der gesetzlichen Bestimmungen und der unternehmensinternen Richtlinien zu sorgen und wirkt auf deren Beachtung durch die Konzernunternehmen hin (Compliance)*". Unter den Aspekt „Einhaltung unternehmensinterner Richtlinien" fallen dabei nicht nur Regelungen in der Satzung, den Anstellungsverträgen und der Geschäftsordnung, sondern auch Stellenbeschreibungen, Arbeitsanweisungen und Konzernrundschreiben sowie die in einem Verhaltenskodex niedergelegten Leitlinien[60]. Insoweit wird indiziert, dass der Vorstand solche Regelungen vorab treffen und dabei bereits eine Einschätzung der Notwendigkeit der „Selbstregulierungstiefe"[61] in bestimmten Bereichen vornehmen muss[62].

Der Vorstand hat den Aufsichtsrat nach Ziffer 3.4.2 DCGK regelmäßig über relevante Fragen der Planung, der Geschäftsentwicklung, der Risikolage, des Risikomanagements und neuerdings auch der Compliance zu unterrichten. Voraussetzung für eine derartige Information ist nunmehr die Existenz eines solchen Systems.

Betreffend den Aufsichtsrat bestimmt Ziffer 5.3.2 DCGK, dass dieser einen Prüfungsausschuss einrichten soll, der sich unter anderem mit dem Thema Compliance befasst. Diese Regelung intendiert, eine vertiefte Kontrollinstanz hinsichtlich Compliance zu schaffen.

---

57 Vgl. *Hauschka*, in: Hauschka, Corporate Compliance, 2007, § 1 Rn. 21.

58 Der Deutsche Corporate Goverance Kodex ist abrufbar unter www.coporate-governance-code.de. (zuletzt besucht am 19.10.2009).

59 Zu den Änderungen in 2007 siehe *E. Vetter*, DB 2007, S. 1963 und *van Kann/Eigler*, DStR 2007, S. 1730.

60 *Bürkle*, BB 2007, S. 1797 (1798); *E. Vetter*, DB 2007, S. 1963.

61 *Bürkle*, BB 2007, S. 1797 (1799).

62 Kritisch zur Formulierung der Ziffer 4.1.3 DCGK: *Sidhu*, ZCG 2008, S. 13 (14).

Mithin führt der Deutsche Coporate Goverance Kodex die Compliance in ein Regelwerk ein, das nach § 161 AktG für börsennotierte Aktiengesellschaften gilt. Diese Unternehmen sind verpflichtet, eine Erklärung abzugeben, mit der sie bestätigen können, den Empfehlungen des Deutschen Coporate Goverance Kodexes zu folgen oder nicht. Der Kodex kann somit innerhalb seines Anwendungsbereichs bereits die Funktion einer geschriebenen Grundlage für die Einführung einer solchen Unternehmensstruktur übernehmen. Inwiefern der Deutsche Coporate Goverance Kodex verbindlich ist und ob er fortwährend zu einer Compliance-Rechtspflicht führt, soll sogleich[63] diskutiert werden.

b) Spezialgesetzliche Regelungen zu Organisationspflichten

Bestimmte Organisationspflichten ergeben sich aus spezialgesetzlichen Vorschriften. Dies resultiert vor allem daraus, dass einerseits in empfindlichen Branchen die Anforderungen an eine interne Organisation frühzeitig gesetzlich fixiert und detailliert ausgearbeitet wurden, andererseits Gesetzesnovellen zunehmend die ausführliche Ausgestaltung einer ordnungsgemäßen Geschäftsorganisation als notwendig erachten und inkorporieren. Im Zusammenhang mit der Corporate Compliance sind die bedeutendsten Regelungen kurz darzustellen:

Gemäß § 25a Abs. 1 KWG[64] sind Kredit- und Finanzdienstleistungsinstitute verpflichtet, über geeignete Regelungen zur Steuerung, Überwachung und Kontrolle der Einhaltung der gesetzlichen Bestimmungen und der Beachtung der betriebswirtschaftlichen Notwendigkeiten zu verfügen. Auch § 33 Abs. 1 WpHG regelt derartige Organisationspflichten und formuliert diese für Wertpapierdienstleistungsunternehmen. Nach dem Wortlaut der zum 1. November 2007[65] neu gefassten Vorschrift des § 33 Abs. 1 WpHG müssen sowohl die Anforderungen des § 25a Abs. 1 KWG[66] als auch die detailliert aufgelisteten Organisationspflichten des § 33 Abs. 1 Satz 2 Nr. 1 – 6 WpHG eingehalten werden. Letztere verlangen im Rahmen einer dauerhaften und wirksamen Compliance-Funktion angemessene Vorkehrungen und (Kontroll-) Verfahren, um die Einhaltung der Anforderungen des Wertpapierhandelsgeset-

---

63 Siehe Diskussion zur Rechtspflicht unter § 1 III. 1.

64 Zur Reichweite des § 25a Abs. 1 KWG siehe *Bürkle*, WM 2005, S. 1496.

65 § 33 neu gef. M.W.v. 1.11.2007 durch Gesetz v. 16.7.2007 (siehe BGBl. I S. 1330).

66 Vgl. *Weber-Rey*, AG 2008, S. 345 (350 f.).

zes durch das Unternehmen und seine Mitarbeiter zu gewährleisten sowie Interessenkonflikten jedweder Art entgegenzuwirken. Neben der Benennung eines unabhängigen Compliance-Beauftragten gilt es, Geschäftskontinuität und ein Beschwerdemanagement zu gewährleisten.[67] Damit ist § 33 Abs. 1 WpHG im Verhältnis zu § 25a KWG eine Spezialnorm[68] und enthält in seiner Formulierung als erstes deutsches Gesetz den Begriff Compliance in § 33 Abs. 1 Nr. 1 und 5 WpHG.

Gemäß § 317 Abs. 4 HGB prüft bei der börsennotierten Aktiengesellschaft der Abschlussprüfer die Eignung und die Funktionsfähigkeit der dem Vorstand nach § 91 Abs. 2 AktG obliegenden Maßnahmen[69]. Diese Maßnahmen sollen einen Organisationsstandard gewährleisten, der die Früherkennung bestandsgefährdender Entwicklungen erlaubt. Gesprochen wird insoweit auch von einem Risikofrüherkennungssystem[70], welches im zweiten Schritt auf die Effektivität der bereits eingeleiteten Maßnahmen hin zu überwachen ist[71].

Weitere detaillierte Regelungen enthalten das Versicherungsaufsichtsrecht und das Geldwäschegesetz. Der seit dem 1. Januar 2008 geltende § 64a VAG statuiert Anforderungen an die „Geschäftsorganisation", und § 14 Abs. 1 und 2 GwG verlangen von den genannten Adressaten interne Präventionsmaßnahmen zur Verhinderung, dass sie zur Einschleusung von Gewinnen aus Straftaten in den Geldwäschekreislauf benutzt werden. Auch im Arbeitsrecht sind Organisationspflichten kodifiziert worden. § 12 Abs. 1 AGG legt dem Arbeitgeber[72] die Pflicht auf, erforderliche Maßnahmen auch vorbeugender Art zum Schutz der Beschäftigten vor Benachteiligungen zu ergreifen[73].

---

67 Zu den Einzelheiten im Zusammenhang mit der MiFID, Richtlinie über Märkte und Finanzinstrumente vom 21.04.2004, 2004/39/EG, Abl. EU Nr. L 145 vom 30.04.2004, S. 1, siehe *Röh*, BB 2008, S. 398 (400 ff.); *Spindler*, WM 2008, S. 905 (907 ff.).

68 *Gebauer*, in: Hauschka, Corporate Compliance, 2007, § 31 Rn. 15.

69 Dazu *Hauschka*, DB 2006, S. 1143 ff.

70 *Arbeitskreis Schmalenbach Gesellschaft*, DB 2006, S. 2189 (2190); *Fleischer*, NZG 2003, S. 449 (450); *Hauschka*, AG 2004, S. 461 (467); *Ringleb*, in: Ringleb/Kremer/Lutter/v. Werder, Komm. z. DCGK, 3. Aufl. 2008, Rn. 646.

71 Zur Auslegung des § 91 Abs. 2 AktG siehe § 4 II. 2.

72 Zwar ist der Vorstand nicht der Arbeitgeber, er hat jedoch die Pflichten der AG zu realisieren. I.E. trifft ihn die Pflicht aus § 12 Abs. 1 AGG.

73 *Mengel/Hagemeister*, BB 2006, S. 2466 (2467); *Müller-Bonanni/Sagan*, BB-Special 5, 2008, S. 28 f.

Diese beispielhaften, gesetzlichen Regelungen zu Organisationspflichten des Vorstands außerhalb des Aktiengesetzes weisen im Hinblick auf das aktienrechtliche Konzept eher fragmentarischen oder branchenspezifischen Charakter auf[74]. Die vereinzelten Normen bieten zwar weitere Anhaltspunkte für allgemeine organisatorische Anforderungen in Unternehmen, allerdings ohne umfassende Regelungen für die Compliance-Organisation einer Aktiengesellschaft zur Verfügung zu stellen.

c) Aktienrechtliche Grundlage, § 76 Abs. 1 AktG

Innerhalb des Aktiengesetzes regelt § 91 AktG laut amtlicher Überschrift die „Organisation". Damit ist aber in § 91 Abs. 2 AktG nur das zuvor erwähnte Risikofrühwarnsystem angesprochen, welches hinsichtlich der Suche nach einer Rechtsgrundlage für eine umfassende Organisation nur bruchstückhaft weiter hilft. Vielmehr konkretisiert § 91 Abs. 2 AktG lediglich Einzelaspekte der Leitungsverantwortung des Vorstandes[75], die sich aus § 76 Abs. 1 AktG[76] ergibt und laut Gesetzesbegründung zum KonTraG grundsätzlich auch die Organisationspflicht des Vorstands umfasst[77]. Folgerichtig treffen den Vorstand, neben den gegebenenfalls einschlägigen spezialgesetzlichen Regelungen, bereits grundlegende Pflichten zur Organisation der Aktiengesellschaft als Ausfluss der Leitungsorganstellung. Da es dazu jedoch keine detailliert beschreibende Regelung gibt, wird oft eine Ausstrahlungswirkung der spezialgesetzlichen Tatbestände und auch des Deutschen Corporate Governance Kodexes auf die Generalklausel angenommen[78]. Es liegt nahe, dass ein Vorstand, der sich auf einem bislang bezüglich der gesellschaftsrechtlichen Compliance-Anforderungen ungeregelten Rechtsgebiet bewegt, im Rahmen seiner

---

74 *Bürkle*, BB 2005, S. 565 (567).

75 Siehe LG Berlin, AG 2002, S. 682 (684); *Berg*, AG 2007, S. 271 (275); *Braun*, in: Boos/Fischer/Schulte-Mattler, KWG, 3. Aufl. 2008, A. § 25a Rn. 8; *Bürkle*, WM 2005, S. 1496 (1497); *Fleischer*, NZG 2003, S. 449 (450); *Hüffer*, in AktG, 8. Aufl. 2008, § 91 Rn. 1; *Zimmermann*, WM 2008, S. 433 (435).

76 Siehe Einleitung I. 3. b).

77 Vgl. *Reg.Begr.* KonTraG, BT-Drucks. 13/9712, S. 15.

78 Für spezialgesetzliche Regelungen: *Fleischer*, CCZ 2008, S. 1; *Kort*, NZG 2008, S. 81 (83); *Mutter*, AG-Report 2007, S. R 352 f.; *Preußner*, NZG 2004, S. 57 (58); *Weber-Rey*, AG 2008, S. 345 (350 Fn. 69 und S. 358). Für den DCGK: OLG Schleswig, NZG 2003, S. 176 (179); *Seibt*, AG 2002, S. 249 (250 f.); *Spindler*, WM 2008, S. 905 (906); eingeschränkt *Zimmermann*, WM 2008, S. 433 (435), der nur auf die Ausfüllung von § 91 Abs. 2 AktG eingeht.

Organisationspflicht einen Blick auf die rechtlich kodifizierten Belange einer anderen Branche[79] oder einer anderen Rechtsordnung wirft. Inwiefern diese Ansprüche für die Corporate Compliance ausreichend sind, wird sich erst im Falle eines Gerichtsprozesses herausstellen, denn offen bleibt, ob die Anforderungen der Spezialtatbestände der allgemein geforderten Organisationspflicht aus § 76 Abs. 1 AktG im speziellen Fall Genüge tun. Abgesehen von dem immer vorhandenen Prozessrisiko erscheint es jedenfalls sinnvoll, bei der Auslegung und Konkretisierung von Generalklauseln die Möglichkeit der Anregungen aus sektorspezifischen Rechtsgebieten anzuerkennen. Diese vom Gesetzgeber für regelungsbedürftige Branchen als ausreichend angesehenen Organisationsstrukturen müssen auf Grund ihrer Besonderheiten vor einer Übertragung jedoch immer einer zielgerichteten Einzelfallprüfung unterzogen werden[80].

Eine Compliance-Organisation basiert also - außerhalb der eindeutig normierten Organisationspflichten - immer auf der Leitungsverantwortung des Vorstandes aus § 76 Abs. 1 AktG. Wie sich diese im Einzelnen ausgestaltet und ob darin eine Pflicht zur Einführung einer Compliance-Organisation im Ganzen begründet sein kann, gilt es noch zu klären.

2. Rechtliche Grundlagen in anderen Rechtsordnungen

Mangels ausdrücklicher und abschließender Bestimmungen im deutschen Recht lohnt es sich, einen Blick auf Rechtsgrundlagen anderer Rechtsordnungen zu werfen, die häufig als Maßstab für die Ausgestaltung von internen Programmsätzen in Aktiengesellschaften nach deutschem Recht herangezogen werden.

a) Sarbans-Oxley-Act 2002

Das bezüglich Compliance wohl bekannteste Gesetz ist der im Jahre 2002 durch den US-amerikanischen Gesetzgeber erlassene Sarbanes-Oxley-Act (kurz:

---

[79] *Fleischer*, ZIP 2003, S. 1 (10), sieht insoweit eine Überholung des Gesellschaftsrechts durch das Wirtschaftsaufsichtsrecht und prognostiziert eine Rückwirkung auf die aktienrechtliche Legalverfassung.

[80] Eine kritische Prüfung voraussetzend *Bürkle*, BB 2005, S. 565 (567); *ders.*, WM 2005, S. 1496 ff; *Mutter*, AG-Report 2007, S. R 352 f.; *Spindler*, WM 2008, S. 905 (909); *Weber-Rey*, AG 2008, S. 345 (358).

SOA)[81], der auf die Bilanzskandale von Unternehmen wie Enron und Worldcom reagierte. Der Sarbanes-Oxley-Act verfolgt das Ziel, die in den letzten Jahren vorherrschende Erosion von Vertrauen in die Verlässlichkeit von Kapitalmarktinformationen und Wirksamkeit der Corporate Governance aufzuhalten[82]. Im Bereich der Corporate Governance verlangt das Gesetz die zwingende Einrichtung eines unabhängigen Audit Committees (Sec. 301 SOA)[83] sowie erweiterte Offenlegungs- und Prüfungspflichten (Sec. 401 – 409 SOA), die sich insbesondere als interne Finanzkontrollsysteme gestalten (Sec. 404 SOA)[84] und die eine neue Erklärungspflicht sowohl für den Principal Executive Officer als auch für den Principal Financial Officer vorsehen[85]. Die Verletzung dieser Erklärungspflicht kann neben zivilrechtlicher (Sec. 302 SOA) auch zu strafrechtlicher Haftung (Sec. 906 SOA) führen[86]. Daneben regelt der Sarbanes-Oxley-Act die Einführung von Whistleblowing-Verfahren gleich an mehreren Stellen (Sec. 301, 307, 806 SOA)[87].

Der Sarbanes-Oxley-Act formuliert somit detaillierte Organisationsstandards für die an US-amerikanischen Börsen notierten Unternehmen, zu denen auch deutsche Unternehmen zählen[88]. Aus diesem Grund sind bereits viele namhafte,

---

81 Gesetzestext abrufbar unter www.sec.gov unter der Rubrik „Laws and Regulations" (zuletzt besucht am 19.10.2009). Dies ist die Homepage der US-Börsenaufsicht (Securities and Exchange Commission).

82 Zum SOA umfassend: *Arbeitskreis Schmalenbach Gesellschaft*, BB 2004, S. 2399 ff.; *Donald*, WM 2003, S. 705 ff.; *Gruson/Kubicek*, AG 2003, S. 337 ff. und 393ff.; *Schwarz/Holland*, ZIP 2002, S. 1661 ff.; *Willms*, in: Semler/v. Schenck, in: Arbeitshb. für AR-Mitglieder, 3. Aufl. 2009, § 14.

83 Vgl. *Gruson/Kubicek*, AG 2003, S. 337 (340 ff.).

84 Siehe dazu *Büssow/Taetzner*, BB 2005, S. 2437 ff.; *Bungartz/Szackamer*, ZCG 2007, S. 123 (124); *Moll/Niedermeier*, VW 2006, S. 2001 (2004 ff.); *Schoberth/Sevatius/Thees*, BB 2006, S. 2571 ff.

85 *Gruson/Kubicek*, AG 2003, S. 393 (401 ff.).

86 *Dölling*, Hb. der Korruptionsprävention, 2007, 3. Kap. Rn. 219; *Schoberth/Sevatius/Thees*, BB 2006, S. 2571 (2573). Zum US-amerikanischen Aufsichtsrecht: *Strauch*, NZG 2003, S. 952 ff.

87 Vgl. dazu: *Berndt/Hoppler*, BB 2005, S. 2623 (2625); *Dölling*, Hb. der Korruptionsprävention, 2007, 2. Kap. Rn. 131 ff.; *Mahnhold*, NZA 2008, S. 737 (740); *Weber-Rey*, AG 2006, S. 406 (408); *Zimmermann*, WM 2007, S. 1060 ff.

88 Vgl. *Arbeitskreis Schmalenbach Gesellschaft*, BB 2004, S. 2399; *Bergmoser/Theusinger/Gushurst*, BB-Special 5, 2008, S. 1 (2); *Cauers/Haas/Jakob/Kremer/Schartmann/Welp*, DB 2008, S. 2717 ; *v.Hehn/Hartung*, DB 2006, S. 1909; *Mengel/Hagemeister*, BB 2006, S. 2466 (2467); *Merkt*, AG 2003, S. 126 (130); *Uwe H. Schneider*, CCZ 2008, S. 18; *Willms*, in: Semler/v. Schenck, in: Arbeitshb. für AR-Mitglieder, 3. Aufl. 2009, § 14 Rn. 10 f.

deutsche Aktiengesellschaften verpflichtet, die Umsetzung dieses Katalogs nachzuweisen. Die einzige Möglichkeit dem zu entgehen, wäre, sich vom US-amerikanischen Kapitalmarkt zurückzuziehen. Ein Delisting allein aus diesem Grund würde allerdings meist weder im Interesse des Unternehmens liegen noch praktisch auf einfachem Wege auszuführen sein[89].

b) US Federal Sentencing Guidelines

Weitere wesentliche Rahmenbedingungen zu Organisationsstandards sind in den USA im laufend aktualisierten „Guidelines Manual"[90] zu den „Federal Sentencing Guidelines" (FSG) oder auch „United States Sentencing Guidelines" (USSG)[91] zu finden. In diesen öffentlich-rechtlichen Verwaltungsanweisungen sind die Straftatbestände des United States Code aufgezählt, deren Tatbestands- und Verschuldenskriterien für die Bemessung der zu verhängenden Strafe anhand von Multiplikatoren festgelegt werden, der so genannte *base offence level*[92]. Der Nachweis über die Existenz eines angemessenen, funktionierenden Compliance-Programms („*effective program to prevent and detect violations of law*"[93]) bewirkt dabei, dass der base offence level herabgesetzt wird, praktisch eine Strafmilderung eingreift.[94]

Inhaltlich setzt das „Guidelines Manual" für ein effektives Compliance-Programm klare Strukturen und eine angemessene Sorgfalt voraus, um die Gefahr kriminellen Verhaltens zu reduzieren. Dabei gilt es zu verhindern, dass Mitarbeiter mit „kriminellen Neigungen" Ermessensverantwortung erhalten. Die Vertreter der Führungspositionen sind angehalten, gerade dies und die Einhaltung der übrigen Standards zu kontrollieren. Zur Aufdeckung von

---

89 Vgl. *Gruson/Kubicek*, AG 2003, S. 337 (340). Siehe zur Thematik „Auswirkungen des SOA auf deutsche Unternehmen" eine Studie des Deutschen Aktieninstituts vom 16.02.2006, abrufbar unter: http://www.dai.de/internet/dai/dai-2-0.nsf/dai_ publikationen.htm unter der Rubrik „Studien 2006" (zuletzt besucht am 19.10.2009).

90 Der Text kann unter dem Link http://www.ussc.gov/2008guid/GL2008.pdf abgerufen werden (zuletzt besucht am 19.10.2009).

91 *Eibelshäuser*, Der Konzern 2007, S. 735 (737).

92 Vgl. beispielhafte Berechnungen bei *Linklater/McElyea*, RIW 1994, S. 117 (120).

93 Siehe § 8 C 4.11. USSG.

94 Vgl. *Bergmoser/Theusinger/Gushurst*, BB-Special 5, 2008, S. 1 (2); *Dölling*, Hb. der Korruptionsprävention, 2007, 3. Kap. Rn. 229; *Hauschka*, in: Hauschka, Corporate Compliance, 2007, § 1 Rn. 40 ff.; *ders.*, DB 2006, S. 1143 f.; *Ringleb*, in: Ringleb/Kremer/Lutter/v. Werder, Komm. z. DCGK, 3. Aufl. 2008, Rn. 619 ff.; *Uwe H. Schneider*, ZIP 2003, S. 645 (648).

Straftaten sollen Systeme zu „Monitoring und Auditing“ sowie ein Berichtssystem etabliert werden, durch das die Mitarbeiter anonym Informationen über den Verdacht von Straftaten oder Hinweise bezüglich Kollegen weiterleiten können[95]. Den Mitarbeitern sollen die Anforderungen wirksam (z.B. durch Trainingsprogramme) vermittelt und die nachhaltige Durchsetzung und Anwendung durch disziplinarische Maßnahmen sichergestellt werden. Im Nachgang müssen sodann Rückschlüsse aus einem Vorfall für die Zukunft erarbeitet werden[96].

c) UK Competition Act Guideline Enforcement (OFT 407)

Ähnlich wie in den USA weist auch das britische Recht Regelungen zu Strafmilderungen bei Bestehen einer Compliance-Organisation auf. Diese Thematik wird im Zusammenhang mit der Durchsetzung des Kartellrechts durch das Office of Fair Trading (OFT)[97] in einer Richtlinie „Enforcement“ (OFT 407)[98] behandelt, in der die Aufgaben und Befugnisse des OFT beschrieben und die verschiedenen Vorgehensweisen und Sanktionsmöglichkeiten dargestellt werden. Die Richtlinie sieht auch eine Strafmilderungsmöglichkeit bei Existenz eines Compliance-Programms vor, die folgende Voraussetzungen hat[99]:

Das Programm muss aktiv eingeführt sein („actively implemented“) und angemessene Grundsätze und Verfahrensweisen enthalten, die sichtbare und dauerhafte Unterstützung des Senior Managements haben, welches die Einhaltung des Programms überwacht. Für die Mitarbeiter wird aktives und dauerhaftes Training auf allen Unternehmensebenen sowie eine Beratung eingerichtet. Bei Verstoß gegen die gelehrten Inhalte greifen arbeitsrechtliche Konsequenzen. Zur Feststellung des tatsächlichen Erreichens der vorgegebenen Ziele ist das Programm in regelmäßigen Zeitabständen zu bewerten. Dazu

---

95 Zum sog. Whistleblowing später, § 5 II. 6.

96 Vgl. auch dazu *Hauschka*, in: Hauschka, Corporate Compliance, 2007, § 1 Rn. 40 ff.; *ders*., DB 2006, S. 1143 f.

97 Das Office of Fair Trading setzt in Großbritannien das Wettbewerbsrecht durch, betreibt den Verbraucherschutz und informiert darüber. Siehe Homepage des OFT www.oft.gov.uk (zuletzt besucht am 19.10.2009).

98 Abrufbar unter dem Link: http://www.oft.gov.uk/advice_and_resources/publications/guidance/competition-act/oft407 (zuletzt besucht am 19.10.2009).

99 Siehe *Buff*, Compliance, 2000, S. 191; *Hauschka*, in: Hauschka, Corporate Compliance, 2007, § 1 Rn. 44 f. und *ders*., DB 2006, S. 1143 (1144).

geeignete Maßnahmen können neben der Kontrolle und Überprüfung des Berichtswesens auch unangekündigte Prüfungen und Abfrage von Wissen sein.

d) Australian Standard on Compliance Programs (AS 3806-1998)

Eine etwas anders gestaltete Regelung findet sich in den „Australian Standard on Compliance Programs“ (AS 3806-1998)[100], die 1998 vom Standards Australia Committee QR/14 unter Beteiligung von Behörden, Verbraucherschützern und „Professionals“ erarbeitet wurden[101].

Der Text des AS 3806-1998 ist in drei Abschnitte unterteilt. Im ersten werden zunächst Zweckbestimmungen und Definitionen der Compliance und der mit dieser zusammenhängenden Begriffe erläutert. Der zweite Abschnitt zeigt essentielle Elemente eines Compliance-Programmes auf, die nach dem Schema „strukturelle, operationelle und bewahrende Elemente“ gegliedert sind und als Minimalanforderungen zu verstehen sind. Die Struktur soll vor allem durch Commitment[102] auf allen Managementebenen, eine Compliance Policy, die Festlegung der Verantwortlichen für das System, angemessene Ressourcen und eine Philosophie der kontinuierlichen Verbesserung geprägt sein. Operationelle Elemente erstrecken sich auf die jeweilige Umsetzung der Verfahren insbesondere die Einführung von Trainingsprogrammen, Beschwerde- und Reportingsystemen, die systematische Dokumentation und die Überwachung seitens des Managements. Das bewahrende Element sorgt durch Offenlegung des Systems nach außen, Ausbildung und Training für Nachhaltigkeit. Compliance soll ein messbarer Prozess sein, der immer wieder der Überprüfung bedarf.

Der dritte Abschnitt behandelt die Implementierung der gerade schematisch dargestellten Elemente, befasst sich also vor allem mit der personellen Umsetzung, wobei die Verantwortlichkeit für den Erfolg bis hin zur individuellen Stellenbeschreibung detailliert wird. Auf Grund dieser ausgefeilten

---

[100] Der Text ist im Internet nicht frei verfügbar. Er kann nur über SAI Global Distributors of Australian Standards unter www.standards.com.au per Lizenz gegen Gebühr abgerufen werden (zuletzt besucht am 19.10.2009).

[101] Auch hier ist auf die umfassende Darstellung von *Hauschka*, in: Hauschka, Corporate Compliance, 2007, § 1 Rn. 46 ff. zu verweisen. *Ders.*, DB 2006, S. 1143 (1144).

[102] Vgl. unten im Zusammenhang mit dem Mission Statement, § 5 II. 2. und Fn. 1131.

Darstellung gilt der AS 3806-1998 als eine der weltweit erfolgreichsten Anleitungen für Compliance Programme.

3. Ertrag für die Corporate Compliance in Deutschland

Die genannten Änderungen im Deutschen Corporate Goverance Kodex befassen sich nicht mit Einzelheiten eines Compliance-Systems, so dass sich am Mangel einer detaillierten Rechtsgrundlage zur Einführung einer Compliance-Organisation im deutschen Aktienrecht nichts ändert. Trotzdem gibt es zahlreiche Spezialvorschriften und neuere Regelungen, die auch in Anlehnung an internationale Standards und Gesetzesnovellen[103] den Trend der Verrechtlichung von Organisationsanforderungen weiter verstärken[104]. Zu erkennen ist, dass Gesetzesänderungen zwar immer mehr ins Detail gehen, inhaltlich jedoch meist nicht weit von den bereits national und international bestehenden Vorschriften abweichen. Im Mittelpunkt stehen stets Commitment, Unabhängigkeit, zahlreiche Kontrollinstanzen, Schulungen der Mitarbeiter und Offenlegung des Geschehens nach außen. Vertrauen soll dadurch erweckt werden, dass bei einem umfassenden und funktionierenden System kaum noch die Möglichkeit besteht, unbemerkt gegen Gesetze und interne Vorschriften zu verstoßen.

Inwiefern diese Vorgaben in das Regelwerk des deutschen Rechts zu integrieren sind, wie die Unternehmenspraxis bereits heute aussieht und welche Besonderheiten gelten, ist im späteren Verlauf dieser Bearbeitung zu behandeln.

II. Rechtsgrundlage der Business Judgment Rule

1. Kodifikation der Business Judgment Rule in § 93 Abs. 1 Satz 2 AktG

Von der Organisationsverantwortung und den zahlreichen Möglichkeiten, die dem Vorstand dabei offen stehen, gelangt man zum Geschäftsleiterermessen und den Grenzen, die diesem gesetzt sind. Seit November 2005 ist das viel diskutierte „Gesetz zur Unternehmensintegrität und zur Modernisierung des Anfechtungsrechts (UMAG)“[105] in Kraft. Das UMAG hat die Anforderungen an

---

[103] *v. Rosen*, AG 2008, S. 537; zum BilMoG so auch: *Ernst/Seidler*, BB 2007, S. 2557.

[104] Dazu *Dreher*, AG 2006, S. 213 (221); *Uwe H. Schneider*, DB 1993, S. 1909; *Spindler*, Unternehmensorganisationspflichten, 2001, S. 288 ff.; *ders./Kasten*, AG 2006, S. 785.

[105] Text des Artikelgesetzes vom 22. September 2005 in BGBl. I 2005, S. 2802 ff.

die Sorgfaltspflicht der Mitglieder des Vorstandes bei der Erfüllung ihrer Hauptaufgabe, unternehmerische Entscheidungen zu treffen (§§ 76, 93 Abs. 1 Satz 1 AktG[106]), durch die Einfügung eines neuen Satz 2 in § 93 Abs. 1 AktG erstens präzisiert und zweitens zugleich die Haftung für Pflichtverletzungen begrenzt[107]. Die unternehmerische Tätigkeit der Vorstände und Aufsichtsräte in Aktiengesellschaften wird seither an der Business Judgment Rule gemessen, welche eine unwiderlegliche Vermutung pflichtkonformen Verhaltens begründet. Dieser Vermutung entspricht gemäß § 93 Abs. 1 Satz 2 AktG, wer „bei einer unternehmerischen Entscheidung vernünftigerweise annehmen durfte, auf der Grundlage angemessener Informationen zum Wohle der Gesellschaft zu handeln".

2. Entstehungsgeschichte der Business Judgment Rule

Dass die Business Judgment Rule nicht durch den deutschen Gesetzgeber etabliert wurde, intendiert bereits ihre englischsprachige Bezeichnung. Zum weiteren Verständnis ist es sinnvoll, sich die Entwicklungsstufen bis hin zur Kodifikation anzusehen.

a) Amerikanisches Vorbild: Delaware Supreme Court und ALI Principles

Erste Kriterien zur Beurteilung unternehmerischer Entscheidungen wurden bereits 1829[108] in Form einer „Business Judgment Rule" durch die US-amerikanische Rechtsprechung festgesetzt und fortan weiter entwickelt[109]. Der Louisana Supreme Court kam früh zu der Erkenntnis, dass unternehmerische Entscheidungen kaum justiziabel seien und dass die Direktoren einer Gesellschaft - im Gegensatz zu Richtern - in besonderer Weise befähigt seien,

---

106 Zur Herleitung des Leitungsermessens siehe *Hüffer*, in: FS Raiser, 2005, S. 163 ff.

107 *Horn*, in: FS Westermann, 2007, S. 1053.

108 *Percy vs. Millaudon*, 8 Mart. (NSW) 68 (Louisiana Supreme Court 1829). Siehe auch *Fleischer*, in: FS Wiedemann, 2002, S. 827 (833 f.) mit einem Überblick zu anderen Rechtsordnungen.

109 Näher *Kock/Dinkel*, NZG 2004, S. 441 (444 ff.); *Paefgen*, Unternehmerische Entscheidungen und Rechtsbindung der Organe in der AG, 2002, S. 151 ff.; *Ulmer*, DB 2004, S. 859 (860 f.).

die erforderlichen Geschäftsentscheidungen zu treffen[110]. Eine weitere Entscheidung[111] des Delaware Supreme Court aus dem Jahre 1984 (*Aronson vs. Lewis*), die seither als Leitenscheidung gilt, formuliert die folgenden drei Voraussetzungen für die Business Judgment Rule:

„*...it is a presumption that in making business decision the directors of a corporation acted*

1. *on an informed basis*
2. *in good faith*
3. *in the honest belief, that the action taken was in the best interest of the company*".

Mangels gesetzlicher Kodifizierung in den USA haben sich einige Bundesstaaten an diese Formulierung, andere an die des American Law Institutes (ALI) angepasst[112]. Die abstrakt-generelle Fassung der Business Judgment Rule in § 4.01 (c)[113] der seitens des ALI aufgestellten Principles of Corporate Governance aus dem Jahre 1994 lautet wie folgt:

„*A director or officer who makes a business judgment in good faith fulfills the duty under this Section if the director or officer:*

1. *is not interested in the subject of the business judgment;*
2. *is informed with respect to the subject of the business judgment to the extent the director or officer reasonably believes to be appropriate under the circumstances; and*
3. *rationally believes that the business judgment is in the best interest of the corporation*".

Nach amerikanischem Vorbild können die Organmitglieder mithin nicht herangezogen werden, wenn sie ihre Entscheidung in gutem Glauben ohne

---

[110] *Kock/Dinkel*, NZG 2004, S. 441 (445); *Böttcher*, NZG 2005, S. 49 (51). Siehe hierzu auch die Entscheidung *Joy vs. North*, 692 F.2d 886 (2d Cir. 1982), worin ausgeführt wird, dass Richter schlechte Geschäftsleute sind.

[111] 473 A. 2d 805, 812 (Delaware Supreme Court 1984).

[112] *Kock/Dinkel*, NZG 2004, S. 441 (445) m.w.N. zu Gerichtsentscheidungen des Delaware Supreme Courts.

[113] American Law Institute, Priciples of Corporate Governance: Analysis and Recommendations, 1994, § 4.01 (c).

Verfolgung persönlicher Interessen, auf einer angemessenen Informationsgrundlage und im wohlverstandenen Unternehmensinteresse treffen[114].

Unabhängig von der Einordnung im deutschen Recht hat die Regelung im US-amerikanischen Recht eine doppelte Bedeutung für den Haftungsprozess[115], die in der Wortwahl „presumption“[116] begründet liegt[117]. Dadurch wird rechtmäßiges Verhalten des Geschäftsleiters unterstellt und die Überprüfung der unternehmerischen Entscheidung nicht nur davon abhängig gemacht, dass Mängel im Entscheidungsprozess aufgetreten sind, sondern darüber hinaus den Klägern auch die Beweislast hierfür auferlegt. Ein Gericht wird folglich erst in die Sachprüfung eintreten, wenn es den Klägern gelungen ist, das Vorliegen mindestens einer der drei Voraussetzungen für die Ordnungsgemäßheit der unternehmerischen Entscheidung zu widerlegen. Im US-amerikanischen Recht kommt der Business Judgment Rule somit auch eine Funktion als Beweislastregel zu[118].

b) ARAG/Garmenbeck-Entscheidung

Auch dem deutschen Recht ist die Business Judgment Rule nicht erst seit dem UMAG bekannt. In Fortführung seiner früheren, schon in diese Richtung weisenden Rechtsprechung[119] fällte der Bundesgerichtshof im Jahre 1997 die ARAG/Garmenbeck-Entscheidung[120]. Darin hielt er fest, *„dass dem Vorstand bei*

---

114 So auch *Schäfer/Missling*, NZG 1998, S. 441 (444); *Sven H. Schneider*, DB 2005, S. 707; *Spindler*, in: MüKo AktG, 3. Aufl. 2008, § 93 Rn. 36; *Ulmer*, DB 2004, S. 859 (861); *Weiss/Buchner*, WM 2005, S. 162 (163). Siehe zur US-amerikanischen BJR auch Darstellung bei: *Abeltshauser*, Leitungshaftung im Kapitalgesellschaftsrecht, 1998, S. 130 ff.; *Mutter*, Unternehmerische Entscheidungen und Haftung des Aufsichtsrates der Aktiengesellschaft, 1994, S. 207 ff.

115 *Ulmer*, DB 2004, S. 859 (860).

116 Übersetzt: unwiderlegliche Vermutung.

117 *Paefgen*, AG 2004, S. 245 (256 f.). Dies gilt zumindest für den Text der Entscheidung des Delaware Supreme Court. Die Formulierung des ALI enthält den Begriff „presumption“ nicht. *Kock/Dinkel* (siehe Fn. 109) sehen darin gerade den Unterschied, dass die ALI Principles keine Beweislastregel begründen. *Ulmer* (Fn. 109), sieht in beiden Fällen eine Beweislastregelung.

118 *Fleischer*, ZIP 2004, S. 685 (688); *Hopt/Roth*, in: Großkommentar AktG, 4. Aufl. 2006, § 93 Abs. 1 S. 2, 4 nF Rn. 7; *Paefgen*, AG 2004, S. 245 (256); *ders.*, Unternehmerische Entscheidungen und Rechtsbindung der Organe in der AG, 2002, S. 169 f. ; *Ulmer*, DB 2004, S. 859 (860).

119 Siehe hierzu die umfassende Darstellung der Rechtsprechung bei *Goette*, in: FS 50 Jahre BGH, 2000, S. 123 (129 ff.).

120 BGHZ (1997) 135, S. 244 ff. = NJW 1997, S. 1926 ff. = AG 1997, S. 377 ff.

der Leitung der Geschäfte des Gesellschaftsunternehmens ein weiter Handlungsspielraum zugebilligt werden muss, ohne den eine unternehmerische Tätigkeit schlechterdings nicht denkbar ist. Dazu gehört neben dem bewussten Eingehen geschäftlicher Risiken grundsätzlich auch die Gefahr von Fehlbeurteilungen und Fehleinschätzungen, der jeder Unternehmensleiter, mag er auch noch so verantwortungsbewusst handeln, ausgesetzt ist“[121]. Dass ein Vorstandsmitglied nicht für jede sich im Nachhinein als ungünstig erweisende Entscheidung haftet, ist an sich selbstverständlich und war auch bis dahin in Rechtsprechung und Literatur unbestritten[122]. Der Vorstand muss im Rahmen eines Ermessensspielraumes Geschäfte vornehmen dürfen, die mit einem Risiko behaftet sind, ohne dass bereits in der Vornahme solcher Geschäfte eine unternehmerische Pflichtwidrigkeit oder ein Verschulden zu sehen ist[123]. Es stellt sich jedoch auch hier die Frage, unter welchen Voraussetzungen die Haftungsfreistellung greift. Der BGH[124] formuliert dazu folgende Kriterien:

„*Eine Schadensersatzpflicht des Vorstandes [...] kann erst in Betracht kommen, wenn die Grenzen, in denen sich ein von Verantwortungsbewusstsein getragenes, ausschließlich am Unternehmenswohl orientiertes, auf sorgfältiger Ermittlung der Entscheidungsgrundlagen beruhendes unternehmerisches Handeln bewegen muss, deutlich überschritten sind, die Bereitschaft, unternehmerische Risiken einzugehen, in unverantwortlicher Weise überspannt worden ist oder das Verhalten des Vorstandes aus anderen Gründen als pflichtwidrig gelten muss*“[125].

Die Haftung des Organmitglieds für unternehmerische Entscheidungen wird hier folglich durch die Kriterien Verantwortungsbewusstsein, Orientierung am Unternehmenswohl und sorgfältige Ermittlung der Entscheidungsgrundlage bestimmt. Das Verhalten ist an dem objektiven Sorgfaltsmaßstab auszurichten,

---

121 BGHZ (1997) 135, S. 244 (253) = NJW 1997, S. 1926 (1927).

122 *Fleischer*, in: FS Wiedemann, 2002, S. 827 (836); *Ihrig*, WM 2004, S. 2098 (2099) m. w. N. zur Rechtsprechung in Fn. 19; *Schäfer*, ZIP 2005, S. 1253 (1254); *Sieg/Zeidler*, in: Hauschka, Corporate Compliance, 2007, § 3 Rn. 4. Zur wissenschaftlichen Diskussion im Schrifttum über das ARAG/Garmenbeck-Urteil: *Hopt,* in; Großkommentar AktG, 4. Aufl. 1999, § 93 Rn. 81 ff.; Henze, NJW 1998, S. 3309 (3010 f.); *Horn*, ZIP 1997, S. 1129 (1134 ff.); *Kindler*, ZHR 162 (1998), S. 101 (104 ff.).

123 *Spindler*, in: MüKo AktG, 3.Aufl. 2008, § 93 Rn. 25; *Ihrig*, WM 2004, S. 2098 ff. beide m. w. N.

124 ARAG/Garmenbeck-Urteil siehe Fn. 120.

125 BGHZ (1997) 135, S. 244 (253) = NJW 1997, S. 1926 (1927).

den § 93 Abs. 1 Satz 1 AktG statuiert[126]. Die Ähnlichkeit zu den Anforderungen der US-amerikanischen Business Judgment Rule ist offensichtlich, sowohl eine ausreichende Informationsgrundlage als auch das Unternehmenswohl werden von beiden als zentrale Maßstäbe festgesetzt. Die Konfliktfreiheit von eigenen Interessen wird zwar durch die ARAG/Garmenbeck-Rechtsprechung nicht ausdrücklich formuliert, kann jedoch als Teil des Verantwortungsbewusstseins angesehen werden. Ein Wirtschaften zu eigenen Gunsten widerspräche zudem regelmäßig dem Unternehmenswohl, wie etwa das Wettbewerbsverbot aus § 88 AktG bezeugt. Der Bundesgerichtshof stellt damit im Ergebnis etwas weiter gefasste Voraussetzungen als die der amerikanischen Vorreiter auf.

3. Voraussetzungen des § 93 Abs. 1 Satz 2 AktG

Im Anschluss an das ARAG-Garmenbeck-Urteil entwickelte sich eine vertiefte Corporate Governance Diskussion um die Frage der Haftungsprivilegierung des Vorstands, bis sich schließlich der 63. Deutsche Juristentag[127] für eine Haftungsfreistellung nach einem Vorschlag von *Ulmer*[128] ausgesprochen, und die Regierungskommission Corporate Governance sich dem angeschlossen hat[129]. § 93 Abs. 1 Satz 2 AktG in seiner jetzigen Fassung ist Ergebnis dieser Entwicklung. Die folgende Darstellung konzentriert sich auf die im Wortlaut wieder zu findenden Tatbestandsmerkmale: 1. die unternehmerische Entscheidung, 2. das Handeln zum Wohle der Gesellschaft und 3. das Handeln auf Grundlage angemessener Information unter Berücksichtigung der bisher angesprochenen Gesichtspunkte. Insbesondere wird als zusätzliches Tatbestandsmerkmal die Gutgläubigkeit diskutiert.

a) Unternehmerische Entscheidung

Erste Voraussetzung für die Anwendung der Business Judgment Rule ist das Vorliegen einer unternehmerischen Entscheidung. Stellt man zunächst auf das Merkmal „Entscheidung“ ab, ist es notwendig, dass dem Vorstand mehrere Handlungsalternativen offen stehen. Es muss eine positive Entscheidung im Sinne einer bewussten Auswahl zwischen mehreren unternehmerischen

[126] *Henze*, NJW 1998, S. 3309 (3311).
[127] Verhandlungen des 63. DJT, 2000, Bd. II/1 O 79.
[128] *Ulmer*, ZHR 163 (1999), S. 290 (299).
[129] *Baums*, Bericht der Regierungskommission Corporate Governance, 2001, Rn. 70.

Handlungsmöglichkeiten vorliegen.[130] Die Umsetzung der Entscheidung kann in rechtsgeschäftlichem oder tatsächlichem Handeln oder im bewussten Nicht-Handeln bestehen[131]. Der Vorstand kann also auch unternehmerische Entscheidungen vornehmen, indem er die Wahrnehmung einer Geschäftschance z.B. wegen zu hoher Risikoträchtigkeit unterlässt. Demgegenüber ist das bloße Unterlassen ohne Wissen um die Handlungsmöglichkeiten keine Entscheidung. Ein solches Nicht-Handeln ist vielmehr als Pflichtversäumnis zu bewerten[132]. Ein Vorstand, der Geschäftschancen ohne Ausschöpfung seines Ermessens wahrnimmt, um keinerlei Risiken einzugehen, erfüllt seine Leitungsaufgabe nicht[133].

Gemäß der Regierungsbegründung zum UMAG sind unternehmerische Entscheidungen infolge ihrer Zukunftsbezogenheit durch Prognosen und nicht justiziable Einschätzungen geprägt[134]. Problematisch wird hiernach allerdings die Abgrenzung: Auch widerrechtliche Kartellabsprachen oder Verbrechen werden durch Prognosen und nicht justiziable Einschätzungen beeinflusst[135]. Dem Vorstand obliegen tatsächlich mehrere Handlungsmöglichkeiten, er kann z.B. einer Kartellvereinbarung zustimmen oder sie ablehnen. Im Ergebnis verhielte er sich jedoch bei der Zustimmung rechtswidrig[136]. Der Erklärungsversuch seitens der Regierung greift folglich zu weit. Vielmehr definiert sich der Begriff der

---

[130] *Fleischer*, in: FS Wiedemann, 2002, S. 827 (831); *Mutter*, Unternehmerische Entscheidungen und Haftung des Aufsichtsrates der Aktiengesellschaft, 1994, S. 23; *Paefgen*, AG 2004, S. 245 (251); *Semler*, in: FS Ulmer, 2003, S. 627; *Spindler*, in: FS Canaris, 2007, S. 403 (414).

[131] *Reg. Begr.* UMAG, BT-Drucks. 15/5092, S. 11; *Arbeitskreis Schmalenbach Gesellschaft*, DB 2006, S. 2189 (2190); *Gehb/Heckelmann*, ZRP 2005, S. 145 (146); *Hauschka*, GmbHR 2007, S. 11 (14); *Ihrig*, WM 2004, S. 2098 (2105); *Kock/Dinkel*, NZG 2004, S. 441 (443); *Lutter*, ZIP 2007, S. 841 (843); *Paefgen*, AG 2004, S. 245 (251); *Sven H. Schneider*, DB 2005, S. 707 (709); *Semler*, in: FS Ulmer, 2003, S. 627.

[132] *Heinrichs*, in: Palandt, BGB, 68. Aufl. 2009, Vor § 249 Rn. 84; *Kock/Dinkel*, NZG 2004, S. 441 (443); in diese Richtung schon: *Mutter*, Unternehmerische Entscheidungen und Haftung des Aufsichtsrates der Aktiengesellschaft, 1994, S. 190 ff.; *Paefgen*, AG 2004, S. 245 (251); *Rodewald/Unger*, BB 2006, S. 113 (114); *Sven H. Schneider*, DB 2005, S.707 (709); *Semler*, in: FS Ulmer, 2003, S. 627 (640). Zum amerikanischen Recht: *Eisenberg*, Der Konzern 2004, S. 386 (390).

[133] Vgl. *Fleischer*, ZIP 2003, S. 1 (2), der die Leitung der Gesellschaft als „Pflichtrecht" bezeichnet.

[134] *Reg. Begr.* UMAG, BT-Drucks. 15/5092, S. 11.

[135] Stellungnahme des Bundesrates zur *Reg. Begr.* UMAG, BT-Drucks. 15/5092, S. 33, Anlage 2; *Paefgen*, AG 2004, S. 245 (251); *Thümmel*, DB 2004, S. 471 (472).

[136] Ausführlich hierzu: *Sven H. Schneider*, DB 2005, S. 707 (709 f.).

unternehmerischen Entscheidung aus seiner Gegensätzlichkeit gegenüber der rechtlich gebundenen Entscheidung[137]. Unter letzterer sind wiederum Pflichten zu verstehen, bei deren Beachtung kein Ermessensspielraum besteht. Dies ist bei gesetzlichen, satzungsmäßigen oder dienstvertraglichen Pflichten, die keinen Beurteilungsspielraum einräumen, der Fall[138].

Im Ergebnis erkennt dies auch die Regierungsbegründung, nennt in diesem Zusammenhang aber gleichzeitig aktienrechtliche Treuepflichtverletzungen[139]. Es leuchtet ein, dass eine Treuepflichtverletzung im Ergebnis nicht von unternehmerischem Ermessen gedeckt sein kann. Jedoch bedingt nicht jeder Treuepflichtverstoß zwangsläufig die Verletzung einer ausdrücklichen gesetzlichen, satzungsmäßigen oder dienstvertraglichen Regelung. Dies hat zur Folge, dass Treuepflichtverletzungen auch bei unternehmerischen Entscheidungen vorkommen können und gerade keinen Ausschlussgrund für das Vorliegen dieser Tatbestandsvoraussetzung sind. Richtiger erscheint es daher mit *Thümmel*[140], Gesetzes- und Satzungsverstöße ausdrücklich aus dem Tatbestand der Business Judgment Rule auszunehmen[141]. Im Falle einer Treuepflichtverletzung - soweit dazu keine ausdrückliche gesetzliche Regelung besteht wie in § 88 AktG – läge zwar seitens des Vorstandsmitglieds eine unternehmerische Entscheidung vor, sie wäre dann aber nicht mehr vom Verdikt der Pflichtverletzung suspendiert, weil sie gegen das Wohl des Unternehmens

---

137 *Reg. Begr.* UMAG, BT-Drucks. 15/5092, S. 11; *Arnold*, in: Marsch-Barner/Schäfer, Hb. börsennotierte AG, 2. Aufl. 2009, § 22 Rn. 20; *Paefgen*, AG 2004, S. 245 (251); *ders.*, AG 2008, S. 761 (763); *Rodewald/Unger*, BB 2006, S. 113; *Schäfer*, ZIP 2005, S. 1253 (1255). Anschauliche Beispiele dazu bei *Lutter*, ZIP 2007, S. 841 (843). Kritisch *Spindler*, in: FS Canaris, 2007, S. 403 (415).

138 *Buchta*, DB 2006, S. 1939; *Fleischer*, in: Spindler/Stilz, AktG, 2007 § 93 Rn. 63 *ders.*, in: Fleischer, Hb. des Vorstandsrechts, 2006, § 7 Rn. 53; *ders.*, ZIP 2004, S. 685 (690); *Goette*, in: Hommelhoff/Hopt/v.Werder, Hb. der Corporate Governance, 2003, S. 749 (761); *Hauschka*, ZRP 2004, S. 65 (66); *Krieger/Sailer*, in: Schmidt/Lutter, AktG, 2008, § 93 Rn. 12; *Lutter*, ZIP 2004, S. 841 (843). Logische Konsequenz ist, dass bei Bestehen eines Beurteilungsspielraumes auch bei einer „Pflichtentscheidung“ eine unternehmerische Entscheidung vorliegt. Näher dazu *Brömmelmeyer*, WM 2005, S. 2065 (2066); *Wilsing*, in: Krieger/Uwe H. Schneider, Hb. Managerhaftung, 2007, § 25 Rn. 29.

139 *Reg. Begr.* UMAG, BT-Drucks. 15/5092, S. 11. So auch *Fleischer*, ZIP 2004, S. 685 (690); *ders.*, in: Fleischer, Hb. des Vorstandsrechts, 2006, § 7 Rn. 53; *Lutter*, ZIP 2007, S. 841 (843); *Spindler*, ZIP 2006, S. 349 (350) m.w.N.

140 *Thümmel*, DB 2004, S. 471 (472).

141 Stellungnahme des Bundesrates zur *Reg. Begr.* UMAG, BT-Drucks. 15/5092, S. 33, Anlage 2; Bundesrat äußert sich gleichermaßen mit Verweis auf *Thümmel*. So auch *Paefgen*, AG 2004, S. 245 (252).

verstößt[142]. Mithin liegt eine unternehmerische Entscheidung im Sinne des § 93 Abs. 1 Satz 2 AktG immer dann vor, wenn durch das Handeln des Vorstandes ein Gesetzes-, Satzungs- oder Regelungsverstoß nicht offensichtlich gegeben ist und Abwägungen über den nötigen Handlungsrahmen stattfinden[143].

Darüber hinaus stellt der Wortlaut des § 93 Abs. 1 Satz 2 AktG auf das jeweils handelnde Vorstandsmitglied ab und bringt damit zum Ausdruck, dass auch ein Geschäftsführungshandeln in Ausführung einer Ressortkompetenz[144] von der Regelung umfasst ist. Ein förmlicher Vorstandsbeschluss oder ein zwingend gemeinsames Handeln ist daher nicht notwendig[145], solange dies nicht anderweitig vorgeschrieben wird.

aa) Beurteilungszeitpunkt *ex ante*

Durch den gewährten, weiten Handlungsspielraum soll der Vorstand in die Lage versetzt werden, die Ressourcen des Unternehmens und die Chancen der Märkte umfassend zu nutzen. In logischer Konsequenz können die Organmitglieder bei der Abwägung ihres Handelns nur auf die ihnen zu diesem Zeitpunkt greifbaren oder bekannten Informationen und Prognosen abstellen. Die angerufenen Gerichte jedoch befinden über die angegriffenen Managemententscheidungen ex post, also in Kenntnis der mittlerweile eingetretenen Tatsachen. Damit die Geschäftleiterhaftung dadurch nicht zur Erfolgshaftung wird[146], hat der BGH die Vorgaben des Reformgesetzgebers von 1937 beherzigt und beurteilt das Verhalten der handelnden Personen *ex ante*[147].

---

142 So *Thümmel*, DB 2004, S. 471 (472). Siehe auch *Schäfer*, ZIP 2005, S. 1253 (1255 f.); i. E. so auch *Horn*, in: FS Westermann, 2007, S. 1053 (1064). In diese Richtung sind auch *Hopt/Roth*, in: Großkommentar AktG, 4. Aufl. 2006, § 93 Abs. 1 S. 2, 4 nF Rn. 21, zu verstehen, da sie die Treupflichten getrennt aufweisen und auf den Verstoß gegen das Unternehmenswohl verweisen.

143 Vgl. dazu auch später § 2 II. 1. b) bb) und cc) sowie § 2 II. 2.

144 Zur Geschäftsverteilung und den entsprechenden Sorgfaltsanforderungen siehe § 3 III. So ist laut *Reg. Begr.* zum UMAG auch das individuelle Informationsniveau bei jedem einzelnen Vorstandsmitglied ressortabhängig, siehe BT-Drucks. 15/5092, S. 12.

145 *Ihrig*, WM 2004, S. 2098 (2105).

146 Zu diesem Zusammenhang *Fleischer*, NZG 2008, S. 371 (372); *Goette*, ZGR 1995, S. 648 ff.; *Krause*, BB 2009, S. 1370 (1371); *Paefgen*, AG 2004, S. 245 (247); *Spindler*, MüKo AktG, 3.Aufl. 2008, § 93 Rn. 5 und 25. Zur Verfolgungsentscheidung des Aufsichtsrats: *Koch*, AG 2009, S. 93 ff.; *Paefgen*, AG 2008; 761 ff.

147 Vgl. BGHZ 69, S. 207 (213); BGHZ 75, S. 96 (113); BGHZ 126, S. 181 (193) = ZIP 1994, S. 1103 (1110); BGH NZG 2008, S. 389 (390). So auch *Fleischer*, in: FS

Problematisch ist dennoch, dass Menschen bei einer nachträglichen Beurteilung eines bereits abgelaufenen Sachverhaltes dazu neigen, die im Vorfeld für die Beteiligten bestehenden Möglichkeiten zur Vorhersehbarkeit und Verhinderbarkeit des Schadens stark zu überschätzen[148]. Diese unbewusste Fehleinschätzung macht auch vor ausgebildeten Juristen keinen Halt[149], selbst wenn diese ausdrücklich darauf hingewiesen werden, dass ein Standpunkt *ex ante* ohne Wissen um den tatsächlichen weiteren Geschehensablauf zugrunde zu legen ist. Psychologen bezeichnen diesen Wahrnehmungsdefekt, der in allen Lebensbereichen aufzufinden ist, als „hindsight bias“[150], was mit „Rückschaufehler“ übersetzt werden kann. Ein solcher Rückschaufehler beruht auf der wohl kaum zu bewältigenden Schwierigkeit, nachträglich erlangtes Wissen für die gebotene *ex ante* Betrachtung eines Verhaltens völlig auszublenden.[151] Die rechtliche Lösung dieses Dilemmas kann aber nicht darin liegen, in jeder Risikoverwirklichung eine Pflichtverletzung zu sehen, vielmehr führen diese Feststellungen zu zwei Ergebnissen:

Zum einen versucht die negative Formulierung der Business Judgment Rule den Haftungsfreiraum genauer zu beschreiben, indem sie Voraussetzungen festlegt, die zum *ex ante* Zeitpunkt gegeben sein mussten und bei deren Vorliegen eine Pflichtverletzung seitens des Vorstandes verneint wird[152]. Diese Kriterien geben den urteilenden Richtern mithin einen Beurteilungsstandard[153] an die Hand, wodurch nachträglichen Prognosen entgegengewirkt und das Haftungsrisiko der

---

Wiedemann, 2002, S. 827 (832); *ders.*, ZIP 2004, S. 685 (686); *Henze*, WM 1998, S. 3309 (3311); *Goette*, in: FS 50 Jahre BGH, 2000, S. 123 (141).

148 *Sven H. Schneider*, DB 2005, S. 707 (708).

149 *Fleischer*, in: FS Wiedemann, 2002, S. 827 (832); *Ihrig*, WM 2004, S. 2098 (2099); im Ansatz auch *Paefgen*, Unternehmerische Entscheidungen und Rechtsbindung der Organe in der AG, 2002, S. 151; *Roth*, BB 2004, S. 1066 (1068); *Sven H. Schneider*, DB 2005, S. 707 (708).

150 Grundlegend: *Fischhoff*, in: Heuristics and Biases, 1982, S. 335 ff. Deutsche Darstellung bei *Schäfer/Ott*, Lehrbuch der ökonomischen Analyse des Zivilrechts, 3. Aufl. 2000, S. 65.

151 *Brömmelmeyer*, WM 2005, S. 2065 (2068) m.w. N.; *Fleischer*, NZG 2008, S. 371 (372). aus der (rechtswissenschaftlichen) Literatur in den USA; *Fleischer*, ZIP 2004, S. 685 (691); *Schäfer*, ZIP 2005, S. 1253 (1254); *Sven H. Schneider*, DB 2005, S. 707 (708 f.).

152 *Kuntz*, GmbHR 2008, S. 121 (122), hält die Besonderheit bezüglich unternehmerischer Entscheidungen für ungerechtfertigt, da eine solche Problematik jeder nachträglichen Beurteilung immanent ist.

153 Dazu *Schäfer*, ZIP 2005, S. 1253 (1254).

Geschäftsleiter kanalisiert wird[154]. Zum anderen bringt das Gesagte einen weiteren Ertrag für die Definition des Begriffs der unternehmerischen Entscheidung. Für eine unternehmerische Entscheidung spricht es immer dann, wenn der weitere Geschehensablauf unsicher ist und nicht mit ausreichender Wahrscheinlichkeit vorausgesagt werden kann, ob eine bestimmte Entscheidung sich positiver oder negativer als die anderen Entscheidungsmöglichkeiten auswirkt[155].

bb) Risiko als Tatbestandsmerkmal?

Nach *Semler* sind unternehmerische Entscheidungen dadurch gekennzeichnet, dass sie Chancen und Risiken begründen oder bewusst in Kauf nehmen. Eine Entscheidung, die kein Risiko beinhaltet, sei demnach keine unternehmerische Entscheidung[156].

Unternehmerische Entscheidungen ohne Risiko sind zweifelsohne nur schwierig aufzufinden. Jedoch bleibt unklar, ob es sich dabei um wirtschaftliche, rechtliche oder um Risiken im weitesten Sinne handeln soll[157]. Zudem würde die Voraussetzung der Risikoträchtigkeit eine ex post Betrachtung der Entscheidung verlangen, da das tatsächliche Vorliegen eines Risikos erst im Nachgang bei Eintritt desselben zu bewerten ist. Gerade das wollte der Gesetzgeber mit der Einführung der Business Judgment Rule verhindern. Damit ist das Vorliegen des Risikos im Entscheidungszeitpunkt keine zwingende Voraussetzung[158].

b) Handeln zum Wohle der Gesellschaft

Erfüllt ein Verhalten soweit die Voraussetzungen des unternehmerischen Handelns, ist die Möglichkeit der objektiven Pflichtverletzung gleichwohl noch nicht ausgeschlossen. Gemäß § 93 Abs. 1 Satz 2 AktG kann die Pflichtverletzung in diesem Falle nur noch auf zweierlei Weise begründet werden, nämlich zum einen damit, dass die eingeholten Informationen unzureichend waren und zum anderen durch ein Handeln, das nicht dem Wohle der Gesellschaft

---

154 *Fleischer*, ZIP 2004, S. 685 (686); *ders.*, in: FS Wiedemann, 2002, S. 827 (832); *Lutter*, ZIP 2007, S. 841 (842); *Spindler*, in: MüKo AktG, 3. Aufl. 2008, § 76 Rn. 29.

155 *Buchta*, DB 2006, S. 1939; *Ihrig*, WM 2004, S. 2098 (2104); *Sven H. Schneider*, DB 2005, S. 707 (709).

156 *Semler*, in: FS Ulmer, 2003, S. 627 (627f.).

157 *Sven H. Schneider*, DB 2005, S. 707 (708).

158 So auch *Hauschka*, GmbHR 2007, S. 11 (13).

gereicht[159]. Die Bindung an das Merkmal „Wohl der Gesellschaft“[160] impliziert, dass der Vorstand seine Entscheidungen an der dauerhaften Rentabilität[161] ausrichten muss. Maßstäbe für das Wohl der Gesellschaft sind die langfristige Ertragsstärkung und die Wettbewerbsfähigkeit des Unternehmens[162]. Mithin dient eine Maßnahme dem Wohl der Gesellschaft, wenn sie ihre Marktstellung, ihre finanzielle Lage oder ihre innere Verfassung stärken soll[163]. Um diese Ziele zu erreichen, sind im Zweifel nicht nur die Eigentums- und Gewinnmaximierungsinteressen der Aktionäre zu berücksichtigen, sondern auch die Interessen der Mitarbeiter, der Kunden, der Gläubiger und ganz allgemein der Öffentlichkeit (Stakeholder)[164]. Letztere Gruppen beschreiben - das im Spannungsverhältnis zum Gesellschaftsinteresse[165] - weiter gefasste Unternehmensinteresse[166], dessen Inhalte häufig schon durch eine Vielzahl gesetzlicher Bestimmungen geschützt sind. Dem Vorstand obliegt die Aufgabe, diese konfligierenden Interessen abzuwägen und möglichst auszugleichen, wobei stets der Rentabilitätsgedanke zu berücksichtigen ist.

---

159 *Schäfer*, ZIP 2005, S. 1253 (1257).

160 Schon im Jahre 1930 hat das Reichsgericht das ausschließliche Handeln zum Wohle der Gesellschaft gefordert: RGZ 129, S. 272 (274 ff.).

161 OLG Hamm, AG 1995, S. 512 (514); *Brömmelmeyer*, WM 2005, S. 2065 (2068); *Goette*, in: FS 50 Jahre BGH, 2000, S. 123 (127); *Hüffer*, AktG, 8. Aufl. 2008, § 93 Rn. 4 g und § 76 Rn. 13 f.; *ders.*, in: FS Raiser, 2005, S. 163 (168); *Mertens*, in: KölnKomm AktG, 2. Aufl. 1996, § 76 Rn. 17 und 22 ff.; *Lücke*, in: Beck'sches Mandatshandb. Vorstand der AG, 2004, § 3 Rn. 17; *Lutter*, ZIP 2007, S. 841 (844); *Richter*, in: Semler/Peltzer, Arbeitshb. für Vorstandsmitglieder, 2005, § 4 Rn. 22; *Spindler*, MüKo, AktG, 3. Aufl. 2008, § 76 Rn. 74; *Wiesner*, in: Münchener Hb. AG, 3. Aufl. 2007, § 19 Rn. 21.

162 *Reg. Begr.* UMAG, BT-Drucks. 15 /5092, S. 11; *Hauschka*, ZRP 2004, S. 65 (67); *Weiß/Buchner*, WM 2005, S.162 (164).

163 *Kock/Dinkel*, NZG 2004, S. 441 (443).

164 *Arbeitskreis Schmalenbach Gesellschaft*, DB 2006, S. 2189 (2191); *Hüffer*, AktG, 8. Aufl. 2008, § 76 Rn. 12 ff; *Ringleb*, in: Ringleb/Kremer/Lutter/v. Werder, Komm. z. DCGK, 3. Aufl. 2008, Rn. 605; *Seibt*, in: Schmidt/Lutter, AktG, 2008, § 76 Rn. 12; *Spindler*, in: MüKo AktG, 3. Aufl. 2008, § 76 Rn. 65 ff.

165 Unter Gesellschaftsinteresse versteht man im Wesentlichen die in der Gesellschaft gebündelten Interessen der Aktionäre. Das Gesellschaftsinteresse steht im engen Zusammenhang zum Shareholder-Value-Ansatz.

166 Zum Unterschied zwischen Gesellschaftsinteresse und Unternehmensinteresse anschaulich *Krämer*, Unternehmensinteresse, 2002; *Kuhner*, ZGR 2004, S. 244 ff.; *Richter*, in: Semler/Peltzer, Arbeitshb. für Vorstandsmitglieder, 2005, § 4 Rn. 21 ff. Bei unternehmerischen Entscheidungen sind zunehmend äußere Einflüsse, die sich z.B. im Reputationsrisiko widerspiegeln und somit auch Bezug zum Rentabilitätsinteresse haben, zu berücksichtigen. So auch *Spindler*, in: MüKo, 3. Aufl. 2008, § 76 Rn. 76 ff.; *ders.*, NZG 2005, S. 865 (872).

Das bedeutet aber auch, dass Entscheidungen unbeeinflusst von persönlichen Interessenkonflikten, Fremdeinflüssen und ohne unmittelbaren Eigennutz zu treffen sind. Der Geschäftsleiter muss unabhängig und unbefangen sein.[167] In diesem Zusammenhang kann und muss das Tatbestandsmerkmal „Wohl der Gesellschaft" als Handeln zum alleinigen Wohl der Gesellschaft interpretiert werden[168]. Zu diesem Ergebnis gelangt man anhand der Überlegung, dass der Unternehmensleiter das Unternehmenswohl nicht nur *auch* berücksichtigen, sondern, wie das Wettbewerbsverbot des § 88 AktG zeigt, sich diesem *ausschließlich* widmen soll[169]. Besteht jedoch ein Interessenkonflikt[170], ist eine alleinige Ausrichtung am Wohl der Gesellschaft unwahrscheinlich, weil gleichzeitig immer die gegensätzlichen Interessen der anderen Partei tangiert sind. Aus diesem Grund sollen Entscheidungen, die im objektiven Interessenkonflikt zustande gekommen sind, nicht am Privileg der Business Judgement Rule teilnehmen[171]. Ausweislich der Gesetzesbegründung ist ein objektiver Interessenkonflikt beim Handeln „zum eigenen Nutzen oder zum Nutzen von dem Geschäftsleiter nahe stehenden Personen oder Gesellschaften" zu unterstellen[172]. Neben den persönlichen Interessen der Vorstandsmitglieder kommt dieser Frage große Bedeutung im Konzern zu, in dem das Wohl der Gesellschaft nicht mehr isoliert betrachtet werden kann, sobald ein Vorstand

---

167 *Reg. Begr.* UMAG, BT-Drucks. 15 /5092, S. 11; *Hüffer*, in: AktG, 8. Aufl. 2008, § 93 Rn. 4g; *Hopt/Roth*, in: Großkommentar AktG, 4. Aufl. 2006, § 93 Abs. 1 S. 2, 4 nF Rn. 38 ff.; *Weiß/Buchner*, WM 2005, S. 162 (164). Zu Interessenkonflikten bei der BJR auch *Paefgen*, AG 2008, S. 761 (766 ff.).

168 Der Wortlaut des ARAG/Garmenbeck-Urteils besagt, dass die Entscheidung sich *ausschließlich* am Unternehmenswohl zu orientieren habe, BGHZ 135, S. 244 (253). So auch *Kock/Dinkel*, NZG 2004, S. 441 (444); *Lutter*, in: FS Priester, 2007, S. 417 m.w.N.

169 *Fleischer*, in: Fleischer, Hb. des Vorstandsrechts, 2006, § 9 Rn. 16; *Hopt*, in: Großkommentar AktG, 4. Aufl. 1999, § 93 Rn. 156; *Mertens*, in: KölnKomm AktG, 2. Aufl. 1996, § 93 Rn. 58 f.; *Lutter*, in: FS Canaris, 2007, S. 245 (247).

170 Exemplarisch ist hierzu der Fall eines Rechtsgeschäftes seitens der Unternehmens mit der Ehefrau oder deren Unternehmen, z.B. eine Warenbestellung oder Grundstücksgeschäfte; siehe dazu *Brömmelmeyer*, WM 2005, S. 2065 (2068); *Hauschka*, GmbHR 2007, S. 11 (14); *Lutter*, in: FS Canaris, 2007, S. 245 (247); *ders.*, ZIP 2007, S. 841 (844). Allgemein zum Begriff Interessenkonflikt *Lutter*, in: FS Priester, 2007, S. 417 (422 f.).

171 *Lutter*, in: FS Canaris, 2007, S. 245 (247); *ders.*, in: FS Priester, 2007, S. 417 (423 f.); *ders.*, ZIP 2007, S. 841 (844).

172 *Reg. Begr.* UMAG, BT-Drucks. 15/5092, S. 11. Siehe dazu näher: *Hauschka*, GmbHR 2007, S. 11 (14 f.).

über mehrere Gesellschaften waltet, beispielsweise über Mutter- und Tochtergesellschaft[173].

Eine Enthaftung kann ausnahmsweise durch eine Offenlegung des Interessenkonfliktes stattfinden, etwa indem das Vorstandsmitglied den Aufsichtsrat über den Sachverhalt informiert[174]. Jedoch setzt dies auch die Annahme voraus, dass das bezweckte Handeln zum Wohle der Gesellschaft vernünftig und nachvollziehbar erscheint. Eine umfassende gerichtliche Kontrolle aus der *ex ante* Perspektive ist dabei im Streitfall wohl unumgänglich[175]. Das Vorliegen eines Interessenkonfliktes hat dennoch nicht zwangsläufig zur Folge, dass Geschäfte – möglicherweise aus Angst vor den Unwägbarkeiten einer gerichtlichen Überprüfung[176] – wegen Befangenheit von vorneherein faktisch nicht vorgenommen werden können. Vielmehr besteht die Möglichkeit der unabhängigen Vorstandsmitglieder, die Entscheidung mit dem bestehenden Konflikt unter Ausschluss des befangenen Mitglieds zu treffen[177] beziehungsweise bei Befangenheit aller Vorstandsmitglieder den Aufsichtsrat einzuschalten[178].

c) Handeln auf Grundlage angemessener Information

Die Entscheidung muss zudem auf der Grundlage „angemessener Informationen“ erfolgen. Häufig beruhen unternehmerische Entscheidungen auf Instinkt, Erfahrung, Phantasie und Gespür für Entwicklungen und Märkte[179]. Um

---

173 Vgl. *Lutter*, ZIP 2007, S. 841 (844).

174 *Reg. Begr.* UMAG, BT-Drucks. 15/5092, S. 11; Deutscher Corporate Governance Kodex Ziffer 4.3.4.

175 *Lutter*; in: FS Canaris, 2007, S. 245 (247); *Schäfer*, ZIP 2005, S. 1253 (1257).

176 Zur Zunahme von Gerichtsverfahren: *Arbeitskreis Schmalenbach Gesellschaft*, DB 2006, S. 2189 (2189 f.).

177 Voraussetzungen, die daran gestellt werden zeigen auf: *Lutter*, in: FS Priester, 2007, S. 417 (419 f.); *ders.*, in: FS Canaris, 2007, S. 245 (248 ff.); *Semler*, in: FS Ulmer, 2003, S. 627 (637).

178 *Kock/Dinkel*, NZG 2004, S. 441 (444); *Schäfer*, ZIP 2005, S. 1253 (1257); *Semler*, in: FS Ulmer, 2003, S. 627 (637 f.). *Paefgen*, AG 2008, S. 761 (768), stellt mit Verweis auf die US-amerikanische Rechtsprechung auf die Mehrheit der nicht konfliktbefangenen Organmitglieder ab.

179 *Reg. Begr.* UMAG, BT-Drucks. 15/5092, S. 11 f.

jedoch eine Bauchentscheidung zu vermeiden, ist der Vorstand zur sorgfältigen Information und Vorbereitung seiner Entscheidungsgrundlage verpflichtet[180].

Diese Informationsgrundlage muss jedoch nicht immer vollständig sein[181]. Vielmehr bringt das Angemessenheitskriterium des § 93 Abs. 1 Satz 2 AktG zum Ausdruck, dass das Ausmaß der gebotenen Information von den Umständen des Einzelfalles, insbesondere dem Zeitvorlauf, der Bedeutung der Entscheidung und dem Verhältnis der Informationsbeschaffungskosten zu dem zu erwartenden Nutzen der Informationen abhängt[182]. Je riskanter das Geschäft, desto höher sind die Anforderungen an die Informationsbeschaffung[183]. Exemplarisch ist die umfassende Due Diligence, die anlässlich eines Unternehmenskaufs die vorbereitende rechtliche Prüfung des Kaufobjekts darstellt. Ihre individuelle Durchführung hat sich als allgemeiner Standard etabliert, so dass der Verzicht im Zweifelsfall einen Sorgfaltspflichtverstoß indiziert[184]. Inhaltlich geht es mehr um sachkundige Beratung als um Rechtsrat, da es sich innerhalb des Tatbestandes der Business Judgment Rule nicht um eine rechtlich gebundene Entscheidung handelt[185]. Daneben bleibt die Beurteilung, welche Informationsdichte in der konkreten Situation angemessen ist, weitgehend dem Geschäftsleiter in den Grenzen seiner Sorgfaltspflicht überlassen[186]. Jedoch gilt die Tatsache, dass die Eile eine gründlichere Prüfung

---

180 Siehe bereits BGHZ 135, S. 244 (253); ausführlich *Binder*, AG 2008, S. 274 ff.; *Graef*, GmbHR 2004, S. 327 (329); *Hauschka*, ZRP 2004, S. 65 (67); *Ihrig*, WM 2004, S. 2098 (2106); *Weiss/Buchner*, WM 2005, S. 162 (164).

181 Anders BGH, NJW 2008, S. 3361 *„Eine Haftungsprivilegierung eines Geschäftsführers [...] erfordert, dass [...] er alle verfügbaren Informationsquellen tatsächlicher und rechtlicher Art ausschöpft“*. Kritisch dazu *Fleischer*, NJW 2009, S. 2337 (2339); *Redeke*, NZG 2009, S. 496 ff.

182 Vgl. *Brömmelmeyer*, WM 2005, S. 2065 (2067); *Böttcher*, NZG 2005, S. 49 (52); *Buchta*, DB 2006, S. 1939 (1940); *Fleischer*, ZIP 2004 S. 685 (691); *ders.*, NJW 2005, S. 3525 (3528); *Kock/Dinkel*, NZG 2004, S. 441 (444); *Lutter*, ZIP 2007, S. 841 (845); *Ulmer*, DB 2004, S. 859 (860). Vergleich zum Ganzen *Kinzl*, DB 2004, 1653 ff.

183 *Hopt/Roth*, in: Großkommentar AktG, 4. Aufl. 2006, § 93 Abs. 1 S. 2, 4 nF Rn. 47; *Kropff*, in: FS Raiser, 2005, S. 225 (232).

184 Zu einer Verpflichtung zuletzt: OLG Oldenburg, NZG 2007, S. 434 ff. = BB 2007, S. 66 ff. mit Anmerkung *Liese/Theusinger*, BB 2007, S. 71 f.; *Böttcher*, NZG 2005, S. 49 (54); *Hauschka*, AG 2004, S. 461 (465); *ders.*, NJW 2004, S. 257 (258); *Kiethe*, NZG 1999, S. 976; *Rodewald/Unger*, BB 2006, S. 113 (114); *Werner*, GmbHR 2007, S. 678 (679).

185 *Binder*, AG 2008, S. 274 (280). Anders in Ausnahmefällen, siehe unter § 2 II. 2. b).

186 So schon *Begr. RegE* zum UMAG, BR-Drucks. 3/05, S. 21.

nicht erlaubt hätte[187], nicht als Ausrede und eine routinemäßige Einholung von Sachverständigengutachten, Beratervoten oder externen Marktanalysen ist als formale Absicherung nicht ausreichend[188]. Entscheidungskriterien sollen vorwiegend betriebswirtschaftliche Gesichtspunkte wie Rentabilität, Risikobewertung, Investitionsvolumen und Finanzierung sein[189]. Das Vorliegen von „angemessener Information" ist daher für jede Entscheidung individuell zu bestimmen.

d) Gutgläubigkeit

Eine Pflichtverletzung des Vorstandes ist schließlich nur dann ausgeschlossen, wenn dieser „vernünftigerweise annehmen durfte", auf der Grundlage angemessener Informationen zum Wohle der Gesellschaft zu handeln. Ausweislich der Regierungsbegründung zwingt das Merkmal der Annahme zu einem Perspektivwechsel in der Beurteilung. Die Voraussetzungen der Entscheidungsfindung sind demnach aus der Sicht des betreffenden Organs zu beurteilen. Diese Sichtweise wird durch das „annehmen Dürfen" begrenzt und objektiviert[190]. Letztlich geht es bei dieser Voraussetzung darum, ob der Handelnde selbst an die Richtigkeit seiner Entscheidung glaubte. Fehlt es hieran, verdient der Handelnde keinen Schutz[191]. Die Tatsache jedoch, dass ein Geschäftsleiter nicht an die Richtigkeit seiner Entscheidung geglaubt hat, wird selten von diesem zugegeben[192]. Daher ist Gutgläubigkeit vor allem bei dolosen Handlungen zu verneinen, die hinter einem inhaltlichen Mindeststandard zurückbleiben und daher in der Regel einfach von einem Gericht erkennbar sind[193].

---

187 *Kock/Dinkel*, NZG 2004, S. 441 (444); ähnlich zum Verzicht, sich aufdrängende Informationen nicht zu verschaffen: *Binder*, AG 2008, S. 274 (281).

188 *Reg. Begr.* UMAG, BT-Drucks. 15/5092, S. 12; *Sieg/Zeidler*, in: Hauschka, Corporate Compliance, 2007, § 3 Rn. 10 und 16.

189 *Begr. RegE* zum UMAG, BR-Drucks. 3/05, S. 21. Zu den Anforderungen: *Arbeitskreis Schmalenbach Gesellschaft*, DB 2006, S. 2189 ff; *ders.*, ZIP 2006, S. 1068; *Grundei/v. Werder*, AG 2005, S. 825 ff.; *Lutter*, ZIP 2007, S. 841 (845).

190 *Reg. Begr.* UMAG, BT-Drucks. 15/5092, S. 12.

191 Vgl. *Arbeitskreis Schmalenbach Gesellschaft*, DB 2006, S. 2189 (2192). Siehe auch *Roth*, Unternehmerisches Ermessen und Haftung des Vorstandes, 2001, S. 63, der Bezug nehmend auf das US-amerikanische Recht vom „Best Interest Test" spricht.

192 *Weiss/Buchner*, WM 2005, S. 162 (164).

193 *Fleischer*, ZIP 2004, S. 685 (691); *ders.*, in: FS Wiedemann, 2002, S. 827 (843); vgl. auch *Hauschka*, GmbHR 2007, S. 11 (14); *Kuntz*, GmbHR 2008, S. 121. So etwa auch im Fall

Das Tatbestandsmerkmal „Gutgläubigkeit“ resultiert vor allem aus der Parallele zur US-amerikanischen Business Judgment Rule[194] und will sich damit dem internationalen Standard anpassen. In der einschlägigen Entscheidung *Casey vs. Woodruff* wird „Good Faith“ als *„uninfluenced by any consideration other than what they (the directors) believe to be in the best interest of the (corporation)*”[195] beschrieben. In diesem Zusammenhang und mangels ausdrücklicher Formulierung in § 93 Abs. 1 Satz 2 AktG wirkt das Merkmal „guter Glaube“ als zusammenfassende Umschreibung der zuvor konkret benannten Tatbestandsmerkmale[196]. Da sich die Erfüllung der normierten Voraussetzungen jedoch bereits objektiv feststellen lässt[197], kann auf das subjektive Merkmal der Gutgläubigkeit verzichtet werden[198]. Das Abstellen auf die Handelndenperspektive durch die Formulierung „annehmen durfte“ deutet vielmehr auf die Notwendigkeit der oben behandelten *ex ante* Betrachtungsweise und die Rückschaufehlerproblematik[199] hin[200].

Smith v. Van Gorkom des Delaware Supreme Court (Del. Supr. Smith v. Van Gorkom, 488 A.2d, 858). Hier hatten die Board-Mitglieder ohne nähere Unterlagen einem für die Aktionäre der Gesellschaft günstigen Aktienverkauf zugesagt. Entscheidend war also die mangelnde Informationsgrundlage, die für die Handelnden hätten erkennbar sein müssen. *Paefgen*, Unternehmerische Entscheidungen und Rechtsbindung der Organe in der AG, 2002, S. 156 ff., berichtet ausführlich über den Fall.

194 Zum „Good-Faith“-Gedanken und zum „Good Faith Test“ siehe *Paefgen*, AG 2004, S. 245 (255 f.); *Gehb/Heckelmann*, ZRP 2005, S. 145 (148).

195 Casey vs. Woodruff, 49 N.Y.S. 2d 625 (N.Y. Supr. 1944).

196 *Buchta*, DB 2006, S. 1939 (1940); *Hauschka*, ZRP 2004, S. 65 (66); *Hüffer*, AktG, 8.Aufl. 2008, § 93 Rn. 4 e; *Paefgen*, Unternehmerische Entscheidungen und Rechtsbindung der Organe in der AG, 2002, S. 166 f.; *ders.*, AG 2004, S. 245 (255f.).

197 Hierzu *Thümmel*, DB 2004, S. 471 (472), allerdings noch im Zusammenhang mit der Formulierung des Referentenentwurfs zum UMAG, der anstelle des Wortes „vernünftigerweise“ noch „ohne grobe Fahrlässigkeit“ vorsah. Siehe zu dieser Problematik *Kinzl*, BB 2004, S. 1653 (1654); *Ulmer*, DB 2004, S. 859 f.

198 *Buchta*, DB 2006, S. 1939 (1940); *Hauschka*, ZRP 2004, S. 65 (66); *Paefgen*, Unternehmerische Entscheidungen und Rechtsbindung der Organe in der AG, 2002, S. 167. Abweichend *Arnold*, in: Marsch-Barner/Schäfer, Hb. börsennotierte AG, 2. Aufl. 2009, § 22 Rn. 21, der in dem Merkmal der Gutgläubigkeit eine "Notbremse" sieht. Ebenso *Hopt/Roth*, in: Großkommentar AktG, 4. Aufl. 2006, § 93 Abs. 1 S. 2, 4 nF Rn. 42.

199 Siehe § 1 II. 3. a) aa).

200 Vgl. Darstellung bei *Binder*, AG 2008, S. 274 (279 f.).

4. Folgen für die Anwendung der Business Judgment Rule

Die Nachbildung der deutschen Business Judgment Rule mit Hilfe der Vorgaben der US-amerikanischen Vorreiterin ist offensichtlich. Dennoch hat keine vollständige Übernahme stattgefunden. Vielmehr wurden die Anforderungen an eine Haftungsfreistellung der Geschäftsleiter in das Normenkonzept der § 93 Abs. 1 und Abs. 2 AktG eingepasst[201]. Insbesondere das ARAG/Garmenbeck-Urteil dient weiterhin als Auslegungshilfe.

Die Grundgedanken der Business Judgment Rule sind hauptsächlich ökonomischer Natur und wollen einer Tendenz zur Verrechtlichung unternehmerischer Entscheidungen[202] vorbeugen. Das Eingehen von Risiken ist mit jedem auf Gewinnerzielung gerichteten unternehmerischen Handeln untrennbar verbunden, und soll nicht in jedem Fall der späteren Risikoverwirklichung zu einer Haftung des handelnden Geschäftsleiters führen. Eine derartige Erfolgshaftung für unternehmerische Fehlschläge würde zur Risikoaversion[203] und letztlich dazu führen, dass sich nur noch schwer geeignete Unternehmensleiter für die Gesellschaft finden ließen. Auch in der Tatsache, dass die Geschäftsleiter zum Handeln inklusive der daraus entstehenden Haftungsrisiken verpflichtet sind, jedoch nicht in erster Linie die Früchte ihrer Arbeit ernten, liegt ein grundsätzlicher Widerspruch. Denn letztere Angelegenheit obliegt vielmehr den Aktionären in ihrer Funktion als Eigentümer der Gesellschaft. Um einen Ausgleich für dieses Missverhältnis zu schaffen, dient der durch die Business Judgment Rule eröffnete Haftungsfreiraum, der durch seine Kodifikation Rechtssicherheit gibt und Beruhigung in der Leitungsebene schafft[204].

---

201 *Henze*, NJW 1998, S. 3309 (3310f.); *Hüffer*, AktG, 8. Aufl. 2008, § 93 Rn. 4 a; *Linnerz*, NZG 2005, S. 307 (312); *Paefgen*, Unternehmerische Entscheidungen und Rechtsbindung der Organe in der AG, 2002, S. 177; *Seibert/Schütz*, ZIP 2004, S. 252 (254).

202 *Weiss/Buchner*, WM 2005, S. 162.

203 *Brömmelmeyer*, WM 2005, S. 2065 (2066); *Fleischer*, ZIP 2004, S. 685 (685f.); *ders*, in: FS Wiedemann, 2002, S. 827 (830); *ders.*, in: Spindler/Stilz, AktG, 2007, § 93 Rn. 56; *Ihrig*, WM 2004, S. 2098 (2098f.); *Koch*, AG 2009, S. 93 (95 f.); *Kock/Dinkel*, NZG 2004, S. 441 (442); *Paefgen*, AG 2004, S. 245 (247f.); *Sieg/Zeidler*, in: Hauschka, Corporate Compliance, 2007, § 3 Rn. 12.

204 *Lutter*, ZIP 2007, S. 841 (842).

Ziel der Kodifizierung ist es, einen „sicheren Hafen“[205] für unternehmerisches Handeln zu schaffen, bei dem – um Transparenz und Berechenbarkeit der Verhaltensanforderungen zu fördern – im Vorhinein festgelegt wird, unter welchen Voraussetzungen auf keinen Fall eine Pflichtverletzung vorliegt. Bei der Business Judgment Rule handelt es sich damit um eine unwiderlegliche Vermutung pflichtkonformen Verhaltens[206]. Das heißt aber auch, dass die Haftung nicht erst an das Verschulden anknüpft, sondern bereits an die Pflichtverletzung[207]. Gemäß § 93 Abs. 2 Satz 2 AktG[208] haben die Vorstandsmitglieder darzulegen, dass sie die Sorgfaltspflicht beachtet haben oder dass die Erfüllung der Pflicht nicht möglich war[209]. Den Geschäftsleitern obliegt damit die Beweislast nicht nur für den Mangel an Verschulden, sondern auch für die fehlende Pflichtwidrigkeit[210]. Anders als sich der Sachverhalt bei der amerikanischen Variante darstellt, greift diese Beweislastumkehr auch für die

---

205 So die Reg. Begr., BT-Drucks. 15/5092, S. 11. Näher zu dieser Figur *Fleischer*, ZHR 168 (2004), S. 673 (700 f.).

206 *Binder*, AG 2008, S. 274 (278); *Fleischer*, in: Spindler/Stilz, AktG, 2007, § 93 Rn. 61; *Hauschka*, GmbHR 2007, S. 11; *Hüffer*, AktG 8. Aufl. 2008, § 93 Rn. 4c; *Lutter*, in: FS Canaris, 2007, S. 245 (247); *ders.*, ZIP 2007, S. 841 (842 f.). Dies bedeutet aber im Umkehrschluss nicht, dass bei Fehlen der Voraussetzungen der BJR automatisch eine Pflichtverletzung vorliegt, dazu bedarf es einer weiteren Überprüfung, vgl. unten § 2 II. 2. a) und kritische Darstellung bei *Spindler*, in: MüKo AktG, 3. Aufl. 2008, § 93 Rn. 38 f.

207 Anders gesagt: Die Business Judgment Rule stellt von dem Vorwurf eines pflichtwidrigen Verhaltens frei, der Vorstand handelt also bei Vorliegen der Voraussetzungen rechtmäßig.

208 Darin liegt eine Abweichung von dem allgemeinen Grundsatz der Normentheorie, dass jede Partei die Voraussetzungen einer ihr günstigen Norm zu beweisen hat. So *Hüffer*, AktG, 8. Aufl. 2008, § 93 Rn. 16; *Paefgen*, AG 2004, S. 245 (257); *Weiss/Buchner*, WM 2005, S. 162; und zur Normentheorie: BGH NJW 1991, S. 1052 (1053); *Greger*, in: Zöller, ZPO, 26. Aufl. 2007, vor § 284 Rn. 14 ff.; *Hartmann*, in: Baumbach/Lauterbach/Albers/Hartmann, ZPO, 67. Aufl. 2009, Anh. § 286 Rn. 12.

209 Vgl. Ausführungen bei *Schaefer/Missling*, NZG 1998, S. 441 (445).

210 BGH, NZG 2007, S. 231 ff.; BGH, NJW 2003, S. 358 (359); OLG Frankfurt a.M., AG 2008, S. 453 (454); *Hopt*, in: Großkommentar AktG, 4. Aufl. 1999, § 93 Rn. 285 f.; *Hüffer*, AktG, 8.Aufl. 2008, § 93 Rn. 16; *Krieger/Sailer*, in: Schmidt/Lutter, AktG, 2008, § 93 Rn. 31; *Mertens*, in: KölnKomm AktG, 2. Aufl. 1996, § 93 Rn. 102; *Mutter*, Unternehmerische Entscheidungen und Haftung des Aufsichtsrates der Aktiengesellschaft, 1994, S. 217 f.; *Paefgen*, Unternehmerische Entscheidungen und Rechtsbindung der Organe in der AG, 2002, S. 247; *Schobert/Servatius/Thees*, BB 2006, S. 2571 (2575); *Spindler*, in: MüKo, 3. Aufl. 2008, § 93 Rn. 163; *Wiesner*, in: Münchener Hb. AG, 3. Aufl. 2007, § 26 Rn. 11; a.A. teilweise auch *BGH* als obiter dictum BB 1980, S. 1344 (1345); BGH ZIP 1985, S. 1135; zur GmbH in ZIP 1994, S. 872 (873); *BGH* ZIP 1992, S. 108 (109); so auch *Fleck* GmbHR 1997, S. 237 (239). Siehe zum Ganzen umfassende Darstellung bei *Goette*, ZGR 1995, S. 648 ff.

Business Judgment Rule[211]. Für den Vorstand ergeben sich damit trotz der Vorteile zwei unglückliche Umstände: Auf der einen Seite erhöht sich die Gefahr der Haftung auf Grund der auferlegten Beweislast und zum anderen muss es aus Präventionsgründen zu einem erheblichen Dokumentationsaufwand kommen[212]. Denn jegliche Information ist im Zweifelsfall erst dann vollends „angemessen", wenn sie nachgewiesen werden kann.

III. Rechtspflicht zur Einführung einer Compliance-Organisation in der Aktiengesellschaft?

Über § 76 Abs. 1 AktG hinaus gibt es keine konkrete Rechtsgrundlage zur Einführung eines umfassenden Compliance-Programms[213]. Trotzdem behaupten manche Stimmen in der Literatur, es bestehe eine Rechtspflicht zur Einführung eines solchen Systems[214]. Es ist zu verdeutlichen, dass den Vorstand als Folge seiner Leitungsverantwortung zwar eine Organisationspflicht trifft, diese jedoch nichts über die Notwendigkeit einer Compliance-Organisation aussagt. Die eine darüber hinaus gehende Compliance-Pflicht[215] begründenden Ansätze sind unterschiedlicher Natur und sollen im Folgenden abgehandelt werden.

1. Unmittelbare Rechtspflicht durch die Einführung des Compliance-Tatbestandes in den Deutschen Corporate Governance Kodex

Mit dem Terminus „Compliance" beschreibt der Deutsche Corporate Governance Kodex die Aufgabe des Vorstands, für die Einhaltung der gesetzlichen Bestimmungen und der unternehmensinternen Richtlinien zu sorgen[216]. Diese Formulierung allein wird teilweise schon als Kodifizierung einer

---

[211] *Fleischer*, ZIP 2004, S. 685 (688); *Horn*, ZIP 1997, S. 1129 (1135); *Kock/Dinkel*, NZG 2004, S. 441 (448); *Kuthe*, BB 2004, S. 449; *Roth*, BB 2004, S. 1066 (1067); *Seibert/Schütz*, ZIP 2004, S. 252 (254); *Weiss/Buchner*, WM 2005, S. 162 (165).

[212] *Brömmelmeyer*, WM 2005, S. 2065 (2067). *Horn* verlangt diesbezüglich Zurückhaltung, da die Vorstandstätigkeit sich nicht in der Erzeugung von Dokumentation erschöpfen soll, in: FS Westermann, 2007, 1053 (1055 f.); so auch *Lutter*, ZIP 2007, S. 841 (845).

[213] S. o. § 1 I.

[214] Dazu insbesondere sogleich unter § 1 III. 2.

[215] Hier ist die Pflicht zur Einrichtung einer Compliance-Organisation gemeint. Die Pflicht zur Compliance, also zur Einhaltung der Rechtsordnung, ergibt sich aus sich selbst heraus bzw. für die Aktiengesellschaft im Speziellen aus § 93 Abs. 1 S. 1 AktG. Siehe zur organschaftliche Legalitätspflicht unten § 2 I. 2.

[216] Ziffer 4.1.3 DCGK. Dazu *Ringleb*, in: Ringleb/Kremer/Lutter/v. Werder, Komm. z. DCGK, 3. Aufl. 2008, Rn. 615 ff.

rechtlichen Verpflichtung angesehen[217]. Vor einem voreiligen Rückschluss ist jedoch die Systematik des Deutschen Corporate Governance Kodexes zu betrachten.

a) Rechtsverbindlichkeit des Deutschen Corporate Governance Kodex

Eine Rechtspflicht kann nur begründet sein, wenn der entsprechenden Vorschrift Rechtsverbindlichkeit zukommt. Die Regelungen des Deutschen Corporate Governance Kodexes sind als solche weder normative Bestimmungen noch Handelsbrauch[218] oder Gewohnheitsrecht, sie stellen vielmehr „soft law" dar[219]. Da die Verfassung einer Aktiengesellschaft, die das unternehmerische Leitungskonzept konstituiert, weitgehend durch zwingendes Aktienrecht vorgegeben ist[220], bestand von vorneherein im deutschen Recht nicht die Notwendigkeit, eine unvollständige gesetzliche Regelung durch einen Verhaltenskodex zu ergänzen[221]. Vielmehr verfolgt der Kodex zum einen das Ziel, durch eine vereinfachte Wiedergabe des Aktienrechts[222] dieses auch für ausländische Investoren transparenter zu machen und somit die Wettbewerbsfähigkeit an den internationalen Kapitalmärkten zu erhöhen[223]. Zum anderen soll Abhilfe geschaffen werden für die zu geringe Ausrichtung des deutschen Aktienrechts am Aktionärsinteresse und die damit eng verknüpfte mangelnde Transparenz der Unternehmensführung[224]. Die Durchsetzung der Regelungen soll dabei nicht primär mit Mitteln des Rechts erzwungen werden, sondern der Entscheidung durch den Markt überlassen bleiben.

---

217 *Bürkle*, BB 2007, S. 1797 (1798 und 1800); *Campos Nave/Bonenberger*, BB 2008, S. 734 (735); *Rodewald/Unger*, BB 2007, S. 1629 (Fn. 3). Zur Disskussion auch: *Sidhu*, ZCG 2008, S. 13 (14 f.). A.A. *Kort*, NZG 2008, S. 81 (84).

218 *Bachmann*, WM 2002, S. 2137 (2138) zu der Möglichkeit, dass sich ein Handelsbrauch entwickelt; *Ettinger/Grützediek*, AG 2003, S. 353 (355); *Seibt*, AG 2002, S. 249 (251); *Peltzer*, NZG 2002, S. 10 (11); *Thümmel*, AG 2004, S. 83 (85). *Buchta*, DB 2006, S. 1939 spricht von „self-fulfilling prophecy".

219 *Berg/Stöcker*, WM 2002, S. 1569 (1571); *Körner*, NZG 2004, S. 1148 (1149); *Kort*, NZG 2008, S. 81 (82); *Liese*, BB-Special 5, 2008, S. 17 (20); i.E. auch *E. Vetter*, NZG 2008, S. 121 (126). Zum Begriff siehe oben Einleitung I. 1. a).

220 Vgl. Satzungsstrenge aus § 23 Abs. 5 AktG und den vierten Teil des Aktiengesetzes „Verfassung der Gesellschaft", §§ 76 bis 117 AktG.

221 Zum allgemeinen Vergleich mit angelsächsischen Regelungen: *Bachmann*, WM 2002, S. 2137; *Berg/Stöcker*, WM 2002, S. 1569 ff.; *Seibt*, AG 2002, S. 249 ff. alle m.w.N.

222 *Bachmann*, VGR-Schriftenreihe 2008, S. 65 (72).

223 *Berg/Stöcker*, WM 2002, S. 1569 (1570); *Seibt*, AG 2002, S. 249 (250).

224 *Körner*, NZG 2004, S. 1148; *Seibt*, AG 2002, S. 249 (250).

b) Rechtsverbindlichkeit der Entsprechenserklärung nach § 161 AktG

Eingang in das verbindliche Gesetzesrecht können die Regelungen nur mittelbar über die in § 161 AktG normierte Entsprechenserklärung finden. Die durch das Transparenz- und Publizitätsgesetz im Jahre 2002 eingeführte Vorschrift verpflichtet börsennotierte Unternehmen, eine Erklärung über die Einhaltung oder Abweichung von Empfehlungen des Deutschen Corporate Governance Kodexes[225] abzugeben und diese so genannte Entsprechenserklärung den Aktionären dauerhaft zugänglich zu machen. Dabei wird häufig von einer „comply or explain"-Pflicht[226] gesprochen. Bisher entsprach dies nicht dem Gesetzeswortlaut der Norm, wodurch eine Erklärung für die Abweichung von den Vorgaben des Kodexes nicht notwendig war, sondern lediglich die Offenlegung, welchen Empfehlungen nicht gefolgt wurde[227]. Nach Einführung des BilMoG sieht § 161 Abs. 1 S. 1 a.E. AktG jedoch eine Ergänzung vor, die eine Begründung der jeweiligen Abweichung vom Deutschen Corporate Governance Kodex verlangt[228].

Zwar entsteht durch § 161 AktG eine Verknüpfung des Kodexes mit dem Aktiengesetz; zu einer Haftungsfolge kann es jedoch nur bei Verletzung der Pflichten in Zusammenhang mit der Entsprechenserklärung kommen[229]. Rechtsverbindlichkeit entsteht nicht bezüglich der Einhaltung der Kodexempfehlungen selbst, die nur ein privates, nicht gesetzlich legitimiertes Regelwerk darstellen[230]. Es ist mithin eine klare Trennung zwischen der Möglichkeit der Abweichung von den Kodexempfehlungen in der

---

[225] Hierunter fallen nur die „Empfehlungen", nicht die Anregungen oder die gesetzesdarstellenden Bestimmungen, siehe *Reg. Begr.* TransPuG, BT- Drucks. 14/8769, S. 21. Empfehlungen sind sprachlich durch die Formulierung „soll" gekennzeichnet.

[226] *Dölling*, Hb. der Korruptionsprävention, 2007, 3. Kap. Rn. 214; *Fleischer*, ZHR 168 (2004), S. 673 (703); *Kiethe*, NZG 2003, S. 559; *Seibert*, BB 2002, S. 581 (583); *Seibt*, AG 2002, S. 249 (250); *Spindler*, ZIP 2005, S. 2033; *E. Vetter*, DB 2007, S. 1963.

[227] Befürwortet wurde die Formulierung „comply or disclose", *Berg/Stöcker*, WM 2002, S. 1569 (1571); *Körner*, NZG 2004, S. 1148; *Weber-Rey*, AG 2008, S. 345 (346).

[228] *RegE* zum BilMoG, BT-Drucks. 16/10067, S. 22. Siehe dazu *v.Falkenhausen/Kocher*, ZIP 2009, S. 1149 (1150); *Kuthe/Geiser*, NZG 2008, S. 172 (173); *Tödtmann/Schauer*, ZIP 2009, S. 995 (997); *Weber-Rey*, AG 2008, S. 345 (346).

[229] Z.B. wenn die Erklärung gar nicht oder falsch abgegeben wurde. OLG München, NZG 2008, S. 337 ff.; *Ettinger/Grützediek*, AG 2003, S. 353 ff.; *Kiethe*, NZG 2003, S. 559 (562) eher wegen falsch abgegebener Erklärung; *Körner*, NZG 2004, S. 1148 (1149); *Schüppen*, ZIP 2002, S. 1269 (1272). Kritisch dazu: *Bernhardt*, BB 2008, S. 1686 ff.

[230] OLG München, ZIP 2009, S. 133 (134); *Bachmann*, WM 2002, S. 2137 (2138); *Ettinger/Grützediek*, AG 2003, S. 353 (355); *Seibt*, AG 2002, S. 249 (250).

Entsprechenserklärung und der tatsächlichen Nichtbefolgung von Kodexempfehlungen vorzunehmen, denen bereits zuvor durch die Entsprechenserklärung zugestimmt wurde. So steht es dem Unternehmen beispielsweise offen, dem Deutschen Corporate Governance Kodex gar nicht zu folgen und einen unternehmenseigenen Kodex einzuführen[231]. Stimmt das Unternehmen jedoch Empfehlungen des Deutschen Corporate Governance Kodex in der Entsprechenserklärung zu[232] und verhält sich nicht im Einklang damit, liegt eine Verletzung von § 161 AktG vor[233]. Zwar gibt es keinen spezialgesetzlichen Haftungstatbestand bei Verstößen gegen § 161 AktG und die Rechtsfolgen sind auch nicht eindeutig geklärt[234], jedoch werden zahlreiche Haftungsfolgen sowohl im Rahmen einer Innenhaftung des Vorstandes gegenüber der Gesellschaft aus § 93 Abs. 2 AktG als auch in Form einer Außenhaftung gegenüber den Aktionären diskutiert[235].

Diese Technik greift allerdings ohnehin nicht bei der neuen Compliance-Formulierung in Ziffer 4.1.3. DCGK[236], da diese keine ausdrückliche „Empfehlung"[237] an den Vorstand im Sinne des § 161 AktG zur Compliance

---

[231] Vgl. *Kiethe*, NZG 2003, S. 559 (561); *Lutter*, ZHR 166 (2002), S. 523 (528 f.); *Seibert*, BB 2002, S. 581 (583), *Ulmer* ZHR 166 (2002), S. 150 (159); *Dölling*, Hb. der Korruptionsprävention, 2007, 3.Kap. Rn. 214.

[232] Insoweit begründet die Entsprechenserklärung eine Selbstbindung auf Widerruf, die zur Beachtung der einzelnen Regelungen zwingt, bis eine Korrektur der bisherigen Entsprechenserklärung vorgenommen wird.

[233] Vgl. OLG München, ZIP 2009, S. 133 (134 f.); *E. Vetter*, NZG 2008, S. 121 (123). Differenzierend *Lutter*, ZHR 166 (2002), S. 523 (5231 ff.), der bei vergangenheitsbezogener Entsprechenserklärung Verletzung von § 161 AktG bejaht, bei zukunftsbezogener Erklärung und späterer Nichteinhaltung grds. keine Verletzung von § 161 AktG annimmt. Er sieht dies im Wortlaut des § 161 AktG nicht begründet. Letzterem zustimmend *Kiethe*, NZG 2003, S. 559 (563), der jedoch auf die fehlende Absicht, den Erklärungen nicht zu folgen, abstellt. Wie Lutter: *Thümmel*, CCZ 2008, S. 141 (143). Zur Qualität der Erklärung als „Dauererklärung" und einer unterjährigen Aktualisierungspflicht jüngst BGH, ZIP 2009, S. 460 ff. Dazu kritisch: *Hoffmann-Becking/Krieger*, ZIP 2009, S. 904; *Ihrig*, ZIP 2009, S. 853 f.; *Kuthe*, CCZ 2009, S. 197 ff.; *Mutter*, ZIP 2009, S. 750 f.; *Rosengarten/Sven H. Schneider*, ZIP 2009, S. 1837.

[234] Vgl. *Dölling*, Hb. der Korruptionsprävention, 2007, 3. Kap. Rn. 216; *van Kann/Eigler*, DStR 2007, S. 1730 (1735); *E.Vetter*, NZG 2008, S. 121 m.w.N.

[235] Insbesondere aus § 826 BGB. Siehe dazu *Bachmann*, WM 2002, S. 2137 (2139 ff.); *Ettinger/Grützediek*, AG 2003, S. 353 ff.; *Körner*, NZG 2004, S. 1148 (1149 ff.); *Lutter*, ZHR 166 (2002), S. 523 ff.); *Ulmer* ZHR 166 (2002), S. 150 (166 ff.).

[236] Vgl. *Mutter*, AG-Report 2007, S. R 352; *Ringleb*, in: Ringleb/Kremer/Lutter/v. Werder, Komm. z. DCGK, 3. Aufl. 2008, Rn. 618; *E. Vetter*, DB 2007, S. 1963 f.

[237] Zu den „Empfehlungen" siehe Präambel des DCGK und Fn. 225. Vgl. auch *Berg/Stöcker*, WM 2002, S. 1569 (1571); *Seibt*, AG 2002, S. 249 (251).

darstellt, sondern vielmehr nur allgemein die gesetzliche Führungsverantwortung des Vorstandes aus §§ 76 Abs. 1 und 93 Abs. 1 AktG beschreiben will[238]. Die Möglichkeit, mittelbar aus § 161 AktG eine Rechtspflicht zur Einführung einer Compliance-Organisation für börsennotierte Aktiengesellschaften herzuleiten, scheitert somit bereits an der Systematik des Deutschen Corporate Governance Kodexes und der sich darauf nur eingeschränkt beziehenden Entsprechenserklärung. Es bleibt lediglich die Frage zu klären, ob der Kodex sich in seiner gesetzeswiederholenden Funktion auf eine auf anderem Wege hergeleitete Rechtspflicht bezieht.

2. Mittelbare Verpflichtung aus Sanktionsnormen, Pflicht aus Rechtsanalogie zu Spezialnormen bzw. Ermessensreduzierung auf Null

Schon frühzeitig vor der Aufnahme von Compliance in den Deutschen Corporate Governance Kodex hat sich *Schneider*[239] für eine Rechtspflicht zur Einrichtung einer Compliance-Organisation ausgesprochen. Zwar gebe es keine Normierung einer allgemeinen gesetzlichen Verpflichtung, diese lasse sich aber aus einer Rechtsanalogie zu spezialgesetzlichen Vorschriften bezüglich Organisationspflichten herleiten[240]. Dabei nimmt er an, dass der hinter diesen Einzelvorschriften stehende Rechtsgedanke verallgemeinerungsfähig sei. Dem sind jedoch grundsätzliche Bedenken entgegenzuhalten, denn die juristische Methodenlehre lässt keinen Rückschluss von einer spezialrechtlichen Regelung auf allgemeine Anforderungen zu[241]. Gerade eine allgemeine Pflicht für jede Aktiengesellschaft, die aus sich heraus rechtliche Konsequenzen statuiert, bedarf schon in Folge des Bestimmtheitsgrundsatzes der Normierung[242].

---

238 *Kort*, in: Großkommentar AktG, 4. Aufl. 2006, § 91 Rn. 66, *Ringleb*, in: Ringleb/Kremer/Lutter/v. Werder, Komm. z. DCGK, 3.Aufl. 2008, Rn. 618.

239 *Uwe H. Schneider*, ZIP 2003, S. 645 (648); zustimmend *Lösler*, WM 2007, S. 676 (681). Erstaunlicherweise sah *Uwe H. Schneider*, DB 1993, S. 1909 (1910), dies ungefähr eine Dekade zuvor noch anders: Soweit die bis dahin vorhandenen, speziellen Anforderungen aus dem Bereich der Kreditwirtschaft oder des Versicherungsaufsichtsrechts eine entsprechende Organisation begründen sollten, bezeichnete er dies als Fehlentwicklung, die auf Kosten der Organisationsfreiheit und den Eigenarten des Gesellschaftsrechts gehe.

240 Genannt werden dabei § 33 WpHG, § 25a KWG, § 91 Abs. 2 AktG, § 14 Abs. 2 GwG, § 53 KrW-/AbfG und § 52a BImSchG. Siehe auch Darstellung oben unter § 1 I. 1. b).

241 So auch zu den spezialgesetzlichen Organisationspflichten: *Bürkle*, WM 2005, S. 1496 (1498); *Mutter*, AG-Report 2007, S. R 352; *Weber-Rey*, AG 2008, S. 345 (358).

242 So hat der Gesetzgeber im Rahmen der Emittenten-Compliance eine Analogie nicht als ausreichend angesehen und § 15b WpHG als Spezialregelung normiert. Siehe dazu: *Koch*,

Auch § 130 OWiG, der die Verletzung bestimmter Aufsichtspflichten des Betriebs- oder Unternehmensinhabers sanktioniert[243], begründet unmittelbar (auch nach *Schneiders* eigener Aussage[244]) keine Organisationspflicht. Gegen eine mittelbare Verpflichtung zur Errichtung einer Compliance-Organisation aus Sanktionsnormen spricht das gleiche Argument wie gegen die Rechtsanalogie. Zudem betont *Hauschka*[245], dass es unzweifelhaft sei, dass Unternehmen sich an die Gesetze halten müssten und es bisher unbestritten gewesen sei, dass den Leitungsorganen die Wahl der Mittel und Wege frei stehen müsse, um diese Rechtstreue zu gewährleisten. Ob sie sich dazu einer Compliance-Organisation bedienten oder sie sich selbst für hinreichend kompetent und informiert hielten, liege in ihrem Ermessen[246]. *Bürkle*[247] führt zu diesem Aspekt an, dass Zweck eines solchen Systems gerade die Einhaltung der gesetzlichen Vorgaben sei und deshalb bezüglich der Frage, ob ein Compliance-System eingerichtet werde, kein Ermessensspielraum bestehe[248]. Die potenziell existenzbedrohenden Folgen unrechtmäßigen Verhaltens führten zu einer Verdichtung des Ermessens bis hin zu einer Handlungspflicht des Vorstandes[249]. Dagegen ist einzuwenden, dass nicht jeder Compliance-Verstoß zu einer „Existenzgefährdung"[250] für das Unternehmen als Ganzes im Sinne von § 91 Abs. 2 AktG führt[251] und nicht jeder denkbare Schaden eine allgemein gültige Pflicht begründen kann[252]. Vielmehr sind gerade die besonders gefährdeten Teilbereiche bereits durch spezialgesetzliche Regelungen abgedeckt, so dass ein Vorstand lediglich in diesen Bereichen

---

DB 2005, S. 267; *Uwe H. Schneider/v. Buttlar*, ZIP 2004, S. 1621; *Ziemons*, NZG 2004, S. 537 (540 f.). Zur Wahrung des Bestimmtheitsgrundsatzes beim neu eingefügten § 64a VAG: *Dreher*, VersR 2008, S. 998 (1002).

243 Siehe Darstellung des § 130 OWiG bei § 2 III. 1.

244 *Uwe H. Schneider*, ZIP 2003, S. 645 (649).

245 *Hauschka*, ZIP 2004, S. 877 (878); *ders.*, in: Corporate Compliance, 2007, § 1 Rn. 22.

246 Ob dadurch tatsächlich ihre Sorgfaltspflichten erfüllt sind, soll dabei zunächst offen bleiben.

247 *Bürkle*, BB 2005, S. 565 (569). Die Herleitung der Pflicht basiert hier aber auf dem Legalitätsprinzip.

248 In diesem Sinne auch *Gößmann* zitiert von *Lenenbach*, in: ZBB 2008, S. 267 (274).

249 *Bürkle* später aber wesentlich zurückhaltender; in: Hauschka, Corporate Compliance, 2007, § 8 Rn. 6. Hinsichtlich der Verdichtung des Ermessens hin zu einer Handlungspflicht nur noch auf Ausnahmefälle abstellend.

250 *Bachmann*, VGR-Schriftenreihe 2008, S. 65 (73); *ders./Prüfer*, ZRP 2005, S. 109 (110f.); *Hauschka*, ZIP 2004, S. 877 (878); *ders.*, in: Corporate Compliance, 2007, § 1 Rn. 22.

251 Insofern würde § 91 Abs. 2 AktG wenigstens eine gesetzliche Grundlage bieten, inwieweit dies mit Compliance zusammenhängt, siehe unten, § 4 II.

252 Zu diesem Ansatz im Zusammenhang mit der BJR bereits unter § 1 II. 3. a) aa).

zur organisatorischen Vorsorge verpflichtet ist[253]. Die etwa von § 25a KWG und § 33 WpHG vorgesehenen Anforderungen richten sich nach der besonderen Risikosituation des Finanzsektors, die sich auch vor dem Hintergrund der qualitativen Bankenaufsicht eines Vergleichs entzieht[254].

Aktienrechtliche Bedeutung wird der Compliance wiederum im Zusammenhang mit § 93 Abs. 1 und Abs. 2 AktG zugesprochen[255]. Bei Verletzung von Organisationspflichten können dem Vorstand nach § 93 Abs. 2 AktG Schadensersatzansprüche der Gesellschaft drohen. Tatsächlich müsste insoweit gegen die Anforderungen der Business Judgment Rule oder gegen die allgemeine Sorgfaltspflicht verstoßen worden sein. Eine Nichtanwendbarkeit der Business Judgment Rule läge schließlich bei einem Gesetzesverstoß vor, der in der der Leitungspflicht aus § 76 Abs. 1 AktG entspringenden, allgemeinen Organisationspflicht begründet sein könnte[256]. Bei Unterlassen der Errichtung einer Compliance-Organisation bleibt dem Vorstand der Weg in den „sicheren Hafen" der Business Judgment Rule allerdings nicht versperrt, denn eine den Zugang behindernde, gebundene Entscheidung und damit eine Verpflichtung zu einem bestimmten Verhalten gibt es nur bei Vorhandensein eines strikten Handlungsgebots[257]. Insofern darf die allgemeine Organisationspflicht im Rahmen der Leitungsverantwortung aus § 76 Abs. 1 AktG nicht mit einer etwaigen Pflicht zur Errichtung einer umfassenden Compliance-Organisation verwechselt werden. Vielmehr muss dem Vorstand bezüglich des Compliance-Systems und der besonderen Compliance-Elemente ein Ermessensspielraum zukommen. Sicherlich werden dabei auf Grund der Organisationsverantwortung

---

253 Auch *Lampert* sieht in diesem Zusammenhang eine Compliance-Organisation als empfehlenswert bis erforderlich an, distanziert sich aber von einer Verpflichtung; in: Hauschka, Corporate Compliance, 2007, § 9 Rn. 1. Eine Verpflichtung auch ablehnend: *Bachmann/Prüfer*, ZRP 2005, S. 109 (111); *Lücke*, in: Beck'sches Mandatshandb. Vorstand der AG, 2004, § 3 Rn. 15.

254 *Bachmann*, VGR-Schriftenreihe 2008, S. 65 (70 und 75); *Fleischer*, in Spindler/Stilz, AktG, 2007, § 91 Rn. 42; *Kort*, in: Großkommentar AktG, 4. aufl. 2006 § 91 Rn. 61; *Spindler*, WM 2008, S. 905 (909); *ders.*, in: Fleischer, Hb. des Vorstandsrechts, 2006, § 19 Rn. 19 ff.

255 *Bürkle*, BB 2005, S. 565 (567); *Eibelshäuser*, Der Konzern 2007, S. 735 (739); *Fleischer*, AG 2003, S. 291 (299); *Uwe H. Schneider/Sven H. Schneider*, ZIP 2007, S. 2061 (2062).

256 Siehe oben zum Tatbestandsmerkmal „unternehmerische Entscheidung" § 1 II. 3. a).

257 Siehe dazu unten § 2 II. 1. insbesondere Fn. 318.

und auch durch § 130 OWiG faktisch[258] enge Grenzen auferlegt, jedoch zeigen gerade die Existenz und die Anforderungen an die Business Judgment Rule im Umkehrschluss, dass ohne eindeutige Normierung keine allgemeine Verpflichtung zur Einrichtung einer Compliance-Organisation begründet werden kann. Andernfalls würden gleichzeitig Sinn und Zweck des Ermessensspielraumes der Business Judgment Rule unterlaufen.

Der Sachverhalt ist daher aus der umgekehrten Perspektive zu betrachten: Eine Compliance-Organisation passt sich individuell den Anforderungen der sektorspezifischen und aktienrechtlichen Tatbestände an, versucht mit Hilfe eines Organisationssystems die Verletzung von Rechten und Pflichten zu verhindern und die Sorgfalt eines ordentlichen und gewissenhaften Geschäftsleiters – einschließlich der daraus erwachsenen Organisationspflicht – einzuhalten. Der Vorstand kann sich außerhalb seiner Organisationspflicht freiwillig den Vorgaben der branchenspezifischen Vorschriften bedienen und versuchen diese in sinnvoller Art und Weise für das Unternehmen zu bündeln, um die größtmögliche Effektivität beim Streben nach Rechtskonformität zu erreichen. Für oder gegen ein solches Programm entscheidet sich der Vorstand im Rahmen seines Ermessens; er ist nicht mittelbar oder aus einer Analogie heraus vollumfänglich dazu verpflichtet.

3. Stellungnahme - Folgen für den Rechtsverkehr

Weder aus einer Rechtsanalogie, mittelbar aus Sanktionsnormen, noch im Zusammenhang mit dem Deutschen Corporate Governance Kodex lässt sich eine Rechtspflicht zur Einführung einer vollumfänglichen Compliance-Organisation herleiten. Eine solche Pflicht als vorhanden anzusehen, wäre realitätsfern. Unter dieser Voraussetzung würde derzeit jede Aktiengesellschaft, die keine Compliance-Struktur nachweisen kann, ihrer Tätigkeit im Zustand permanenter Pflichtverletzung nachgehen[259]. Die Tatsache, dass selbst

---

[258] So zu einer faktischen Verpflichtung: *Kiethe*, GmbHR 2007, S. 393 (400); *Liese*, BB-Special 5, 2008, S. 17 (21); *Rodewald/Unger*, BB 2007, S. 1629; *Spindler*, WM 2008, S. 905 (908) bzgl. internationaler Vorgaben im Bankenrecht; *Wolf*, DStR 2006, S. 1995. So ist auch *Fleischer*, BB 2008, S. 1070 (1072) zu verstehen, der nicht zwangsläufig von einer Pflichtverletzung bei Mangel an einer Compliance-Organisation ausgeht, sondern die Möglichkeit erkennt, gleichzeitig die allgemeine Organisationspflicht zur verletzen.

[259] *Hauschka*, ZIP 2004, S. 877 (878); *ders.*, in: Hauschka, Corporate Compliance, 2007, § 1 Rn. 23 (Fn. 43); *ders.*, VGR-Schriftenreihe 2008, S. 51 (60).

beratenden Wirtschaftsjuristen der Begriff Compliance fremd oder nicht en detail geläufig ist, zeigt, dass Compliance in Unternehmen gegenwärtig keine Selbstverständlichkeit sein kann. Unterschätzt wird, dass die Zahl der nicht börsennotierten – und damit nicht primär dem Deutschen Corporate Governance Kodex unterfallenden – Aktiengesellschaften wesentlich höher ist als die der börsennotierten[260]. Die großen Aktiengesellschaften, die sich auf ihrer Homepage zu einem solchen Programmsatz bekennen, sind meist bereits über den Handel an US-amerikanischen Börsen und den dort geltenden Gesetzen dazu gezwungen[261]. Zudem ist eine Abgrenzung, welche organisatorischen Instrumente im Einzelnen eine Compliance-Organisation darstellen, nicht greifbar. Ob dazu allein der Blick auf das internationale Compliance-Feld[262] oder die Übernahme spezialgesetzlicher Vorgaben ausreichen, ist ungeklärt. Letztere sprechen überwiegend nicht einmal von „Compliance", sondern beschreiben lediglich die besonderen Organisationspflichten der Adressaten. Auch der Deutsche Corporate Governance Kodex gibt diesbezüglich keine detaillierten Antworten. Ohne eine ausdrückliche Regelung kann – auch aus praktischen Gründen – von keiner allgemein gültigen Rechtspflicht gesprochen werden[263].

Eine Pflicht zur Etablierung eines Compliance-Systems zur rechtzeitigen Erkennung rechtlicher Risiken mag im Einzelfall, abhängig von der Struktur und Größe des Unternehmens, zwar bestehen, beziehungsweise auch für kleinere Aktiengesellschaften geboten sein[264]. Dessen Ausgestaltung ist jedoch im Detail dem Vorstand im Rahmen seines unternehmerischen Ermessens überlassen[265]. Konsequenterweise stellt die Entscheidung über die Errichtung einer Compliance-Organisation – im Gegensatz zur gebundenen Entscheidung – eine

---

260 Siehe dazu *Bayer/Hoffmann*, AG-Report 2008, S. R 379 ff.; *Spindler*, AG 2008, S. 598. Nur 4 % der Aktiengesellschaften sind börsennotiert.

261 Vgl. *Uwe H. Schneider*, CCZ 2008, S. 18. Zum DCGK siehe oben § 1 I. 1. a).

262 Z.B. Whistleblower-Hotline, Mission Statement, Compliance Officer.

263 *Hauschka/Klindt*, NJW 2007, S. 2726 (2728). In diese Richtung gehend auch *Spindler*, in: MüKo, AktG, 3. Aufl. 2008, § 93 Rn. 29.

264 *Kort*, NZG 2008, S. 81 (84). *Bachmann*, VGR-Schriftenreihe, 2008, S. 65 (68), spricht insoweit von einer relativen Compliance-Pflicht.

265 Vgl. *Eisele*, in: Schimansky/Bunte/Lwowski, Bankrechtshb., 3. Aufl. 2007, § 109 Rn. 99; *Fleischer*, AG 2003, S. 291 (300); *ders.*, CCZ 2008, S. 1 (3); *Kort*, in: Großkommentar AktG, 4. Aufl. 2003, § 91 Rn. 65; *Spindler*, WM 2008, S. 905 (909), beschreibt die Entscheidung über die Organisation und deren Zuschnitt als „unternehmerische Entscheidung".

unternehmerische im Sinne der Business Judgment Rule dar[266], so dass die Notwendigkeit von Compliance in jedem Unternehmen anhand angemessener Information und unter dem Aspekt des Wohls der Gesellschaft zu bewerten ist. Gleichwohl werden sich in der Praxis vor allem die der Pflicht zur Entsprechenserklärung nach § 161 AktG unterliegenden Unternehmen mit den Anforderungen an Compliance beschäftigen und diese nach ihrem Bedarf etablieren[267]. Denn wird den Empfehlungen des Deutschen Corporate Governance Kodexes nicht gefolgt, sind die Unternehmen einem enorm hohen Rechtfertigungsdruck durch Kapitalmärkte und Medien ausgesetzt[268]. Dies führt zum einen dazu, dass Unternehmen in der Praxis bereits ohne Verpflichtung aus § 161 AktG ihre Abweichungen von den Vorgaben des Deutschen Corporate Governance Kodexes begründen[269]. Zum anderen wird eine gewisse Ausstrahlungswirkung des Kodexes auf nicht börsennotierte Aktiengesellschaften beziehungsweise andere Unternehmensformen erreicht[270].

Gute Corporate Governance ist sowohl Aushängeschild als auch Erfolgsvoraussetzung für jedes Unternehmen[271]. Die dadurch gegebenen Möglichkeiten wird eine gewinnorientierte Aktiengesellschaft auch ohne allgemeingültige Verpflichtung zur Errichtung einer Compliance-Organisation nicht verstreichen lassen. Dass eine solche Verpflichtung in der Praxis wenig Sinn machen würde, hat *Hauschka* anschaulich formuliert. Er hält es für illusorisch, dass der 50-Mann Betrieb in der Wurstherstellung auf der Schwäbischen Alb oder der Gerüstbauer im Bayerischen Wald dieselbe grundsätzliche Verpflichtung zur Einrichtung einer Compliance-Organisation haben soll wie die Deutsche Bank

---

266 *Kort*, NZG 2008, S. 81 (83); *Spindler*, WM 2008, S. 905 (909).

267 Zur Akzeptanz des DCGK in Unternehmen siehe statistische Erhebungen bei: *v. Werder/Talaulicar*, DB 2007, S. 869 ff.; d*ies.*, DB 2008, S. 825 ff.

268 Vgl. *Berg/Stöcker*, WM 2002, S. 1569 (1572); *Bergmoser/Theusinger/Gushurst*, BB-Special 5, 2008, S. 1 (5); *Hüffer*, in: AktG, 8. Aufl. 2008, § 76 Rn. 15a ff.; *Köhler*, NZG 2004, S. 1148 (1150 f.); *Kohler*, in: FS Kümpel, 2003, S. 301 f.. Kritsch dazu: *Bernhardt*, BB 2008, S. 1686. Zur Überwachung durch den Kapitalmarkt: *Semler*, in: FS Lutter, 2000, S. 721 (732 f.).

269 Dazu *Kuthe/Geiser*, NZG 2008, S. 172 (173).

270 *Baums*, Bericht der Regierungskommission Corporate Governance, 2001, Rn. 13; *Berg/Stöcker*, WM 2002, S. 1569 (1571); *Berger/Frege*, ZIP 2008, S. 204 (206); *Bürkle*, BB 2007, S. 1797 (1801); *Campos Nave/Bonenberger*, BB 2008, S. 734 (735); *Klindt*, NJW 2006, S. 3399; *Kort*, NZG 2008, S. 81 (83).

271 Vgl. *Buff*, Compliance, 2000, S. 71 ff.; *Campos Nave/Bonenberger*, BB 2008, S. 734; *Wieland*, CCZ 2008, S. 15.

oder ein Pharmaziekonzern[272]. Vielmehr hat jeder Vorstand innerhalb seines Ermessens die Gelegenheit, die Compliance nach den individuellen Verhältnissen wie Branche, Größe, Konzernstruktur, Grad der Internationalisierung aber auch an die vergangenen Fehlentwicklungen anzupassen[273]. Im entsprechenden Umfang lässt sich zum jetzigen Zeitpunkt allenfalls von einer faktischen Verpflichtung sprechen[274]. Insgesamt ist aber eine zukünftige Entwicklung dahingehend möglich, dass die Anforderungen an Compliance durch die Akzeptanz in der Praxis einen neuen Sorgfaltsmaßstab statuieren[275], den ein ordentlicher und gewissenhafter Geschäftsleiter zu beachten hat.

IV. Zusammenfassung

Eine umfassende Compliance-Organisation basiert rechtlich auf der Leitungsverantwortung des Vorstandes aus § 76 Abs. 1 AktG und damit auf der daraus resultierenden Organisationsverantwortung. Innerhalb dieser Verantwortung mag der Vorstand einerseits an rechtliche Vorgaben einiger spezialgesetzlicher Tatbestände gebunden sein, andererseits kann er sich im Rahmen seines Ermessens auch manch internationaler Standards, die sich im anglo-amerikanischen Ausland bereits etabliert haben, bedienen. Es bleibt festzuhalten, dass die sektorspezifischen – wenn auch ihrerseits sehr allgemein gehaltenen –normativen Compliance-Vorgaben Ausstrahlungswirkung auf die Auslegung und Konkretisierung der Generalklauseln und das Compliance-

---

272 *Hauschka*, ZIP 2004, S. 877 (878).

273 *Fleischer*, AG 2003, S. 291 (293); *ders.*, CCZ 2008, S. 1 (2); *Kort*, NZG 2008, S. 81 (83); *Lücke*, in: Beck'sches Mandatshb. Vorstand der AG, 2004, § 3 Rn. 14; *Uwe H. Schneider*, ZIP 2003, S. 645 (650).

274 Siehe schon Fn. 258. So sind sicherlich auch *Campos Nave* und *Bonenberger* zu verstehen, die die Diskussion über „Pflicht" oder „Kür" der Corporate Compliance angesichts der Rechtsentwicklung sowie der aufgedeckten Korruptionsfälle als obsolet betrachten und dementsprechend von einer Pflicht der Unternehmen ausgehen; in: BB 2008, S. 734.

275 Vgl. *Thümmel*, CCZ 2008, S. 142 (143). So auch die Vermutung von *Spindler*, WM 2008, S. 905 (908), der eine faktische Verpflichtung durch internationale Vorgaben der IOSCO und dem Basel Committee on Banking Supervision als „best practice" annimmt. Siehe dazu: IOSCO, Compliance Function at market intermediaries, Final Report, A Report of the Technical Committee of the International Organization of Securities Commissions, March 2006, http://www.iosco.org/library/ pubdocs/pdf/IOSCOPD214.pdf (zuletzt besucht am 19.10.2009) und Basel Committee on Banking Supervision, Compliance and the compliance function in banks, April 2005, http://www.bis.org/publ/bcbs113.pdf. (zuletzt besucht am 19.10.2009).

Management von Unternehmen in anderen, nicht sektorspezifischen Wirtschaftsbereichen haben (können). Eine allgemeine, jegliche Aktiengesellschaft betreffende Rechtspflicht zur Einführung einer umfassenden Compliance-Organisation kann jedoch weder durch die wörtliche Einführung von „Compliance" in den Deutschen Corporate Governance Kodex noch auf dem mittelbaren Weg der Analogie oder aus Sanktionsnormen begründet werden. Der Deutsche Corporate Governance Kodex stellt kein verbindliches Regelungswerk dar, die spezialgesetzlichen Regelungen sind unpassend und können deshalb nur bruchstückhaft weiterhelfen.

Geht man mangels eindeutiger Vorgaben von einem Ermessensspielraum des Vorstandes hinsichtlich der Compliance-Organisation aus, wird dieser durch die Business Judgment Rule aus § 93 Abs.1 Satz 2 AktG bestätigt, deren Zweck es ist, einen Haftungsfreiraum für den handelnden Vorstand zu schaffen. Die geforderten Voraussetzungen lehnen sich stark an diejenigen der internationalen Vorreiter und die bereits zuvor vom Bundesgerichtshof im ARAG/Garmenbeck-Urteil statuierten Anforderungen an. Die durch die US-amerikanische Variante vorgegebenen Tatbestandsmerkmale der Gutgläubigkeit und der Interessenkonfliktlosigkeit wurden zwar in § 93 Abs. 1 Satz 2 AktG nicht aufgenommen, lassen sich aber in den ausdrücklich genannten Merkmalen wiederfinden, so dass sie keines eigenständigen Prüfungspunktes bedürfen. Eine unternehmerische Entscheidung im Sinne der Business Judgment Rule ist gegenüber einer rechtlich gebundenen abzugrenzen, so dass die Entscheidung über die Implementierung einer Compliance-Organisation mangels strikter Handlungsvorgabe in den Anwendungsbereich der Norm fällt. Dabei werden nur angemessene und verhältnismäßige Organisationsmaßnahmen geschuldet. Für einige Unternehmen mag es etwa aufgrund der individuellen Branche oder vergangener Fehlentwicklungen zu einer faktischen Verpflichtung kommen, ein umfangreiches Compliance-System einzuführen. Unterschreitet der Vorstand diese Anforderungen ist sein Handeln nicht mehr von dem Haftungsfreiraum der Business Judgment Rule gedeckt und kann bei Eintritt eines Schadens zur Ersatzpflicht führen. Die Beweislast für die Einhaltung der notwendigen Sorgfalt trägt, entgegen der US-amerikanischen Business Judgment Rule, das Vorstandsmitglied.

§ 2 Schnittstellen zwischen Business Judgment Rule und Compliance

Nach der Einpassung der Begrifflichkeiten in das aktienrechtliche Konzept sind die Schnittstellen zwischen den sich gegenüberstehenden Rechtsinstituten der Business Judgment Rule und der Compliance herauszuarbeiten. Die folgende Untersuchung dreht sich im Kern um das Verhalten der Vorstandsmitglieder, ob beziehungsweise wozu sie verpflichtet und inwieweit sie in ihrem Ermessen frei sind. Mit dieser Frage unmittelbar verknüpft werden die zahlreichen Haftungsgefahren für das Unternehmen als auch die Organmitglieder.

I. Allgemeine Verhaltenspflichten der Organmitglieder

Um also den Zusammenhang zwischen Compliance und der Business Judgment Rule in Fortführung der bisher gewonnenen Einsichten besser verstehen zu können, ist zunächst auf die allgemeinen, gesetzlich verankerten Verhaltenspflichten der Organwalter einzugehen. Dargestellt werden die Sorgfalts-, die Legalitäts- und die Loyalitätspflicht.

1. Sorgfaltspflicht nach § 93 Abs. 1 Satz 1 AktG

Jedes Vorstandsmitglied ist gemäß § 93 Abs. 1 Satz 1 AktG verpflichtet, die Sorgfalt eines ordentlichen und gewissenhaften Geschäftsleiters anzuwenden. Bei der Erfassung dieses Haftungsmaßstabs ist von der Rechtsstellung des Vorstands auszugehen, der nach § 76 Abs. 1 AktG unter eigener Verantwortung die Gesellschaft zu leiten hat[276]. Die zentrale Aufgabe besteht darin, den Vorteil der Gesellschaft zu wahren und den Schaden von ihr abzuwenden[277]. Entscheidend ist dabei, wie der Leiter eines Unternehmens vergleichbarer Art und Größe zu handeln hat, der ähnlich einem Treuhänder fremden Vermögensinteressen verpflichtet ist[278]. Damit erhöht sich der Maßstab bei der

---

[276] OLG Zweibrücken, NZG 1999, S. 506 (507); OLG Düsseldorf, GmbHR 1994, S. 317 (318); *Hüffer*, in AktG, 8. Aufl. 2008, § 93 Rn. 4; *Spindler*, in: MüKo, AktG, 3. Aufl. 2008, § 93 Rn. 21. Vgl. auch Darstellungen zum Leitungsermessen bei *Hüffer*, in: FS Raiser, 2005, S. 163 ff.

[277] BGHZ 21 (1956), S. 354 (357); OLG Düsseldorf, AG 1997, S. 231 (235).

[278] BGHZ 129 (1995), S. 30 (34); OLG Düsseldorf, AG 1997, S. 231 (235); OLG Hamm, AG 1995, S. 512 (514); OLG Koblenz, NJW-RR 2000, S. 483 (484); OLG Koblenz, ZIP 1991,

Aktiengesellschaft im Vergleich zu einem gewöhnlichen Geschäftsmann[279], stellt jedoch insoweit eine normative Größe dar, die sich den speziellen Gegebenheiten – Größe des Unternehmens, Konjunkturlage, übertragene Aufgaben, etc. – anzupassen hat. Zu beachten bleibt jedoch die objektive Natur des Sorgfaltsmaßstabs, was bedeutet, dass sich die Anforderungen nicht nach dem Üblichen, sondern nach dem Erforderlichen bemessen[280].

Diese allgemein formulierte Sorgfaltspflicht findet sich wieder bei der Auslegung weiterer aktienrechtlicher Pflichten, begründet als Generalklausel zusätzliche Pflichten und beinhaltet weitere Anforderungen an die Vorstandsmitglieder, wie etwa die Legalitätspflicht. Die Business Judgment Rule bietet hinsichtlich einer letztendlichen Sorgfaltspflichtverletzung nach § 93 Abs. 1 Satz 1 AktG eine unwiderlegliche Vermutung pflichtkonformen Verhaltens, mithin einen Ausschlusstatbestand, der nicht vorhersehbare Fehlschläge und Irrtümer zum Zeitpunkt der Vorstandsentscheidung aus der Haftung herausnimmt.

2. Organschaftliche Legalitätspflicht

Dem Vorstand obliegt die Aufgabe, für ein umfassend rechtmäßiges Verhalten des von ihm geleiteten Unternehmens zu sorgen und somit die Legalität zu wahren. Dieses an sich selbstverständliche Prinzip wird als Ausfluss aus § 93 Abs. 1 Satz 1 AktG angesehen[281]. Die Generalklausel setzt durch ihre weite Formulierung einen allgemeinen und objektiven Verhaltensstandard für die Organe fest.[282] Daneben hat die Pflicht zur Gesetzestreue für die Hauptversammlung durch § 243 Abs. 1 AktG Eingang in das Gesetz gefunden und bindet somit mittelbar den Vorstand über den ihm zukommenden Haftungsausschluss nach

---

S. 870 (871); *Buchta*, DStR 2003, S. 694 (695); *Hüffer*, AktG, 8. Aufl. 2008, § 93 Rn. 4; *Mertens*, in: KölnKomm AktG, 2. Aufl. 1996, § 93 Rn. 6.

279 OLG Frankfurt a.M., AG 2008, S. 453 (454); OLG Koblenz, ZIP 1991, S. 871 f.

280 *Hopt*, in: Großkommentar AktG, 4. Aufl. 1999, § 93 Rn. 79.

281 *Fleischer.*, BB 2008, S. 1070; *Kock/Dinkel*, NZG 2004, S. 441 (442); *Goette*, in: FS 50 Jahre BGH, 2000, S. 123 (131 ff.).

282 BGHZ 133 (1996), S. 370 (377) = ZIP 1996, S. 2017 (2019); *Arnold*, in: Marsch-Barner/Schäfer, Hb. börsennotierte AG, 2. Aufl. 2009, § 22 Rn. 10; *Bürkle*, BB 2005, S. 565 (567); *Fleischer*, ZIP 2005, S. 141 (142); *ders.*, in: Spindler/Stilz, AktG, 2007, § 93 Rn. 10; *Hopt*, in: Großkommentar AktG, 4. Aufl. 1999, § 93, Rn. 78; zweifelnd *Hüffer*, AktG, 8. Aufl. 2008, § 93 Rn. 3; *Obermayr*, in: Hauschka, Corporate Compliance, 2007, § 16 Rn. 81; *Spindler*, in: MüKo, AktG, 3. Aufl. 2008, § 93 Rn. 20.

§ 93 Abs. 4 Satz 1 AktG, der von einem „gesetzmäßigen“ Hauptversammlungsbeschluss abhängig gemacht wird[283]. Grundsätzlich umfasst die Legalitätspflicht auch die Einhaltung von Vorschriften ausländischen Rechts, soweit sich der Vorstand hierdurch nicht in Widerspruch zum deutschen Recht setzt[284]. Innerhalb des Legalitätsprinzips lässt sich systematisch zwischen zwei Hauptaspekten unterscheiden. Zum einen sind die Vorstandsmitglieder an Pflichten im Innenverhältnis gegenüber der Gesellschaft gebunden, zum anderen müssen sie sämtliche Rechtsvorschriften einhalten, die dem Unternehmen im Außenverhältnis gegenüber Dritten obliegen[285]. Die interne Pflichtenbindung beinhaltet die Einhaltung sowohl der strikten Regelungen aus dem Aktiengesetz als auch der kompetenzrechtlichen Vorgaben aus Gesetz, Satzung und Geschäftsordnung. Im Außenverhältnis sind öffentlich-rechtliche Vorschriften einschließlich des Strafrechts sowie Verpflichtungen des allgemeinen Privatrechts vor allem solcher des Deliktsrechts umfasst.[286]

Genau in diesem Prinzip liegt die maßgebliche Schnittstelle zwischen den beiden in dieser Arbeit problematisierten Rechtsfiguren. Die Legalitätspflicht stellt die grundlegende Basis für Compliance dar und auch der Tatbestand der Business Judgment Rule ist erst eröffnet, soweit die Legalitätspflicht erfüllt ist. Mit anderen Worten: Liegen Fehler in der Compliance-Organisation vor, die zu

---

283 *Paefgen*, Unternehmerische Entscheidungen und Rechtsbindung der Organe in der AG, 2002, S. 17. Zu § 93 Abs. 4 S. 1 AktG *Buchta*, DB 2006, S. 1939 (1943). Siehe dazu auch das *Siemens/Nold-Urteil* des BGH, siehe BGHZ 136 (1995), S. 133 (144 f.). Hier wird das Leitungsermessen des Vorstandes unter den Vorbehalt gestellt, dass sich der Vorstand beim Gebrauch des genehmigten Kapitals an die Vorgaben des Ermächtigungsbeschlusses der Hauptversammlung hält.

284 *Bachmann*, VGR-Schriftenreihe 2008, S. 65 (95 f.); *Bürkle*, BB 2007, S. 1797 (1799); *Liese*, BB-Special 5, 2008, S. 17 (18); *Mertens*, in: KölnKomm AktG, 2. Aufl. 1996, § 93 Rn. 36; *Uwe H. Schneider*, CCZ 2008, S. 18 f.; *Spindler*, in: FS Canaris, 2007, S. 403 (426); *ders.*, in: MüKo AktG, 3. Aufl. 2008, § 93 Rn. 21 und 79; *Wiesner*, in Münchener Hb. AG, 3. Aufl. 2007, § 25 Rn. 4.

285 *Fleischer*, NJW 2009, S. 2337. Zum Außenverhältnis: Vgl. *Fleischer*, BB 2008, S. 1070; *ders.*, in: Spindler/Stilz, AktG, 2007, § 93 Rn. 14; *Dreher*, FS Konzen, 2006, S. 85 (92); *Mertens*, in: KölnKomm AktG, 2. Aufl. 1996, § 93 Rn. 34; *Raiser/Veil*, Recht der Kapitalgesellschaften, 4. Aufl. 2006, § 14 Rn. 66; *Wilsing*, in: Krieger/Uwe H. Schneider, Hb. Managerhaftung, 2007, § 25 Rn. 21; *Zimmermann*, WM 2008, S. 433 (435).

286 *Abeltshauser*, Leitungshaftung im Kapitalgesellschaftsrecht, 1998, S. 205 und 213; *Bürkle*, BB 2005, S. 565 (567); *Fleischer*, ZIP 2004, S. 141 (142); *ders.*, BB 2004, S. 2645 (2646); *Hopt*, in: Großkommentar AktG, 4. Aufl. 1999, § 93 Rn. 98; siehe auch *Paefgen*, Unternehmerische Entscheidungen und Rechtsbindung der Organe in der AG,

einem Gesetzes- oder Satzungsverstoß führen, ist der Vorstand nicht mehr durch die Business Judgment Rule geschützt. Mithin hat die wirksame Compliance-Organisation bestenfalls präventiv alle unternehmerischen Fehlentscheidungen zu verhindern, die nicht den Tatbestand des § 93 Abs. 1 Satz 2 AktG erfüllen.

3. Organschaftliche Loyalitätspflicht

Die Loyalitäts- oder Treuepflicht des Vorstandes resultiert aus der Vertrauensstellung als handelndes Organ gegenüber der Gesellschaft und den dahinterstehenden Aktionären[287] und dem damit verbundenen Umgang mit fremden Vermögensinteressen. Sie ist mit der Bestellung als Vorstandsmitglied rechtsgeschäftlich begründet[288] und verlangt vollen Einsatz ihrer Person. Insoweit hat sie eine Schrankenfunktion, nach der im Mittelpunkt des Handelns immer die Vereinbarkeit mit dem Gesellschaftsinteresse stehen soll.[289] Im Rahmen der Business Judgment Rule äußert sich die Treuepflicht in dem Tatbestandsmerkmal „Handeln zum Wohl der Gesellschaft“, welches neben Rentabilitätsanforderungen vor allem auch die Interessenskonfliktfreiheit fordert[290]. Weitere gesetzliche Konkretisierungen finden sich im Wettbewerbsverbot aus § 88 AktG und in der in § 93 Abs. 1 Satz 3 AktG normierten Schweigepflicht bezüglich vertraulicher Angaben[291]. Für das Verhalten des Vorstandes verlangt die Loyalitätspflicht, dass die Mitglieder ihr Verhalten in

---

2002, S. 17 f.; *ders.*, AG 2004, S. 245 (252); *Schmidt-Husson*, in: Hauschka, Corporate Compliance, 2007, § 7 Rn. 3; *Spindler*, in: MüKo AktG, 3. Aufl. 2008, § 93 Rn. 63 f.

287 *Buchta*, DStR 2003, S. 694 (697); rechtsvergleichende Herleitung bei *Fleischer*, WM 2003, 1045 ff. m.w.N.; *Hopt*, in: Großkommentar AktG, 4. Aufl. 1999, § 93 Rn. 144; *Mertens*, in: KölnKomm AktG, 2. Aufl. 1996, § 93 Rn. 57 ff.; *Schaefer/Missling*, NZG 1998, S. 441 (443); *K. Schmidt*, Gesellschaftsrecht, 4. Aufl. 2002, § 28 II 4 a; *Spindler*, in: MüKo AktG, 3. Aufl. 2008, § 76 Rn. 14.

288 *Hüffer*, AktG, 8. Aufl. 2008, § 84 Rn. 9, § 93 Rn. 5; *Wiesner*, in: Münchener Hb. AG, 3. Aufl. 2007, § 25 Rn. 11. Wegen der Begründung durch die Bestellung als Vorstandsmitglied bedarf es einer Ableitung der Treuepflicht aus § 93 Abs. 1 S. 1 AktG nicht. Dies ist auch in der Hinsicht konsequent, dass Treupflichtverletzungen noch von dem Tatbestandsmerkmal „unternehmerische Entscheidung“ der BJR umfasst sein können. Siehe Disskussion oben unter § 1 II. 3. a). Zur Entstehung siehe auch *Roth*, Unternehmerisches Ermessen und Haftung des Vorstands, 2001, S. 58 f.

289 Vgl. BGHZ 69 (1977), S. 334, (339); *Goette*, in: FS 50 Jahre BGH, 2000, S. 123 (130); *Paefgen*, AG 2004, S. 245 (249 und 252); *Spindler*, in: MüKo AktG, 3. Aufl. 2008, § 76 Rn. 14 und § 84 Rn. 96.

290 Auf die Ausführungen zum Umgang mit Interessenkonflikten ist zu verweisen. Siehe oben § 1 II. 3. b).

291 *Fleischer*, WM 2003, S. 1045; *Spindler*, in: MüKo AktG, 3. Aufl. 2008, § 76 Rn. 14.

Umfang und Intensität über den Maßstab aus „Treu und Glauben“ gemäß § 242 BGB anzusetzen haben[292].

Die drei hier aufgezeigten allgemeinen Pflichten stellen Verhaltensstandards für die Vorstandsmitglieder auf und sind somit ebenso in den Anforderungen der Business Judgment Rule wiederzufinden. Auch bei Errichtung einer Compliance-Organisation sind die Pflichten zu beachten und nicht zu verletzen. Ihnen kommt in diesem Zusammenhang jedoch noch eine weitere Funktion zu: Sie dienen als Grundlage und als Standard für die Ziele, die sich eine solche Unternehmensorganisation setzt.

II. Grenzbereiche der Anwendung der Business Judgment Rule und des Geschäftsleiterermessens

Sorgfalts-, Legalitäts- und Loyalitätspflicht geben den Kurs zu einem rechtmäßigen Verhalten des Vorstands gegenüber der Gesellschaft vor. Trotz des Wissens darüber kann die Anwendung der Business Judgment Rule im Einzelfall unklar sein, so dass dem schwammigen Feld des Geschäftsleiterermessens im Hinblick auf die Intention einer Compliance-Organisation genauere Konturen zu verleihen sind. Es kommt vorliegend nicht darauf an, die vielfältigen Möglichkeiten der Unternehmensführung herauszuarbeiten, sondern in negativer Hinsicht festzustellen, inwieweit der Vorstand welche ihm obliegenden Pflichten einzuhalten hat und wo die Grenzen seines rechtlichen Dürfens sind. Derart bestehende Ungenauigkeiten sollen dementsprechend durch die Compliance-Organisation eingedämmt werden. Zwar bezweckt Compliance nicht zentral die Einhaltung der Grenzen der Business Judgment Rule, sie verlangt vielmehr, dass der Vorstand im rechtlichen Sinne alles richtig macht[293]. Die Business Judgment Rule zeigt dabei aber anhand ihrer Tatbestandsmerkmale, welche Aspekte der Vorstand bei seinen Entscheidungen beachten muss und gibt der Compliance-Organisation ein detaillierteres Anforderungsprofil. Dabei ist die Tatsache zu berücksichtigen, dass allein die Nichteinhaltung der Voraussetzungen der Business Judgment Rule noch nicht zur Erfolgshaftung

---

[292] Siehe BGHZ 49 (1967), S. 30 ff.; *Hüffer*, AktG, 8. Aufl. 2008, § 84 Rn. 9; *Spindler*, in: MüKo AktG, 3. Aufl. 2008, § 76 Rn. 14.

[293] Das eine schließt das andere zwar nicht aus, die isolierte Einhaltung der Anforderungen der Business Judgment Rule ist jedoch nicht Intention einer umfassenden Compliance-Organisation.

führt, sondern zunächst lediglich die volle gerichtliche Überprüfung des Organhandelns bewirkt[294].

1. Grenzen des unternehmerischen Handlungsspielraumes in Einzelfällen

Gerade im Verhältnis zur oben beschriebenen Legalitätspflicht gilt es, die Schranken des unternehmerischen Ermessens auszuloten. Um sich diesen Grenzenbereichen des legalen Vorstandshandelns zu nähern, werden zunächst die allgemeinen Verpflichtungen des Vorstandes gegenüber der Gesellschaft diskutiert.

a) Erfüllung öffentlich-rechtlicher Pflichten

Öffentlich-rechtliche Pflichten sind ein Paradebeispiel für den Inhalt der Legalitätspflicht. Sie sind insoweit einzuhalten, wie sie strikte Verhaltensgebote begründen. Hinsichtlich des „Ob" der Pflichterfüllung obliegt dem Vorstand somit keine Entscheidungsmöglichkeit[295]. Je nach Vorschrift kann lediglich ein Beurteilungsspielraum bestehen, der das „Wie" der Pflichterfüllung in das Belieben der Gesellschaft stellt[296]. Verstößt ein Unternehmen beispielsweise auf Grund zu hoher Abgasimmissionen gegen eine umweltrechtliche Vorschrift, besteht einerseits die Möglichkeit, das Werk zu schließen, oder andererseits, dieses zu sanieren. Zu öffentlich-rechtlichen Geboten, die an Unternehmensleiter gerichtet sind, zählen vor allem steuerliche Erklärungs- und Abführungspflichten, die rechtzeitige Abführung der Sozialversicherungsbeiträge[297], die

---

[294] Vgl. *Fleischer*, NZG 2008, S. 371 (372); *Sven H. Schneider*, DB 2005, S. 707 (710 und 712); *Spindler*, in: MüKo, 3. Aufl. 2008, § 93 Rn. 39. Dazu sogleich § 2 II. 2. a).

[295] *Graef*, GmbHR 2004, S. 327 (331 f.) jedoch nicht explizit zu öffentlich-rechtlichen Pflichten; *Sven H. Schneider*, DB 2005, S. 707 (711). A.A. *Sieg/Zeidler*, in: Hauschka, Corporate Compliance, 2007, § 3 Rn. 27 f., Aussage wird jedoch auf Vollziehungsanspruch behördlicher Verfügungen und damit verbundene Rechtsunsicherheiten bezogen, siehe zu rechtlichen Unsicherheiten unten § 2 II. 1. b) bb) und § 2 II. 2. b).

[296] Allgemein auch *Brömmelmeyer*, WM 2005, S. 2065 (2066); *Goette*, in: FS 50 Jahre BGH, 2000, S. 123 (131); *Hauschka*, GmbHR 2007, S. 11 (13); *Henze*, BB 2000, S. 209 (211).

[297] BGHZ 133 (1996), S. 370 ff. (zur GmbH). Zur Reichweite der Verantwortlichkeit BGH, NJW 2007, S. 2118 ff. Zu letzteren beiden Pflichten siehe *Bürkle*, BB 2005, S. 565 (567); *Goette*, in: FS 50 Jahre BGH, 2000, S. 123 (131 f.) mit Nachweisen zur Rechtsprechung; *ders.*, in: Hommelhoff/Hopt/v.Werder, Hb. Corporate Governance, 2003, S. 749 (762); *Mengel/Hagemeister*, BB 2006, S. 2466 (2469 f.); *Müller-Bonanni/Sagan*, BB-Special 5, 2008, S. 28; *Wisskirchen/Dannhorn/Bissels*, DB 2008, S. 1139 (1140).

Befolgung kartellrechtlicher Pflichten oder die Meldepflichten nach dem Wertpapierhandelsgesetz[298].

b) Erfüllung zivilrechtlicher Pflichten

Ähnlich ist auch die Erfüllung zivilrechtlicher Pflichten zu behandeln. Zwingenden Handlungsvorschriften ist unbedingt Folge zu leisten. Insoweit liegt eine Ausgestaltung der Leitungspflicht des Vorstands vor, die vergleichbar mit einer verwaltungsrechtlichen, „gebundenen" Entscheidung ist[299].

aa) Aktienrechtliche Vorgaben und Satzungsanforderungen

Zu den die Leitungspflicht präzisierenden Vorschriften zählen sowohl aktienrechtliche Verhaltenspflichten wie Kompetenzvorschriften, als auch Satzungsvoraussetzungen[300]. In nicht abschließender Aufzählung sind als gesetzlich geregelte Einzelpflichten vor allem die Pflicht zur Einhaltung des Unternehmensgegenstandes (§ 23 Abs. 3 Satz 2 AktG)[301], die Pflichtangaben auf Geschäftsbriefen (§ 80 AktG)[302], die Anmeldung zur Eintragung in das Handelsregister über Änderungen des Vorstands oder der Vertretungsbefugnis (§ 81 AktG)[303], die Buchführungspflicht (§ 91 Abs. 1 AktG)[304], die Pflicht zur Einrichtung eines Frühwarnsystems (§ 91 Abs. 2 AktG) und die Kapitalerhaltungspflicht (§ 93 Abs. 3 AktG) zu nennen[305]. Pflichten aus dem Bereich der Corporate Governance sind die Abgabe der Entsprechenserklärung (§ 161

---

[298] *Sven. H. Schneider*, DB 2005, S. 707 (711). Zu kapitalmarktrechtlichen Publizitätspflichten auch *Buchta*, DB 2006, S. 1939 (1941 f.).

[299] Siehe Vergleich zum Verwaltungsrecht OLG Düsseldorf, NJW-RR, 1995, S. 1371 (1375 ff.); *Hüffer*, in: FS Raiser, 2005, S. 163 (174 f.); *Paefgen*, Unternehmerische Entscheidungen und Rechtsbindung der Organe in der AG, 2002, S. 21 f.; vgl. *Semler*, in: FS Ulmer, 2003, S. 627 (640 f.). So zur Business Judgment Rule: *Reg. Begr.* UMAG, BT-Drucks. 15/5092, S. 11.

[300] *Paefgen*, Unternehmerische Entscheidungen und Rechtsbindung der Organe in der AG, 2002, S. 24; *Sieg/Zeidler*, in: *Hauschka*, Corporate Compliance, 2007, § 3 Rn. 17 ff. Zum Satzungsverstoß BGH, NJW-RR 2004, S. 900 (901).

[301] *Goette*, in: FS 50 Jahre BGH, 2000, S. 123 (134); *Hüffer*, AktG, 8. Aufl. 2008, § 23 Rn. 21, § 82 Rn. 9; *Pentz*, in: MüKo, AktG, 3. Auflage 2008, § 23 Rn. 78.

[302] *Fleischer*, NZG 2006, S. 561 (562).

[303] Dazu OLG Hamm, ZIP 1995, S. 1263 (1268); *Fleischer*, NZG 2006, S. 561 (562).

[304] Zur Buchführungsverantwortung des Vorstands: *Fleischer*, WM 2006, S. 2021 ff.

[305] Einzelpflichten des Vorstandes darstellend: *Fleischer*, ZIP 2005, S. 141 (142); *Lücke*, in: Beck'sches Mandatshb. Vorstand der AG, 2004, § 3 Rn. 33; *Paefgen*, Unternehmerische

AktG), die Aufstellung des Jahresabschlusses und des Lageberichts sowie deren Vorlage an den Aufsichtsrat (§ 170 Abs. 1 AktG).

Kompetenzrechtlich sind die strikten Vorgaben in Hinblick auf Satzung, Geschäftsordnung und Anstellungsvertrag einzuhalten, dies formuliert § 82 Abs. 2 AktG[306]. Durch die soeben genannten Einzelvorschriften werden gleichzeitig Zuständigkeiten für die darin beschriebenen Pflichten zugewiesen. Zur Verwaltung der Gesellschaft zählen jedenfalls auch die Einberufung der Hauptversammlung (§ 121 Abs. 2 Satz 1 AktG) sowie im Falle des Verlustes in Höhe der Hälfte des Grundkapitals (§ 92 Abs. 1 AktG) und die Beantragung der Eröffnung des Insolvenzverfahrens (92 Abs. 2 AktG). Den Vorstand treffen außerdem (schriftliche)[307] Berichts-, Informations- und Rechenschaftspflichten gegenüber den anderen Gesellschaftsorganen. Exemplarisch sind die Berichterstattung gegenüber dem Aufsichtsrat gemäß § 90 AktG oder die Auskunftserteilung gegenüber den Aktionären in der Hauptversammlung nach § 131 AktG zu nennen. Solche Kompetenzzuweisungen sind im Rahmen der Leitungspflicht nicht zu unterlaufen, so hat die BGH-Rechtsprechung in den Holzmüller-[308] und Gelatine-Entscheidungen[309] gezeigt, dass die Hauptversammlung an wesentlichen Strukturmaßnahmen - auf Grund ihrer hauptsächlichen Zuständigkeit für diese[310] - zu beteiligen ist.

Die Satzung beinhaltet neben dem gesetzlich festgelegten Mindestinhalt zahlreiche Möglichkeiten, weitere Organpflichten zu begründen[311]. So können beispielweise die Empfehlungen oder Anregungen des Deutschen Corporate Goverance Kodex in die Satzung übernommen werden[312], so dass dadurch

---

Entscheidungen und Rechtsbindung der Organe in der AG, 2002, S. 22; *Richter*, in: Semler/Peltzer, Arbeitshb. für Vorstandsmitglieder, 2005, § 4 Rn. 14.

306 Der Anstellungsvertrag wird zwar nicht besonders erwähnt, gilt in diesem Zusammenhang jedoch genauso, solange nicht gegen aktienrechtliche oder Satzungsregelungen verstoßen wird. Vgl. *Mertens*, in: KölnKomm AktG, 2. Aufl. 1996, § 82 Rn. 36; *Spindler*, in: MüKo, AktG, 3. Aufl. 2008, § 82 Rn. 44; *Wiesner*, in: Münchener Hb. der AG, 3. Aufl. 2007, § 21 Rn. 66.

307 Z. B. §§ 186 Abs. 4 S. 2, 203, Abs. 2 S. 2, 239 a, 319 Abs. 3 Nr. 3 AktG.

308 BGHZ 83 (1982), S. 122 ff.

309 BGH, NZG 2004, S. 575 ff. (Gelatine I); BGH, NJW 2004, S. 1863 ff. (Gelatine II).

310 *Sven H. Schneider*, DB 2005, S. 707 (711).

311 Zum Satzungsverstoß BGH, NJW-RR 2004, S. 900 (901).

312 Vgl. dazu *Ettinger/Grützediek*, AG 2003, S. 353 (355); *Lutter*, ZHR 166 (2002), S. 523 (537) mit weiteren Transformationsmöglichkeiten.

wiederum die Errichtung einer Compliance-Organisation verpflichtend werden kann.

bb) Pflicht zur Erfüllung von Vertragspflichten der Gesellschaft?

Die vorgenannten Vorschriften sind alle verbindlich und bieten außer dem eventuell bestehenden Beurteilungsspielraum keinen weiteren Ermessensbereich. Mangels ausdrücklicher Regelung stellt sich dic Frage nach Entscheidungsmöglichkeiten jedoch bei privatautonom begründeten Vertragspflichten gegenüber Dritten. Hier ist zu klären, inwieweit der Gesellschaft in rechtlicher und tatsächlicher Hinsicht ein Handlungsspielraum in Bezug auf das fragliche Rechtsverhältnis zukommt[313]. Der Erfüllung von Vertragspflichten der Gesellschaft sind mannigfaltige Möglichkeiten der Modifikation vorgeschaltet. Zu nennen sind Verhandlungen, Gestaltungsrechte, Vergleiche[314] oder auch die Abwägung, es auf eine Verurteilung zum Schadensersatz ankommen zu lassen.[315] Nähme man eine strikte Pflicht des Vorstandes an, Vertragspflichten durchweg erfüllen zu müssen, wäre das Unternehmen in der Praxis stark eingeschränkt. Würde mit Geschäftspartnern kontrahiert, die einer solchen (verbandsinternen) Legalitätspflicht nicht unterlägen und ihre Vertragspflicht aus für sie vertretbaren Gründen[316] nicht erfüllten, könnte der Vorstand der einseitigen Vertragserfüllung gegebenenfalls keine taktisch klügeren Erwägungen vorziehen. Zugrundezulegen ist hierbei die Tatsache, dass Sachverhalte im Wirtschaftsleben meist so komplex sind, dass vertragliche Pflichten beziehungsweise deren Fälligkeit schwieriger als bei einem Alltagsgeschäft zu ermitteln sind und demgemäß häufig unterschiedliche Auffassungen über die Rechtmäßigkeit aufeinander treffen. Es wäre beispielsweise unverständlich, eine unbedingte Verpflichtung des Vorstandes gegenüber der Gesellschaft anzunehmen, einem Architekten den vertraglich

---

[313] *Paefgen*, Unternehmerische Entscheidungen und Rechtsbindung der Organe in der AG, 2002, S. 25.

[314] Zu einem Ermessensspielraum hinsichtlich des Abschlusses von Vergleichen auch *Paefgen*, AG 2004, S. 245 (252 Fn. 73).

[315] *Fleischer*, in: Spindler/Stilz, AktG, 2007, § 93 Rn. 30; *Hopt*, in: Großkommentar AktG, 4. Aufl. 1999, § 93 Rn. 100; *Paefgen*, Unternehmerische Entscheidungen und Rechtsbindung der Organe in der AG, 2002, S. 25; einschränkend: *Spindler*, in: FS Canaris, 2007, S. 403 (423).

[316] So könnte es bei einem Liquiditätsengpass der Gesellschaft zum Vorteil gereichen, wenn eine Verpflichtung erst später gezahlt wird.

vereinbarten Werklohn zu zahlen, obwohl die vollständige Erbringung der Werkleistung nicht eindeutig feststeht, dies aber von der Gegenseite behauptet wird. Vielmehr stellt sich die Wahl einer der oben genannten Möglichkeiten als unternehmerische Entscheidung im Sinne der Business Judgment Rule dar und ist bei sorgfältiger Abwägung der unternehmerischen Risiken und unter Voraussetzung des Vorliegens der weiteren Anforderungen der Norm nicht pflichtwidrig[317].

Insoweit gebieten die schuldrechtlichen Vorschriften kein absolutes Handlungsgebot und können auch nicht ausnahmslos als Organpflicht angesehen werden[318]. Sicherlich sind dem Vorstand hierbei Grenzen gesetzt; maßgebliche Gesichtspunkte sollen bei der Entscheidung nicht nur finanzieller Art sein, sondern den gesamten Standpunkt des Unternehmens beleuchten[319]. Eine schlichte Nichterfüllung einer Forderung, die einen aussichtslosen Prozess nach sich zieht, wird auf Grund der anfallenden Kosten und der Reputationsschäden nicht im Unternehmensinteresse und somit pflichtwidrig sein[320]. Exemplarisch ist arglistiges oder sittenwidriges Verhalten zur Erlangung eines Vorteils auch im vertraglichen Bereich nicht mehr unter das Legalitätsprinzip zu fassen. Es ist davon auszugehen, dass jegliches Verhalten, das deliktsrechtlich[321] oder rechtlich auf andere Weise zu beanstanden ist, in diesem Zusammenhang nicht mehr

---

317 Siehe *Binder*, AG 2008, S. 274 (279); *Roth*, Unternehmerisches Ermessen und Haftung des Vorstands, 2001, S. 132; *Wiesner*, in: Münchener Hb. AG, 3. Aufl. 2007, § 25 Rn. 4. Vgl. auch *Spindler*, in: MüKo AktG, 3. Aufl. 2008, § 93 Rn. 73; *ders.*, in: FS Canaris, 2007, S. 403 (423), der restriktiv von der Möglichkeit der Vertragsverletzung ausgeht, solange nicht Ansprüche (z.B. § 826 BGB) oder Tatbestände (z.B. § 263 StGB), die außerhalb des Vertragsverhältnisses herrühren, tangiert sind. A.A. *Ihrig*, WM 2004, S. 2098 (2105), der den sicheren Hafen wegen der Einheit der Rechtsordnung als nicht eröffnet sieht.

318 Zu verallgemeinernde andere Ansicht: *Schäfer*, ZIP 2005, S. 1253 (1256), und *Sven H. Schneider*, DB 2005, S. 707 (711). Zutreffend jedoch die Trennung von *Paefgen* (Fn. 313) zwischen strikten Handlungsgeboten und solchen Pflichten, die sich erst durch Einbeziehung von Gesichtspunkten des Gesellschaftsinteresses im Einzelfall genauer bestimmen lassen. So auch: *Fleischer*, ZIP 2005, S. 141 (144), *Hopt*, in: Großkommentar AktG, 4. Aufl. 1999, § 93 Rn. 100; *Lutter*, ZIP 2007, S. 841 (843); zurückhaltend *Abeltshauser*, Leitungshaftung im Kapitalgesellschaftsrecht, 1998, S. 214; und *Landwehrmann*, in: Heidel, AktR, 2. Aufl. 2006, § 93 Rn. 12.

319 Siehe zu dieser Abwägung die Diskussion in § 2 II. 2.

320 Vgl. *Fleischer*, ZIP 2005, S. 141 (144). Insoweit besteht die Pflichtwidrigkeit dann als Verstoß gegen die Sorgfaltspflicht, aber nicht gegen die Legalitätspflicht. A.A. *Sven H. Schneider*, DB 2005, S. 707 (711), der hierin einen Verstoß gegen das Zivilrecht sieht.

gedeckt ist. Festzuhalten bleibt aber insbesondere aus Praktikabilitätsgründen, dass die Erfüllung vertraglicher Pflichten der Gesellschaft nicht durchweg zur Leitungspflicht des Vorstands gehört. Dieses Ergebnis ist Korrelat zur Parteiautonomie, die an die im Einzelnen begründeten Vertragspflichten zu unterschiedliche Anforderungen zu stellen vermag.

cc) Pflicht zur Geltendmachung von Ansprüchen der Gesellschaft?

In diesem Sinne ist auch die Frage der Behandlung der gerichtlichen Durchsetzung zivilrechtlicher Ansprüche der Gesellschaft gegenüber Dritten zu klären. Mangels ausdrücklicher Regelung würde sich die Geltendmachung von Gesellschaftsansprüchen nicht als striktes Handlungsgebot darstellen[322]. Von einer Pflicht des Vorstandes wäre demnach nicht auszugehen. Es ist allerdings festzuhalten, dass auch bei der oben beschriebenen Problematik zunächst ein am Unternehmensinteresse orientierter Grundsatz festgesetzt wurde, der nur unter bestimmten Voraussetzungen eingreift. Insofern ist die allgemeine Fallkonstellation der Durchsetzung zivilrechtlicher Ansprüche zunächst anhand des Bestehens eines Handlungsspielraums zu beurteilen.

Der BGH hat es in seiner ARAG/Garmenbeck-Entscheidung abgelehnt, eine unternehmerische Entscheidung des Aufsichtsrats bei der Durchsetzung von Schadensersatzansprüchen gegenüber dem Vorstand anzunehmen[323]. Allein das Feststellen eines bestimmten Tatbestandes, der zu einem Anspruch führt, begründe regelmäßig die Pflicht diesen zu verfolgen[324]. Denn das Bestehen oder Nichtbestehen des Anspruchs stehe im Zeitpunkt der Entscheidung des Organs objektiv fest[325]. Insoweit bestehe trotz tatsächlicher Unwägbarkeiten wie Beweisnot oder auch Rechtsanwendungsfehlern der urteilenden Richter kein

---

321 So auch *Paefgen* (Fn. 313), weil es sich um ein Handlungsgebot bzw. eine Unterlassungspflicht handelt.

322 So *Paefgen*, Unternehmerische Entscheidungen und Rechtsbindung der Organe in der AG, 2002, S. 25 Fn. 48. Jedenfalls solange keine strafrechtlichen Verbote oder deliktsrechtliche Unterlassensgebote wie §§ 823, 826, 1004 BGB tangiert sind.

323 BGH zum Aufsichtsrat in: BGHZ 135 (1997), S. 244 (254). Vgl. auch *Paefgen*, AG 2008, S. 761 ff.; *Koch*, AG 2009, S. 93 ff. Grundsätze zum Aufsichtsrat aber auf den Vorstand übertragbar, vgl. *BGH* (1991), NJW 1992, 1166 f.; *Hauschka*, AG 2004, S. 461 (466); *Sven H. Schneider*, DB 2005, S. 707 (711); *Semler*, in: FS Ulmer, 2003, S. 627 (636).

324 So schon *Jäger/Trölitzsch*, ZIP 1995, S. 1157 (1161); *Raiser*, NJW 1996, S. 552 (554); und dem BGH folgend: *Henze*, NJW 1998, S. 3309 (3311); *Semler*, in: FS Ulmer, 2003, S. 627 (636); *Weiss/Buchner*, WM 2005, S. 162 (166).

325 Vgl. *Schäfer*, ZIP 2005, S. 1253 (1256); *Sven H. Schneider*, DB 2005, S. 707 (711).

Ermessensspielraum[326]. Es handele sich vielmehr um Tatsachenfeststellung und Einschätzung von Zeugenaussagen zu einem abgeschlossenen Sachverhalt, mithin also um den Erkenntnis- und nicht den Handlungsbereich[327]. Auf Grund dieser in der Entscheidung auf den Aufsichtsrat zugeschnittenen Aussage[328] generell das Vorliegen einer unternehmerischen Entscheidung zu verneinen[329], ist jedoch zu kurzsichtig und widerspricht der hier zugrunde gelegten Definition[330]. Die unternehmerische Entscheidung ist vielmehr zur gebundenen Entscheidung abzugrenzen, wobei zur Geltendmachung von Ansprüchen der Gesellschaft ein rechtliches Gebot zu einer bestimmten Verhaltensweise gerade nicht besteht. Insoweit kann der Vorstand je nach Sachlage sehr wohl zwischen Verfolgung und Nichtverfolgung eines Anspruches wählen.

Das allgemeine Prozess(kosten)risiko allein eröffnet aber regelmäßig keine Rechtfertigung, die Durchsetzung des Anspruches unter den Anforderungen des Tatbestandsmerkmals „zum Wohle der Gesellschaft" zu unterlassen[331]. Andere Gründe hingegen, wie das Festhalten an einer langjährigen Geschäftsbeziehung[332], negative Auswirkungen der Anspruchsverfolgung auf die Geschäftstätigkeit und das Ansehen der Gesellschaft in der Öffentlichkeit, die Behinderung der Vorstandsarbeit oder eine Beeinträchtigung des Betriebsklimas[333] können im Zweifel im Interesse der Gesellschaft liegen[334]. Ein Verzicht

---

326 Zum Aufsichtsrat BGHZ 135 (1997), S. 244 (254).

327 Vgl. *Henze*, NJW 1998, S. 3309 (3311); *Paefgen*, AG 2008, S. 761; *Sven H. Schneider*, DB 2005, S. 707 (711).

328 Siehe kritische Darstellung bei *Paefgen*, AG 2008, S. 761 (762 ff.). Der BGH hat die unternehmerische Entscheidung mit der Begründung verneint, dass die nachträgliche Überwachungstätigkeit des Aufsichtsrates keinen Raum für Ermessen lasse.

329 So auch *Franz/Jüntgen*, BB 2007, S. 1681 (1684) und *Sven H. Schneider*, DB 2005, S. 707 (712), der das Fehlen einer Rechtsnorm betont, die zur Geltendmachung eines Anspruchs verpflichtet, verneint aber im Ergebnis das Vorliegen einer unternehmerischen Entscheidung. Vgl. auch *Kropff*, in: FS Raiser, 2005, S. 225 (233), der unternehmerische Aspekte bei der Geltendmachung von Schadensersatzansprüchen gegen die Vorstandsmitglieder berücksichtigen will.

330 Siehe Definition „unternehmerische Entscheidung" unter § 1 II. 3. a).

331 Hier geht es um ein dogmatisches Problem, die Pflicht zur Geltendmachung von Gesellschaftsansprüchen folgt nicht aus der fehlenden unternehmerischen Entscheidungsmöglichkeit, sondern aus der Orientierung am Unternehmenswohl.

332 Siehe *Franz/Jüntgen*, BB 2007, S. 1681 (1686), zur Ross- und-Reiter-Problematik.

333 So auch BGHZ 135 (1997), S. 244 (255).

334 So auch *Hauschka*, AG 2004, S. 461 (466); i.E. so auch *Hopt*, in: Großkommentar AktG, 4. Aufl. 1999, § 93 Rn. 112; *Rodewald/Unger*, BB 2006, S. 113 (114); *Roth*,

auf die Durchsetzung einer Forderung setzt eine Abwägung der möglichen Vorteile und der befürchteten Schäden aus der Geltendmachung der Rechtsansprüche gegeneinander voraus, wobei im Fokus immer das durch den allgemeinen Sorgfaltsmaßstab vorgegebene Unternehmenswohl steht.[335] Im Einzelfall wäre sogar eine Pflichtverletzung bei Geltendmachung eines Anspruchs denkbar, wenn diese der Gesellschaft zum Schaden gereicht.

Im Ergebnis würde aber sowohl den Anforderungen der Business Judgment Rule als auch dem allgemeinen Sorgfaltsmaßstab eine Nichtverfolgung eines Anspruchs in den überwiegenden Fällen nicht genügen, so dass faktisch, um der eigenen Inanspruchnahme auf Schadensersatz nach § 93 Abs. 2 AktG vorzubeugen, eine Pflicht der Organmitglieder zur Durchsetzung solcher Ansprüche besteht[336]. Ausnahmen bestätigen insoweit die Regel und bedürfen einer im beschriebenen Umfang rechtfertigenden Begründung. Ob es dennoch Ausnahmetatbestände zum Dogma des strikten Handlungsge- und verbots gibt, gilt es im folgenden Abschnitt zu klären.

2. Nützliche Pflichtverletzungen

Der für die Aktiengesellschaft durch *Fleischer*[337] geprägte Begriff der „nützlichen Pflichtverletzungen" beschäftigt sich mit der Frage, inwieweit die Legalitätspflicht zum Vorteil des Unternehmens vernachlässigt werden darf. Als praktisches Beispiel werden in diesem Zusammenhang vielerorts Schmiergeldzahlungen im Ausland[338] erwähnt, die zwar meist gegen ausländisches wie

---

Unternehmerisches Ermessen und Haftung des Vorstands, 2001, S. 119 ff., sieht als Ausschlussgrund nur die Unverantwortlichkeit der Nichtdurchsetzung des Anspruchs.

335 Vgl. *Hauschka*, AG 2004, S. 461 (466); *Kindler*, ZHR 162, (1998), S. 101 (109); *Raiser*, NJW 1996, S. 552 (554); *Semler*, in: FS Ulmer, 2003, S. 627 (636). Auch *Spindler*, in: MüKo AktG, 3. Aufl. 2008, § 93 Rn. 130, stellt auf den Schutz des Unternehmens ab, unklar bleibt jedoch, ob er auf die Entstehung des Anspruchs oder die Durchsetzung abstellt.

336 Vgl. *Hauschka*, AG 2004, S. 461 (466). Im Ergebnis auch *Schäfer*, ZIP 2005, S. 1253 (1257), der sich der Zuordnung zur unternehmerischen Entscheidung nicht sicher ist und die Durchsetzung von Gesellschaftsansprüchen aus Präventionsgründen dort herausnehmen will. Damit führt er seinen weiten Ansatz im Zusammenhang mit der Treuepflichtverletzung bei unternehmerischen Entscheidungen nicht konsequent weiter (vgl. S. 1256 li. Sp. oben).

337 Siehe rechtsvergleichende Darstellung in: ZIP 2005, S. 141 ff.

338 Siehe dazu BGHZ 94 (1985), S. 268 ff.= NJW 1985, S. 2405 ff.; *Uwe H. Schneider*, AG 1983, S. 205 (212). *Rieger/Götze*, in: Krieger/Uwe H. Schneider, Hb. Managerhaftung, 2007, § 24 Rn. 36; *Spindler*, in: FS Canaris, 2007, S. 403 (426).

deutsches Recht verstoßen[339], jedoch für das wirtschaftlich handelnde Unternehmen – vor allem unter Berücksichtigung des überwiegend geringen Entdeckungsrisikos – an sich hilfreich sind.

Wird auf den Kosten-Nutzen-Faktor und somit auch auf den engen Shareholder-Value Ansatz[340] abgestellt, sind solche Zahlungen nützlich, da abzüglich der Schmiergeldkosten de facto auf Grund des erlangten Vorteils mehr Gewinn für das Unternehmen entsteht als ohne diese Rechtsverletzung. Nun sind Vorstandsmitglieder dazu angehalten, im Interesse der Gesellschaft zu handeln. Möglicherweise könnten sie sich im Innenverhältnis darauf berufen, dass der Gesetzesverstoß subjektiv[341] im Interesse der Gesellschaft oder gar objektiv zu ihrem Nutzen erfolgte, so dass hier nicht zwangsläufig eine Pflichtverletzung vorliegen muss[342]. Überwiegend wird einer solchen Behauptung jedoch bereits dadurch eine Absage erteilt, dass bei einem rechtswidrigen Verhalten im Außenverhältnis grundsätzlich zugleich von einer Pflichtverletzung im Innenverhältnis auszugehen ist[343]. In der Tat gilt es, diesen Rechtssatz zu

---

339 Für die Bestechung von ausländischen Amtsträgern greift grundsätzlich § 334 StGB i.V.m. Art. 2 § 1 Nr. 2 IntBestG (Gesetz zur Bekämpfung internationaler Bestechung, BGBl II 1998, S. 2327), beachte aber Auslegung des Amtsträgerbegriffs: BGH, DB 2008, S. 2698 (2702). Zur Vorteilsgewährung siehe: *Rieger/Götze*, in: Krieger/Uwe H. Schneider, Hb. Managerhaftung, 2007, § 24 Rn. 41; Zur Korruption im Ausland: *S. Wolf*, NJW 2006, S. 2735 ff. Weitere Beispiele zu nützlichen Pflichtverletzungen siehe *Fleischer*, ZIP 2005, S. 141 f.

340 Siehe dazu umfassend und begründend: *Rappaport*, Shareholder Value, 2. Aufl. 1999; daneben auch *Bachmann/Prüfer*, ZRP 2005, S. 109 f.; *Fleischer*, in: Hommelhoff/Hopt/v.Werder, Hb. Corporate Governance, 2003, S. 129 ff. zur Abgrenzung von Shareholdern und Stakeholdern; *Kuhner*, ZGR 2004, S. 244 ff.; *Mülbert*, ZGR 1997, S. 129 ff.; *Spindler*, MüKo AktG, 3. Aufl. 2008, § 76 Rn. 76 ff. m.w.N.; *Windbichler/Bachmann*, in: FS Bezzenberger, 2000, S. 797 (804 f.); im Zusammenhang mit Unternehmensspenden *Fleischer*, AG 2001, S. 171 ff.

341 Zum gut- bzw. bösgläubig dolosem Geschäftsleiter: *Hauschka*, GmbHR 2007, S. 11 (14).

342 So verneinend zu einer Verletzung der Dienst- oder Vertragspflichten BGH NJW 1985, S. 2405 (2406). Vgl. auch *Spindler*, in: FS Canaris, 2007, S. 403 (412), der lediglich eine ökonomische Betrachtungsmöglichkeit bejaht.

343 *Abeltshauser*, Leitungshaftung im Kapitalgesellschaftsrecht, 1998, S. 213; *Berg*, AG 2007, S. 271 (273); differenzierend *Dreher*, in: FS Konzen, 2006, S. 85 (94 f.); *Fleischer*, ZIP 2005, S. 141 (144); *ders.*, BB 2008, S. 2070; *Hopt*, in: Großkommentar AktG, 4. Aufl. 1999, § 93 Rn. 98; *Ihrig*, WM 2004, S. 2098 (2104); *Krause*, BB-Special 8, 2007, S. 2 (5); *Landwehrmann*, in: Heidel, AktR, 2. Aufl. 2006, § 93 Rn. 10; *Mertens*, in: KölnKomm AktG, 2. Aufl. 1996, § 93 Rn. 34; *Raiser/Veil*, Recht der Kapitalgesellschaften, 4. Aufl. 2006, § 14 Rn. 66; *Uwe H. Schneider*, AG 1983, S. 205 (212); *Wilsing*, in: Krieger/Uwe H. Schneider, Hb. Managerhaftung, 2007, § 25 Rn. 23, bezüglich § 130 OwiG; *Zimmermann*, WM 2008, S. 433 (435).

untersuchen. Die Begründung jedoch, dies als Resultat des drohenden Schadens in Form von Schadensersatzzahlungen[344], Geldbußen oder Reputationsschädigungen anzunehmen, überzeugt nicht, weil zwangsläufig vom Schaden auf die Pflichtverletzung zurückgeschlossen wird[345]. Vielmehr ist die Thematik vorliegend unabhängig vom Schadenseintritt zu beurteilen, denn Gegenstand der Untersuchung ist neben der Haftungsvermeidung die Feststellung der generellen Verhaltenspflichten des Vorstands und somit auch die mit Pflichtverletzungen zusammenhängenden, schadensunabhängigen Rechtsfolgen[346].

a) Vorrang der Legalitätspflicht im Innenverhältnis

Es stellt sich die Frage, ob dem Legalitätsprinzip auch im Innenverhältnis uneingeschränkt Folge zu leisten ist. Der „sichere Hafen" der Business Judgment Rule schließt die Verletzung von Gesetz und Satzung jedenfalls aus[347]. Insoweit schützt der Haftungsfreiraum des § 93 Abs. 1 Satz 2 AktG die Vorstandsmitglieder nicht vor einer Inanspruchnahme durch die Gesellschaft. Fehlt es an den Voraussetzungen der Business Judgment Rule, ist zu prüfen, ob eine Pflichtverletzung nach den allgemeinen Maßstäben anzunehmen ist[348]. Denn

---

[344] So hat der BGH in seinem Urteil „Kirch/Deutsche Bank AG und Breuer" im Jahre 2006 hervorgehoben, dass den Vorstand die organschaftliche Pflicht trifft, alles zu unterlassen, was die Gesellschaft einem Schadensersatzanspruch aussetzen kann. BGH, NJW 2006, S. 830 (843).

[345] So *Fleischer*, ZIP 2005, S. 141 (144); *ders.*, in: Fleischer, Hb. Vorstandsrecht, 2006, § 7 Rn. 14; zustimmend *Sieg/Zeidler*, in: Hauschka, Corporate Compliance, 2007, § 3 Rn. 22. Eine Pflicht verneinend, alle Maßnahmen, die zu einer Schadensfolge führen können, grundsätzlich zu unterlassen: BGHZ 69 (1977), S. 207 (213); BGHZ 75 (1979), S. 96 (113); *Ihrig*, WM 2004, S. 2098 (2100) m.w.N.; *Schäfer*, ZIP 2005, S. 1253 (1254).

[346] So z.B. Widerruf der Bestellung des Vorstands nach § 84 Abs. 3 AktG. *Sieg/Zeidler* (Fn. 345) scheinen diesen Gesichtspunkt bei der Kritik an *Fleischer* (Fn. 345) zu verkennen. Sie suchen trotz Zustimmung lediglich nach der Begründung eines Schadensersatzanspruches und sehen keine andere mögliche Rechtsfolge.

[347] Die Business Judgment Rule bei nützlichen Pflichtverletzungen verneinend: *Arbeitskreis Schmalenbach AG*, DB 2006, S. 2189 (2191); *Berg*, AG 2007, S. 271 (274); *Fleischer*, BB 2004, S. 2645 (2646); *Krause*, BB-Special 8, 2007, S. 2 (6); *Lutter*, ZIP 2007, S. 841 (843 f.); *Schäfer*, ZIP 2005, S. 1253 (1256); *Sven H. Schneider*, DB 2005, S. 707 (710).

[348] Insofern wird der Vorschrift des § 93 Abs. 1 Satz 1 AktG eine Doppelfunktion zugeschrieben, siehe *Hüffer*, AktG, 8. Aufl. 2008, § 93 Rn. 3a; *Kock/Dinkel*, NZG 2004, S. 441; *Spindler*, in: MüKo, AktG, 3. Aufl. 2008, § 93 Rn. 20.

es kann nicht unabwendbar von der Verneinung der Business Judgment Rule auf das Vorliegen eines objektiv pflichtwidrigen Verhaltens geschlossen werden.[349]

Eine Verletzung der Treuepflicht ist nicht anzunehmen, da cin Vorstandsmitglied bei einer „nützlichen" Pflichtverletzung gerade das Wohl der Gesellschaft im Auge hat. Gleichwohl wirken sich externe Rechtsbindungen, die kraft der Leitungspflicht des Vorstands von außen nach innen transportiert werden, so auf das Verbandsinnenverhältnis aus, dass für die Feststellung eines Verstoßes gegen die Leitungspflicht irrelevant ist, ob der Gesetzesverstoß im Interesse der Gesellschaft war[350]. Dieser Rechtssatz findet Ausdruck in § 396 Abs. 1 AktG, wonach die Aktiengesellschaft aufgelöst werden kann, wenn sie durch gesetzwidriges Verhalten ihrer Verwaltungsträger das Gemeinwohl gefährdet und Aufsichtsrat und Hauptversammlung nicht für die Abberufung der Verwaltungsträger sorgen[351]. Der Rechtsordnung gebührt folglich Vorrang vor allen Nützlichkeitserwägungen[352], so dass bereits durch die Rechtsverletzung im Außenverhältnis eine Sorgfaltspflichtverletzung im Innenverhältnis vorliegt. Im Ergebnis ist dem Legalitätsprinzip somit grundsätzlich in jeder Hinsicht Vorrang zu gewähren.

---

349 Vgl. OLG Oldenburg, BB 2007, S. 66 ff. = NZG 2007, 434 ff.; *Fleischer*, ZIP 2004, S. 685 (688); *ders.*, in: Spindler/Stilz, AktG, 2007, § 93 Rn. 61; *Ihrig*, WM 2004, S. 2098 (2103); *Lutter*, ZIP 2007, S. 841 (846); *Sven H. Schneider*, DB 2005, S. 707 (710).

350 *Arbeitskreis Schmalenbach AG*, DB 2006, S. 2189 (2191); *Hopt*, in: Großkommentar AktG, 4. Aufl. 1999, § 93 Rn. 99; *Ihrig*, WM 2004, S. 2098 (2104); *Paefgen*, Unternehmerische Entscheidungen und Rechtsbindung der Organe in der AG, 2002, S. 23 f.; *Schlechtriem*, in: Kreutzer, Die Haftung der Leitungsorgane von Kapitalgesellschaften, 1991, S. 21 und 29; *Schneider*, AG 1983, S. 205 (212). A.A. *Sieg/Zeidler*, in: Hauschka, Corporate Compliance, 2007, § 3 Rn. 20 ff., die eine Pflichtverletzung im Innenverhältnis nur bei Verletzung einer Regelung annehmen, die direkt den Schutz des Gesellschaftsvermögens betrifft, ähnlich *Roth*, Unternehmerisches Ermessen und Haftung des Vorstands, 2001, S. 131 f., der im Innenverhältnis keine Beschränkung der Leitungsmacht des Vorstands anerkennt, lediglich bei vorsätzlichen Verstößen gegen gesetzliche Vorschriften sieht er kein Ermessen im Innenverhältnis.

351 *Fleischer*, ZIP 2005, S. 141 (148); *ders.*, in: Spindler/Stilz, AktG, 2007, § 93 Rn. 32.

352 *Bachmann/Prüfer*, ZRP 2005, S. 109 f.; *Fleischer*, ZIP 2005, S. 141 (148), *ders.* CCZ 2008, S. 1. So etwa bei Bestechungen und Kartellrechtsverstößen: *Berg*, AG 2007, S. 271 (273 f.); *Glöckner/Müller-Tautphaeus*, AG 2001, S. 344; *Krause*, BB-Special 8, 2007, S. 2 (6); eingeschränkt *Roth*, Unternehmerisches Ermessen und Haftung des Vorstands, 2001, S. 132, zu vorsätzlichen Verstößen.

b) Handeln bei unklarer oder umstrittener Rechtslage

Die Möglichkeit von Ausnahmen von diesem Vorrang wird zum Teil angesprochen, häufig aber nicht weiter präzisiert[353]. Eine Entscheidungsmöglichkeit des Vorstands besteht aber bei zweifelhafter Rechtslage[354]. Dabei hat der Vorstand einen Handlungsspielraum, der das Gesellschaftsinteresse in den Vordergrund stellen und den für dieses günstigsten Rechtsstandpunkt einnehmen darf[355], solange dieser mit guten Gründen vertretbar ist[356]. Es muss nicht zwangsläufig der sicherste Weg gewählt werden[357], jedoch ist, um eine angemessene Information zum Zeitpunkt der Entscheidung zu gewährleisten, Rechtsberatung im Zweifel notwendig[358]. Wird die Rechtsansicht von den Gerichten später nicht geteilt, liegt trotz externer Pflichtwidrigkeit auf Grund der *ex ante* Betrachtung der Business Judgment Rule nicht notwendig eine interne Pflichtverletzung vor[359]. Dieser Gedanke ist auch auf die compliance-relevante Schwierigkeit der Abgrenzung zwischen rechtmäßigem und rechtswidrigem

---

353 So *Hauschka*, GmbHR 2007, S. 11 (14); *Sieg/Zeidler*, in: Hauschka, Corporate Compliance, 2007, § 3 Rn. 22.

354 *Fleischer*, ZIP 2005, S. 141 (149); *Krause*, BB-Special 8, 2007, S. 2 (6); zustimmend *Spindler*, in: MüKo, 3. Aufl. 2008, § 93 Rn. 65; *Wilsing*, in: Krieger/Uwe H. Schneider, Hb. Managerhaftung, 2007, § 25 Rn. 28; *Zimmermann*, WM 2008, S. 433 (435).

355 *Hopt*, in: Großkommentar AktG, 4. Aufl. 1999, § 93 Rn. 99 und 102; *Horn*, ZIP 1997, S. 1129 (1136); *Mertens*, in: KölnKomm AktG, 2. Aufl. 1996, § 93 Rn. 38; *Roth*, Unternehmerisches Ermessen und Haftung des Vorstands, 2001, S. 132.

356 *Dreher*, in: FS Konzen, 2006, S. 85 (92 f.); *Fleischer*, BB 2008, S. 1070 (1071); *ders.*, in: Fleischer, Hb. Vorstandsrechts, 2006, § 7 Rn. 19; *Glöckner/Müller-Tautphaeus*, AG 2001, S. 344 (345); *Landwehrmann*, in: Heidel, AktR, 2. Aufl. 2006, § 93 Rn. 12; *Spindler*, in: MüKo AktG, 3. Aufl. 2008, § 93 Rn. 68; *Zimmermann*, WM 2008, S. 433 (435).

357 Das Risiko einer abweichenden Gerichtsentscheidung darf aber nicht außer Acht gelassen werden. So *Fleischer*, BB 2008, S. 1070 (1071); *Hopt*, in: Großkommentar AktG, 4. Aufl. 1999, § 93 Rn. 99; *Paefgen*, Unternehmerische Entscheidungen und Rechtsbindung der Organe in der AG, 2002, S. 24 Fn. 45; *Wiesner*, in: Münchener Hb. der AG, 3. Aufl. 2007, § 25 Rn. 4; *Zimmermann*, WM 2008, S. 433 (435). Vgl. *Spindler*, in: FS Canaris, S. 403 (418 ff.), der auf die Haftung der rechtsberatenden Berufe eingeht und eine Parallele zu den Aufgaben des Vorstands zieht.

358 *Binder*, AG 2008, S. 274 (283 f.); *Fleischer*, in: Spindler/Stilz, AktG, 2007, § 93 Rn. 29; *Raiser/Veil*, Recht der Kapitalgesellschaften, 4. Aufl. 2006, § 14 Rn. 66. Zur Entschuldigungswirkung einer Rechtsberatung *Hauschka*, AG 2004, S. 461 (466). Anders *Krause*, BB-Special 8, 2007, S. 2 (6), der die Notwendigkeit einer Rechtsberatung gerade auf Grund von Eile verneint. Siehe hierzu bereits unter § 1 II. 3. c).

359 *Krause*, BB-Special 8, 2007, S. 2 (6); zu Ermessenspielräumen bei unklarer Rechtslage auch *Paefgen*, AG 2004, S. 245 (252 Fn. 73); *ders.*, Unternehmerische Entscheidungen und Rechtsbindung der Organe in der AG, 2002, S. 24 Fn. 45; *Roth*, Unternehmerisches Ermessen und Haftung des Vorstands, 2001, S. 131 ff.

Marktverhalten im kartellrechtlichen Bereich, bei der sogenannten kartellrechtlichen Selbsteinschätzung, zu übertragen[360]. Insoweit handelt es sich hier nicht um ein direktes Außerkraftsetzen des Legalitätsprinzips[361], sondern vielmehr gerade um eine das Legalitätsprinzip wahrende, unternehmerische Entscheidung im Sinne des § 93 Abs. 1 Satz 2 AktG, da zu deren Zeitpunkt kein sicherer Rechtsverstoß vorliegt und der Ausgang ungewiss ist.

c) Vorliegen von Rechtfertigungsgründen

Zwar indiziert ein Verstoß gegen die organschaftliche Legalitätspflicht im Rahmen des § 93 Abs. 1 AktG die Rechtswidrigkeit, doch können besondere Rechtfertigungstatbestände eingreifen. So ist an die rechtfertigende Pflichtenkollision zu denken, wenn der Geschäftsleiter einem Widerstreit zwischen seiner persönlichen Ersatzpflicht bei Leistung einer Zahlung nach Insolvenzreife gemäß § 64 Satz 1 GmbHG und der Gefahr der Verwirklichung des Straftatbestandes des § 266a StGB, Vorenthalten und Veruntreuen von Arbeitsentgelt, ohne weitere Vornahme einer Zahlung unterliegt[362]. Bei § 71 Abs. 1 Nr. 1 AktG, der den Erwerb eigener Aktien nur zur Abwendung eines schweren, unmittelbar bevorstehenden Schadens der Gesellschaft vorsieht, wäre im Zweifelsfall eine Rechtfertigung auf Grund von Notstand anzudenken[363]. Diesen Erwägungen sind allerdings enge Grenzen gesetzt, weil der Gesetzgeber – ausnahmsweise – die gesellschaftlichen Interessen in diesen Fällen als schutzwürdiger ansieht.[364] Aus diesem Schutzgedanken heraus besteht die Möglichkeit einer Rechtfertigung beispielsweise bei Abwendung eines außergewöhnlichen Schadens durch einen vergleichsweise geringfügigen Regelverstoß[365]. Zudem hat der Bundesgerichtshof in der ARAG/Garmenbeck-

---

[360] Vgl. *Dreher*, in: FS Konzen, 2006, S. 85 (91 f.); *Fleischer*, BB 2008, S. 1070 (1071); *Krause*, BB-Special 8, 2007, S. 2 (3).

[361] *Fleischer* spricht hier auch von sachgerechter Anwendung des Legalitätsprinzips, in: ZIP 2005, S. 141 (149).

[362] Vgl. BGHZ 146 (2001), S. 264 (275) = BGH, NJW 2001, S. 1280 (1282 f.).

[363] Der Vorstand hat also grundsätzlich den Erwerb eigener Aktien zu unterlassen, im Falle des § 71 Abs. 1 Nr. 1 AktG obliegt ihm jedoch eine Handlungspflicht. Zum Notstand bei Aufeinandertreffen von Handlungs- und Unterlassenpflicht: *Lenckner*, in: Schönke/Schröder, StGB, 27. Aufl. 2006, Vor §§ 32 ff. Rn. 71/72 m.w.N.

[364] Zu dieser gesamten Thematik siehe *Fleischer*, ZIP 2005, S. 141 (150 f.) m. w. N.; *ders.*, in: Spindler/Stilz, AktG, 2007, § 93 Rn. 31; zurückhaltend *Spindler*, in: MüKo, 3. Aufl. 2008, § 93 Rn. 74 f.; *ders.*, in: FS Canaris, 2007, S. 403 (424).

[365] So die Vermutung von *Hauschka*, GmbHR 2007, S. 11 (14).

Entscheidung zur darin festgesetzten Pflicht des Aufsichtsrats, die Ansprüche gemäß § 93 Abs. 2 AktG gegen den Vorstand geltend zu machen, Ausnahmetatbestände, wie die Schonung eines verdienten Vorstandmitglieds oder die mit der Beitreibung für das Mitglied und seine Familie verbundenen sozialen Konsequenzen, benannt[366].

Im Ergebnis ist der Figur der „nützlichen Pflichtverletzung" eine Absage zu erteilen. Die dazu und zur Geltendmachung von Ansprüchen der Gesellschaft geschilderten Ausnahmen stellen vielmehr eine Anwendung der organschaftlichen, in § 2 I. dargestellten Prinzipien dar und fallen somit auch grundsätzlich unter das Tatbestandsmerkmal der „unternehmerischen Entscheidung" der Business Judgment Rule. Ausgeschlossen werden damit alle Sachverhalte, die zum Zeitpunkt der Organhandelns bereits offensichtlich als rechtswidrig zu bewerten sind, mit Ausnahme der selten eingreifenden, echten Rechtfertigungstatbestände.

3. Risiken des „gutwilligen" Vorstands

„Risiken abzuwägen" gehört laut *Fleischer* zu den vornehmsten Aufgaben der Unternehmensleitung[367]. In Bezug auf unternehmerische Entscheidungen mag dies stimmen, im Hinblick auf die internen Haftungsfallen der Vorstandsmitglieder trifft diese Aussage weniger zu. Insofern ist es nicht deren Aufgabe, das eigene Haftungsrisiko, unter der unabwendbaren Prämisse, im Gesellschaftsinteresse zu agieren, möglichst gering zu halten, vielmehr ist die Realisierung bestimmter Risiken vorrangig gerade mit Nachdruck zu vermeiden. Die bisherige Untersuchung hat gezeigt, dass nützliche Pflichtverletzungen keine Kavaliersdelikte sind. Klarheit über die Grenzen des Handelns zu erlangen, ist deshalb für die Geschäftsleitung essentiell, denn eine Vielzahl der Haftungssachverhalte „gutwilliger" Unternehmen und Organmitglieder beruhen auf falscher Risikoeinschätzung, schlichter Rechtsunkenntnis oder mangelnder Sensibilität der Geschäftsleiter für rechtliche Gefahren[368].

---

[366] Siehe BGHZ 135 (1997), S. 244 (254). Zwar handelt es sich im Zusammenhang mit § 93 Abs. 2 BGB sowie bei der Geltendmachung von Ansprüchen gerade nicht um strikte Handlungsgebote (siehe oben § 2 II. 1. b) cc)), die dargestellten Ausnahmetatbestände dienen – dogmatisch an dieser Stelle richtig – passend der Veranschaulichung von denkbaren Rechtfertigungskonstellationen.

[367] Siehe *Fleischer*, ZIP 2004, S. 685.

[368] Vgl. *Bürkle*, BB 2005, S. 565 (566); *Hauschka*, NJW 2004, S. 257 (260).

So wird teilweise eine Pflicht der Vorstandsmitglieder postuliert, anerkannte Grundsätze der Geschäftsmoral einzuhalten[369]. Die Geschäftsmoral wird zwar durch die Vorgaben des Gesetzes und der Sorgfaltspflicht geformt, eine eindeutige und ausreichende Präzisierbarkeit ist aber nicht (an)zuerkennen[370]. Um den Bestimmtheitsgrundsatz zu wahren, sollte vielmehr auf die Vorgaben des Gesetzgebers abgestellt werden, der durch Verhaltensge- und verbote sowie entsprechende Sanktionsnormen eine Wertung und Eingrenzung des Geschäftsleiterhandelns vorgenommen hat. Als Handlungsgrundlage bleiben die Sorgfalts-, die Legalitäts- und die Treuepflicht für den Vorstand ausschlaggebend. Da Haftungsrisiken in erheblichem Maße jedem Vorstand drohen, sollte es unter anderem im Eigeninteresse der Geschäftsleiter liegen, das Restrisiko einzudämmen.

In der Praxis erfolgt dies durch die Compliance-Organisation. Die aufklärende Intention der Compliance muss sich in einem Beratungsangebot rechtlich versierter Unternehmensangehöriger[371] oder etwaig bestellter, externer Rechtsberater an die Entscheidungsträger niederschlagen. Die verantwortliche Compliance-Stelle hat dafür zu sorgen, ihre beratende Funktion publik zu machen und den handelnden Personen die Notwendigkeit zu verdeutlichen, in Zweifelsfällen rechtzeitig juristischen Rat einzuholen[372].

4. Compliance als „sicherer Hafen"?

Es stellt sich die Frage, inwieweit Compliance dazu beitragen kann, die Anforderungen an die Business Judgment Rule zu erfüllen, um einen „sicheren

---

[369] So *Landwehrmann*, in: Heidel, AktR, 2. Aufl. 2006, § 93 Rn. 11; *Lösler*, Compliance im Wertpapierdienstleistungskonzern, 2003, S. 146; *Mertens*, in: KölnKomm AktG, 2. Aufl. 1996, § 93 Rn. 34; *Schlechtriem*, in: Kreutzer, Die Haftung der Leitungsorgane von Kapitalgesellschaften, 1991, S. 21; A.A. *Hopt*, in: Großkommentar AktG, 4. Aufl. 1999, § 93 Rn. 101; *Rieger/Götze*, in: Krieger/Uwe H. Schneider, Hb. Managerhaftung, 2007, § 24 Rn. 51.

[370] *Abeltshauser*, Leitungshaftung im Kapitalgesellschaftsrecht, 1998, S. 205 m. Fn. 720; *Fleischer*, ZIP 2005, S. 141 (144); *ders.*, in: Spindler/Stilz, AtkG, 2007, § 93 Rn. 25; *Paefgen*, Unternehmerische Entscheidungen und Rechtsbindung der Organe in der AG, 2002, S. 24 m. Fn. 44; *Sieg/Zeidler*, in: Hauschka, Corporate Compliance, 2007, § 3 Rn. 17.

[371] Hier ist an den Compliance Officer, das Compliance Office oder die Compliance-Abteilung zu denken. Zu Details der personellen Compliance-Struktur siehe unten § 5 I.

[372] Siehe *Bürkle*, BB 2005, S. 565 (566); *Hauschka*, NJW 2004, S. 257 (260). Siehe auch unten, § 5. I. 2. c), § 5 II 5. b) und § 5 II. 6. b).

Hafen“ für die Geschäftleiter zu schaffen. Da Compliance in erster Linie der Sicherstellung der Einhaltung von Gesetz und Recht dient, führt eine funktionierende Organisation auf Grund ihrer Aufklärungs- und Kontrollmechanismen in der Regel zu weniger Gesetzes- oder Richtlinienverstößen sowohl der handelnden Organe als auch der nachgeordneten Mitarbeiter. Insoweit dient Compliance der Haftungsreduzierung und versucht, das Tor zum „sicheren Hafen“ zu öffnen[373]. Ob der Vorstand sprichwörtlich in diesem verweilen darf, bedarf der weiteren Voraussetzungen der Business Judgment Rule. Dadurch gestaltet sich die Aufgabe des Compliance-Systems schwieriger. Denn bei unternehmerischen Entscheidungen muss neben angemessener Information die Unabhängigkeit der handelnden Personen gewährleistet sein. Bezüglich letzterer ist nicht nur die Legalitätspflicht zu beachten, sondern gerade die Treuepflicht des einzelnen gegenüber der Gesellschaft. Eine wichtige Aufgabe der Compliance ist dabei, die Bedeutung und die Folgen einzelner Bestimmungen im Hinblick auf die Loyalitätsanforderungen zu vermitteln und Vorstandsmitglieder sowie Mitarbeiter mit ethischen Elementen, wie internen Unternehmensrichtlinien, zu deren Einhaltung zu bewegen. Bei jedem einzelnen Unternehmensangehörigen soll ein Gefühl für die Abgrenzung zwischen loyalem und illoyalem Verhalten angestrebt werden, auch wenn marktüblich andere – möglicherweise korrupte – Verhaltensweisen gängig sind. Diese zusätzlich drohenden Rechtsverstöße verdeutlichen die Komplexität des allgemeinen Pflichtennetzes. Compliance kann erst dann zum „sicheren Hafen“ werden, wenn die Organisation diesen hohen Ansprüchen gerecht wird.

Hinsichtlich der unternehmerischen Entscheidung, die das Ausmaß der Organisationsmaßnahmen im Bereich der Einhaltung von Recht und Gesetz betrifft, wird die Compliance-Organisation regelmäßig als „sicherer Hafen“ dienen[374]. Zu berücksichtigen bleibt stets das jeweilige Unternehmen und dessen Notwendigkeiten. Der Vorstand schuldet jedenfalls angemessene und verhältnismäßige Maßnahmen auf dem Feld der Unternehmensorganisation[375].

---

[373] Für Gesetzes- und Satzungsverstöße gibt es keinen „sicheren Hafen“. So *Fleischer*, ZIP 2005, S. 141 (149); *Ihrig*, WM 2004, S. 2098 (2103); *Weiss/Buchner*, WM 2005, S. 162 (163).

[374] So hinsichtlich der Anwendbarkeit des Tatbestandes auf eine Compliance-Organisation auch: *Bachmann*, VGR-Schriftenreihe 2008, S. 65 (86).

[375] Vgl. *Fleischer*, BB 2008, S. 1070 (1072); *ders.*, CCZ 2008, S. 1 (3); *Kort*, NZG 2008, S. 81 (83); *Pampel*, BB 2007, S. 1636 (1637) m.w.N.

Bei anderen unternehmerischen Entscheidungen kann erst dann von einem „sicheren Hafen" die Rede sein, wenn die Compliance-Organisation endlich durchgehend funktioniert hat[376]. Nicht allein die theoretischen Organisationsstrukturen des Unternehmens reichen etwa für das Vorliegen der Voraussetzung der angemessenen Information des Handelnden aus, sondern die tatsächliche Weitergabe der Daten beziehungsweise die Kenntnis in dem Umfang, wie sie zum Zeitpunkt der Entscheidung als angemessen anzusehen ist[377]. Insofern schützt das Vorhandensein einer Compliance-Organisation im Einzelfall nicht vor einer weitergehenden Prüfung der Organpflichten durch den Richter[378].

Möglicherweise kann es wegen des vorhandenen Compliance-Systems aber zu einer milderen Beurteilung des pflichtverletzenden Vorstands kommen. Eine das Strafmaß verringernde Regelung bei Vorliegen einer entsprechenden Organisationsstruktur ähnlich der in den angelsächsischen Staaten[379] kennt die deutsche Rechtsordnung nicht. Zwar werden teilweise bei der Bemessung – und nicht bei der Verhängung – von Bußgeldern wegen der Verletzung der Aufsichtspflicht nach §§ 130, 30 OWiG[380] „mildernde" Umstände angenommen[381], soweit Bemühungen zur Unternehmensorganisation und zur Vermeidung von Verstößen, trotz letztendlicher Pflichtverletzung, ersichtlich sind[382]. Eine solche Haftungsmilderung gilt aber jedenfalls nicht für vorsätzliche

---

376 Die Diskussion bezieht sich nur auf die Anforderungen der Business Judgment Rule. Organisationspflichten bzw. –verschulden im deliktsrechtlichen Sinne bleiben hier außer Betracht. Siehe dazu ferner: *Bachmann*, VGR-Schriftenreihe 2008, S. 65 (83 ff.).

377 Vgl. insofern auch die Beispiele bei *Hauschka*, VGR-Schriftenreihe 2008, S. 51 (57). Viele Gefahren werden erst durch die aufmerksame Compliance-Stelle aufgedeckt und dem Vorstand mitgeteilt, etwa weil die Informationen für den einzelnen, verantwortlichen Mitarbeiter nachteilig sind.

378 So auch *Spindler*, WM 2008, S. 905 (915). Siehe auch *Lutter*, ZIP 2007, S. 841 (846).

379 Siehe unter § 1 I. 2.

380 Näher zu §§ 30, 130 OWiG siehe unten § 2 III. 1.

381 Insoweit entspricht dies dem Zweck der Vorschrift § 130 OWiG, der gerade eine angemessene Organisation hinsichtlich der Vorkehrung gegen die Begehung von betriebsbezogenen Zuwiderhandlung anstrebt.

382 Zur Übertragung dessen auf die Kartellrechtscompliance *Dreher*, ZWeR 2004, S. 75 (91 f.). A.A. *Pampel*, BB 2007, S. 1636 (1639). Insoweit solle eine Anreizfunktion und verhaltenssteuernde Wirkung geschaffen werden, eine Compliance-Organisation zu errichten. Eine gesetzliche Grundlage gibt es dafür nicht. Das Bundeskartellamt hat lediglich von seiner Ermächtigung aus § 81 Abs. 7 GWB Gebrauch gemacht, Bußgeldleitlinien zu erlassen, die jedoch keine Aussage über die Berücksichtigung von Compliance-Programmen beinhalten. Der Text ist abrufbar unter www.bundeskartellamt.de unter dem Titel „Bekanntmachung Nr. 38/2006 über die

oder fahrlässige Verstöße von Organen einer juristischen Person gegen bußgeldbewehrte Tatbestände, da diese selbst über die Ein- und Durchführung der Compliance-Maßnahmen zu entscheiden haben[383].

Es ist zu überlegen, inwieweit eine Haftungsmilderung bei der richterlichen Überprüfung des Tatbestandes aus § 93 Abs. 1 Satz 2 AktG denkbar wäre. Eine Minderung der Anspruchs durch den Richter wäre indes nicht möglich, da es sich im Falle eines Verstoßes um Schadensersatz aus § 93 Abs. 2 AktG handelt und nicht um ein zu bemessendes Bußgeld. Konsequenterweise müsste der unternehmerische Ermessensspielraum erweitert werden, um den Bemühungen um eine Unternehmensorganisation Rechnung zu tragen. Hier hat der Gesetzgeber jedoch die Einschätzungsprärogative des § 93 Abs. 1 Satz 2 AktG vorgesehen, so dass der Richter sich an diese Vorgaben halten muss. Eine Haftungsmilderung beziehungsweise ein Haftungsausschluss wird demnach erst gegeben sein, wenn das Compliance-System funktioniert und gerade dadurch die Voraussetzungen der Business Judgment Rule erfüllt sind. Insofern würde eine bestehende Compliance-Organisation nichts an der Beurteilung der unternehmerischen Entscheidung ändern, sondern ausschließlich im Vorfeld zur Einhaltung der gesetzlichen Vorgaben beitragen. Erleichterung für den Vorstand wird es zudem bei der Beweisführung geben, alles zur angemessenen Informationsbeschaffung getan zu haben. Ob im Rahmen der internationalen Entwicklung eine Änderung dieser Sichtweise entweder durch die Rechtsprechung oder durch eine gesetzliche Regelung eintritt, ist nicht abzusehen, jedenfalls fällt es schwer ohne Normierung eine allgemeine Haftungsmilderung[384] allein auf Grund der Errichtung einer bestimmten Organisationsform, die möglicherweise im zu beurteilenden Einzelfall versagt hat, anzuerkennen. Der Fall einer Zuwiderhandlung verdeutlicht gerade, dass die

---

Festsetzung von Geldbußen nach § 81 Abs. 4 S. 2 des Gesetzes gegen Wettbewerbsbeschränkungen (GWB) gegen Unternehmen und Unternehmensvereinigungen – Bußgeldleitlinien – vom 15. September 2006“ (zuletzt abgerufen am 19.10.2009). Die Praxis der Kartellbehörden zeigt ferner, dass in jüngerer Zeit schlecht funktionierende Compliance-Programme kartellrechtlich eher zur Verschärfung der Geldbußen geführt haben. Dazu: *Bachmann*, VGR-Schriftenreihe 2008, S. 65 (86), *Pampel*, BB 2007, S. 1636 (1638 und 1640), beide mit w. N. A.A. *Voet van Vormizeele*, CCZ 2009, S. 41 (45 f.).

383 So auch *Dreher*, ZWeR 2004, S. 75 (89); *Pampel*, BB 2007, S. 1636 (1639).

384 Die Möglichkeiten der Haftungsmilderung sind auf allgemeine Haftungsfolgen bezogen, vergleichbar mit den ausländischen Vorreitern.

getroffenen Maßnahmen nicht hinreichend waren, die Verletzung zu verhindern[385].

Dadurch wird erneut die Bedeutung und die Perspektive der Corporate Compliance bestätigt, die im Gegensatz zur Corporate Governance versucht, seitens der Unternehmen – und nicht des Gesetzgebers – bestimmte Qualitätsanforderungen einzuführen, zu erfüllen und somit aus sich heraus Pflichtverletzungen zu umgehen. Zu berücksichtigen ist dabei, dass auf Grund der Vielfältigkeit der unternehmerischen Entscheidungen, die die Business Judgment Rule abdeckt, eine Compliance-Organisation nicht „luftdicht" vor Pflichtverletzungen abschirmen kann.

Um auf die Ausgangsfrage eine Antwort zu geben: Compliance dient sehr wohl strategisch der Unterstützung des „sicheren Hafens", manifestiert diesen jedoch nicht aus sich selbst heraus. Passender wäre demnach die Formulierung „Compliance als Wegbereiter des sicheren Hafens".

III. Gefahren und Haftungsfolgen bei Verstößen

Pflichtverletzungen im Unternehmen können zu weitreichenden Folgen in der Praxis führen. Nicht nur, dass die Gesellschaft selbst haftet und das Organmitglied gemäß § 93 Abs. 2 AktG in Regress nehmen muss[386], in vielen Fällen kann durch die Vorstandsarbeit neben der Schadensersatzpflicht gegenüber der Gesellschaft auch eine originäre Haftung des Handelnden stehen. Deshalb sind nach der allgemeinen Darstellung der Vorstandspflichten und der immer wieder angesprochenen Gefahren für das Unternehmen und die Geschäftsleiter die Haftungsfolgen – wenn auch kurz und nicht abschließend – zu konkretisieren.

---

[385] *Pampel*, BB 2007, S. 1636 (1639). Siehe auch sogleich die Darstellung zu § 130 OwiG, § 2 III. 1.

[386] Zur faktischen Verpflichtung Ansprüche durchzusetzen, soeben § 2 1. b) cc). Auch für die Gesellschaft kann die Geltendmachung von Ansprüchen Negativwirkungen haben. Zu Rückgriffsmöglichkeiten: *Fleischer*, BB 2008, S. 1070 (1073 f.); *Wilsing*, in: Krieger/Uwe H. Schneider, Hb. Managerhaftung, 2007, § 25 Rn. 37 und 41; *Zimmermann*, WM 2008, S. 433 (436 ff.), zur Verteilung finanzieller Lasten: *Krause*, BB-Special 8, 2007, S. 2 ff.

1. Bußgeldrechtliche Tatbestände

Häufige Folge von Rechtsverstößen ist die Bußgeldverfügung. Sind dem wirtschaftsrechtlichen Laien aus dem Verkehrsordnungswidrigkeitenrecht eher mäßige Summen bekannt, können insbesondere im deutschen und europäischen Kartellrecht gegen ein Unternehmen schnell Millionenbeträge in Höhe von bis zu 10% des im vorangegangen Geschäftsjahres erzielten Gesamtumsatzes fällig werden[387]. Die Bestimmungen über Ordnungswidrigkeiten in § 81 Abs. 1 bis 3 GWB enthalten zahlreiche Verweise auf die Normen des materiellen Kartellrechts. Die Höhe der sanktionierenden Geldbuße richtet sich nach Dauer und Intensität des Verstoßes[388], wobei das gesetzliche Höchstmaß auf Grund der Abschöpfungsfunktion des § 17 Abs. 4 OWiG überschritten werden darf, § 17 Abs. 4 Satz 2 OWiG[389].

Daneben ordnet das Wertpapierhandelsgesetz in § 39 WpHG der Verletzung zahlreicher seiner Pflichten die Eigenschaft als Ordnungswidrigkeit zu. Demnach sind Marktmanipulationen nach § 20 a WpHG oder die Verletzung von Veröffentlichungs- oder Meldepflichten gegenüber der Bundesanstalt für Finanzdienstleistungen im Falle eines Verstoßes mit Geldbußen belegt. Eine solche kann gemäß § 39 Abs. 4 WpHG bis zu 1 Million Euro betragen.

Neben diesen speziellen, exemplarisch dargestellten Ordnungswidrigkeitstatbeständen ist die Verletzung der Aufsichtspflicht nach § 130 OWiG bußgeldbewehrt. Der Inhaber eines Unternehmens handelt ordnungswidrig, wenn er diejenigen Aufsichtsmaßnahmen unterlässt, die erforderlich sind, um Zuwiderhandlungen gegen den Inhaber treffende Pflichten, z.B. die Mitteilungs- und Veröffentlichungspflichten nach §§ 15, 15a, 15b WpHG, zu verhindern. Zu den Aufsichtsmaßnahmen zählen auch die Bestellung, sorgfältige Auswahl und Überwachung von Aufsichtspersonen, insbesondere bei Pflichtendelegation. Insoweit entspricht § 130 OWiG in Funktion, Struktur und Auslegung § 831

---

387 So § 81 Abs. 4 GWB. Siehe zu bereits verhängten Geldbußen Tabelle bei *Lampert*, BB 2002, S. 2237 (2238).

388 So § 81 Abs. 4 GWB. Siehe auch *Dannecker/Biermann*, in: Immenga/Mestmäcker, GWB, 4. Aufl. 2007, § 81 Rn. 6.

389 Gemäß § 81 Abs. 5 S. 2 GWB kann auf die Abschöpfungsfunktion zugunsten einer alleinigen Ahndungsfunktion verzichtet werden. Zu Einzelheiten dieses Wahlrechts: *Dannecker/Biermann*, in: Immenga/Mestmäcker, GWB, 4. Aufl. 2007, § 81 Rn. 443 ff; *König*, in: Göhler, OWiG, 14. Aufl. 2006, § 17 Rn. 48 ff.

BGB[390] und dem Organisationsverschulden aus § 823 BGB, denen gemein ist, dass sie dem arbeitsteiligen Zusammenwirken haftungstechnisch entgegentreten wollen[391]. Adressaten von Bußgeldverfügungen nach § 130 OWiG sind grundsätzlich die Inhaber von Betrieben und Unternehmen, wobei gemäß § 9 OWiG auch Organen von juristischen Personen die Inhabereigenschaft zukommt[392]. Im Falle eines Verstoßes kann es gemäß § 30 OWiG dabei genauso zu einer Haftung des Verbandes kommen[393], wenn die Aufsichtsperson zum Personenkreis im Sinne des § 30 Abs. 1 OWiG gehört und die unmittelbare Zuwiderhandlung nicht selbst vorgenommen hat. Insofern ist zu betonen, dass es sich bei § 130 OWiG um einen Tatbestand handelt, der die mangelnde Überwachung sanktioniert und somit als Auffangtatbestand dient, falls eine eigene Täterschaft[394] oder Beteiligung nicht nachgewiesen werden kann[395]. Die Anforderungen an einen derartigen Bußgeldbescheid sind relativ niedrig, als eine Organisationspflichtverletzung auf Grundlage einfacher Fahrlässigkeit mit der Behauptung unterstellt wird, dass ein ordnungsgemäß organisiertes Unternehmen Vorkehrungen getroffen hätte, die die Pflichtverletzung verhindert respektive die Einhaltung der gesetzlichen Standards sichergestellt hätte[396]. Zudem ist die Feststellung eines bestimmten Täters nicht notwendig[397]. Aus diesen Gründen und durch die hohe Anzahl der der Gesellschaft obliegenden

---

390 *Bachmann*, VGR-Schriftenreihe 2008, S. 65 (71).

391 BGHZ 125 (1994), S. 366 = NJW 1994, S. 1801 (1803); *Spindler*, in: Fleischer, Hb. des Vorstandsrechts, 2006, § 15 Rn. 95 und 105 ff.; *ders.*, in: Bamberger/Roth, BGB, 2. Aufl. 2008, § 831 Rn. 34.

392 *Bergmoser/Theusinger/Gushurst*, BB-Special 5, 2008, S. 1 (4); *Bohnert*, OWiG, 2. Aufl. 2007, § 130 Rn. 8; *Dreher*, ZWeR, 2004, S. 75 (90); *ders.*, in: FS Konzen, 2006, S. 85 (89); *König*, in: Göhler, OWiG, 14. Aufl. 2006, § 130 Rn. 5; *Rogall*, in: Karlsruher Kommentar OWiG, 3. Aufl. 2006, § 130 Rn. 31. Gilt aber etwa auch für § 81 GWB, siehe: *Itzen*, BB-Special 5, 2008, S. 12 (13).

393 *König*, in: Göhler, OWiG, 14. Aufl. 2006, § 130 Rn. 3. Auf Grund des Schuldstrafrechts ist eine Verbandsstrafe lediglich bei Ordnungswidrigkeiten möglich. Anders ist es in den USA und Großbritannien, wo es Unternehmensstrafrecht gibt. Siehe dazu: *Leipold*, NJW-Special 2008, S. 216 ff.; *Uwe H. Schneider*, EuZW 2007, S. 553 f.; *ders.*, CCZ 2008, S. 18.

394 Etwa an einer Ordnungswidrigkeit nach § 39 WpHG.

395 Vgl. *Dreher*, ZWeR 2004, S. 75 (90); *König*, in Göhler, OWiG, 14. Aufl. 2006, § 130 Rn. 26; *Rogall*, in: Karlsruher Kommentar OWiG, 3. Aufl. 2006, § 130 Rn. 108; *Süßmann*, in: Park, Kapitalmarktstrafrecht, 2. Aufl. 2008, § 130 Rn. 1; *Vogel*, in: Assmann/Uwe H. Schneider, WpHG, 4. Aufl. 2006, § 39 Rn. 43.

396 *Süßmann*, in: Park, Kapitalmarktstrafrecht, 2. Aufl. 2008, § 130 Rn. 2.

397 *König*, in: Göhler, OWiG, 14. Aufl. 2006, § 130 Rn. 20; *Süßmann*, in: Park, Kapitalmarktstrafrecht, 2. Aufl. 2008, § 130 Rn. 3.

Pflichten lauern etliche Haftungsgefahren im Bereich der Aufsichtspflicht. Das Ziel, diese Verstöße zu verhindern und die Geschäftsleitung zu exkulpieren, sollte Anreiz genug sein, ein Compliance-System zu etablieren.

2. Strafrechtliche Tatbestände

Strafrechtliche Relevanz kann das Verhalten von Unternehmensleitern in vielerlei Hinsicht zeigen. Einschlägig sind insbesondere die Betrugstatbestände der §§ 263 ff. StGB und die Insolvenzstraftaten nach §§ 283 ff. StGB[398]. Aus dem Bereich der Korruptionsbekämpfung sind Bestechung und Bestechlichkeit im geschäftlichen Verkehr sowie im Amt zu nennen, § 299 StGB und §§ 331 ff. StGB. Unternehmensleitern muss heutzutage bekannt sein, dass derartige Zahlungen auch im Ausland nicht mehr unter bestimmten Umständen straffrei und sogar steuerabzugsfähig sind[399]. Von nicht geringer Bedeutung ist auch der Untreuetatbestand nach § 266 StGB[400]. Das Organmitglied unterliegt der gesellschaftlichen Treuepflicht, deren Verletzung unter Umständen strafrechtlich Relevanz erlangen kann. Da die beiden Pflichtenkreise nicht kongruent sind und das Strafrecht als *ultima ratio*[401] Berücksichtigung finden muss, liegt der Untreuetatbestand des § 266 StGB nur bei einer „gravierenden“[402] Treuepflichtverletzung vor. Von der anderen Seite betrachtet, ist bei Strafbarkeit nach § 266 StGB regelmäßig von einem gesellschaftsrechtlichen Treuepflichtverstoß auszugehen[403]. Ein prägnantes Beispiel ist in diesem Zusammenhang die

---

398 Vgl. dazu *Fleischer*, WM 2006, S. 2021 (2026); *Petrak/J.Schneider*, BC 2008, S. 11 (12).

399 § 299 Abs. 3 StGB sieht nunmehr ausdrücklich die Strafbarkeit von entsprechenden Handlungen im Ausland vor. Vgl. auch Fn. 339; *Hauschka*, ZIP 2004, S. 877 (880). Zum Steuerrecht bei „nützlichen Aufwendungen“: *Gotzens*, DStR 2005, S. 673 ff.

400 Vgl. *Dreher*, AG 2006, S. 213 (215); *Fleischer*, NJW 2009, S. 2337 (2338); *Preussner/Pananis*, BKR 2004, S. 347 (351). Zu § 266 StGB, § 299 StGB bei Errichtung verdeckter Kassen und Schmiergeld im Ausland: BGH, DB 2008, S. 2698 ff. = NJW 2009, 89 ff. (Siemens).

401 BVerfGE 6 (1957), S. 389 (433): “schärfste Sanktion, über die die Gesellschaft verfügt“; *Jahn*, ZRP 2004, S. 179 (182 f.); *Spindler*, ZIP 2006, S. 349 (350).

402 BGHSt 47 (2001), S. 187= NJW 2002, S. 1585; BGHSt 46 (2000), S. 30 = NJW 2000, S. 2364; siehe auch Mannesmann-Fall, BGH ZIP 2006, S. 72 ff., der die Voraussetzung der „gravierenden“ Pflichtverletzung verneint. Vorliegend soll „gravierend“ im Sinne von „schwerwiegend“ zu verstehen sein. Würde jede Sorgfaltspflichtverletzung direkt den Tatbestand der Untreue eröffnen, würde trotzdem die Business Judgment Rule eingreifen können und zivilrechtlich von einer Haftung befreien, strafrechtlich wäre der Sachverhalt aber relevant. Siehe dazu *Spindler*, ZIP 2006, S. 349 (350, 353 f.).

403 *Horn*, in: FS Westermann, 2007, S. 1053 (1056). Siehe hier auch die Darstellung der Rechtsprechung zu § 266 StGB.

Kreditvergabe, der ausweislich des BGH[404] eine sorgfältige Abwägung von Risiken und Chancen vorauszugehen hat[405].

Darüber hinaus hat der BGH jüngst dem Compliance Officer „regelmäßig" eine strafrechtliche Garantenpflicht zugewiesen. Die Übernahme seiner Funktion gehe mit der Pflicht einher, Straftaten im Unternehmen durch Mitarbeiter zu verhindern. Dies sei notwendige Kehrseite aus seiner Rechtsstellung und seiner Pflicht, Rechtsverstöße, insbesondere Straftaten, zu verhindern[406]. Durch diese Rechtssprechung erhöht sich nicht nur das Haftungsrisiko für Compliance Officer, sondern auch für die Vorstandsmitglieder, die für den Bereich Compliance verantwortlich sind. Letztere delegieren Aufgaben an den Compliance Officer, so dass Unternehmen sich in Zukunft bei der Unternehmensorganisation und Delegation die Frage stellen müssen, wer die Haftung und damit auch die strafrechtliche Verantwortung tragen soll[407].

Nicht zu vergessen sind ferner die Umweltdelikte gemäß §§ 324 ff. StGB, Delikte, die den Datenschutz betreffen wie §§ 202a, 263a, 269, 270 und 303 a StGB, die aktienrechtlichen Straftatbestände der §§ 399 ff. AktG[408] und die Geltung der Körperverletzungsdelikte der §§ 223 ff. StGB, die seit der Lederspray-Entscheidung des BGH[409] eine Rolle spielen können[410]. Zahlreiche weitere Straftatbestände finden sich in wirtschaftsrechtlichen und arbeitsrechtlichen Spezialgesetzen, wobei ausgewählt § 38 WpHG, §§ 54 ff. KWG, § 119 BetrVG[411] und Steuerstraftaten wie § 370 AO[412] zu nennen sind.

---

404 BGHSt 46 (2000), S. 30 (34); BGH, wistra 2002, S. 101 (104); BGH, NZG 2005, S. 562 (563); BGH ZIP 2002, S. 213 (214).

405 So auch *Hauschka*, AG 2004, S. 461(468); *Kiethe*, GmbHR 2007, S. 393 (396).

406 BGH, NJW 2009, S. 3173 (3175); *Campos Nave*, BB 2009, S. 2059.

407 Insofern sollten die Stellenbeschreibungen entweder präzise dargestellt werden oder zur Enthaftung der Mitarbeiter zurückgezogen werden, siehe: *Mutter/Quinke*, AG-Report 2009, S. R 416 (R 418); *Wybitul*, BB 2009, S. 2263 (2264). Zur Delegation vgl. § 4 I und zur Rolle des Compliance Officers vgl. § 5 I.

408 Betonend und die Haftungsgefahren darstellend: *Kiethe*, WM 2007, S. 722 ff.

409 BGH NJW 1990, 2560 ff.

410 Zur Strafbarkeit bei der Verletzung öffentlich-rechtlicher Pflichten *Uwe H. Schneider/Brouwer*, in: FS Priester, 2007, S. 713 (733).

411 Zur Strafbarkeit nach § 119 BetrVG und § 266 StGB: LG Braunschweig, CCZ 2008, S. 32 ff. Dazu und zu weiteren arbeitsrechtlichen Haftungsrisiken: *Müller-Bonanni/Sagan*, BB-Special 5, 2008, S. 28. Siehe auch *Herbert/Oberrath*, NZA 2005, S. 193 (194); *Schemmel/Slowinski*, BB 2009, S. 830 ff.

412 Zur Tax-Compliance und den Haftungsrisiken: *Petrak/J. Schneider*, BC 2008, S. 11 ff.

3. Zivilrechtliche Tatbestände

Bei der Haftung gegenüber Dritten übernimmt das Deliktsrecht die beherrschende Rolle[413]. Der Schaden, der bei Handlungen der Vorstände entsteht, betrifft meist nicht Rechtsgüter im Sinne des § 823 Abs. 1 BGB[414], sondern primär das Vermögen. Daher ist vor allem § 823 Abs. 2 BGB in Verbindung mit einem Schutzgesetz, wie etwa die oben genannten Strafvorschriften, oder § 826 BGB von Bedeutung. Die Einschlägigkeit von § 826 BGB zeigen die spektakulären Entscheidungen „Infomatec"[415], „EM.TV"[416] und „Comroad"[417], die eine Haftung für fehlerhafte Kapitalmarktkommunikation statuieren[418]. Schutzgesetz kann, wie diesbezüglich die EM.TV-Urteile gezeigt haben[419], § 400 Abs. 1 Nr. 1 AktG sein, und im Falle der Insolvenzverschleppung können § 92 Abs. 2 AktG oder § 401 Abs. 1 Nr. 2, Abs. 2 AktG über § 823 Abs. 2 BGB schadensersatzpflichtig machen[420]. Letztere Pflicht zentriert sich um die Feststellung des „richtigen" Zeitpunktes des Insolvenzantrags[421], bei der es zu einem Spannungsverhältnis zwischen Unternehmensinteresse und Gesetzespflicht kommt[422].

Eine weitere bedeutende Stellung nimmt die Prospekthaftung ein, die sich entweder aus den Spezialvorschriften § 44 BörsG, §§ 13, 13a VerkProspG ergibt

---

413 Siehe auch Rechtsprechungsüberblick bei *Roth*, Unternehmerisches Ermessen und Haftung des Vorstands, 2001, S. 133; *Thümmel*, Persönliche Haftung von Managern und Aufsichtsräten, 3. Aufl. 2003, S. 155 ff.

414 Dies greift aber im Zusammenhang mit Produkthaftung, die in davon betroffenen Unternehmen einen erheblichen Faktor zur Errichtung der Compliance-Organisation darstellt, *Hauschka*, AG 2004, S. 461 (470 f.).

415 *BGH*, NZG 2004, S. 816 ff. = NJW 2004, S. 2664 ff. und *BGH*, NZG 2004, 907 ff. = NJW 2004, 2971 ff.

416 BGH, NZG 2005, S. 672 ff. Dazu *Fleischer,* ZIP 2005, S. 1805 ff.

417 OLG Frankfurt a.M. NZG 2005, S. 516 f.; OLG München, NZG 2005, S. 518 ff.; LG München I, NZG 2005, S. 523 ff.; BGH, NZG 2007, S. 708 ff.; BGH, NZG 2007, S. 711 ff.; BGH, NZG 2008, S. 382 ff.; BGH, NZG 2008, S. 385 ff.; BGH, NZG 2008, S. 386 ff.

418 Dazu *Schäfer*, NZG 2005, S. 985 ff. und zur Bedeutung von § 826 BGB im Gesellschaftsrecht *Kiethe*, NZG 2005, S. 333 ff.

419 LG München I, NJW 2003, S. 2328 ff.; BGH (2004), NZG 2005, S. 132 ff.

420 Vgl. zu Schutzgesetzen im Aktienrecht: *Spindler*, in: Bamberger/Roth, 2. Aufl. 2008, § 823 Rn. 210; *Wagner*, in: MüKo BGB, 2. Aufl. 2004, § 823 Rn. 360. Zur Schutzgesetzeigenschaft der §§ 399 ff. AktG: *Kiethe*, WM 2007, S. 722 (725) m.w.N. zur Rechtsprechung. Weitere Schutzgesetze im Zusammenhang mit der Buchführungspflicht: *Fleischer*, WM 2006, S. 2021 (2026).

421 Vgl. BGHZ 75 (1979), S. 96 ff.; BGHZ (1994) 126, S. 181 ff.

422 *Hauschka*, AG 2004, S. 461 (469); *Kiethe*, GmbHR 2007, S. 393 (396).

oder sich auf die aus der Rechtsprechungspraxis ergebende bürgerlichrechtliche Prospekthaftung, die aus den Leitgedanken der culpa in contrahendo (c.i.c.) gewonnen wurde, stützt[423]. Für unrichtige Angaben in herausgegebenen Prospekten sowie anderweitig getätigten Falschinformationen können neben der Gesellschaft vor allem auch die Vorstandsmitglieder zur Zahlung von Schadensersatzforderungen herangezogen werden[424].

4. Haftung der Organmitglieder gegenüber der Gesellschaft und weitere Rechtsfolgen

Vorstandsmitglieder, die ihre Pflichten verletzt haben, sind der Gesellschaft nach § 93 Abs. 2 Satz 1 AktG zum Ersatz des daraus entstehenden Schadens verpflichtet. Der Kreis der darunter fallenden Pflichten umfasst die Loyalitäts- und Sorgfaltspflicht sowie die aktienrechtlichen Einzelpflichten und die Einhaltung der Kompetenzordnung aus Gesetz, Satzung und Anstellungsvertrag[425]. Die oben bereits umrissenen[426], dem Vorstand gegenüber der Gesellschaft obliegenden Pflichten bergen damit die Gefahr der Haftungsfalle[427].

Außerhalb des originären Aktienrechts können weitere gesetzliche Pflichten wie etwa die zur kartellrechtlichen Selbsteinschätzung als Ausfluss der eingeführten kartellrechtlichen Legalausnahme[428], die Pflicht zur Offenlegung von Vorstandsgehältern (§ 285 Nr. 9 lit. a) HGB) oder kapitalmarktrechtliche Publizitätspflichten zur Ad-hoc-Publizität nach § 15 Abs. 1 Satz 1 WpHG, zum Directors' Dealing nach § 15 a WpHG oder zur Führung von Insiderverzeichnis-

---

[423] Dazu *Fleischer*, BKR 2003, S. 608 ff.; *Kramer*, in: MüKo BGB, 5. Aufl. 2007, Einleitung zu Buch 2, Recht der Schuldverhältnisse (§§ 241- 432), Rn. 88.

[424] Jüngst: BGH, Urteil vom 2.6.2008 II ZR 210/06, BB 2008, S. 1978 ff. mit Anmerkung *Kocher*.

[425] Vgl. *Fleischer*, in: Spindler/Stilz, AktG, 2007, § 93 Rn. 10 ff.; *Hüffer*, AktG, 8. Aufl. 2008, § 93 Rn. 13; *Mertens*, in: KölnKomm AktG, 2. Aufl. 1996, Rn. 3; *Schlechtriem*, in: Kreutzer, Die Haftung der Leitungsorgane von Kapitalgesellschaften, 1991, S. 23; *Spindler*, in: MüKo, AktG, 3. Aufl. 2008, § 93 Rn. 128 ff.

[426] Vgl. unter „Aktienrechtliche Vorgaben und Satzungsvoraussetzungen", § 2 II. 1) b) aa).

[427] Vgl. *Spindler*, in: FS Canaris, 2007, S. 403 (405), der insbesondere die Problematik der Selbstbefreiung im Kartell- und Kapitalmarktrecht anspricht. Die Geltendmachung der Schadensersatzansprüche gegen Vorstandsmitglieder in der Praxis als „symbolische Show" zitierend, *Paefgen*, AG 2008, S. 761. Anders *Kiethe*, WM 2007, S. 722 (723), der die verstärkte Anspruchmentalität sowie die verschärfte Rechtsprechung zur Haftung von Kapitalgesellschaftarorganen betont.

[428] Zu den Änderungen nach der Gesetzesnovelle *Schwintowski*, NZG 2005, S. 200 ff. Siehe auch *Spindler*, in: FS Canaris, 2007, S. 403 (407 ff.).

sen[429] nach § 15 b WpHG vorliegen.[430] Zuwiderhandlungen gegen diese Pflichten stellen Ordnungswidrigkeiten dar[431], deren Sanktion sowohl gegen die verantwortliche Person bzw. den Repräsentant als auch gegen den Verband verhängt werden können[432]. Sind anfallende Bußgelder Schäden der Gesellschaft, können die Organwalter regelmäßig in Regress genommen werden, sobald durch die Handlung gleichzeitig eine Organpflicht verletzt wurde[433]. Folglich besteht bei Pflichtverletzungen seitens des Vorstands, die zu einem Schaden der Gesellschaft geführt haben, immer die Gefahr der persönlichen Haftung. So kann bei einer deliktischen Außenhaftung zwar über § 31 BGB die Gesellschaft selbst gebunden sein, meist aber nur gesamtschuldnerisch neben den handelnden Personen. Mithin hat der Geschäftsleiter nicht die Möglichkeit, sich hinter der juristischen Person zu verstecken.

Hinsichtlich des Verschuldensmaßstabes des Vorstands ist stets nur das eigene Verschulden entscheidend. Eine Zurechnung des Verschuldens von nachgeordneten Mitarbeitern oder auch anderen Vorstandskollegen ist nicht möglich. § 278 BGB und § 831 BGB finden keine Anwendung, da die Angestellten Erfüllungs- oder Verrichtungsgehilfen der Gesellschaft, nicht aber des Vorstands sind und die anderen Vorstandsmitglieder zu diesem in keinem Abhängigkeitsverhältnis stehen.[434] Im Falle einer Delegation kann es jedoch zu

---

429 Dazu ausführlich *Uwe H. Schneider/v. Buttlar*, ZIP 2004, S. 1621 ff.

430 So Darstellung bei *Buchta*, DB 2006, S. 1939 (1940 ff.). Vgl. auch *Spindler*, in: FS Canaris, 2007, S. 403 (404 ff.), zur Möglichkeit nach § 15 Abs. 3 WpHG, den Zeitpunkt der Veröffentlichung von Ad-hoc-Mitteilungen selbstverantwortlich aufzuschieben..

431 Einschlägig insoweit für das Kartellrecht: § 81 GWB; für § 285 Nr. 9 lit. a) HGB: § 334 Abs. 1 Nr. 1 lit. d HGB mit Geldbuße nach § 334 Abs. 3 HGB; für Pflichtverletzungen aus dem WpHG: § 39 Abs. 2 WpHG mit Geldbuße nach § 39 Abs. 4 WpHG.

432 *Bohnert*, OWiG, 2. Aufl. 2007, § 30 Rn. 46, wonach Geldbußen auch kumulativ erhoben werden kann.

433 *Buchta*, DB 2006, S. 1939 (1941); kritisch *Dreher*, in: FS Konzen, 2006, S. 85 (103 ff.); *Fleischer*, AG 2003, S. 291 (294); *ders.*, BB 2008, S. 1070 (1073); *Horn*, ZIP 1998, S. 1129 (1131 f.); *Spindler*, in: MüKo, 3. Aufl. 2008, § 93 Rn. 130; *Thümmel*, Persönliche Haftung von Managern und Aufsichtsräten, 3. Aufl. 2003, Rn. 318. In einem solchen Fall kann grundsätzlich von einer Verletzung der organschaftlichen Legalitätspflicht bzw. der Leitungspflicht ausgegangen werden, solange nicht ausnahmsweise eine Rechtfertigung eingreift. S.o. unter § 2 II. 2.

434 *Arnold*, in: Marsch-Barner/Schäfer, Hb. börsennotierte AG, 2. Aufl. 2009, § 22 Rn. 41; *Fleischer*, NZG 2003, S. 449 (453); *ders.*, AG 2003, S. 291 (292 f.); *Hopt*, in: Großkommentar AktG, 4. Aufl. 1999, § 93 Rn. 55 und 257; *Hüffer*, AktG, 8. Aufl. 2008, § 93 Rn. 14; *Landwehrmann*, in: Heidel, AktR, 2. Aufl. 2006, § 93 Rn. 108; *Lohr*, NZG 2000, S. 1204 (1210); *Schmidt-Husson*, in: Hauschka, Corporate Compliance, 2007, § 7

einem eigenen Verschulden bezüglich der Auswahl- und Überwachungssorgfalt kommen[435]. Neben entgeltlichen Ansprüchen können den Vorstand durch sein pflicht- oder sorgfaltswidriges Verhalten im organisatorischen Bereich auch andersartige Rechtsfolgen treffen. Vorhergehende Gerichtsentscheidungen bestätigen den Zusammenhang zur Kündigung des Anstellungsvertrages[436] beziehungsweise der Abberufung des Vorstandsmitglieds[437] oder der Versagung der Vorstandsentlastung[438].

IV. ZUSAMMENFASSUNG

Entscheidende Maßstäbe zur Präzisierung des rechtmäßigen Vorstandsverhaltens sind neben dem Legalitätsprinzip die Sorgfalts- und Treuepflichtanforderungen. Der in diesem Zusammenhang vorgenommenen Darstellung von Pflichten des Vorstands auf der einen Seite und Haftungsfolgen bei Verstößen auf der anderen, kann in Abgrenzung zum unternehmerischen Ermessen keine abschließende Aufzählung abverlangt werden. Vielmehr sollen die allgemeinen Grundlagen gemeinsam mit speziell genannten Beispielen den Blick für die Vielseitigkeit der relevanten Normen schärfen und gleichzeitig den möglichen Ermessenspielraum der Geschäftsleiter ausloten und eingrenzen. Dies gelingt, indem die strikten, vorwiegend aus dem Aktiengesetz stammenden Pflichten des Vorstandes gegenüber der Gesellschaft beachtet werden, zu denen aber grundsätzlich nach hier vertretener Auffassung die Erfüllung von Vertragspflichten der Gesellschaft gegenüber Dritten nicht zählt. Auch die Nicht-Geltendmachung von Ansprüchen der Gesellschaft kann aus Gründen des Unternehmenswohls gerechtfertigt sein.

Bei Behandlung eines Sachverhalts indiziert regelmäßig die Abgrenzung zwischen im Einzelnen bestehender Legalitätspflicht und nicht bestehender Legalitätspflicht die Bestimmung von gebundener oder unternehmerischer Entscheidung. Dies wird dadurch bestätigt, dass das aktienrechtliche Konzept keine „nützlichen" Pflichtverletzungen akzeptiert, durch die Gesetzesverstöße zum Wohl der Gesellschaft zugelassen werden sollten. Rechtsunsicherheiten im

---

Rn. 9; *Spindler*, in: MüKo AktG, 3. Aufl. 2008, § 93 Rn. 161; *E.Vetter*, in: Krieger/Uwe H. Schneider, Hb. Managerhaftung, 2007, § 17 Rn. 79.

435 Siehe zu dieser Pflicht § 3 IV. und § 4 1. 2. c).

436 LG Berlin, AG 2002, S. 682 ff.

437 VG Frankfurt a. M., WM 2004, S. 2157 (2163 f.).

Sinne von unklarer oder umstrittener Rechtslage und ausnahmsweise gerechtfertigte Sachverhalte bieten den einzigen Ansatz, das Wohl der Gesellschaft in den alleinigen Blickpunkt des Handelns zu stellen. In einem solchen Fall sind Geschäftsleiter von dem internen Vorwurf eines Pflichtverstoßes befreit.

Als Geschäftsleiter in jeder Situation die richtige Entscheidung zu treffen, fällt auf Grund der Ausnahmetatbestände sowie der Fülle an einschlägigen Normen schwer. Eine Pflichtverletzung stellt kein Kavaliersdelikt dar, sondern kann sowohl für das Unternehmen als auch für das Vorstandsmitglied selbst zu einem eklatanten finanziellen wie persönlichen Schaden führen[439]. Aus diesem Grund ist es notwendig, diesen Entwicklungen frühzeitig entgegenzusteuern. Effektive Hilfestellung zur Bekämpfung bietet ein umfassendes Compliance-System. Einerseits kann die erhebliche Haftungsgefahr, die sich schon allein aus Rechtsunkenntnis oder falscher Tatsachenfeststellung eines „gutwilligen" Vorstands ergibt, durch ein Rechtsberatungsangebot der Compliance-Stelle minimiert werden und die Compliance kann durch ihren umfassenden, präventiven Einsatz als Wegbereiter für den „sicheren Hafen" dienen. Zum anderen helfen die Voraussetzungen der Business Judgment Rule die einzelnen Erfordernisse einer Unternehmensorganisation zu präzisieren. Insgesamt nimmt die Legalitätspflicht des Vorstandes bezüglich beider Rechtsfiguren eine grundlegende Position ein. Die organisatorische Umsetzung des legalen Weges durch den den Geschäftsleitern zustehenden Ermessensraum ist Thema des nächsten Kapitels.

---

438 LG München I, NZG 2008, S. 319 ff.

439 Vgl. *Hauschka*, ZIP 2004, S. 877 (878). Anschaulich beschrieben bei *Goette*, in: FS 50 Jahre BGH, 2000, S. 123 (124). „...will doch niemand nicht auch noch das im Laufe des Managerlebens zusammengetragene Vermögen und die erdiente Versorgungszusage aufs Spiel setzen, wenn er schon im Falle des Misserfolges damit rechnen muss, nicht wieder bestellt oder sogar vor Ablauf der Amtszeit abberufen zu werden".

2. Kapitel: Umfassende Unternehmensorganisation

Das Verständnis um die fortschreitende Funktion von Compliance wird gefördert, indem die allgemeinen Grundsätze der Unternehmensorganisation sowohl vorstands- als auch unternehmensintern untersucht werden. Um das höchstmögliche Maß an Rechtskonformität zu erreichen, steht der Aspekt der Transparenz im Mittelpunkt der Betrachtung. Klare und praxistaugliche Strukturen spiegeln Gesichtspunkte guter Corporate Governance wider und dienen als Grundlage für die Implementierung von modernen Compliance-Instrumenten.

§ 3 Vorstandsinterne Organisation

Auf die Erläuterung der Vorstandspflichten[440] folgt die Darstellung der organisatorischen Umsetzung der Verantwortung des Vorstandes als Organ der Gesellschaft. Dabei gilt es, die umfassende Leitungsaufgabe nach § 76 Abs. 1 AktG zu konkretisieren und die effektive Zusammenarbeit mehrerer Vorstandmitglieder ohne Preisgabe ihres eigenen Wirkungsbereichs zu fördern. Voraussetzung dafür ist, dass der Vorstand aus mehreren Mitgliedern besteht. Diese Anforderung gilt zwar gemäß § 76 Abs. 2 Satz 1 AktG zwingend nur bei Gesellschaften mit einem Grundkapital von mehr als drei Millionen Euro, es ist jedoch anderenfalls nicht verwehrt, mehrere Organwalter zu bestellen.

Auch wenn eine vorstandsinterne Strukturierung kein typisches Element einer modernen Compliance-Organisation darstellt[441], verhilft jede klare Aufgabenzuweisung dazu, einer Haftungsausuferung vorzubeugen. Dabei kann auch von einer Präventionsmaßnahme gesprochen werden, die die Voraussetzungen der Business Judgment Rule vorweg zu sichern versucht.

I. Grundsatz der Gesamtverantwortung

Um sich den effektivsten Organisationsformen zu nähern, ist vorweg auf die aktienrechtlich vorgegebenen Grundsätze einzugehen. Denn neben der ausschließlichen Kompetenzzuweisung der Leitungsfunktion an den Vorstand, stellt § 76 Abs. 1 AktG den Charakter der Unternehmensleitung als

---

[440] Siehe oben § 2 I. und § 2 II. 1.

[441] Zu den modernen Compliance-Strukturen siehe § 5.

Gesamtaufgabe des Vorstands klar[442]. In einem mehrgliedrigen Vorstand trägt jedes Organmitglied die Verantwortung für die Geschäftsleitung im Ganzen[443]. Soweit dieser Grundsatz der Gesamtverantwortung reicht, darf der Vorstand die entsprechende Leitungsaufgabe weder auf andere Organe noch auf einzelne Vorstandsmitglieder abwälzen[444]. Genauso ist es keinem Mitglied gestattet, dem Gesamtvorstand zustehende Kompetenzen eigenmächtig an sich zu ziehen[445]. Durch diese Abgrenzung wird ein Kernbereich der Vorstandstätigkeit festgelegt, der einen herausragenden Teilausschnitt der weiter ausfächernden Geschäftsführungsaufgaben darstellt[446]. Dieser Kernbereich umfasst die gesetzlich ausdrücklich an den Vorstand adressierten Aufgaben[447] sowie die originären Führungsfunktionen Unternehmensplanung, -koordinierung, -kontrolle und Führungspostenbesetzung[448]. Daneben obliegt dem Vorstand sowohl die Pflicht, bei unvorhergesehenen Störungen jederzeit steuernd einzugreifen[449] als auch besonders risikoreiche oder bedeutende Geschäfte und

---

[442] *Fleischer*, ZIP 2003, S. 1 (2) m.w.N.; *ders.*, Hb. des Vorstandsrechts, 2006, § 8 Rn. 6; *Hüffer*, AktG, 8. Aufl. 2008, § 76 Rn. 1; *Kort*, in: Großkommentar AktG, 4. Aufl. 2003, § 76 Rn. 156; *Martens*, in: FS Fleck, 1988, S. 191 (194); *Schwark*, ZHR 142 (1978), S. 203 (214); *Wiesner*, in: Münchener Hb. des Gesellschaftsrechts, 3. Aufl. 2007, § 19 Rn. 17. A.A. *Hoffmann-Becking*, ZGR 1998, S. 497 (507), *ders.*, NZG 2003, S. 745 (747), der die Gesamtverantwortung aus einem allgemein für Kollegialorgane geltenden Rechtssatz ableitet.

[443] Vgl. BGHSt 37 (1990), S. 106 (123) = NJW 1990, S. 2560 (Lederspray-Entscheidung); BGHZ 133 (1996), S. 370 (376) zur GmbH = BGH, NJW 1997, S. 130 (132); OLG Hamburg, AG 2001, S. 141 (144); *Fleischer*, NZG 2003, S. 449 (450); *Mertens*, in: KölnKomm AktG, 2. Aufl. 1996, § 77 Rn. 18; *Uwe H. Schneider*, in: FS 100 Jahre GmbHG, 1992, S. 473 (478); *Schwark*, in: FS Ulmer, 2003, S. 605 (613); *E.Vetter*, in: Krieger/Uwe H. Schneider, Hb. Managerhaftung, 2007, § 17 Rn. 4.

[444] Fleischer, ZIP 2003, S. 1 (2); *Henze*, BB 2000, S. 209; *Martens*, in: FS Fleck, 1988, S. 191 (194); *Oltmanns*, in: Heidel, AktR, 2. Aufl. 2006, § 76 Rn. 5; *Richter*, in: Semler/Peltzer, Arbeitshb. für Vorstandsmitglieder, 2005, § 4 Rn. 59; *M.Wolf*, VersR 2005, S. 1042 (1043).

[445] *Fleischer*, ZIP 2003, S. 1 (2); *Habersack*, WM 2005, S. 2360 (2361); *Hüffer*, AktG, 8.Aufl. 2008, § 77 Rn. 18.

[446] Zum Unterschied zwischen Leitungsaufgaben und allgemeinen Geschäftsführungsaufgaben siehe *Fleischer*, ZIP 2003, S. 1 (3); *Henze*, BB 2000, S. 209; *Hüffer*, AktG, 8. Aufl. 2008, § 76 Rn. 7; *Lücke*, in: Beck'sches Hb. Vorstand der AG, 2004, § 3 Rn. 2 ff.; *Richter*, in: Semler/Peltzer, Arbeitshandbuch für Vorstandsmitglieder, 2005, § 4 Rn. 3 ff.; *Turiaux/Knigge*, DB 2004, S. 2199 (2200).

[447] Vgl. hierzu oben § 2 II. 1. b) aa). Detailliert auch *Fleischer*, NZG 2003, S. 449 (450); *ders.*, ZIP 2003, S. 1 (6); *Henze*, BB 2000, S. 209 (210); *Liebscher*, in Beck'sches Hb. der AG, 2004, § 6 Rn. 112; *Wicke*, NJW 2007, S. 3755 (3756).

[448] *v. Hein*, ZHR 166 (2002), S. 464 (485 f.); *Schiessl*, ZGR 1992, S. 64 (67 f.).

[449] *Fleischer*, ZIP 2003, S. 1 (5 und 7); *Hauschka*, AG 2004, S. 461 (463).

Maßnahmen selbst vorzunehmen[450]. Damit unterliegt die zentrale Aufgabe der Unternehmensorganisation, genauer gesagt, die Einrichtung eines Compliance-Systems, ebenfalls der Gesamtverantwortung des Vorstandes[451].

II. Abweichungen vom Prinzip der Gesamtverantwortung

Die Bindung an Rechtspflichten und die damit einhergehende Übernahme von Verantwortung trifft zunächst alle Vorstandsmitglieder gemeinsam. Im Kollegialorgan muss dabei ein gewisses gegenseitiges Vertrauen auf die Fähigkeiten und das Pflichtbewusstsein des Vorstandskollegen Grundvoraussetzung der Zusammenarbeit sein. Es stellt sich aber für die einzelnen Organmitglieder auch die Frage nach Möglichkeiten der Aufteilung von Aufgaben und Verantwortlichkeit einschließlich deren Rechtsfolgen. Im weiteren Verlauf sollen die Wege und Notwendigkeiten, die diese Problematik mit sich bringt, erörtert werden.

1. Möglichkeit der Geschäftsverteilung

Würde der Grundsatz der Gesamtverantwortung so verstanden, dass alle Leitungsmitglieder gemeinsam und persönlich jegliche ihnen auferlegte Pflichten zu erfüllen hätten, wäre die Leitung der Gesellschaft in der Komplexität des heutigen Wirtschaftslebens wenig praktikabel und nicht erfolgversprechend[452]. Die Breite der Managementaufgaben würde zu einer Lähmung des Unternehmens und dadurch zu unvertretbaren Effizienzeinbußen führen. Deshalb kann die Satzung oder Geschäftsordnung sowohl hinsichtlich der Geschäftsführung (§ 77 Abs. 1 Satz 2 AktG) als auch der Vertretungsbefug-

---

450 *Fleischer*, NZG 2003, S. 449 (450); *Henze*, BB 2000, S. 209 (210); *Mertens*, in: KölnKomm AktG, 2. Aufl. 1996, § 76 Rn. 5; *Richter*, in: Semler/Peltzer, Arbeitshb. für Vorstandsmitglieder, 2005, § 4 Rn. 59.

451 Vgl. *Hauschka*, NJW 2004, S. 257 (259); *Kiethe*, GmbHR 2007, S. 393 (394); *Spindler*, in: MüKo AktG, 3. Aufl. 2008, § 76 Rn. 17; *Lücke*, in: Beck'sches Hb. Vorstand der AG, 2004, § 3 Rn. 6; *Turiaux/Knigge*, DB, 2004, S. 2199 (2199 und 2202).

452 *Uwe H. Schneider*, DB 1993, S. 1909 (1912). Für die Unerlässlichkeit einer Arbeitsteilung auch: *Fleischer*, Hb. des Vorstandsrechts, 2006, § 8 Rn 7; *Kiethe*, GmbHR 2007, S. 393 (398); *E. Vetter*, DB 2007, S. 1963 (1964). *Hommelhoff*, Konzernleitungspflicht, 1982, S. 180, deutet das Organisationssystem des Aktienrechts so, dass es auf Arbeitsteilung ausgelegt ist. Die Notwendigkeit bereits früh erkannt: *Schlegelberger/Quassowski/Herbig/Geßler/Hefermehl*, AktG, 3. Aufl. 1939, § 70 Rn. 10.

nis (§ 78 Abs. 3 AktG)[453] abweichende Regelungen treffen. Für die Ausgestaltung gibt es keine gesetzlichen Vorgaben, allerdings haben sich in der Praxis einige Organisationsmodelle herausgebildet[454]. Zulässig und sinnvoll ist es, die Wahrnehmung von Vorstandsaufgaben und die damit verbundene Verantwortung auf die einzelnen Mitglieder zu verteilen[455]. Gleichzeitig sind einer solchen Aufgabenübertragung durch den soeben konstatierten Grundsatz der Gesamtverantwortung äußere Grenzen gesetzt[456]. Nicht alle Aufgaben sind delegierbar, so dass jedes Vorstandsmitglied bei einer Geschäftsverteilung über dessen engeren Aufgabenbereich hinaus die Verantwortung für die dem Gesamtvorstand vorbehaltenden Entscheidungen und eine Überwachungsfunktion über die anderen Ressorts wahrzunehmen hat[457]. Die Geschäftsverteilung stellt im engeren Sinne keine Abweichung zum Grundsatz der Gesamtverantwortung dar, sondern eine praxistaugliche Realisierung der Unternehmensleitung ohne dem Kollegialorgan dabei die Hauptverantwortlichkeit zu entziehen.

2. Ernennung eines Vorstandsvorsitzenden

Zur besseren Abstimmung der Arbeitsabläufe kann der Aufsichtsrat bei einem aus mehreren Personen bestehenden Vorstand aus der Mitte heraus einen Vorsitzenden ernennen[458]. Mangels gesetzlicher Aufgabenzuweisung ist dieser grundsätzlich ein gleichberechtigtes Mitglied des Kollegialorgans, dem jedoch einige Sonderaufgaben zukommen. So ist er Sitzungsleiter und zuständig für die Koordination des Vorstandes[459]. Er übernimmt die Repräsentation des

---

453 Die Vertretungsbefugnis kann gemäß § 78 Abs. 3 AktG ausschließlich durch die Satzung geändert werden.

454 Dazu näher § 3 III. 1. Zur Spanne zwischen gesetzlichem Leitbild und Unternehmensrealität: *Martens*, in: FS Fleck, 1988, S. 191 (192).

455 *Fleischer*, NZG 2003, S. 449 (251); *Lutter/Krieger*, Rechte und Pflichten des AR, 5. Aufl. 2008, Rn. 444; *Schmidt-Husson*, in: Hauschka, Corporate Compliance, 2007, § 7 Rn. 5; *Uwe H. Schneider/Sven H. Schneider*, GmbHR 2005, S. 1229 (1230); *E. Vetter*, in: Krieger/Uwe H. Schneider, Hb. Managerhaftung, 2007, § 17 Rn. 13. Zu öffentlich-rechtlichen Pflichten *Uwe H. Schneider/Brouwer*, in: FS Priester, 2007, S. 713 (717).

456 *Fleischer*, ZIP 2003, S. 1 (7); *Kort*, in: Großkommentar AktG, 4. Aufl. 2003, § 77 Rn. 31; *Mertens*, in: KölnKomm AktG, 2. Aufl. 1996, § 77 Rn. 18. Zu den materiellen Schranken der Geschäftsverteilung ausführlicher unten § 3 III. 5.

457 Vgl. *Hoffmann-Becking*, ZGR 1998, S. 497 (507 f. und 512); *M.Wolf*, VersR 2005, S. 1042 (1043). Näher dazu auch unten in § 3 IV.

458 § 84 Abs. 2 AktG.

459 Siehe *Bezzenberger*, ZGR 1996, S. 661 (662 ff.); *Spindler*, in: MüKo AktG, 3. Aufl. 2008, § 84 Rn. 102.

Vorstandes gegenüber dem Aufsichtsrat und gegenüber Dritten. Weitergehende Befugnisse, wie ein durch die Satzung eingeräumtes Vetorecht gegen Vorstandsbeschlüsse oder eine gesteigerte Überwachungspflicht der anderen Vorstandsmitglieder, können ihm zukommen.[460] Aus unternehmensorganisatorischer Perspektive ist an dieser Stelle interessant, inwieweit vom Prinzip der Gesamtverantwortung hin zur Stärkung einer einzelnen Position innerhalb des Kollegialorgans abgewichen werden kann.

3. Zweckmäßigkeit des Direktorialprinzips (CEO)?

Im Zusammenhang mit internationalen Diskussionen und der sich darstellenden Praxis fällt häufig der Begriff des Chief Executive Officer (CEO) und wirft die Frage nach der Übertragbarkeit dieser Funktion auf das deutsche Aktienrecht und damit auf den Vorstandsvorsitzenden auf[461]. Dem CEO wird eine Machtposition unterstellt[462], die sich durch ein Alleinentscheidungsrecht und Weisungsbefugnisse gegenüber anderen Vorstandsmitgliedern auszeichnen soll. Abgesehen von der Tatsache, dass diese Vorstellungen über den angelsächsischen CEO tatsächlich überzogen sind[463], ist erster Einwand aus dem deutschen Aktienrecht gegen eine einzelne Vormachtstellung die Gleichberechtigung der Vorstandsmitglieder[464]. Auch wenn das Prinzip der Gleichberechtigung nicht ausdrücklich im Gesetz genannt ist, ergibt es sich als Folge des Grundsatzes der Gesamtverantwortung[465] beziehungsweise aus dem Charakter des Vorstands als Kollegialorgan[466]. Insofern ist der Aufsichtsrat zwar gemäß § 84 Abs. 2 AktG gehalten, einen Vorstandsvorsitzenden zu ernennen, diese Position beinhaltet aber keine Begründung einer Richtlinienkompetenz oder etwaiger

---

[460] *Hüffer*, AktG, 8. Aufl. 2008, § 84 Rn. 21; *Kort*, in: Großkommentar AktG, 4. Aufl. 2003, § 77 AktG Rn. 50 ff.; *Richter*, in: Semler/Peltzer, Arbeitshandbuch für Vorstandsmitglieder, 2005, § 4 Rn. 100 ff.; *Spindler*, in: MüKo AktG, 3. Aufl. 2008, § 84 Rn. 102; *Turiaux/Knigge*, DB 2004, S. 2199 (2203).

[461] Vgl. *Hoffmann-Becking*, NZG 2003, S. 745 (748); *v. Hein*, ZHR 166 (2002), S. 464 (467 ff.) am Beispiel Deutsche Bank; *Semler*, in: FS Lutter, 2000, S. 721 (728).

[462] Vgl. *Endres*, ZHR 163 (1999), S. 441 (450), der betont, dass sich manch Vorstandsvorsitzender schon als CEO betrachtet.

[463] *Hoffmann-Becking*, NZG 2003, S. 745 (746); *Mutter*, in: Marsch-Barner/Schäfer, Hb. börsennotierte AG, 2. Aufl. 2009, § 18 Rn. 76; *Richter*, in: Semler/Peltzer, Arbeitshandbuch für Vorstandsmitglieder, 2005, § 4 Rn. 79; *Wicke*, NJW 2007, S. 3755 (3757).

[464] So auch *Seibt*, in: Schmidt/Lutter, AktG, 2008, § 77 Rn. 21.

[465] Als „Seitenstück" bezeichnend: *Fleischer*, ZIP 2003, S. 1 (8).

Weisungsrechte abgesehen von seiner Koordinierungsfunktion[467]. Eine vollumfängliche Übertragbarkeit des (zugedachten) Prinzips des CEO scheidet somit aus. Da das geltende Recht jedoch flexible Gestaltungsmöglichkeiten zur Schaffung eines starken Vorstandsvorsitzenden bietet[468], bleibt die Frage nach der Zweckmäßigkeit einer gewissen Vormachtstellung eines einzelnen Vorstandsmitglieds offen.

Aus Compliance-Gesichtspunkten sind insbesondere persönliche Haftungsrisiken zu berücksichtigen[469], die den Vorstandsmitgliedern bei zu starker Abweichung vom gesetzlichen Leitbild auf Grund strenger Rechtsprechung[470] drohen. Ferner verschafft die kollegiale Leitungsausübung durch gegenseitige Kontrollmöglichkeiten einen wirkungsvollen Schutz gegen Missbrauch und unüberlegte Alleingänge[471]. Die Tendenz, die Gesamtverantwortung und das Kollegialprinzip als Strukturelemente beizubehalten, zeigen auch jüngere, praxisnahe Formulierungen[472]. So empfiehlt der Deutsche Corporate Governance Kodex in Ziffer 4.2.1 einen mehrgliedrigen Vorstand und betont in seiner Präambel die gemeinsame Verantwortung für die Unternehmensleitung. Auch die Bundesanstalt für Finanzdienstleistungsaufsicht geht in ihren Mindestanfor-

---

466 *Hoffmann-Becking*, ZGR 1998, S. 497 (514); *Spindler*, in: MüKo AktG, 3. Aufl. 2008, Vor § 76 Rn. 39.

467 Vgl. *Bezzenberger*, ZGR 1996, S. 661 (672 f.); *Fleischer*, ZIP 2003, S. 1 (8); *ders.*, in: Spindler/Stilz, AktG, 2007, § 77 Rn. 41; *v. Hein*, ZHR 166 (2002), S. 464 (489 f. und 499); *Hoffmann-Becking*, NZG 2003, S. 745 (748); *Spindler*, in: MüKo AktG, 3. Aufl. 2008, § 77 Rn. 69 und § 93 Rn. 146; *Wicke*, NJW 2007, S. 3755 (3757). Zu diesem Zusammenhang auch *Martens*, in: FS Fleck, 1988, S. 191 (205 ff.).

468 *Kort*, in: Großkommentar AktG, 4. Aufl. 2003, § 77 Rn. 52; *Mutter*, in: Marsch-Barner/Schäfer, Hb. börsennotierte AG, 2. Aufl. 2009, § 18 Rn. 74 und 76; *Schwark*, in: Hommehoff/Lutter/Schmidt/Schön/Ulmer, Corporate Governance, 2002, S. 75 (94 f.); *Wicke*, NJW 2007, S. 3755. Siehe *Semler*, in: FS Lutter, 2000, S. 721 (728 f.), zur Entwicklung in der Praxis.

469 So *Hoffmann-Becking*, NZG 2003, S. 745 (750).

470 BGHZ 133 (1996), S. 370 (376) m.w.N. In diesem Fall konnten sich die Geschäftsführer einer GmbH nicht der Erfüllung von der GmbH auferlegten, öffentlich-rechtlichen Pflichten, die gemäß § 266a StGB sanktioniert werden, durch Delegation oder interne Zuständigkeitsverteilungen entziehen.

471 *Fleischer*, ZIP 2003, S. 1 (7); *ders.*, NZG 2003, S. 449 (458 f.). So schon frühzeitig: *Schlegelberger/Quassowski/Herbig/Geßler/Hefermehl*, AktG, 3. Aufl. 1939, § 70 Rn. 1.

472 So auch *Fleischer*, WM 2006, S. 2021 (2024) im Zusammenhang mit Europäischem Gesellschaftsrecht. Anders noch *Fleischer*, NZG 2004, S. 1129 (1132), der von einer schleichenden Aushöhlung des Aktienrechts sprach.

derungen an das Risikomanagement (MaRisk)[473], die § 25a KWG konkretisieren sollen, auf die Gesamtverantwortung der Geschäftsleitung explizit ein.

Die Frage nach der Zweckmäßigkeit eines CEO innerhalb einer deutschen Aktiengesellschaft sollte somit insbesondere im Zusammenhang mit der Implementierung eines ganzheitlichen Compliance-Systems beendet sein. Es ist sogar – nicht nur bei gesetzlicher Vorgabe sondern grundsätzlich[474] – empfehlenswert, einen mehrgliedrigen, gleichberechtigten Vorstand zur Vermeidung von Rechtsverstößen zu etablieren.

III. Geschäftsverteilung und Ressortabgrenzung

Inwiefern Zuständigkeiten auf gleicher Ebene innerhalb des Vorstandes auf die Kollegen übertragen werden können und welche Anforderungen daran zu stellen sind, ist Inhalt einer möglichen Geschäftsverteilung. Zu beachten sind daneben die Auswirkungen auf die Verantwortlichkeiten der einzelnen Vorstandsmitglieder.

1. Modelle der Geschäftsverteilung

a) Funktionale Organisation

Eine der Grundmodelle der Geschäftsverteilung ist die funktionale Organisation. Ressorts werden für verschiedene unternehmerische Teilbereiche gebildet, die stark an dem internen Ablauf ausgerichtet sind. Typische Abgrenzungen sind Beschaffung, Produktion, Vertrieb, Forschung/Entwicklung, Personal und Finanzen.[475] Dieses Modell fungierte in Deutschland lange Zeit als vorherrschende Organisation ohne zwingend vom Aktiengesetz vorgegeben zu sein und vermag insofern für viele Unternehmen eine sinnvolle Strategie darstellen. Die klare Struktur erschwert auf der einen Seite eine Vernetzung der

---

[473] Rundschreiben 15/2009 (BA) der BaFin vom 14.08.2009, Abschnitt AT 3.1. Abrufbar unter www.bafin.de (zuletzt abgerufen am 19.10.2009).

[474] Jedenfalls sofern dies der Größe des Unternehmens angemessen ist.

[475] Vgl. *Fleischer*, ZIP 2003, S. 1 (7); *ders.*, NZG 2003, S. 449 (451); *ders.*, Spindler/Stilz, AktG, 2007, § 77 Rn. 37; *Kort*, in: Großkommentar AktG, 4. Aufl. 2003, § 76 Rn. 154; *Spindler* in: MüKo AktG, 3. Aufl. 2008, § 77 Rn. 66; *E.Vetter*, in: Krieger/Uwe H. Schneider, Hb. Managerhaftung, 2007, § 17 Rn. 14; *Wiesner*, in: Münchener Hb. AG, 3. Aufl. 2007, § 22 Rn. 12.

einzelnen Ressorts[476], andererseits ist auf Grund der wechselseitigen Abhängigkeiten zwischen den Funktionen selten mit einer Anmaßung von Leitungsmacht durch einzelne Ressortkollegen zu rechnen[477].

b) Divisionale Organisation

Anders ist die Aufteilung bei der divisionalen Organisation, die nach Sparten separiert wird. Hier erfolgt keine Orientierung an Sachzuständigkeiten, sondern an dem Ziel möglichst selbstständige Unternehmenssegmente zu schaffen[478]. Durch die Geschäftsverteilung nach Sparten geht die umfassende Kompetenz mit eigener Ergebnisverantwortung eines Ressorts einher, so dass auf Marktveränderungen schneller reagiert werden kann. Eine Einteilung ist etwa nach Produkten, Kundengruppen oder Regionen denkbar[479]. Diese Organisationsform ist vor allem bei einem Unternehmen mit unterschiedlichen Geschäftsfeldern einsetzbar.

c) Matrixorganisation

Eine aus der Praxis entstandene Mischform aus den beiden dargestellten Grundmodellen ist die Matrixorganisation. Mangels anerkannter Definition ist eine Matrixorganisation daran zu erkennen, dass gleichzeitig und gleichberechtigt mehrere Gliederungsmerkmale zur vorstandsinternen Organisation herangezogen werden[480]. Praktisch erfolgt die Arbeitsteilung sowohl nach funktionalen Aspekten als etwa auch nach Regionen oder Produkten. Matrixorganisationen gelten als besonders erfolgreiche Struktur für Unternehmensgruppen mit mehreren, an verschiedenen internationalen

---

476 *Richter*, in: Semler/Peltzer, Arbeitshandbuch für Vorstandsmitglieder, 2005, § 4 Rn. 67.

477 *Fleischer*, NZG 2003, S. 449 (451 f.).

478 *Arnold*, in: Marsch-Barner/Schäfer, Hb. börsennotierte AG, 2. Aufl. 2009, § 18 Rn. 63; *Fleischer*, NZG 2003, S. 449 (452); umfassend *Schwark*, ZHR 142 (1978), S. 203 ff.; *Schiessl*, ZGR 1992, S. 64 ff.; *E. Vetter*, in: Krieger/Uwe H. Schneider, Hb. Managerhaftung, 2007, § 17 Rn. 15;

479 *Kort*, in: Großkommentar AktG, 4. Aufl. 2003, § 76 Rn. 155; *Richter*, in: Semler/Peltzer, Arbeitshandbuch für Vorstandsmitglieder, 2005, § 4 Rn. 68; *Schiessl*, ZGR 1992, S. 64 (65); *E. Vetter*, in: Krieger/Uwe H. Schneider, Hb. Managerhaftung, 2007, § 17 Rn. 15; *Wiesner*, in: Münchener Hb. AG, 3. Aufl. 2007, § 22 Rn. 13.

480 *Kort*, in: Großkommentar AktG, 4. Aufl. 2003, § 76 Rn. 155; *Raiser/Veil*, Recht der Kapitalgesellschaften, 4. Aufl. 2006, § 14 Rn. 24; *Richter*, in: Semler/Peltzer, Arbeitshandbuch für Vorstandsmitglieder, 2005, § 4 Rn. 70; *Schiessl*, ZGR 1992, S. 64 (65).

Standorten tätigen Geschäftsbereichen[481]. Sie sollen zu einer strafferen Organisation und schnelleren Entscheidungen führen, indem die fachbezogenen Ressorts ihre Spezialkenntnisse den einzelnen Sparten zugänglich machen.

2. Vollumfängliche Ressortverantwortung

Mit der Einsetzung einer der zuvor genannten Organisationsstrukturen wird das Verhältnis der Vorstandsmitglieder zueinander modifiziert. Jeder übernimmt die volle Handlungsverantwortung für die ihm zugewiesenen Aufgaben und trägt somit die Ressortverantwortung. Maßgeblich ist, dass der jeweilige Kopf des Ressorts selbstständig Entscheidungen treffen und Maßnahmen ohne Abstimmung mit den übrigen Vorstandsmitgliedern durchführen kann – ihm steht insoweit abweichend von § 77 Abs. 1 Satz 1 AktG Einzelgeschäftsführungsbefugnis zu[482]. Dabei zu berücksichtigende Pflichten sind insbesondere die effiziente Organisation des Ressorts, die Auswahl, Einweisung und Überwachung der zugehörigen Mitarbeiter und die sorgfältige Vorbereitung und Durchführung von Entscheidungen. Die anderen Vorstandsmitglieder sind grundsätzlich nicht mehr befugt, eigenmächtig in das Ressort eines anderen einzugreifen[483]. Dadurch ändert sich Inhalt und Ausmaß der jedem Organmitglied obliegenden Sorgfaltspflicht dahingehend, dass nicht mehr jeder für alle Vorstandsaufgaben vollumfänglich verantwortlich ist, sondern primär für sein eigenes Ressort[484]. Hierin steckt aber keine Verabschiedung vom Prinzip der Gesamtverantwortung, vielmehr teilt sich die Verantwortung in eine unmittelbar verwaltende und eine beaufsichtigende Tätigkeit[485]. Auf Details[486]

---

[481] *Wisskirchen/Dannhorn/Bissels*, DB 2008, S. 1139.

[482] *Schwark*, in: FS Ulmer, 2003, S. 605 (613); *Selbt*, in: Schmidt/Lutter, AktG, 2008, § 77 Rn. 16; *E.Vetter*, in: Krieger/Uwe H. Schneider, Hb. Managerhaftung, 2007, § 17 Rn. 17 und 83.

[483] BGH, AG 1998, S. 519 (520); *Fleischer*, NZG 2003, S. 449 (452); *ders.*, in: Spindler/Stilz, AktG, 2007, § 77 Rn. 47; *Schlechtriem*, in: Kreutzer, Die Haftung der Leitungsorgane von Kapitalgesellschaften, 1991, S. 59 f.; *Sieg/Zeidler*, in: Hauschka, Corporate Compliance, 2007, § 3 Rn. 47; *Spindler*, in: MüKo AktG, 3. Aufl. 2008, § 77 Rn. 59 und § 93 Rn. 131; *M.Wolf*, VersR 2005, S. 1042 (1045). Für die GmbH: OLG Frankfurt, GmbHR 1992, S. 608; OLG Zweibrücken NZG 1999, S. 506 (508).

[484] Dadurch trägt der Ressortinhaber auch die strafrechtliche und ordnungsrechtliche Verantwortung, vgl. *Liebscher*, in: Beck'sches Hb. AG, 2004 § 6 Rn. 156.

[485] *Fleischer*, NZG 2003, S. 449 (452); *Hüffer*, AktG, 8. Aufl. 2008, § 77 Rn. 15; *Spindler*, in: MüKo AktG, 3. Aufl. 2008, § 93 Rn. 132; *Turiaux/Knigge*, DB 2004, S. 2199 (2203); *E.Vetter*, in: Krieger/Uwe H. Schneider, Hb. Managerhaftung, 2007, § 17 Rn. 19.

[486] Siehe § 3 IV.

und die Möglichkeit der Errichtung eines eigenständigen Ressorts für Compliance[487] ist zurückzukommen.

3. Schriftliche Zuordnung der Geschäftsbereiche

Trotz Mangel an ausdrücklicher Normierung im Aktiengesetz noch eindeutiger, höchstrichterlicher Rechtsprechung[488] wird eine schriftliche Niederlegung der Geschäftsverteilung gefordert[489]. Die Ressorteinteilung wird regelmäßig durch die Geschäftsordnung stattfinden[490], für die das Schriftlichkeitserfordernis postuliert wird. So wurde auch der Deutsche Corporate Governance Kodex in Ziffer 4.2.1 Satz 2 in der Fassung vom 14. Juni 2007 dahingehend neu formuliert, dass die Geschäftsordnung sowohl die Ressortzuständigkeiten als auch die dem Gesamtvorstand vorbehaltenen Angelegenheiten regeln soll[491]. Die schriftlich fixierte Strukturierung schützt insbesondere innerhalb des Beweisverfahrens vor ungewollten Haftungsfolgen.

4. Persönliche und fachliche Qualifikation

Das Aktiengesetz formuliert keine spezifischen Anforderungen an die Qualifikationen, die ein Vorstandsmitglied mitbringen muss[492]. Dennoch ergeben sich über die Hintertür der §§ 84 Abs. 1 Satz 1, Abs. 3 Satz 2, 116 AktG Ansprüche an ein Profil. Der Aufsichtsrat ist gemäß § 84 Abs. 1 Satz 1 AktG für die Bestellung des Vorstandes verantwortlich und hat bei dieser Aufgabe die allgemeine Sorgfaltspflicht zu beachten (§§ 93 Abs. 1, 116 AktG). Daraus ergibt sich die Notwendigkeit, nur persönlich und sachlich qualifizierte Personen in

---

487 Siehe § 3 III. 5. b).

488 Insoweit nur OLG Koblenz, NZG 1998, S. 953 (954) zur GmbH.

489 *Fleischer*, in: Hb. des Vorstandsrechts, 2006, § 8 Rn. 12; *Hüffer*, AktG, 8. Aufl. 2008, § 77 Rn. 21; *Kort*, in: Hb. des Vorstandsrechts, 2006, § 3 Rn. 46; *Mertens*, in: KölnKomm AktG, 2. Aufl. 1996, § 77 Rn. 40; zweifelnd noch *Uwe H. Schneider*, DB 1993, S. 1909 (1912); für die GmbH: *Uwe H. Schneider/ Sven H. Schneider*, GmbHR 2005, S. 1229 (1230); *Seibt*, in: Schmidt/Lutter, AktG, 2008, § 77 Rn. 7; *Spindler*, in: MüKo AktG, 3. Aufl. 2008, § 77 Rn. 54.

490 *Seibt*, in: Schmidt/Lutter, AktG, 2008, § 77 Rn. 17.

491 Dazu *Theisen*, Information und Berichterstattung des AR, 4. Aufl. 2007, S. 79 ff.; *E.Vetter*, DB 2007, S. 1963 (1964). Zur tatsächlichen Umsetzung in den Unternehmen: *v.Werder/Talaulicar*, DB 2008, S. 825 (830); *van Kann/Eigler*, DStR 2007, S. 1730 (1732).

492 § 76 Abs. 3 AktG verlangt lediglich nach einer natürlichen und unbeschränkt geschäftsfähigen Person, die nicht innerhalb der letzten fünf Jahre vor Bestellung wegen einer Straftat nach den §§ 283 bis 283d StGB verurteilt worden ist.

den Vorstand zu entsenden[493]. Jedes Mitglied muss die Reife besitzen, unternehmerisch zu handeln und die grundlegenden wirtschaftlichen Zusammenhänge bei der Tätigkeit der Gesellschaft ohne fremde Hilfe erfassen und beurteilen zu können.[494]

Detaillierter gehen im Besonderen §§ 32, 33 KWG für das Kreditwesen oder § 7a Abs. 1 Satz 1 VAG[495] bezüglich der Versicherungsbranche auf Zulassungsvoraussetzungen für Geschäftsleiter ein. Gefordert werden dort explizit die persönliche Zuverlässigkeit sowie die fachliche Eignung, die etwa durch Studium oder Lehre nachgewiesen werden kann[496]. Zudem sollen für den Vorstand erst Recht keine geringwertigeren Anforderungen als für den Aufsichtsrat gelten[497]. Für Letzteren formulieren etwa Ziffer 5.4.1 und 5.4.2 Deutscher Corporate Governance Kodex – wenn auch nur so schemenhaft wie eingangs bereits beschrieben – ein Anforderungsprofil. Diesbezüglich ist die Tendenz zur weiteren Verrechtlichung und Eingrenzung von Risikoträchtigkeit auch im Zusammenhang mit dem Entwurf zum Bilanzrechtsmodernisierungsgesetz (BilMoG) zu erkennen. Ein neuer § 100 Abs. 5 AktG führt für kapitalmarktorientierte Gesellschaften das Vorhandensein mindestens eines unabhängigen und über Sachverstand auf den Gebieten Rechnungslegung oder Abschlussprüfung verfügendes Mitglied des Aufsichtsrates[498]. Zwar kann und soll diese Regelung nicht ungesehen auf den Vorstand, und auch die des KWG oder VAG nicht auf jede Aktiengesellschaft, übertragen werden, jedoch zeigt sich die immer größer werdende Bedeutung von Unabhängigkeit und fachlicher Kompetenz in Führungspositionen. In diesem engeren Sinne sollte auch das Anforderungsprofil an die Vorstandsmitglieder ausfallen, so dass nur der durch

---

493 *Fonk*, in: Semler/v. Schenck, Arbeitshb. für AR-Mitglieder, 3. Aufl. 2009, § 9 Rn. 8 ff.; *Lutter/Krieger*, Rechte und Pflichten des AR, 3. Aufl. 2005, Rn. 341.

494 Vgl. OLG Stuttgart, GmbHR 1957, S. 59 (60); *Götz*, AG 1995, S. 337 (348); *Spindler*, in: MüKo AktG, 3. Aufl. 2008, § 84 Rn. 33.

495 Siehe dazu VG Frankfurt a.M., WM 2004, S. 2157 (2159).

496 Dazu näher *Fischer*, in: Schimansky/Bunte/Lwowski, Bankrechtshb., 3. Aufl. 2007, § 128 Rn. 41; *Wittmann*, DB 2007, S. 2579 (2579, 2581) „Bankenführerschein".

497 *Spindler*, in: MüKo AktG, 3. Aufl. 2008, § 84 Rn. 33. Siehe Darstellung zu den Anforderungen an den Aufsichtsrat: BGHZ 85 (1982), S. 293 (295 f.), *Götz*, AG 1995, S. 337 (345); *Hommelhoff*, ZGR 1983, S. 551 f.

498 *RegE* zum BilMoG, BT-Drucks. 16/10067, S. 21 f. Erläuternd *Ernst/Seidler*, BB 2007, S. 2557 (2564); *Gruber*, NZG 2008, S. 12 ff.; *Habersack*, AG 2008, S. 98 (103 ff.); *Jaspers*, AG 2009, S. 607 ff.; *Weber-Rey*, AG 2008, S. 345 (348). Ist ein Prüfungsaus-

Sach- und Fachkompetenz Ausgewiesene Entscheidungen treffen darf[499]. Denn ein persönliches Fehlverhalten der Geschäftsleiter kann auch darin begründet liegen, dass die Vorstandsmitglieder bei der internen Aufgabenverteilung nicht die gehörige Auswahlsorgfalt haben walten lassen[500]. Demnach sollte jedes Ressort von einem dafür am besten geeigneten und fachlich versierten Vorstandsmitglied besetzt werden. Erforderlich kann nicht in jedem Fall eine Ausbildung in allen Bereichen der zugewiesenen Aufgaben sein. So müsste beispielsweise der Vorstand im Ressort „Forschung/Entwickung" diese Arbeit nicht vollends selbst erledigen können. Notwendig ist allein die fachliche Eignung zur Bewältigung der Führungsaufgabe und ein grundlegendes Verständnis für den zugewiesenen Betriebszweig. Jede Art zusätzlicher Kenntnisse ist positiv zu bewerten[501]. Im Ergebnis ist für die Besetzung des Vorstands eines jeden Unternehmens eine „Maßanfertigung" vorzunehmen.

5. Materielle Schranken der Geschäftsverteilung

a) Keine Delegierbarkeit von Leitungsaufgaben

Eine materielle Schranke der Geschäftsverteilung stellt der bereits beschriebene Kernbereich[502] dar, zu dessen Wahrnehmung der Vorstand immer *in corpore* handeln muss. Die Leitungspflichten sind weder an einzelne Vorstandsmitglieder, andere Organe, nachgeordnete Mitarbeiter oder externe Dritte delegierbar und somit auch nicht ressortfähig[503]. Im Falle einer Delegation von

---

schuss vorhanden, hat dieses versierte Mitglied daran mitzuwirken (oder jemand gleich geeignetes).

499 So auch *Rodewald/Unger*, BB 2006, S. 113 (114). Im Zusammenhang mit Buchführung: *Fleischer*, WM 2006, S. 2021 (2023). Kritisch zur Forderung nach umfassender fachlicher Kompetenz der versicherungsunternehmerischen Geschäftsleitung auf dem Gebiet des Risikomanagements: *Dreher/Schaaf*, WM 2008, S. 1765 (1766 f.). Haftungsgefahren können sich dann auf Grund mangelnder Kenntnisse für die überwachenden Ressortkollegen ergeben.

500 *Fleischer*, NZG 2003, S. 449 (453); *Uwe H. Schneider*, in: FS 100 Jahre GmbHG, 1992, S. 473 (484). Siehe auch unten, § 4 I. 2. c) aa).

501 Notwendige Kenntnisse hat das Vorstandsmitglied sich zu anzueignen und sich im gebotenen Umfang auf dem Laufenden halten. *Raiser/Veil*, Recht der Kapitalgesellschaften, 4. Aufl. 2006, § 14 Rn. 71.

502 Siehe § 3 I.

503 *Abeltshauser*, Leitungshaftung im Kapitalgesellschaftsrecht, 1998, S. 226; *Schmidt-Husson*, in: Hauschka, Corporate Compliance, 2007, § 7 Rn. 13; *Spindler*, in: MüKo

Leitungsaufgaben, wird die aktienrechtliche Zuständigkeitsordnung verletzt und es kommt eine eigene Pflichtverletzung der Vorstandsmitglieder nach § 93 Abs. 1 AktG in Betracht[504]. Da die Errichtung einer Compliance-Organisation eine Leitungsaufgabe darstellt, kann kein Vorstandsmitglied die alleinige Verantwortung für den Bereich Compliance übernehmen oder anders formuliert, kann sich der Vorstand der Leitungskompetenz „Compliance" nicht entäußern[505]. Fraglich ist also, ob ein Ressort für den Bereich Compliance überhaupt angelegt werden kann.

b) Compliance als Vorstandsressort?

Die bisher dargestellten Grundzüge der Vorstandsarbeit lassen den kurzsichtigen Schluss zu, die Compliance als eine nicht ressortfähige Aufgabe anzusehen. Dieser Annahme muss aber in der praktischen Umsetzung näher betrachtet werden. Zur Erfüllung der Leitungsaufgaben ist für den Vorstand die zielorientierte Gestaltung des Unternehmens entscheidend[506], die vornehmlich durch die Unternehmensorganisation und die Unternehmenskontrolle bedingt ist. Aus diesem Grund ist auch die Compliance-Organisation zu diesen allgemeinen Leitungsaufgaben zu rechnen. Allerdings verlangt ein funktionierendes Compliance-System eine so intensive und ausschließliche Auseinandersetzung mit den zahlreichen Aspekten und Regelungszweigen, dass die Aufgabe nicht vom Vorstand kollektiv bewältigt werden kann. Die originären Führungsaufgaben enthalten auf Grund ihrer geringen Präzisierbarkeit daher eine immanente Pflichtenreduzierung[507], die zur Folge hat, dass für die Compliance eine gestufte Organisation verlangt wird[508]. Der Vorstand hat auf erster Ebene die grobe Richtung vorzugeben, indem er die Compliance-Maßnahmen festlegt, die er in

---

AktG, 3. Aufl. 2008, § 76 Rn. 19; *Wiesner*, in: Münchener Hb. AG, 2. Aufl. 2007, § 19 Rn. 13.

[504] *Fleischer*, AG 2003, S. 291 (292); *ders.*, NZG 2003, S. 499 (453); *Hopt*, in: Großkommentar AktG, 4. Aufl. 1999, § 93 Rn. 55 und 59; *Hüffer*, AktG, 8. Aufl. 2008, § 93 Rn. 14; *Landwehrmann*, in: Heidel, AktR, 2. Aufl. 2006, § 93 Rn. 109.

[505] *Turiaux/Knigge*, DB 2004, S. 2199 (2202); *Veil*, WM 2008, S. 1093 (1095 f.).

[506] I.E. so *Henze*, BB 2000, S. 209 (210); vgl. auch *Kort*, in Großkommentar AktG, 4. Aufl. 2003, § 76 Rn. 36.

[507] *Fleischer*, ZIP 2003, S. 1 (6).

[508] *Eisele*, in: Schimansky/Bunte/Lwowski, Bankrechtshb., 3. Aufl. 2007, § 109 Rn. 95; *Fleischer*, BB 2008, S. 1070 (1072); *ders.*, CCZ 2008, S. 1 (3); *Hauschka*, NJW 2004, S. 257 (259); *Kiethe*, GmbHR 2007, S. 393 (397); *Spindler*, WM 2008, S. 905 (909).

seinem Unternehmen als notwendig erachtet[509]. Damit nimmt er selbst die grundlegenden Entscheidungen als Plenum wahr und genügt seiner kollektiven Leitungspflicht. Die Vorbereitung und Ausführung dieser Vorgaben kann hingegen auf eine weitere Ebene – im ersten Schritt also horizontal auf ein zuständiges Ressort – delegiert werden[510]. Der zu diesem Zweck engagierte Ressortinhaber kann in seinem Bereich eigenständig arbeiten, wobei er die allgemeinen Verhaltenspflichten gegenüber seinen Vorstandskollegen beziehungsweise dem Kollegialorgan einzuhalten hat[511]. Entscheidungen und Maßnahmen des Tagesgeschäfts gehören dabei der Geschäftsführungsaufgaben und nicht der Leitungsaufgaben an[512]. Erst diese klare Trennung der Kompetenzen verdeutlicht die Möglichkeit eines eigenen Vorstandsressorts für Compliance – wie die Praxis ihn bereits zeigt[513] – unter Anwendung des Grundsatzes der Gesamtverantwortung.

IV. Verhaltenspflichten gegenüber dem Nachbarressort

Die Zuständigkeits- und Verantwortungsverteilung innerhalb des Kollegialorgans bietet Transparenz, klare Strukturen und damit Effektivität. Sie birgt jedoch auch die Gefahr eines Alleingangs und des Missbrauchs der bestehenden Handlungsfreiheit. Insofern ergeben sich aus dem Grundsatz der Gesamtverantwortung gegenseitige Verhaltenspflichten der einzelnen Vorstandsmitglieder.

---

509 Vgl. *Spindler*, in: MüKo AktG, 3. Aufl. 2008, § 76 Rn. 17.

510 *Bürkle*, BB 2005, S. 565; *Hauschka*, NJW 2004, S. 257 (259); *Hofmann-Becking*, ZGR 1998, S. 497 (508); *Kort*, NZG 2008, S. 81 (83); *Lücke*, in: Beck'sches Mandatshb. Vorstand der AG, 2004, § 3 Rn. 7; *Schmidt-Husson*, in: Hauschka, Corporate Compliance, 2007, § 7 Rn. 18 und 30; *Spindler*, in: MüKo AktG, 3. Aufl. 2008, § 77 Rn. 63.

511 Siehe hierzu ausführlich unter § 3 IV.

512 *Froesch*, DB 2009, S. 722 (724); *Lücke*, in: Beck'sches Mandatshb. Vorstand der AG, 2004, § 3 Rn. 6.

513 So etwa bei der Siemens AG, die nach dem Korruptionsskandal erneuten Pannen entgegenwirken will. http://w1.siemens.com/press/de/pr_cc/2007/09_sep/axx200709066_1462933.htm. Ebenso bei der Telekom: http://www.telekom.com/dtag/cms/content/dt/de/574878 und der Deutschen Bahn http://www.compliancemagazin.de/markt/personen/deutsche-bahn310809.html (alle zuletzt aufgerufen am 19.10.2009). Zusammengefasst werden insoweit die Aufgaben Recht, Compliance und Datenschutz.

1. Ressortübergreifende Überwachung versus gegenseitiges Vertrauen

Trotz Geschäftsverteilung ist der übrige Vorstand bezüglich der Ressortaufgaben nicht vollständig aus seiner Verantwortlichkeit befreit. Zwar trifft ihn keine Handlungsverantwortung mehr, umso eher verbleibt die Möglichkeit des Vorwurfs unzureichender Überwachung seiner Kollegen. Auch wenn eine solche allgemeine Überwachungspflicht teilweise verneint wird[514], basiert dies wohl an einer zu nah am Wortlaut angelehnten Auslegung. Innerhalb des Kollegialorgans ist nicht von einer Überwachungsaufgabe nahe der des Aufsichtsrats gemäß § 111 Abs. 1 AktG auszugehen, bei der es sich um eine laufende Kontrolle und aktive Nachforschungen handelt[515], sondern vielmehr von einer den Umständen angemessenen Rechts- und Zweckmäßigkeitsbeobachtung[516]. Grundbaustein dieses Systems ist das gegenseitige Vertrauen in die verantwortliche und qualifizierte Durchführung der zugewiesenen Ressortaufgaben und die damit verbundene offene und gewissenhafte Unterrichtung der anderen Vorstandsmitglieder über die Vorkommnisse[517].

Um der jeweiligen Überwachungsaufgabe zu genügen, reicht grundsätzlich die Kenntnisverschaffung von den Geschehnissen der Nachbarressorts in den Sitzungen des Gesamtvorstandes[518]. Jedoch sind auch hier Plausibilität und Vollständigkeit der Informationen kritisch zu hinterfragen[519]. Die Intensität der Aufmerksamkeit wird anhand von Indikatoren wie der Bedeutung der übertragenen Aufgabe oder Umstände in der Person, wie bewiesene

---

514 *Hauschka*, AG 2004, S. 461 (462) m.w. N.

515 *Fleischer*, NZG 2003, S. 449 (452); *Spindler*, in: MüKo, 3. Aufl. 2008, § 93 Rn. 132. In diesem Sinne auch *M. Wolf*, VersR 2005, S. 1042 (1044 bei Fn. 27). A.A. *Martens*, in: FS Fleck, 1988, S. 191 (200 f.). Zur Kontrollaufgabe des Aufsichtsrat später unter § 4 V. 1.

516 OLG Köln, NZG 2001, S. 135 (136); *Fleischer*, WM 2006, S. 2021 (2023); *Kiethe*, GmbHR 2007, S. 393 (398); *Schiessl*, ZGR 1992, S. 64 (68); *E. Vetter*, in: Krieger/Uwe H. Schneider, Hb. Managerhaftung, 2007, § 17 Rn. 19; dahingehend auch *Werner*, GmbHR 2007, S. 678 (680).

517 *Spindler*, in: MüKo, 3. Aufl. 2008, § 93 Rn. 135 ff.; *E. Vetter*, in: Krieger/Uwe H. Schneider, Hb. Managerhaftung, 2007, § 17 Rn. 20.

518 *Hopt*, in Großkommentar AktG, 4. Aufl. 1999, § 93 Rn. 62; *Hüffer*, AktG, 8. Aufl. 2008, § 77 Rn. 15; *Landwehrmann*, in: Heidel, AktR, 2. Aufl. 2006, § 93 Rn. 79 u 123; *Wiesner*, in: Münchener Hb. AG, 3. Aufl. 2007, § 22 Rn. 16.

519 VG Frankfurt a.M., WM 2004, S. 2157 (2161), vgl. hierzu aber auch Fn. 530; *Hüffer*, AktG, 8. Aufl. 2008, § 93 Rn. 13a; zurückhaltend *Uwe H. Schneider*, in: FS 100 Jahre GmbHG, 1992, S. 473 (482); *ders.*, DB 1993, S. 1909 (1912); *E. Vetter*, in: Krieger/Uwe H. Schneider, Hb. Managerhaftung, 2007, § 17 Rn. 20; *M. Wolf*, VersR 2005, S. 1042 (1043 f.).

Vertrauenswürdigkeit, festgemacht. Notwendig ist ein ausgeglichenes Verhältnis zwischen Vertrauen und Misstrauen der einzelnen Organmitglieder[520], um die Arbeit innerhalb des Organs nicht zu bremsen, sondern gemeinsam die Fehlerquote und damit die Haftungsgefahren zu minimieren und das Handeln zu optimieren. Die Vorstandsmitglieder treffen deshalb eine dem Aufsichtsrat vorgeschaltete Überwachung. Diese Selbstkontrolle[521] dient schützt den Vorstand und erhöht die Sicherheit vor Pflichtverletzungen.

2. Informationspflicht

Entscheidender Eckpfeiler einer funktionierenden Geschäftsverteilung ist mithin der ausreichende Informationsfluss zwischen den einzelnen Ressortinhabern. Dies spiegelt sich auch im Zusammenhang mit der Business Judgment Rule wider, die alle Vorstandsmitglieder von der Haftung freistellt, soweit bei angemessener Information Fehlentwicklungen sowohl für das handelnde Vorstandmitglied[522] als auch für die überwachenden Begleitpersonen nicht erkennbar waren. Deshalb trifft jedes Organmitglied neben der Überwachungspflicht der Nachbarressorts eine Pflicht alle notwendigen Informationen an die übrigen Geschäftsleiter weiterzugeben.

Grundlegender Lösungsweg ist ein zu errichtendes, vorstandsinternes Berichtssystem, das sich den Anforderungen des jeweiligen Unternehmens und des Organisationsmodells anpasst[523]. Zu denken ist, neben einem gegenseitigen Informationsaustausch in den Vorstandssitzungen und im Bedarfsfall etwaiger Ad-hoc-Meldungen, an einen festen, in einem bestimmten Turnus

---

520 Eingehend *Fleischer*, NZG 2003, S. 449 (455); *Schmidt-Husson*, in: Hauschka, Corporate Compliance, 2007, § 7 Rn. 11 f. *M.Wolf*, VersR 2005, S. 1042 (1044), warnt vor zu großem Misstrauen sowie vor Aushöhlung des Ressortprinzips und einer Gefährdung des arbeitsteiligen Funktionsfähigkeit.

521 So wird die Überwachungspflicht auch bezeichnet: *Hüffer*, AktG, 8. Aufl. 2008, § 77 Rn. 15; *Kort*, in: Großkommentar AktG, 4. Aufl. 2003, § 77 Rn. 35; *Martens*, in: FS Fleck, 1988, S. 191 (196 ff.); *Schwark*, ZHR 142 (1978), S. 203 (216 ff.).

522 *Hauschka*, GmbHR 2007, S. 11 (16) betont, dass eine Geschäftsleitung die Informationsanforderungen verringert, weil es nur noch auf den Ressortverantwortlichen ankomme. Diese Ansicht übersieht die immer verbleibende Restverantwortung ausfließend aus der Gesamtverantwortung, die Überwachungspflicht begründet.

523 So auch *Fleischer*, NZG 2003, S. 449 (454); *Hauschka*, AG 2004, S. 461 (464); *Seibt*, in: Schmidt/Lutter, AktG, 2008, § 77 Rn. 18. *Turiaux/Knigge*, DB 2004, S. 2199 (2203). *Habersack*, WM 2005, S. 2360 (2362) fordert etwa gesteigerte Berichts- und

stattfindenden[524] Termin. An diesem Termin können entweder persönlich alle aktuellen Themen untereinander ausgetauscht werden oder die Betroffenen fassen die Mitteilungen aus ihrem Ressort zusammen und lassen sie schriftlich – vorzugsweise per Email oder über einen geschlossenen Bereich im Intranet – den anderen Vorstandsmitgliedern zukommen. Vernachlässigungen sollen durch ein integriertes Erinnerungssystem, elektronisch oder durch einen dafür zuständigen Mitarbeiter, umgangen werden. Die einzelne Ausgestaltung ist von der Art und Größe des jeweiligen Unternehmens abhängig. Entscheidender Maßstab sollte zum einen eine gewisse Stringenz sein, um keine Informationsdefizite entstehen zu lassen, andererseits sollte genügend Flexibilität hinsichtlich kurzfristiger Veränderungen erkennbar werden. Zwingende Anforderungen an Formalitäten etwa sollen die Informationsweitergabe nicht beschränken. Die Notwendigkeiten der Dokumentation dürfen nicht vergessen werden[525].

3. Interventionspflicht

Das Vertrauensprinzip verlangt grundsätzlich Zurückhaltung und Selbstständigkeit jedes einzelnen Ressorts. Über die übliche gegenseitige Selbstkontrolle des Vorstands hinaus werden aber etwa in finanziellen Krisenzeiten gesteigerte Überwachungspflichten verlangt[526]. Geeignete Maßnahmen setzen in dieser Situation ein gesundes Misstrauen voraus[527] und verlangen erhöhte Wachsamkeit, die Ordnungsgemäßheit des zuständigen Ressorts zu beobachten. Liegen allerdings konkrete Anhaltspunkte oder Verdachtsmomente für Fehlentwicklungen vor, wandelt sich die Aufsichtspflicht in eine Interventionspflicht[528]. Ein Einschreiten ist dann nicht nur erlaubt,

---

Kontrollpflichten bei der divisionalen Organisation, die zur Verselbständigung der einzelnen Sparten neigt.

[524] Empfehlenswert wäre ein wöchentlicher Termin.

[525] Siehe hierzu näher unter § 4 IV.

[526] BGHZ 133 (1996), S. 370 (378 f.) = BGH NJW 1997, S. 130 (132); BGH, DStR 2001, S. 633 (634); OLG Hamburg, AG 2001, S. 141 (144); OLG Düsseldorf, GmbHR 1996, S. 368; *Uwe H. Schneider*, in: FS 100 Jahre GmbHG, 1992, S. 473 (482); *ders.*, DB 1993, S. 1909 (1912).

[527] Ein generell gesteigertes Misstrauen wird abgelehnt, so auch: Habersack, WM 2005, S. 2360 (2362); *Spindler*, in: MüKo AktG, 3. Aufl. 2008, § 93 Rn. 136; *M.Wolf*, VersR 2005, S. 1042 (1044).

[528] *Fleischer*, NZG 2003, S. 449 (454) mit Nachweisen zur Rechtsprechung; *Götz*, AG 1995, S. 337 (339); *Martens*, in: FS Fleck, 1998, S. 191 (196); *Mertens*, in: KölnKomm AktG, 2. Aufl. 1996, § 77 Rn. 22; *Kock/Dinkel*, NZG 2004, S. 441 (442); *Kort*, in: Großkommen-

sondern zwingend notwendig, um den Anforderungen an ein – auch nicht ressortleitendes – Vorstandsmitglied und dessen Aufsichtspflicht gerecht zu werden. Dem Beaufsichtigenden ist anzuraten, das persönliche Gespräch mit dem betroffenen Ressortleiter zu suchen beziehungsweise den Vorstandsvorsitzenden zu informieren[529]. Insoweit gilt es auf Grund der vertrauensvollen Zusammenarbeit im Kollegialorgan, milde Maßnahmen anzustreben[530]. Führen diese Wege nicht zum Erfolg, sind härtere Schritte in der Einschaltung des Gesamtvorstandes sowie letztinstanzlich in der Anregung des Aufsichtsrates, den pflichtwidrig handelnden Vorstandskollegen abzuberufen, zu erblicken[531]. Eine Nachforschungspflicht bei Dritten, wie der Bundesgerichtshof sie zur GmbH einst konstatiert hat[532], dehnt die der Selbstkontrolle unterfallenen Pflichten zu sehr aus. Zum einen missachtet sie das Risiko negativer Rückwirkung auf das Unternehmen und die Funktion des Kollegialorgans[533], andererseits würde eine derart weite, interne Kontrollfunktion des Vorstands auf Grund des dualistischen Aufbaus der Aktiengesellschaft die Aufgabentrennung zwischen Vorstand und Aufsichtsrat in Frage stellen.

4. Organbinnenkontrolle als eigenständiges Ressort?

Neben Effektivitätsgründen der Unternehmensleitung soll die Geschäftsverteilung die Haftungsgefahren jedes einzelnen Geschäftsleiters dahingehend verkürzen, dass grundsätzlich nur der haftet, der sachliche Kenntnisse sowohl über den theoretischen als auch den praktischen Ablauf seiner Ressortaufgaben

---

tar AktG, 4. Aufl. 2003 § 77 Rn. 38; *E.Vetter*, in: Krieger/Uwe H. Schneider, Hb. Managerhaftung, 2007, § 17 Rn. 21.

529 *Fleischer*, NZG 2003, S. 449 (457); *Landwehrmann*, in: Heidel, AktR, 2. Aufl. 2006, § 93 Rn. 80 und 123; *Richter*, in: Semler/Peltzer, Arbeitshb. für Vorstandsmitglieder, 2005, § 4 Rn. 94; *Schwark,* in: FS Ulmer, 2003, S. 605 (615); *E.Vetter*, in: Krieger/Uwe H. Schneider, Hb. Managerhaftung, 2007, § 17 Rn. 24.

530 Aus diesem Grund ist *Habersack*, WM 2005, S. 2360 (2362) zuzustimmen, wenn er die vom VG Frankfurt a.M. (WM 2004, S. 2157 ff.) geforderten gesteigerten Überwachungspflichten des sachnahen Ressorts als „überspannt“ darstellt. Gleichermaßen *Dreher*, AG 2006, S. 213 (216) der die Problematik fachfremder Gerichte erörtert; *M.Wolf*, VersR 2005, S. 1042 (1045 f.).

531 *Fleischer*, BB 2004, S. 2645 (2649); *Hopt*, in: Großkommentar AktG, 4. Aufl. 1999, § 93 Rn. 53; *Kock/Dinkel*, NZG 2004, S. 441 (442); *Mertens*, in: KölnKomm AktG, 2. Aufl. 1996, § 77 Rn. 37.

532 BGH, GmbHR 2001, S. 236 (237).

533 Vgl. dazu *Habersack*, WM 2005, S. 2360 (2362 f.); *E.Vetter*, in: Krieger/Uwe H. Schneider, Hb. Managerhaftung, 2007, § 17 Rn. 22.

hat und diese wahrnimmt. Die bestehende Restverantwortung in Form der Aufsichtspflicht jedes Vorstandsmitglieds zeigt jedoch, dass diese Eingrenzung nur bedingt möglich ist. Aus diesem Grund ist zu überlegen, ob die zurückbleibende Kontrollaufgabe nicht, ähnlich wie die mögliche Delegation der Überwachungsaufgabe über nachgeordnete Mitarbeiter[534], vollumfänglich auf ein Vorstandsmitglied als eigenständiges Ressort übertragen werden kann[535]. Die Konsequenz wäre, dass keine Restverantwortung der anderen Vorstandskollegen mehr verbleibt und sich jeder ganzheitlich seinem zugeordneten Ressort zuwenden kann.

Einschlägigstes Gegenargument ist jedoch erneut der Grundsatz der Gesamtverantwortung. Da dieser aus § 76 Abs. 1 AktG folgt und bei jeder Aufgabenverteilung eine Restverantwortung verlangt, ist mit der oben beschriebenen Geschäftsverteilung de lege lata das Maß an Abweichung zu diesem Prinzip bereits erreicht[536]. Zudem ist zu berücksichtigen, dass das Gleichgewicht zwischen den Mitgliedern eines Kollegialorgans zu kippen droht, sobald ein Vorstandskollege die Kontrollfunktion als dessen alleinige Aufgabe wahrnimmt. Dies würde dem Grundsatz der Gleichberechtigung der Vorstandsmitglieder widersprechen[537]. Die Überwachungsaufgabe verbleibt somit sowohl allen Vorstandskollegen als auch dem Aufsichtsrat.

V. Vorstandsinterne Organisation im Blickfeld der Haftungsvermeidung

Die Geschäftsverteilung bietet verschiedene Möglichkeiten einer praxistauglichen Vorstandsstrukturierung. Aus Compliance-Perspektive ist ein Blick auf die Zweckmäßigkeit der jeweiligen Modelle sowie die Aussichten auf weitere Haftungsbeschränkungen zu richten.

---

[534] Siehe unten § 4 I. 3.

[535] So *Martens*, in: FS Fleck, 1988, S. 191 (200); zustimmend *Mertens*, in: KölnKomm AktG, 2. Aufl. 1996, § 77 Rn. 18; *Wiesner*, in: Münchener Hb. AG, 3. Aufl. 2007, § 22 Rn. 16.

[536] So auch *Fleischer*, in: Fleischer, Hb. des Vorstandsrechts, 2006, § 8 Rn. 10; *Hauschka*, AG 2004, S. 461 (462 f.); *Hüffer*, AktG, 8. Aufl. 2008, § 77 Rn. 18; *Lösler*, Compliance im Wertpapierdienstleistungskonzern, 2003, S. 177 ff.

[537] *Spindler*, in: MüKo AktG, 3. Aufl. 2008, § 77 Rn. 63; *Schmidt-Husson*, in: Hauschka, Corporate Compliance, 2007, § 7 Rn. 32. Vgl. hierzu auch Diskussion um CEO § 3 II. 3.

1. Vier-Augen-Prinzip und das Für und Wider der Organisationsmodelle

Das Vier-Augen-Prinzip gilt als geeigneter Weg Risiken und Missbrauch innerhalb eines Verbandes zu verringern und dient somit vor allem der Korruptionsprävention. Grundvoraussetzung des Vier-Augen-Prinzips im engeren Sinne ist es, dass kein Unternehmensangehöriger einen Vorgang abschließend und alleine bearbeiten darf und dadurch die Anfälligkeit wichtiger Entscheidungen für Missbrauch reduziert wird[538]. Im Hinblick auf die Vorstandsstruktur würde dies sowohl der funktionalen als auch der divisionalen Aufteilung widersprechen. Denn hier werden jeweils ausschließliche Handlungsbereiche zugeteilt, in denen der Ressortinhaber eigenmächtig Entscheidungen treffen und in die ohne weiteres niemand eingreifen darf. Unter strikter Anwendung des Grundsatzes wäre lediglich an die in der Praxis häufig vertretene Matrixorganisation zu denken, die durch die Überschneidungen der Ressortaufgaben konsequent zu einer Realisierung des Vier-Augen-Prinzips führt[539].

Fraglich ist also, ob zur stringenten Haftungsvermeidung entweder allein die Matrixstruktur angewendet werden soll oder andere Geschäftsverteilungsmodelle einer weiteren Umsetzung des engeren Vier-Augen-Prinzips bedürften. Abwägungskriterium ist dabei insbesondere die Zweckmäßigkeit der zusätzlichen Kontrollinstanz. Demnach ist ein weitergehendes Vier-Augen-Prinzip innerhalb des Vorstands sogar kontraproduktiv, sofern als notwendige Anforderung und hinreichende Begrenzung der Geschäftsverteilung auf das Prinzip der Gesamtverantwortung und die damit verbundenen gegenseitigen Verhaltenspflichten[540] abgestellt wird. Zum einen besteht durch die implementierte Selbstkontrolle bereits eine Aufsichtsinstanz auf gleicher Ebene und zu anderen ist ohnehin davon auszugehen, dass die Geschäftsleiter ein eigenes Interesse an der sorgfältigen Erledigung ihrer Aufgaben teilen, da sie regelmäßig einer persönlichen Haftungsgefahr ausgesetzt sind. Ein zusätzliches Vier-Augen-Prinzip würde die Vorteile der Ressortaufteilung aufheben und die gesamte Vorstandsarbeit verlangsamen.

---

[538] *Dölling*, Hb. der Korruptionsprävention, 2007, 2. Kap. Rn. 34.
[539] So auch *Hauschka*, AG 2004, S. 461 (463).
[540] Siehe § 3 IV.

Eine Matrixorganisation hingegen birgt trotz der Verwirklichung des Vier-Augen-Prinzips zu viele Gefahren für den einzelnen Geschäftsleiter[541]. Dieser wird durch die mehrfachen Berichtswege und die Vermischung der Aufgabengebiete mehr als sonst gefordert. Die Überschneidung von Zuständigkeiten in der Führungsebene geht auf Kosten der klaren Strukturen und potenziert letztendlich die Gefahr der Haftungstatbestände für die einzelnen Geschäftsleiter und das Unternehmen[542]. Empfehlenswert ist daher eine eindeutige Aufgabenzuweisung an persönlich und fachlich qualifizierte Ressortinhaber durch schriftliche und überschneidungsfreie Geschäftsverteilung[543] unter Wahrung der ressortübergreifenden Überwachungspflichten. Ob sich diesbezüglich für eine funktionale oder eine divisionale Organisationsform entschieden wird, bleibt von der Art und Größe des Unternehmens abhängig.

Auch eine Heranziehung von § 34 Satz 1 VAG[544] und § 33 Abs. 1 Satz 1 Nr. 5 KWG[545], die für den Vorstand von Versicherungsvereinen auf Gegenseitigkeit respektive für Kreditinstitute verpflichtend mindestens zwei Geschäftsführer vorsehen und damit das Vier-Augen-Prinzip berücksichtigen wollen, führt für den Vorstand der Aktiengesellschaft zu keiner Verpflichtung, stets gemeinsam handeln zu müssen. Zum einen handelt es sich bei § 34 Satz 1 VAG und § 33 Abs. 1 Satz 1 Nr. 5 KWG um lex speciali, so dass sich eine Verallgemeinerung verbietet, zum anderen tangiert eine Ressortaufteilung – wie bereits mehrmals angesprochen – den Grundsatz der Gesamtverantwortung nicht.

Unabhängig von diesen speziellen Konstellationen bleibt es empfehlenswert, sowohl einen mehrköpfigen Vorstand zu etablieren[546] als auch den Grundgedanken des Vier-Augen-Prinzips umzusetzen. Die Mehrgliedrigkeit bedingt zwar bei der Ressortaufteilung keine parallele Aufgabenwahrnehmung durch mehrere Vorstandsmitglieder, jedoch verwirklicht das Interventionsrecht der Kollegen ein Vier-Augen-Prinzip im weiteren Sinne. Grundlegende, dem Gesamtvorstand belassene Entscheidungen realisieren sodann das Vier-Augen-Prinzip im engeren Verständnis. Sinn und Zweck des Vier-Augen-Prinzips,

---

541 Dazu ausführlich: *Wisskirchen/Dannhorn/Bissels*, DB 2008, S. 1139 ff.

542 Die Verringerung des Haftungsrisikos durch die Geschäftsverteilung ansprechend: *Rodewald/Unger*, BB 2006, S. 113 (115).

543 *Hauschka*, AG 2004, S. 461 (463); *ders.*, GmbHR 2007, S. 11 (16).

544 Siehe dazu auch VG Frankfurt a.M., WM 2004, S. 2157 (2159).

545 Dazu *Fischer*, in: Boos/Fischer/Schulte-Mattler, KWG, 3. Aufl. 2008, A. § 33 Rn. 65 ff.

546 Siehe Diskussion oben, § 3 II. 3.

nämlich gegenseitigen Kontrolle und Vermeidung eines Machtungleichgewichts, können somit bereits durch die hergebrachte Geschäftsverteilung gewahrt werden.

2. Möglichkeiten der Haftungsbegrenzung

Letztlich stellt sich bei der Wahrnehmung der zahlreichen Haftungsgefahren für die Geschäftsleiter die Frage nach einer Möglichkeit der präventiven Haftungsbeschränkung. Zu erwägen ist eine satzungsmäßige Regelung, die die Vorstandsmitglieder von der persönlichen Haftung ausnimmt[547]. Ein derartiger Haftungsausschluss würde im Außenverhältnis keine Wirkung zeigen. Öffentlich-rechtliche Pflichten, wie etwa Straftaten oder Ordnungswidrigkeiten, und Einstandspflichten gegenüber privaten Gläubigern können nicht durch eine Regelung zwischen Gesellschaft und Geschäftsleitern aufgehoben werden. Insoweit würde es sich vielmehr um einen unzulässigen Vertrag zu Lasten Dritter handeln.[548] Im verbleibenden Innenverhältnis ist letztlich an einen Ausschluss der Haftung nach § 93 Abs. 2 AktG zu denken. Eine Abbedingung dieser Norm ist allerdings von vorneherein ausgeschlossen, da die Vorschrift zwingendes Recht darstellt[549]. Die Verbindlichkeit der Regelung ergibt sich mitunter aus dem Umkehrschluss zu § 93 Abs. 4 Satz 3 AktG, der einen Verzicht der Gesellschaft auf Ersatzansprüche gegen den Vorstand erst drei Jahre nach der Entstehung und unter der Voraussetzung der widerspruchlosen Zustimmung der Hauptversammlung vorsieht[550].

Auch die für die GmbH diskutierte Haftungsbefreiung[551] durch weitgehende Weisungsabhängigkeit des Geschäftsleiters und die damit verbundene

---

547 Ablehnend: *Arbeitskreis Schmalenbach Gesellschaft*, DB 2006, S. 2189 (2195); *Hauschka*, AG 2004, S. 461 (463); *Hüffer*, AktG, 8. Aufl. 2008, § 77 Rn. 14.

548 Vgl. *Wisskirchen/Dannhorn/Bissels*, DB 2008, S. 1139 (1141) m.w.N. zur Rechtsprechung.

549 *Fleischer*, WM 2005, S. 909 (910); *Glöckner/Müller-Tautphaeus*, AG 2001, S. 344 (346); *Hopt*, in: Großkommentar AktG, 4. Aufl. 1999, § 93 Rn. 23; *Hüffer*, AktG, 8. Aufl. 2008, § 93 Rn. 1; *Landwehrmann*, in: Heidel, AktR, 2. Aufl. 2006, § 93 Rn. 5; *Mertens*, in: KölnKomm AktG, 2. Aufl. 1996, § 93 Rn. 4.

550 So ist wohl auch *Buchta*, DB 2006, S. 1939 (1943) zu verstehen, der lediglich die Möglichkeiten des § 93 Abs. 4 AktG anspricht. Zu den Ausschlussmöglichkeiten im Zusammenhang mit § 93 Abs. 4 AktG: *Hasselbach/Seibel*, AG 2008, S. 770 (772 ff.).

551 Zur Begrenzung der Haftung bei der GmbH siehe *Lohr*, NZG 2000, S. 1204 ff.

Verantwortlichkeit des Anweisenden[552] kann nicht auf die Aktiengesellschaft übertragen werden. Der Vorstand der Aktiengesellschaft ist gerade nicht weisungsgebunden[553]. Gesetzlich kommt den Geschäftsleitern allein die Möglichkeit der Entlastung zu Gute[554]. Gemäß § 120 AktG ist die Hauptversammlung ermächtigt, die Verwaltungstätigkeit der Geschäftsleiter vergangenheitsbezogen zu billigen und sie diesbezüglich von der weiteren Haftung auszunehmen. Bereicherungs- und Schadensersatzansprüche seitens der Gesellschaft sind dann grundsätzlich ausgeschlossen, jedoch nur für solche Tatsachen, die der Hauptversammlung zum Zeitpunkt des Entlastungsbeschlusses bekannt oder erkennbar waren[555].

Anzudenken sind des Weiteren individuelle Gestaltungen im Rahmen von zuvor vereinbarten Freistellungsklauseln seitens der Gesellschaft. Diese dürften nur in engen Grenzen zulässig sein, um etwa eine „Sabotierung des Strafrechts durch das Zivilrecht"[556] zu verhindern. Entscheidend ist die Art des Freistellungsanspruches, ob es sich um Verfahrenskosten oder Geldstrafen handelt, beziehungsweise ob und in welchem Umfang der Betroffene pflichtwidrig gehandelt hat[557]. Insoweit läuft die Diskussion darauf hinaus, dass ein Vorstandsmitglied jedenfalls dann gegenüber Dritten freigestellt sein kann, soweit es die ihm obliegende Sorgfalt gegenüber der Gesellschaft angewandt hat[558]. Unter Heranziehung der durch die Business Judgment Rule vorgegebenen

---

552 Insoweit sind die Gesellschafter die Anweisenden, vgl. § 37 Abs. 1 GmbHG. Siehe auch *Kuntz*, GmbHR 2008, S. 121 (123); *Uwe H.Schneider/Sven H. Schneider*, GmbHR 2005, S. 1229 (1231); *Wisskirchen/Dannhorn/Bissels*, DB 2008, S. 1139 (1141); *E.Vetter*, in: Krieger/Uwe H. Schneider, Hb. Managerhaftung, 2007, § 17 Rn. 78.

553 Zur Weisungsfreiheit des Vorstands: *Turiaux/Knigge*, DB 2004, S. 2199 (2200); *K. Schmidt*, Gesellschaftsrecht, 4. Aufl. 2002, § 28 II. 1. a).

554 *Hüffer*, AktG, 8. Aufl. 2008, § 120 Rn. 1 ff.; *Kiethe*, GmbHR 2007, S. 393 (397); *Uwe H. Schneider/Sven. H. Schneider*, GmbHR 2005, S. 1229 (1232).

555 BGH, NZG 2002, S. 195 (197); BGH, NZG 2005, S. 562 (563).

556 So *Geiler*, JW 1919, S. 837; *Hillenkamp*, in: FS Lackner, 1987, S. 455 (462 ff.).

557 *Fleischer*, WM 2005, S. 909 (915); *Schlechtriem*, in: Kreutzer, Die Haftung der Leitungsorgane von Kapitalgesellschaften, 1991, 73; vgl. zur Disskussion auch *Spindler*, in: MüKo, 3. Aufl. 2008, § 84 Rn. 87.

558 *Dreher*, in: FS Konzen, 2006, S. 85 (95); *Roth*, Unternehmerisches Ermessen und Haftung des Vorstands, 2001, S. 134; Thümmel, Persönliche Haftung von Managern und Aufsichtsräten, 3. Aufl. 2003, Rn. 321 ff. Vgl. auch beispielhaft zur GmbH: BGH, NJW 2002, S. 3777 ff.; *Wisskirchen/Dannhorn/Bissels*, DB 2008, S. 1139 (1141 f.). Zur Thematik mit Kartellrechtsbezug auch *Hasselbach/Seibel*, AG 2008, S. 770 ff. Dort wird diskutiert, inwieweit der Verzicht auf einen Regress der Gesellschaft beim Vorstandsmit-

Verhaltensanforderungen dürfte ferner neben den Grundsätzen ordentlicher Führung der Gesellschaft kein Verstoß gegen die Legalitätspflicht vorliegen[559]. Da die meisten Ansprüche Dritter gegen die Vorstandsmitglieder derweil einen Gesetzesverstoß bedingen, wird in dem Fall einem Freistellungsanspruch des Handelnden gegen die Gesellschaft der Boden entzogen[560]. Das blinde Verlassen eines Geschäftsleiters auf eine vereinbarte Haftungsbegrenzung ist also aus persönlichem Interesse fahrlässig. Erster Schritt zur effektiven Haftungsvermeidung auf Vorstandsebene stellt demnach die zuvor beschriebene Zuweisung einzelner Geschäftsbereiche und die damit einhergehende Verteilung der Verantwortlichkeiten dar.

Weitere Möglichkeit der Absicherung des Vorstandshandelns bietet eine D&O-Versicherung, die regelmäßig die Gesellschaft für die Vorstandsmitglieder abschließt[561]. Daran mag kritisiert werden, dass sich das Risiko der persönlichen Haftung durch eine Versicherung verringert und die Bedeutung des sorgfältigen Arbeitens für die Handelnden sinkt. Eine Versicherung sollte jedoch nicht als Rundumschutz angesehen werden, denn die notwendigen Voraussetzungen für den Leistungsfall, wie etwa die Beweiserbringung für nicht vorsätzliches Handeln[562], obliegen der Geschäftsleitung weiterhin. Daneben wird dieser Entwicklung mit einem Selbstbehalt der Geschäftsleiter entgegengewirkt[563], der

---

glied möglich ist, um dadurch die Sachverhaltsaufklärung durch Kooperation zu beschleunigen.

559 Nach hier vertretener Ansicht sind auch keine „nützlichen Pflichtverletzungen" zu berücksichtigen, siehe oben § 2 II. 2. Kritik am ausnahmslosen Legalitätsprinzip und der Einhaltungspflicht des Vorstandes wird anhand des Paradebeispiels „Parkverbotsverletzung" geübt, siehe *Bachmann*, VGR-Schriftenreihe 2008, S. 65 (77). Eine Differenzierung von harmlosen und schwerwiegenden Rechtsverstößen dürfte aber nahezu unmöglich und nicht im Sinne des Gesetzgebers sein. Zudem spricht wenig dagegen, dass ein Fahrzeugführer auch in Position des Vorstandsmitglieds die Regeln des Straßenverkehrs beachtet und bei Verstoß persönlich für die Folgen einsteht. So regeln es auch die meisten Dienstwagenverträge untergeordneter Mitarbeiter.

560 Zur Diskussion über Freistellungsansprüche umfassend: *Krause*, BB-Special 8, 2007, S. 2 ff.

561 *Buchta*, DB 2006, S. 1939 (1943); *Fleischer*, in: Fleischer, Hb. des Vorstandsrechts, 2006, § 12 Rn. 1 und 6. Siehe auch *Lohr*, NZG 2000, S. 1204 (1211).

562 Die D&O-Versicherung enthält i.d.R. zahlreiche Deckungsausschlüsse. *Fleischer*, in: Fleischer, Hb. des Vorstandsrechts, 2006, § 12 Rn. 48 ff.; *ders.*, WM 2005, S. 909 (919).

563 So bisher schon die Empfehlung in Ziffer 3.8 Abs. 2 des DCGK. *Ringleb*, in: Ringleb/Kremer/Lutter/v.Werder, Komm. z. DCGK, 3. Aufl. 2008, Rn. 519 ff. Kritisch zum Selbstbehalt: *Dreher*, AG 2008, S. 429 ff.; *Fleischer*, in: Fleischer, Hb. des

durch das Gesetz zur Angemessenheit der Vorstandsvergütung (VorstAG) in § 93 Abs. 2 Satz 3 AktG eingeführt wurde und „*in Höhe mindestens 10 Prozent des Schadens bis mindestens zur Höhe des Eineinhalbfachen der festen jährlichen Vergütung des Vorstandsmitglieds*“ verbindlich geworden ist[564]. Das Vorliegen einer solchen Versicherung führt keinesfalls zur Überflüssigkeit von Compliance, vielmehr ergänzt sie ein ganzeinheitliches Konzept und gewährleistet der Gesellschaft eine zusätzliche Haftungsmasse für Regeressansprüche gegen den Vorstand[565].

VI. ZUSAMMENFASSUNG

Zur Minimierung von Haftungsrisiken ist es sinnvoll, den Vorstand jeder Aktiengesellschaft trotz Mangel an gesetzlicher Vorgabe mehrköpfig zu gestalten. Auch wenn den Vorstand bezüglich eines die Leitungsaufgaben betreffenden Haftungsfalls grundsätzlich das Prinzip der Gesamtverantwortung mit der Folge einer Gleichbehandlung aller Organmitglieder trifft, kann durch eine Verteilung der Aufgaben auf einzelne Vorstandsressorts die jeweilige Verantwortlichkeit begrenzt werden. Jedes Vorstandsmitglied wird seinen Spezialkenntnissen entsprechend einem Ressort unter umfassender Handlungsverantwortung zugewiesen. Zwar können nicht alle Vorstandsaufgaben delegiert werden, insbesondere die Führungsaufgaben hat der Vorstand als Plenum wahrzunehmen. Ausreichend ist diesbezüglich aber die Vorgabe von Rahmenbedingungen, so dass auch die Compliance als nachgeordnete Leitungsaufgabe an einen Ressortinhaber abgegeben werden kann. Anforderung an eine Geschäftsverteilung ist, neben der schriftlichen Fixierung, die persönliche und fachliche Qualifikation, der im Rahmen neuerer Regelungen zur Corporate Governance immer mehr Bedeutung beigemessen wird.

Welches Modell der Geschäftsverteilung indes gewählt wird, hängt entscheidend von den Ansprüchen jeder einzelnen Gesellschaft ab, ratsam ist es

---

Vorstandsrechts, 2006, § 12 Rn. 9; *Krause*, BB 2009, S. 1370 (1374 f.); *Krieger/Sailer*, in: Schmidt/Lutter, AktG, 2008, § 93 Rn. 71.

564 *REgE* zum VorstAG, BT-Drucks. 16/12278. Dazu *Bosse*, BB 2009, S. 1650 (1652); *Olbrich/Kassing*, BB 2009, S. 1659 ff.

565 Vgl. *Buchta*, DB 2006, S. 1939 (1943); *Hopt*, in: Großkommentar AktG, 4. Aufl. 1999, § 93 Rn. 519; *Ringleb*, in: Ringleb/Kremer/Lutter/v.Werder, Komm. z. DCGK, 3. Aufl. 2008, Rn. 515 und 517.

jedenfalls auf eine klare Strukturierung und Abgrenzung der Ressorts hinzuwirken. In diesem Sinne eröffnet eine aus betriebswirtschaftlicher Sicht beliebte Matrixstruktur zu große Haftungsgefahren für die Organmitglieder, so dass einer funktionalen oder divisionalen Organisationsstruktur eine höhere Präventionswirkung zukommen mag. Zudem ist eine dem amerikanischen Vorbild des CEO angepasste Stärkung des Vorstandsvorsitzenden unter dem geltenden Aktiengesetz und damit verbundenen Haftungsgesichtspunkten nicht zweckmäßig.

Entscheidendes Kriterium einer erfolgreichen Geschäftsverteilung ist die Kommunikation zwischen den Vorstandsressorts. Die Business Judgment Rule zeigt sich dabei als geeigneter Anforderungsmaßstab an das Verhalten gegenüber den Kollegen. Jedem Mitglied kommt neben einem Anspruch auf Information auch die Pflicht zu, die anderen Mitglieder des Vorstands über sein Ressort und die entsprechenden Vorkommnisse auf den aktuellen Stand zu bringen. Wird dem im Kollegialorgan unabdingbaren, gegenseitigen Vertrauen ein gesundes Maß an Misstrauen entgegengesetzt, besteht die hohe Wahrscheinlichkeit der Wahrung der dem Vorstand obliegenden Sorgfaltspflichten. Denn erst eine gegenseitige Kontrolle und eine bei Verdachtsmomenten notwendige Intervention sichern den Informationsfluss und gleichzeitig die Pflichten des einzelnen als Auswuchs aus der bestehenden Gesamtverantwortung. Einer solchen Struktur ist das Vier-Augen-Prinzip bereits immanent, so dass eine Implementierung einer derartigen, weiteren Kontrollinstanz innerhalb des Vorstandes zu Lasten der klaren Zuständigkeitsbereiche ginge und folglich kontraproduktiv wäre. Auch widerspricht es dem Grundsatz der Gesamtverantwortung, der Organbinnenkontrolle ein selbständiges Ressort zuzuweisen.

Durch die Masse an abverlangten Verpflichtungen und die mangelnden Möglichkeiten eines satzungsmäßigen Haftungsausschlusses, ist die Geschäftsverteilung in einem mehrköpfigen Vorstands unabdingbar und trägt präventiv zur Haftungsvermeidung bei. Daneben rundet eine D&O-Versicherung den Schutz vor entstehenden Schäden ab. Inwiefern die Aufgaben seitens der Vorstandsinhaber weiter „nach unten“ verteilt werden können, soll im nächsten Abschnitt behandelt werden.

§ 4 UNTERNEHMENSINTERNE ORGANISATION

Eine weitaus komplexere Aufgabe als die vorstandsinterne Strukturierung ist die unternehmensinterne Organisation. Neben der Aufgabendelegation an nachgeordnete Unternehmensebenen sollen weitere Hauptaspekte der Haftungsvermeidung berücksichtigt werden. Schlagworte sind Risikomanagement, Kommunikation, Dokumentation und interne Kontrollinstanzen. Diese gerade im Zusammenhang mit der Compliance-Struktur immer wieder auftretenden Grundmerkmale gilt es, greifbar zu machen und zu institutionalisieren.

I. DELEGATION

An ein funktionierendes Unternehmen ohne Arbeitsteilung ist heutzutage nicht mehr zu denken. Die Geschäftsleitung ist den umfangreichen Organpflichten mit ihrer alleinigen Arbeitskraft weder gewachsen, noch besteht eine gesetzliche Verpflichtung alle Entscheidungen und Maßnahmen eigenhändig zu treffen. Die erhöhte Normenflut und der zunehmende Spezialisierungsgrad verlangen aus diesem Grund, zusätzlich zur organinternen Geschäftsverteilung, die Delegation der Aufgaben auf nachgeordnete Unternehmensebenen oder sogar an außenstehende Dritte. Eine eindeutige Lokalisierung der Zuständigkeiten dient dabei der Einhaltung des Legalitätsprinzips und somit der Haftungsvermeidung.

1. Möglichkeiten der Delegation

Bezüglich der prinzipiellen Zulässigkeit, Aufgaben des Vorstandes auf nachgeordnete Stellen zu verteilen, gelten die gleichen Voraussetzungen wie bei der Geschäftsverteilung des Leitungsorgans[566]. Der Grundsatz der Gesamtverantwortung bedingt die Exklusivität der Leitungsaufgabe in all ihren Erscheinungsformen. Die Delegation von Organpflichten auf nachgeordnete Ebenen beinhaltet demgemäß allein die Vorbereitung oder Ausführung von Führungsentscheidungen, kurz gesagt: Die Übertragung von Aufgaben, nicht von Leitungsentscheidungen[567]. Ausmaß und Tiefe der Aufgabendelegation unterliegen dabei als Teil seiner Leitungsaufgabe dem Ermessen des

---

[566] Siehe oben § 3 I. und § 3 III. 5. a).

[567] *Fleischer*, ZIP 2003, S. 1 (8); *E.Vetter*, in: Krieger/Uwe H. Schneider, Hb. Managerhaftung, 2007, § 17 Rn. 61.

Vorstandes[568]. Um jedoch in den Genuss des durch § 93 Abs. 1 Satz 2 AktG zugesprochenen Haftungsfreiraum zu kommen, hat die Entscheidung die inhaltlichen Anforderungen der Business Judgment Rule zu beachten. Maßgeblich ist demnach die richtige Delegation von Aufgaben ohne Eingriff in ausschließliche Vorstandskompetenzen[569]. Ferner gilt es, vorbereitende Maßnahmen in ausreichendem Umfang auf nachgeordnete Ebenen zu verteilen, um das überfrachtete Organ zu entlasten und präventiv den Haftungsbereich durch die gleichzeitige Delegation von Handlungsverantwortlichkeiten einzugrenzen. Zwar wäre es zu weit gegriffen, von einer Verpflichtung des Vorstandes zur Abwälzung jeglicher delegierbaren Aufgaben zu sprechen[570], jedoch erhöhte sich die Gefahr der Haftungsfälle so erheblich, dass im Rahmen guter Corporate Governance und im Hinblick auf die Einhaltung der Legalitäts- und Sorgfaltspflicht eine weitreichende Aufgabenübertragung fast unumgänglich ist. Welche unterschiedlichen Delegationsmöglichkeiten denkbar sind, wird im Anschluss erläutert.

a) Horizontale Delegation

Der Begriff der horizontalen Delegation bedeutet nichts anderes als die vorstandsinterne Geschäftsverteilung[571]. Auch bei der Aufgabenübertragung auf einzelne Organmitglieder handelt es sich um eine Variante der Delegation bestimmter, grundsätzlich dem Kollegialorgan obliegenden, Leitungsaufgaben. Insofern ist die Bezeichnung nur der Vollständigkeit halber anzugeben und bezüglich Einzelheiten auf die obige Darstellung zu verweisen[572].

b) Vertikale Delegation

Die vertikale Delegation beschreibt die Aufgabenverteilung auf nachgeordnete Unternehmensangehörige wie etwa Prokuristen oder andere Mitarbeiter, mithin

---

[568] *Fleischer*, ZIP 2003, S. 1 (8); *ders.*, in: Fleischer, Hb. des Vorstandsrechts, 2006, § 1 Rn. 56 und § 8 Rn. 45 zur Compliance-Organisation; *Schlechtriem*, in: Kreutzer, Die Haftung der Leitungsorgane von Kapitalgesellschaften, 1991, S. 30; *E.Vetter*, in: Krieger/Uwe H. Schneider, Hb. Managerhaftung, 2007, § 17 Rn. 64.

[569] Vgl. *Fleischer*, AG 2003, S. 291 (292).

[570] So auch *E.Vetter*, in: Krieger/Uwe H. Schneider, Hb. Managerhaftung, 2007, § 17 Rn. 62. Dahingehend aber *Hommelhoff*, Konzernleitungspflicht, 1982, S. 181.

[571] Siehe *Schmidt-Husson*, in: Hauschka, Corporate Compliance, 2007, § 7 Rn. 5; *Turiaux/Knigge*, DB 2004, S. 2199 (2202 ff.); *Werner*, GmbHR 2007, S. 678 (680).

[572] Siehe § 3.

der arbeitsrechtlichen Direktionsbefugnis unterliegende Adressaten. Trotz Mangel an jeglicher gesetzlicher Grundlage ist von der prinzipiellen Statthaftigkeit auszugehen[573]. Die Rechtsprechung hat die vertikale Delegation im Zusammenhang mit der Erteilung von Generalvollmachten für die Aktiengesellschaft konkludent gebilligt[574]. Zudem kann mit praktischer Vernunft und Compliance-Gesichtspunkten argumentiert werden[575]. Der Vorstand wird anhand der vertikalen Delegation der ihm obliegenden Organisationspflicht als Leitungsaufgabe – in Teilen – gerecht.

Unter die delegierbaren Aufgaben sind vor allem solche des laufenden Tagesgeschäfts, Vorbereitungen und Erstellung von Unterlagen zu Führungsentscheidungen, Entscheidungsvarianten und Beschlussvorlagen zu fassen. Ferner sind die nachgeordneten Mitarbeiter zur Ausführung der durch die Geschäftsleitung getroffenen Entscheidungen befugt[576]. Insofern wird dem Kollegialorgan zugearbeitet, damit dieses die Geschäftsführungs- und Leitungsaufgabe erfüllen kann. Bezüglich der Grenzen der Delegation kann auf die Ausführungen zur Geschäftsverteilung verwiesen werden[577]. Um die Leitungsmacht durch die Delegation nicht zu berühren, ist letztendlich immer das Verbleiben der Entscheidungsverantwortung beim Vorstand maßgeblich[578]. Zudem hat der Vorstand respektive der Ressortinhaber die, der übertragenden Aufgabe entsprechende[579], Überwachungspflicht wahrzunehmen[580]. Soweit eine

---

573 *Fleischer*, ZIP 2003, S. 1 (8); *Hüffer*, AktG, 8. Aufl. 2008, § 76 Rn. 7; *Mertens*, in: KölnKomm AktG, 2. Aufl. 1996, § 93 Rn. 46; *Turiaux/Knigge*, DB 2004, S. 2199 (2204 f.).

574 RG I, HRR 1929, Nr. 25. Siehe auch: *Hopt*, in: Baumbach/Hopt, HGB, 33. Aufl. 2008, Vor § 48 Rn. 2; *Krebs*, in: MüKo HGB, 2. Aufl. 2005, Vor § 48 Rn. 90 ff.; *Mertens*, in: KölnKomm AktG, 2. Aufl. 1996, § 76 Rn. 44; *Weber*, in: Ebenroth/Boujong/Joost/Strohn, HGB, 2001, Vor § 48 Rn. 4 ff., *Kort*, in: Großkommentar AktG, 4. Aufl. 2003, § 76 Rn. 157.

575 Vgl. *Lücke*, in: Beck'sches Mandatshb. Vorstand der AG, 2004, § 3 Rn. 69; *Schmidt-Husson*, in: Hauschka, Corporate Compliance, 2007, § 7 Rn. 4; *Turiaux/Knigge*, DB 2004, S. 2199 (2205).

576 *Fleischer*, ZIP 2003, S. 1 (6 und 8); *Turiaux/Knigge*, DB 2004, S. 2199 (2205); *E.Vetter*, in: Krieger/Uwe H. Schneider, Hb. Managerhaftung, 2007, § 17 Rn. 61.

577 Siehe oben § 3 III. 5.

578 *Fleischer*, Hb. des Vorstandsrechts, 2006, § 8 Rn. 27; *Henze*, BB 2000, S. 209 (210); *Mertens*, in: KölnKomm AktG, 2. Aufl. 1996, § 76 Rn. 43; *Wiesner*, in: Münchener Hb. AG, 3. Aufl. 2007, § 19 Rn. 13 und § 25 Rn. 7.

579 Je bedeutender die übertragene Aufgabe ist, desto eine intensivere Überwachung wird dem Delegierenden abverlangt.

580 Dazu sogleich § 4 I. 2. c) cc).

Delegation innerhalb des Vorstandes ausgeschlossen ist, scheidet sowohl eine Delegation auf Mitarbeiter als auch auf externe Dritte aus. Unterschied der Aufgabenübertragung an Mitarbeiter im Verhältnis zur Delegation an Vorstandsmitglieder sollte indes das Maß an Verantwortung sein. Dem Ressortinhaber stehen verantwortungsvollere Aufgaben zu als den ihm nachgeordneten Mitarbeitern. Erst auf diesem Wege ist auch inhaltlich eine gestufte Organisation, wie sie für die Compliance gefordert wird[581], realisierbar.

c) Externe Delegation

Unter externer Delegation ist die Übertragung von Aufgaben an unternehmensfremde Dritte wie Tochterunternehmen oder Fremdunternehmen zu verstehen. Dieser Vorgang ist auch unter dem Begriff „Outsourcing" bekannt. Neben der unternehmensinternen Delegation ist es mittlerweile üblich und bei Erfüllung der allgemeinen Delegationsanforderungen[582] auch statthaft, bestimmte Aufgaben wie die elektronische Datenverarbeitung oder die Buchführung[583] auf eine außenstehende Stelle zu übertragen[584]. Die Zulässigkeit wird durch spezialgesetzliche Regelungen wie § 25a Abs. 2 KWG[585], § 1 Abs. 3 BörsenG und § 5 Abs. 3 Nr. 4 VAG indiziert, die explizit eine Auslagerung von wesentlichen Prozessen, an gewisse Voraussetzungen angeknüpft, beschreiben. Zwar kann auch hier ausgehend von leges speciales keine Verallgemeinerung stattfinden[586], jedoch zeichnet sich eine Tendenz zur zulässigen Auslagerung von Hilfsfunktionen bezüglich der Aktiengesellschaft im Allgemeinen ab. Begründet

---

[581] Vgl. Ausführungn bei § 3 III. 5. b).

[582] Zu den Grenzen der Delegation oben § 3 III. 5. a) und § 4 I. 1. b). Zu den Delegationsanforderungen im engeren Sinne unten § 4 I. 2.

[583] Zwar ist die Buchführungspflicht eine ausdrücklich an den Vorstand gerichtete Pflicht, durch § 91 Abs. 1 AktG wird jedoch die Gesamtverantwortung klargestellt. Delegation meint auch hier nur diejenige der technischen Durchführung, nicht der Verantwortung. *Fleischer*, WM 2006, S. 2021 (2025); *Hüffer*, AktG, 8. Aufl. 2008, § 91 Rn. 2; *Spindler*, in: MüKo AktG, 3. Aufl. 2008, § 91 Rn. 7 f.

[584] Vgl. LG Darmstadt, AG 1987, S. 218 (220); *Fleischer*, ZIP 2003, S. 1 (10); *Froesch*, DB 2009, S. 722 (723); *Müller*, in: Semler/Peltzer, Arbeitshb. für Vorstandsmitglieder, 2005, § 8 Rn. 32; *Schmidt-Husson*, in: Hauschka, Corporate Compliance, 2007, § 7 Rn. 7; *E.Vetter*, in: Krieger/Uwe H. Schneider, Hb. Managerhaftung, 2007, § 17 Rn. 72 ff. Auf Management- oder Betriebsführungsverträge ist hier nicht einzugehen. Siehe dazu *Fleischer*, ZIP 2003, S. 1 (10 f.) m.w.N.; *Turiaux/Knigge*, DB 2004, S. 2199 (2206),

[585] Zum Begriff des Outsourcing im Kapitalmarktrecht nach § 25a KWG: *Fischer/Petri/Steidle*, WM 2007, S. 2313 ff.

[586] So auch oben § 1 III. 2.

werden kann dies wiederum mit der die Unternehmen überkommenden Normenflut und dem Verlangen guter Corporate Governance, möglichst alle Verpflichtungen umfassend und fehlerfrei zu erfüllen. Bereiche wie etwa die EDV oder die Buchführung bedingen entsprechend intensive Kenntnisse, die von außen für das Unternehmen fruchtbar gemacht werden können. Eine derartige „make-or-buy-decision"[587] obliegt dem Vorstand im Rahmen des unternehmerischen Ermessens. Für einen Zukauf an externen Kompetenzen können beispielsweise Kostengründe sprechen, da dies häufig günstiger ist als die Erweiterung der internen Kompetenzen. Gleichzeitiger Nebeneffekt der Übertragung der Handlungsverantwortung auf externe Dritte ist zudem erneut eine Haftungseingrenzung. Die Verantwortlichkeit für Fehler, die etwa für das Unternehmen im Außenverhältnis zu (Schadensersatz-) Ansprüchen führen, können somit – unter der Voraussetzung des Mangels an eigenem Verschulden der Geschäftsleitung[588] – nach außen weitergeleitet werden. Bei einer solchen Funktionsauslagerung muss zum einem beachtet werden, dass die Erledigung der Aufgaben in gleichwertiger Weise wie bei einer internen Delegation gewährleistet ist[589]. Zum anderen muss die fehlende arbeitsrechtliche Weisungsbefugnis durch schuldrechtliche Vereinbarungen dahingehend ersetzt werden, dass der Geschäftsleitung auch weiterhin Zu- und Eingriffsmöglichkeiten obliegen und somit das Letztentscheidungsrecht beziehungsweise die Führungsverantwortung des Vorstands bewahrt bleibt[590].

Letztlich stellt sich die Frage, ob auch die Compliance-Aufgabe des Unternehmens an externe Dritte delegiert werden kann. Prinzipiell ist hier auf die Aussagen zur Möglichkeit eines eigenständigen Compliance-Ressorts zu verweisen[591]. Solange die Leitungsaufgabe in Form einer Ziel- und Strukturvorgabe seitens des Kollegialorgans vorgenommen wird, können

[587] Vgl. *Amling/Bantleon*, DStR 2008, S. 1300 (1304) zur internen Revision; *Hauschka*, AG 2004, S. 461 (464); *Rodewald/Unger*, BB 2006, S. 113 (114); *E.Vetter*, in: Krieger/Uwe H. Schneider, Hb. Managerhaftung, 2007, § 17 Rn. 72. Zum Zukauf von Rechtsdienstleistungen im Ausland: *Schwung*, BB 2007, S. 2419 (2420).

[588] Die Restverantwortung im Sinne einer Überwachungspflicht besteht auch hier. So auch *Turiaux/Knigge*, DB 2004, S. 2199 (2206).

[589] Siehe insbesondere Sorgfaltspflichten in § 4 I. 2. c).

[590] *Fleischer*, ZIP 2003, S. 1 (10); *ders.*, WM 2006, S. 2021 (2025) zu Buchführungsaufgaben; *Spindler*, WM 2008, S. 905 (913) zum Kapitalmarktrecht; *Turiaux/Knigge*, DB 2004, S. 2199 (2206); *E.Vetter*, in: Krieger/Uwe H. Schneider, Hb. Managerhaftung, 2007, § 17 Rn. 73 ff.

[591] Siehe § 3 III. 5. b).

Aufgaben des täglichen Geschäfts auch extern delegiert werden. Eine derartige Einschränkung hinsichtlich des Outsourcings verlangt auch die – explizit nur den Bankensektor betreffende – Empfehlung Nr. 10 des „Basel Committee on Banking Supervision“[592]. Eine vollständige Auslagerung der Compliance-Verantwortung auf externe Berater würde jedoch – wie jegliche totale Übertragung einer Leitungsaufgabe – dem Grundsatz der Gesamtverantwortung widersprechen[593]. Da Compliance vielfach in die internen unternehmerischen Abläufe integriert ist[594], macht eine solche Auslagerung nur bedingt Sinn, etwa bei der Whistleblower-Hotline[595].

2. Die rechtmäßige Umsetzung der Delegation

Welche Arten der Delegation möglich sind und ob beziehungsweise inwieweit bestimmte Organpflichten bei Beachtung des Grundsatzes der Gesamtverantwortung übertragen werden können, wurde bereits behandelt. Neben diesen dogmatischen Aspekten stellt sich die Frage nach der praktischen und rechtmäßigen Umsetzung sowie den Sorgfaltsanforderungen[596], die der Vorstand bei einer rechtmäßigen vertikalen und externen Delegation beachten muss[597]. Ausschlaggebend sind diesbezüglich insbesondere die Überschneidungsfreiheit von Zuständigkeiten, das Schriftlichkeitserfordernis der Delegation und die durch die Rechtsprechung zum Entlastungsbeweis hervorgebrachten Sorgfaltsanforderungen an ein arbeitsteiliges Zusammenwirken.

a) Überschneidungsfreiheit

Um die Transparenz zu fördern, sollte im Falle jeglicher Delegation eine klare und eindeutige Verteilung der Zuständigkeiten erfolgen, durch die

---

592 Siehe Fn. 275.

593 So zum Kapitalmarktrecht: *Spindler*, WM 2008, S. 905 (912 f.). Siehe auch Darstellung bei *Lösler*, Compliance im Wertpapierdienstleistungskonzern, 2003, S. 203 ff.

594 Vgl. Erläuterungen zum internen Kontrollsystems und dem Zusammenhang zur Compliance unter § 4 V. 3.

595 Siehe § 5 II. 6.

596 Zum Vergleich der Entwicklung der Verhaltensanforderungen im anglo-amerikanischen Bereich und Deutschland: *Fleischer*, AG 2003, S. 291 (296 ff.).

597 Bezüglich der Einzelheiten der horizontalen Delegation wird auf § 3 III. und IV. verwiesen.

Überschneidungen vermieden werden[598]. Neben dem Effekt der Haftungsentlastung bedingt eine unverkennbare Abgrenzung von Verantwortungsbereichen die einfachere Zuordnung einer Pflichtverletzung zum Verursacher. Durch die überschneidungsfreie Zuweisung wird sich jeder einzelne seiner Pflichten bewusst und kann sich gleichzeitig nicht auf jemand anderen verlassen[599]. Jeglicher Zweifel hinsichtlich der Zuständigkeit aber fällt als Organisationsmangel und damit eigene Pflichtverletzung zurück auf den Vorstand[600].

b) Schriftlichkeitserfordernis

Eine Verpflichtung, die Delegation an nachgeordnete oder externe Stellen schriftlich vorzunehmen, ist nicht vorhanden[601]. Grundsätzlich ist diese formlos wirksam[602]. Trotzdem ist es zu Beweiszwecken ratsam, wenn die Delegation eine schriftliche Fixierung erfährt. Zweifel bezüglich der Zuständigkeit werden in vielen Fällen auf mangelndem Beweismaterial basieren, so dass diese Gefahr bereits durch das Schriftlichkeitserfordernis auf einfachem Wege ausgeräumt werden kann. Hinsichtlich der vertikalen Arbeitsteilung kann dies etwa im Rahmen des Arbeitsvertrages durch eine klare Stellenbeschreibung erfolgen[603]. Bei der externen Delegation sollten die Outsourcing-Verträge ohnehin schriftlich geschlossen werden. Durch die genaue Auftragsformulierung dürften sodann, die Verantwortlichkeitsverteilung betreffend, keine Probleme auftreten.

---

598 *Fleischer*, AG 2003, S. 291 (294); *Kiethe*, GmbHR 2007, S. 393 (399); *Liese*, BB-Special 5, 2008, S. 17 (21); *Landwehrmann*, in: Heidel, AktR, 2. Aufl. 2006, § 93 Rn. 15 und 54; *Rogall*, in: Karlsruher Kommentar OWiG, 3. Aufl. 2006, § 130 Rn. 53; *Turiaux/Knigge*, DB 2004, S. 2199 (2205).

599 *König*, in: Göhler, OWiG, 14. Aufl. 2006, § 130 Rn. 14, zur Möglichkeit des Organisationsmangels; *Hauschka*, AG 2004, S. 461 (466); *Schmidt-Husson*, in: Hauschka, Corporate Compliance, 2007, § 7 Rn. 20; *Hauschka*, AG 2004, S. 461 (466). Zum „Leaning Back Syndrom" auch *Weber-Rey*, AG 2006, S. 406 (410).

600 *Fleischer*, AG 2003, S. 291 (294); *Rogall*, in: Karlsruher Kommentar OWiG, 3. Aufl. 2006, § 130 Rn. 53; *Spindler*, Unternehmensorganisationspflichten, 2001, S. 912.

601 Ausnahme bei steuerlichen Pflichten: BFH, GmbHR 1985, S. 30 (31).

602 *Uwe H. Schneider*, in: FS 100 Jahre GmbH, 1992, S. 473 (488); *Sina,* GmHR 1990, S. 65 (66); *E. Vetter*, in: Krieger/Uwe H. Schneider, Hb. Managerhaftung, 2007, § 17 Rn. 64.

603 *Hauschka*, AG 2004, S. 461 (466); vgl. *Johannsen/Adams*, BB 1996, S.1017 (1018); *Rodewald/Unger*, BB 2006, S. 113 (115); *Schmidt-Husson*, in: Hauschka, Corporate Compliance, 2007, § 7 Rn. 20; *Sina*, GmbHR 1990, S. 65 (66 f.).

c) Inhaltliche Struktur der Sorgfaltspflichten des Vorstandes

Auch bei vertikaler oder externer Delegation von Aufgaben wird die Sorgfaltspflicht der Vorstandsmitglieder von einer Handlungsverantwortung zu einer Restverantwortung im Sinne einer Aufsichtspflicht modifiziert[604]. Bezüglich des arbeitsteiligen Zusammenwirkens sind von der Rechtsprechung zum Deliktsrecht – namentlich die §§ 831, 823 BGB bzw. § 31 BGB – ausdifferenzierte Verhaltenspflichten delegierender Stellen begründet worden[605], die auch auf den Vorstand hinsichtlich der Überwachung nachgeordneter Unternehmensangehöriger anzuwenden sind[606]. Nach diesen Grundsätzen haftet der Geschäftsleiter nur für die ordnungsgemäße Auswahl, Einweisung und Überwachung von Mitarbeitern[607]. Die Rechtsprechung bezieht sich hier zwar ausschließlich auf die vertikale Ebene, jedoch sind die Sorgfaltspflichten vom Grundsatz her auch auf die externe Delegation zu übertragen[608].

aa) Auswahlsorgfalt

Bei der erstmaligen Delegation bestimmter Aufgaben muss der Vorstand die Mitarbeiter sorgfältig auswählen. Die Anforderungen an die Auswahlsorgfalt lassen sich durch Merkmale der persönlichen und fachlichen Eignung, wie etwa Zuverlässigkeit und Belastbarkeit, auf der einen Seite sowie Qualifikation und Erfahrung auf der anderen definieren[609]. Eine nähere Bestimmung hängt vom Einzelfall ab, grundsätzlich gilt jedoch ein höherer Maßstab, je verantwortungs-

---

604 Vgl. § 3 IV. 1. und § 4 I. 1. b) und c).

605 RGZ 78, S. 107 (108 f.); BGHZ 4 (1951), S. 1 (2) = BGH, NJW 1952, S. 418 f.; BGH, NJW 1988, S. 48; BGHZ 127 (1994), S. 336 (347) = BGH, NJW 1995, S. 326 (329); *Spindler*, Unternehmensorganisationspflichten, 2001, S. 689 ff.; *ders.*, in: Bamberger/Roth, BGB, 2. Aufl. 2008, § 831 Rn. 33 ff.; *Wagner*, in: MüKo BGB, 4. Aufl. 2004, § 831 Rn. 28 ff.

606 *Fleischer*, ZIP 2003, S. 1 (9); *ders.*, AG 2003, S. 291 (293 ff.); *ders.*, in: Fleischer, Hb. des Vorstandsrechts, 2006, § 8 Rn. 28 ff.; *Hopt*, in: Großkommentar AktG, 4. Aufl. 1999, § 93 Rn. 59; *Uwe H. Schneider/Sven H. Schneider*, GmbHR 2005, S. 1229 (1231); *Turiaux/Knigge*, DB 2004, S. 2199 (2205); *E. Vetter*, in: Krieger/Uwe H. Schneider, Hb. Managerhaftung, 2007, § 17 Rn. 63.

607 *Froesch*, DB 2009, S. 722 (725); *Krause*, BB 2009, S. 1370 (1373); *Uwe H. Schneider*, in: FS 100 Jahre GmbHG, 1992, S. 473 (485 f.); *Sprau*, in: Palandt, BGB, 68. Aufl. 2009, § 831 Rn. 11. Hier wird auch von *cura in eligendo* (Auswahl), *curo in instruendo* (Einweisung) und *cura in custodiendo* (Überwachung) gesprochen.

608 Diesbezüglich werden aus diesem Grund lediglich Abweichungen thematisiert.

609 *Hopt*, in: Großkommentar AktG, 4. Aufl. 1999, § 93 Rn.59; *König*, in: Göhler, OWiG, 14. Aufl. 2006, § 130 Rn. 12; *Sprau*, in: Palandt, BGB, 68. Aufl. 2009, § 831 Rn. 16.

voller, komplexer und risikobehafteter die übertragenden Aufgaben sind.[610] Es sind auch tätigkeitsspezifische Informationen über die Person einzuholen, wie etwa Zusammenhänge zu Vermögensstraftaten.

bb) Einweisungssorgfalt

Neben der sorgfältigen Auswahl des Mitarbeiters ist dieser in die ihm zugedachten Aufgaben einzuweisen[611]. Dabei sind die übertragenen Arbeiten zu erklären und die nötigen Sachmittel und Kompetenzen[612] zur Wahrnehmung der Aufgaben zu delegieren. Die Einweisung des Delegatars wird in der Breite und Tiefe gefordert, dass dieser den übertragenen Aufgabenbereich eigenständig erledigen kann. Dabei bedarf es eines Hinweises zu typischen Gefahren und Fehlern des Geschäftsfeldes[613]. Ebenso sind die Position im Unternehmen sowie die internen Abläufe und Berichtslinien darzustellen. In der Einweisungssorgfalt ist auch die Pflicht verankert, die Mitarbeiter laufend über die aktuelle Rechtslage und entsprechende Veränderungen zu informieren. Hinsichtlich des fortschreitenden Verlaufs des Arbeitsverhältnisses verändert sich die Einweisungssorgfalt in eine Schul- und Fortbildungspflicht, in der sich zwangsläufig auch die Compliance-Thematik auf Grund der Zielrichtung, die Einhaltung von Recht und Gesetz sicherzustellen, niederschlägt[614].

cc) Überwachungssorgfalt

Die Überwachungssorgfalt beschreibt die Aufsichtspflicht, die der Aufgabendelegation auf jeder Stufe immanent ist und auf horizontaler Ebene dem Prinzip der Gesamtverantwortung entwächst[615]. Es ist sicherzustellen, dass die Aufgaben durch die zuständigen Stellen ordnungsgemäß erledigt und die notwendigen Informationen über die Aufträge an die jeweils delegierende Stelle

---

610 Siehe *Fleischer*, AG 2003, S. 291 (293); *ders.*, in: Fleischer, Hb. des Vorstandsrechts, 2006, § 8 Rn. 30; *Schmidt-Husson*, in: Hauschka, Corporate Compliance, 2007, § 7 Rn. 22; *Turiaux/Knigge*, DB 2004, S. 2199 (2205).

611 Zur Einweisungssorgfalt: *Fleischer*, AG 2003, S. 291 (293); *ders.*, in: Fleischer, Hb. des Vorstandsrechts, 2006, § 8 Rn. 31; *Schmidt-Husson*, in: Hauschka, Corporate Compliance, 2007, § 7 Rn. 23; *Turiaux/Knigge*, DB 2004, S. 2199 (2205).

612 *Adams/Johannsen*, BB 1996, S. 1017 (1018); *Sina*, GmbHR 1990, S. 65 (66); *Turiaux/Knigge*, DB 2004, S. 2199 (2206).

613 *Uwe H. Schneider*, in: FS 100 Jahre GmbHG, 1992, S. 473 (486). *Sina*, GmbHR 1990, S. 65 (67).

614 Zu Compliance-Schulungen siehe § 5 II. 5.

zurückgeleitet werden. Diesbezüglich beinhaltet die Legalitätspflicht des Vorstandes neben dem Verlangen nach eigener Rechtskonformität die Notwendigkeit einer Legalitätskontrolle fremder Personen und überschneidet sich mit der hier umschriebenen Überwachungspflicht[616]. Die Intensität der Überwachung kann nicht pauschal festgelegt werden, sie hängt stark von den Gepflogenheiten des einzelnen Unternehmens ab[617]. Entscheidend sind aber grundsätzlich Aspekte wie Unternehmensgegenstand, Erfahrung und Vertrauenswürdigkeit der Personen sowie Bedeutung und Schwierigkeitsgrad der übertragenen Aufgabe. Zur Gewährleistung einer sorgfältigen Aufsicht sind laufende Kontrollen durchzuführen, die zum einen das Bewusstsein jedes einzelnen über die fortwährende Beobachtung schärfen zum anderen aber auch eine gelungene Implementierung in das alltägliche Geschäft bedingen[618]. Denn ein gesundes Misstrauen gegenüber den Mitarbeitern darf dem grundsätzlichen Vertrauensgrundsatz zum Zwecke der Wahrung des Betriebsklimas nicht weichen[619]. Insoweit unterliegen diese Kontrollen einer Zumutbarkeitsgrenze[620]. Zulässig und wünschenswert sind etwa stichprobenartige Prüfungen[621].

Eine Verpflichtung zum Einschreiten besteht im Falle von Verdachtsmomenten, sowie auch in Zeiten der Krise eine höhere Aufmerksamkeit[622] verlangt wird.[623]

---

615 Siehe zur Überwachungspflicht bei der Geschäftsverteilung § 3 IV. 1.

616 *Bergmoser/Theusinger/Gushurst*, BB-Special 5, 2008, S. 1 (5); *Fleischer*, BB 2008, S. 1070 (1071); *ders.*, CCZ 2008, S. 1 (2); *Götz*, AG 1995, S. 337 (338); *Lösler*, WM 2007, S. 676 (681); *Uwe H. Schneider*, DB 1993, S. 1909 (1914).

617 Vgl. BGH, WuW/E, S. 2202 (2203) „Brückenbau Hopener Mühlenbach"; OLG Düsseldorf (2006), WuW DE-R 1893 (1896).

618 Z.B. ein Vier-Augen-Prinzip, dazu unten § 4 I. 4. Siehe auch *Spindler*, Unternehmensorganisationspflichten, 2001, S. 693.

619 Zur Zumutbarkeit von Aufsichtsmaßnahmen ausführlich: *Rogall*, in: Karlsruher Kommentar OWiG, 3. Aufl. 2006, § 130 Rn. 40 und 49. Siehe auch *Liese*, BB-Special 5, 2008, S. 17 (20). Ein schlechtes Betriebsklima ist kontraproduktiv und fördert die Wirtschaftskriminalität, so *Dölling*, Hb. der Korruptionsprävention, 2007, 2. Kap. Rn. 125.

620 OLG Düsseldorf, wistra 1999, S. 115 (116); OLG Düsseldorf (2006), WuW DE-R 1893 (1898); *Fleischer*, AG 2003, S. 291 (294); *Hauschka*, AG 2004, S. 461 (467); *König*, in: Göhler, OWiG, 14. Aufl. 2006, § 130 Rn. 12; *Rogall*, in: Karlsruher Kommentar OWiG, 3. Aufl. 2006, § 130 Rn. 38; *Turiaux/Knigge*, DB 2004, S. 2199 (2206).

621 Siehe hierzu unten § 4 V. 2.

622 So auch *Horn*, ZIP 1997, S. 1129 (1132).

623 Die Überwachungspflicht dahingehend und basierend auf der Rechtsprechung zu § 130 OWiG nach Fallgruppen spezifizierend: *Fleischer*, AG 2003, S. 291 (293 f.); *ders.*, in: Fleischer, Hb. des Vorstandsrechts, 2006, § 8 Rn. 32 ff.; *ders.*, CCZ 2008, S. 1 (2). Dazu auch *Bergmoser/Theusinger/Gushurst*, BB-Special 5, 2008, S. 1 (5 f.).

Insoweit ist auf die bereits dargestellten Grundsätze zu den Verhaltensweisen der Ressortinhaber untereinander zu verweisen[624]. Eine Abweichung besteht darin, zwar dem Delegatar gewisse Verhaltenspflichten aufzuerlegen, ihm aber den Verantwortungsbereich nicht – wie die Kollegen dem Ressortinhaber – eigenständig zur Organisation und Verwaltung überlassen zu können[625]. Ein Einmischen des Delegierenden auf vertikaler Ebene ist so jederzeit, auch ohne besonderen Anlass, möglich. Die vertikale Delegation zeichnet sich durch eine wesentlich höhere Kontrolldichte als die der horizontalen Geschäftsverteilung aus.

Notwendige weitere Voraussetzung einer wirksamen Delegation ist die Möglichkeit des Delegierenden die übertragene Aufgabe jederzeit wieder zurückzuziehen und die Handlungsverantwortung erneut zu übernehmen[626]. Bezüglich der vertikalen Delegation ist diese Option durch das arbeitsrechtliche Direktionsrecht gewährleistet, hinsichtlich der externen Delegation gestaltet sie sich komplizierter. Die vertragliche Vereinbarung mit den unternehmensfremden Dritten muss im Notfall eine Kündigungsmöglichkeit vorsehen und dem Delegierenden jederzeit Einsichtnahme und Zugang zu notwendigen Daten gewähren. Der Aufwand eines solchen Kompetenzentzugs ist jedenfalls erheblich aufwendiger, wenn nicht sogar kurzfristig schwierig realisierbar.

3. Delegation der Überwachungsaufgabe

Selbst die beschriebene Aufsichtspflicht über die Delegatare kann in einem komplexen Unternehmen für den Geschäftsleiter eine Überforderung darstellen. Aus diesem Grund ist zu überlegen, die Erfüllung der Sorgfaltsanforderungen auf eine nachgeordnete Person übertragen zu können. Zieht man die oben genannten Delegationsgrundsätze heran und die Tatsache, dass die Leitungsaufgabe des Vorstandes an sich zur praktischen Umsetzung auch eine Pflichtenreduzierung erfasst[627], spricht hier nichts gegen eine weitere Delegation

---

[624] Siehe § 3 IV.

[625] *Schmidt-Husson*, in: Hauschka, Corporate Compliance, 2007, § 7 Rn. 25 f.

[626] *Kort*, in: Großkommentar AtkG, 3. Aufl. 2003, § 76 Rn. 49; *Mertens*, in: KölnKomm AktG, 2. Aufl. 1996, § 76 Rn. 43; *Raiser/Veil*, Recht der Kapitalgesellschaften, § 14 Rn. 71; *Turiaux/Knigge*, DB 2004, S. 2199 (2206); *E. Vetter*, in: Krieger/Uwe H. Schneider, Hb. Managerhaftung, 2007, § 17 Rn. 65.

[627] Vgl. § 3 III. 5. b).

der Überwachungsaufgabe an qualifizierte Funktionsträger[628]. In diesem Sinne stellt eine weitere Dezentralisierung der Aufgaben ein Paradebeispiel der gestuften Unternehmensstruktur dar, die durch die Delegation auf weitere nachgeordnete Ebenen charakterisiert ist. Der Vorstand genügt seiner Aufsichtspflicht, sobald er die unmittelbar unterstellten Mitarbeiter und deren Führungs- und Überwachungsverhalten kontrolliert[629]. Eine Überwachung aller Mitarbeiter ist dann nicht mehr erforderlich, insoweit ist auf den deliktsrechtlichen, dezentralen Entlastungsbeweis hinzuweisen[630]. Im Gegensatz zur Organbinnenkontrolle[631] kann also die Überwachungsaufgabe über die vertikal oder extern (eben nicht horizontal) verteilten Aufgaben zur Entlastung des Vorstands weiter delegiert werden. Entscheidend bei der wirksamen Verteilung ist letztendlich immer das Verbleiben der Restverantwortung respektive des Letztentscheidungsrechts beim Gesamtvorstand.

4. Vier-Augen-Prinzip und Funktionentrennung

Das Vier-Augen-Prinzip dient der gegenseitigen Kontrolle und wird immer wieder als organisatorisches Präventionsmittel vor Missbrauch der zugedachten Kompetenzen angeführt[632]. Es stellt sich die Frage, wie dieses Prinzip mit der soeben betonten, überschneidungsfreien Aufgabenverteilung zusammengeführt werden kann. Ausgehend von der Notwendigkeit, ausführende Handlungen von Entscheidungen zu trennen und nicht beides von einem Mitarbeiter alleine bewältigen zu lassen, stellt die Delegation an sich eine direkte Umsetzung des Vier-Augen-Prinzips dar. Dabei wird zwar nicht jeder Arbeitsablauf von zwei Personen gemeinsam durchgeführt, diese Vorgehensweise würde aber ohnehin

---

628 BGH (1985), WuW/E, S. 2202 (2203) „Brückenbau Hopener Mühlenbach“; so auch *Hauschka*, AG 2004, S. 461 (467).

629 Vgl. hierzu KG, NZG 1999, S. 400 ff.; *Fleischer*, in: Fleischer, Hb. des Vorstandsrechts, 2006, § 8 Rn. 39; *Schmidt-Husson*, in: Hauschka, Corporate Compliance, 2007, § 7 Rn. 28 f.

630 Hierzu BGHZ 4 (1951) , S. 1 (2 ff.); *Sprau*, in: Palandt, BGB, 68. Aufl. 2009, § 831 Rn. 11; *Wagner*, in: MüKo BGB, 4. Aufl. 2004, § 831 Rn. 38 ff..

631 Siehe § 3 IV. 4.

632 Definition siehe oben § 3 V. 1. Zum Vier-Augen-Prinzip: *Braun*, in: Boos/Fischer/ Schulte-Mattler, KWG, 3. Aufl. 2008, A. § 33 Rn. 65 ff.; *Hauschka*, AG 2004, S. 461 (467); *Petrak/J. Schneider*, BC 2008, S. 11 (15); *Schoberth/Servatius/Thees*, BB 2006, S. 2571 (2576); *Schwark*, in: Schwark, KMRK, 3. Aufl. 2004, § 33 WpHG, Rn. 8; *Spindler*, in: Fleischer, Hb. des Vorstandsrechts, 2006, § 19 Rn. 25 und 47; *ders.*, in: MüKo AktG, 3. Aufl. 2008, § 76 Rn. 98.

zu einer erheblichen Lähmung des unternehmerischen Ablaufs führen. Kostengünstig und ohne großen Aufwand[633] ermöglicht die Delegation eine dem alltäglichen Geschäft immanente Kontrollinstanz, wenn auch auf unterschiedlichen Delegationsebenen. Ziel derer soll es sein, den nachgeordneten Stellen zwar Kompetenzen zuzuteilen, aber nicht in dem Umfang, der ihnen ermöglicht, wichtige oder risikoreiche Entscheidungen alleine treffen zu können. Dies wird dadurch erreicht, dass lediglich die Zuarbeiten delegiert werden, die Kontrollinstanz permanent über die Tätigkeit des Delegatars informiert wird sowie Entscheidungen nur in Abstimmungen mit dem Delegierenden passieren. Zudem verbleibt dem Delegierenden jederzeit, im Gegensatz zur vorstandsinternen Selbstkontrolle[634], eine Eingriffsmöglichkeit ohne besonderen Anlass[635], so dass eine etwaige Vermutung grundsätzlicher, mangelnder Sorgfaltspflichterfüllung auf unteren Ebenen bereits durch die erhöhte Kontrolldichte ausgeräumt wird. Insofern widerspricht das Verlangen nach der überschneidungsfreien Arbeitsverteilung auch nicht der Umsetzung eines Vier-Augen-Systems, sondern setzt dieses – wenn auch in weiterem Sinne[636] – um und unterstützt gleichzeitig die Vermeidung von Haftung[637].

Weiteres organisatorisches Instrument ist die Funktionentrennung[638]. Darunter ist die Trennung zwischen den Prozessen der Auftragserfüllung und der Auftragsüberprüfung zu verstehen[639]. Dadurch soll der Tatsache Rechnung getragen werden, dass Kontrolle erst dann die nötige Objektivität und Distanz verspricht, wenn nicht an dem eigentlichen Prozess teilgenommen wird. Auch dieses Prinzip ist der Delegation, möglicherweise über mehrere Ebenen hinweg, immanent. Die Beteiligung mehrerer Köpfe an einem unternehmerischen Prozess – wenn auch in unterschiedlichen Funktionen – ist insbesondere im Rahmen der Korruptionsprävention deshalb so vielversprechend, weil die

633 So die Forderung von *Hauschka*, AG 2004, S. 461 (467).

634 Zum Vier-Augen-Prinzip auf Vorstandsebene § 3 V. 1.

635 Siehe § 4 I. 2. c) cc).

636 So auch die Unterscheidung in § 3 V. 1.

637 Vgl. § 4 I. 2. a).

638 Vgl. *Hauschka/Greeve*, BB 2007, S. 165 (168); *Lück*, DB 1998, S. 8 (9); *Petrak/J. Schneider*, BC 2008, S. 11 (15); *Spindler*, in: Fleischer, Hb. des Vorstandsrechts, 2006, § 19 Rn. 25.

639 *Dölling*, Hb. der Korruptionsprävention, 2007, 2. Kap. Rn. 28; *Hauschka/Greeve*, BB 2007, S. 165 (168); *Preußner/Becker*, NZG 2002, S. 846 (850); *Preußner/Pananis*, BKR 2004, S. 347 (350).

Transaktionskosten, die Aufdeckungswahrscheinlichkeit und die Anzahl derer, die an dem Missbrauch der Vertrauensstellung minimal beteiligt sein müssen, erhöht werden[640].

5. Delegation aus Sicht der Compliance

Die Delegation stellt eine grundlegende Organisationsmaßnahme dar, die die Pflichten der Gesellschaft und somit in erster Linie auch des Vorstandes auf nachgeordnete Stellen verteilt. Dadurch wird die sorgfältige Bewältigung der vielgestaltigen Pflichten auf der einen Seite realisierbar, zum anderen besteht die Möglichkeit umfangreicheres Fachwissen und eine höhere Anzahl an Spezialisten an den notwendigen Positionen einzusetzen sowie ihnen die Verantwortung für ihren eigenen Bereich zuzusprechen. Die Theorie der dadurch entstehenden Rechtskonformität auf allen Unternehmensebenen klingt insoweit aussichtsreich, entscheidend ist jedoch die vollumfängliche Erfüllung der Delegationsanforderungen. So ist die Delegation zwar zutreffend als verwirklichtes Vier-Augen-Prinzip darzustellen, aber nur in dem Fall, in dem die Berichtslinien und Aufgaben nicht nur auf dem Papier bestehen, sondern wie vorgesehen alltäglich umgesetzt werden. Der jeweiligen Kontrollinstanz kommt diesbezüglich neben der Überwachung des eigentlichen Arbeitsprozesses auch die Kontrolle des rechtmäßigen Informationsflusses über letzteren zu. Ihn trifft dabei eine Pflicht, sich die nötigen Informationen bei seinem nachgeordneten Mitarbeiter zu beschaffen, falls dieser mit der Weiterleitung nachlässig umgeht[641].

Die Delegation ist in jedem Betrieb mit mehr als einem Mitarbeiter einsetzbar und aus Haftungsgesichtspunkten unentbehrlich. Eine Einstandspflicht trifft den Geschäftsleiter nämlich ausschließlich für eigenes Verschulden[642], welches sich bei ordnungsgemäßer Delegation nur anhand einer Verletzung der beschriebenen Sorgfaltspflichten, sprich bei der Auswahl, der Einweisung oder der Überwachung der Mitarbeiter, ergeben kann. Zu berücksichtigen ist allerdings auch die Tatsache, dass die erwähnte Haftungserleichterung in erster Linie nur den Vorstandsmitgliedern zu Gute kommt und nicht der Gesellschaft. Vermieden wird die Haftung der Vorstandsmitglieder gegenüber der

---

640 *Dölling*, Hb. der Korruptionsprävention, 2007, 2. Kap. Rn. 27 und 31.

641 Zum Informationsmanagement unten § 4 III. 2.

642 Siehe § 2 III. 4.

Gesellschaft aus § 93 Abs. 2 AktG. Ihr Verhalten erfüllt bei ordnungsgemäßer Wahrnehmung der Aufsichtspflicht regelmäßig die Sorgfaltsanforderungen der Business Judgment Rule unabhängig davon, ob einem nachgeordneten Mitarbeiter trotzdem ein, für den Beaufsichtigenden nicht zu erkennender, Fehler unterlaufen ist. Zwar ist der insoweit verantwortliche Mitarbeiter für einen etwaigen Schaden heranzuziehen[643], wirtschaftlich hat die Gesellschaft jedoch in dem Fall regelmäßig keinen Vorteil. Denn wird ein Schaden seitens eines Delegatars fahrlässig hervorgerufen, hat dieser arbeitsrechtlich einen Freistellungsanspruch gegenüber dem Arbeitgeber[644], so dass die Gesellschaft den Schaden in ihrer derartigen Funktion tragen muss[645]. Das einerseits auf Grund der fehlenden Direktionsbefugnis bestehende Manko kommt der Gesellschaft andererseits im Falle der externen Delegation zu Gute. Hier besteht kein Freistellungsanspruch des Dritten und darüber hinaus ist es möglich, vertraglich weitergehende Haftungsregelungen zu vereinbaren. Diese Abwälzungsmodalitäten sind einer der maßgeblichen Aspekte der Geschäftsleitung, sich für eine externe Delegation zu entscheiden.

Im Hinblick auf das Unternehmen als Ganzes ist der Delegation positiv beizumessen, dass die klare Strukturierung und die immanenten Kontrollinstanzen eine verringerte Fehlerquote und dadurch gleichzeitig eine Haftungsbegrenzung nach außen produzieren. Aus der Sicht der Compliance ist zur Delegation festzuhalten, dass sie in ihrer „einfachen" Funktion als Organisationsmittel grundlegend zum Aufbau einer Compliance-Organisation gehört und Compliance erst basierend auf den Delegationsgrundsätzen möglichst effektiv in allen Unternehmensebenen eingesetzt werden kann.

II. Risikomanagement

Risikomanagement ist als organisatorischer Prozess mit dem Ziel der Bestandssicherung des Unternehmens zu verstehen, indem mit jedem Geschäftsvorgang entstehende oder bestehende Unsicherheiten frühzeitig

---

643 Anspruchgrundlage wäre insoweit § 280 Abs. 1 BGB, siehe dazu: *Hasselbach/Seibel*, AG 2008, S. 770 (771).

644 Dazu *Walker,* JuS 2002, S. 736 m.w.N. Siehe auch *Lohr*, NZG 2000, S. 1204 (1205 f.) zur Thematik der Übertragbarkeit des Arbeitnehmerhaftungsprivilegs auf die Geschäftsführung. Letzteres verneinend: *BGH*, WM 1975, S. 467 (469); *Fleischer*, WM 2005, S. 909 (910); *Schaefer/Missling*, NZG 1998, S. 441 (442).

645 *Spindler*, in: Bamberger/Roth, BGB, 2. Aufl. 2008, § 831 Rn. 35a.

erkannt und gesteuert werden[646]. Erinnert wird damit an den Umstand, dass unternehmerisches Handeln immer auch das Eingehen von Risiken[647] erfasst, um Chancen nutzen zu können[648]. Nach etwas völlig Neuem klingt der Begriff „Risikomanagement“ nicht, birgt jedoch hinsichtlich der rechtlichen Einordnung und des Umfangs einige Schwierigkeiten. Erst das Bilanzrechtsmodernisierungsgesetz (BilMoG) fügt den eigentümlichen Begriff überhaupt – wenn auch nur stellenweise[649] – in die gesellschaftsrechtlichen Normen ein[650]. Daneben bleibt zum Umgang mit dem Risiko aus rechtlicher Sicht alleine die Vorschrift des § 91 Abs. 2 AktG, die Maßnahmen zur frühen Erkennung bestandsgefährdender Entwicklungen verlangt. Welche Bedeutung dieser Vorschrift hinsichtlich der Compliance-Organisation beizumessen ist, inwiefern sich die Anforderungen daran durch das Reformgesetz geändert haben könnten und welche mit aufsichtsrechtlichen Spezialtatbeständen einhergehende Rückschlüsse für die Aktiengesellschaft zu ziehen sind, gilt es im Fortgang zu klären. Dem vorweggenommen wird die Darstellung der Relation des Risikomanagements zur Compliance.

1. Risikomanagement und Compliance

Risikomanagement und Compliance werden häufig in einem Zug genannt, notwendige Anforderungen und Ausgestaltungen werden selbstverständlich gleichgesetzt. Im ersten Teil dieser Abhandlung wurde bereits eine vollumfängliche Kongruenz von Compliance und dem Risikofrüherkennungssystem nach § 91 Abs. 2 AktG verneint[651]. Zwar sind beide Institute Teile der notwendigen Organisationsstruktur der Gesellschaft und können sich zudem in der praktischen Umsetzung überschneiden, dennoch verfolgen sie differenzierte Ziele. Risikomanagement im Allgemeinen[652], zu dem das vorerwähnte

---

646 So *Moll/Niedermeier*, VW 2006, S. 2001 (2002), die zur Begriffserklärung auf das Rahmenwerk des internationalen Standardsetters COSO zurückgreifen. Siehe auch *Pampel/Glage*, in: Hauschka, Corporate Compliance, 2007, § 5 Rn. 8.

647 Zum Begriff Risiko aus betriebswirtschaftlicher Sicht: *Kless*, DStR 1998, S. 93 f.; *Kromschröder/Lück*, DB 1998, S. 1573; *Spannagl/Häßler*, DStR 1999, S. 1826 (1827).

648 Vgl. Einleitung I. 2.

649 Etwa in § 289 Abs. 5 HGB, § 107 Abs. 3 S. 2 AktG, § 171 Abs. 1 S. 2 AktG.

650 Vgl. *RegE* zum BilMoG, BT-Drucks. 16/10067, z.B. S. 11 und 22.

651 Siehe § 1 I. 1. b) und c), § 1 III. 2. und 3.

652 Der Begriff soll hier ohne Anknüpfung an eine aktienrechtliche Verpflichtung zu verstehen sein, zur Bedeutung und näheren Ausgestaltung der Verpflichtung aus § 91 Abs. 2 AktG und spezialgesetzlichen Regelungen siehe unten § 4 II. 2.

Risikofrüherkennungssystem einen Teilbereich darstellt[653], durchleuchtet die eingehenden oder laufenden Vorgänge im Unternehmen nach bestehenden oder entstehenden Unsicherheiten und wägt dabei Chancen und Risiken gegeneinander ab[654]. Compliance hingegen betrachtet die Unternehmensaktivitäten in Hinblick auf allgemeingültige Rechtsnormen und die daraus resultierende Legalitätspflicht lediglich in der Hinsicht, dass diesbezügliche Unregelmäßigkeiten in der tatsächlichen Handhabung durch die Einführung von klaren Strukturen präventiv verhindert werden. Das Risikomanagement verschreibt sich der Bestandssicherung und vorwiegend der finanziellen Lage[655], Compliance versucht indes – insbesondere nach außen – vor Haftungsgefahren zu schützen sowie das „Image" des Unternehmens zu wahren respektive zu verbessern. Weil die Compliance-Risiken aber einen Teilbereich der allgemeinen Unternehmensrisiken darstellen[656], kann das Risikomanagement die Gefahrenpunkte aufdecken, die für die Einrichtung oder Erweiterung einer Compliance-Organisation als Grundlage dienen[657]. Compliance-Risiken schlagen sich typischerweise in der mangelnden Umsetzung von Normen nieder, die hinsichtlich der Risikoverträglichkeit und eventuell daraus folgendem Handlungsbedarf bewertet werden müssen. Risikoreiche Geschäftsfelder können somit zielgerichtet auf die Einhaltung der Legalitätspflicht kontrolliert werden. Diese Behandlung im präventiven Sinne reduziert wiederum das Entstehen von Risiken.

Es ist zu erkennen, dass beide Institute zusammenhängen und sich gegenseitig bedingen[658], es besteht eine Interdependenz. Trotzdem ist Compliance – entgegen

---

[653] *Bihr/Kalinowski*, DStR 2008, S. 620 (622); *Hüffer*, AktG, 8. Aufl. 2008, § 91 Rn. 9; *Kort*, NZG 2008, S. 81 (82); *Lanfermann/Maul*, DB 2006, S. 1505 (1509); *Moll/Niedermeier*, VW 2006, S. 2001 (2002); *Preußner*, NZG 2008, S. 574 (575); *Weber-Rey*, AG 2008, S. 345.

[654] Sog. betriebswirtschaftliche Risiken. Zur Darstellung unterschiedlicher Risiken vor allem im Zusammenhang mit Wirtschaftskriminalität: *Berndt/Hoppler*, BB 2005, S. 2623 (2626). Vgl. des Weiteren: *Eggemann/Konradt*, BB 2000, S. 503; *Kless*, DStR 1998, S. 93; *Preußner/Becker*, NZG 2002, S. 846 (848 f.); *Spindler*, in: Fleischer, Hb. des Vorstandsrechts, 2006, § 19 Rn. 17.

[655] LG Berlin, AG 2002, S. 682 (683).

[656] Es handelt sich in Bezug auf Compliance insbesondere um die Vermeidung operationeller Risiken (Definition siehe Fn. 33). Vgl. Einleitung I. 1.c) und § 4 II. 2. a).

[657] So auch *Bergmoser/Theusinger/Gushurst*, BB-Special 5, 2008, S. 1 (8); *Hauschka*, BB 2005, S. 1178 (1180); *ders.*, DB 2006, S. 1143 (1144); *ders./Greeve*, BB 2007, S. 165 (166).

[658] *Bürkle*, BB 2007, S. 1797 (1799); *ders.*, in: Hauschka, Corporate Compliance, 2007, § 8 Rn. 32; *Liese*, BB-Special 5, 2008, S. 17 (18) „verwandt". Risikomanagement und

Stimmen in der rechtswissenschaftlichen Literatur[659] - nicht als Teil des Risikomanagements zu betrachten[660]. Vielmehr ist es sinnvoll, eine systematische Trennung von Risikomanagement und Compliance vorzunehmen[661]. Allein die personelle Struktur erfordert bezüglich des Risikomanagements eher betriebswirtschaftliche Kenntnisse, Compliance zählt hingegen als Aufgabe der Juristen[662]. Zudem können die Erkenntnisse des einen Systems für das andere erst durch eine klare Trennung effektiv genutzt werden und die zuständige Compliance-Instanz kann das Risikomanagement auf die Einhaltung der durchaus anwachsenden Rechtsvorschriften hin unabhängig kontrollieren[663]. In diesem Sinne beschreibt auch die Durchführungsrichtlinie zur MiFID[664] in Art. 6 (3) c) DRL die Compliance-Stelle so, dass diese nicht in Dienstleistungen und Tätigkeiten eingebunden ist, die von ihr überwacht werden. Insgesamt lassen die auf unterschiedlichen Wissenschaften basierenden Ansätze so eine umfassendere Prüfung der Geschäftstätigkeit mit erhöhter Effektivität zu.

Compliance als Nachbarfelder bezeichnend: *Kort*, NZG 2008, S. 81 (82). *Hauschka*, DB 2006, S. 1143 (1144); *ders./Greeve*, BB 2007, S. 165 (166); *Rodewald/Unger*, BB 2007, S. 1629 (1633) sehen die Risikobestandsaufnahme als Grundelement einer Compliance-Organisation an, was aber nicht zwangsläufig zu einer Kongruenz von Compliance und Risikomanagement führen muss.

659 So *Campos Nave/Bonenberger*, BB 2008, S. 734 (735), die Compliance als Weiterentwicklung von Risikomanagement verstehen; *Eisele*, in: Schimansky/Bunte/Lwowski, Bankrechtshb., 3. Aufl. 2007, § 109 Rn. 95; *Gebauer*, in: DIRK, 2004, S. 505 (510); *Lampert*, in: Hauschka, Corporate Compliance, 2007, § 9 Rn. 1; *Lösler*, WM 2008, S. 1098 (1100); *Preußner*, NZG 2008, S. 574; *Spindler*, WM 2008, S. 905 (906); *Zimmermann*, WM 2008, S. 433 (435). *Uwe H. Schneider*, ZIP 2003, S. 645 (648) bezeichnet den Vorstand als „legal risk manager".

660 *Bürkle*, in: Hauschka, Corporate Compliance, 2007, § 8 Rn. 32 f. hinsichtlich der Organisationseinheit „Risikomanagement"; *Dreher*, VersR 2008, S. 998 (1004) im Zusammenhang mit § 64a VAG; *Kort*, NZG 2008, S. 81 (84); anzweifelnd jedenfalls *Lutter*, in: *Unger*, VGR-Schriftenreihe 2008, S. 103 (105) Abschnitt VI. Auch die Definition des „Risikomanagements" bei *Bürkle*, VW 2008, S. 212, enthält den Aspekt der Compliance nicht.

661 Siehe *Weber-Rey*, AG 2008, S. 345 (348). Eine weitere Ansicht vertreten *Bergmoser/Theusinger/Gushurst*, BB-Special 5, 2008, S. 1 (8 und 10), die unter bestimmten Voraussetzungen sogar von Risikomanagement als einen Unterfall zur Compliance ausgehen.

662 Zu letzterem: *Klindt*, NJW 2006, S. 3399 f.; *Unger*, VGR-Schriftenreihe 2008, S. 107.

663 *Bürkle*, CCZ 2008, S. 50 (55) zum Versicherungsaufsichtsrecht. Bezüglich der Integration der einzelnen Funktionen im Unternehmen so aber auch *Spindler*, WM 2008, S. 905 (912).

664 Richtlinie 2006/73/EG vom 10.08.06 zur Durchführung der MiFiD (Fn. 67), Abl. EG Nr. L 241 vom 02.09.2006, S. 26, kurz: DRL.

Gleichzeitig deutet die ausdrücklich separate Formulierung in den aufsichtrechtlichen Spezialtatbeständen auf eine Differenzierung zwischen den beiden Instituten hin. Die Einhaltung der Rechtsregeln wird etwa in § 25a Abs. 1 Satz 1 KWG und § 64a Abs. 1 Satz 1 VAG angesprochen, das Risikomanagement dagegen im jeweiligen Satz 3 des ersten Absatzes mit einem ausführlich dargestellten Anforderungsprofil, so § 25a Abs. 1 Satz 3 und 4 KWG und § 64a Abs. 1 Satz 3 und 4 VAG. § 33 Abs. 1 WpHG geht explizit neben dem Verweis auf § 25a Abs. 1 KWG auf Compliance-Anforderungen ein. Neben der europäischen Richtlinie[665] trennt auch der Deutsche Corporate Governance Kodex zwischen Compliance und dem Risikomanagement, letzterer bezüglich der Vorstandspflichten seit der Einführung des Compliance-Begriffs, siehe Ziffer 4.1.3 und 4.1.4 DCGK[666] und Ziffer 3.4 Satz 2 DCGK. Compliance und Risikomanagement werden nebeneinander[667] als Voraussetzung für eine ordnungsgemäße Geschäftsorganisation angesehen, die sich aus der Leitungspflicht des Vorstandes nach § 76 Abs. 1 AktG ergibt[668]. Die normierten Vorgaben sollten ausreichendes Indiz sein, keinen Gleichlauf der beiden Institute anzunehmen, wobei dieses Ergebnis keinen Wegfall einer gegenseitigen, funktionsbedingten Korrelation bedeutet. Gerade in unteren Unternehmensebenen oder auch in kleineren Gesellschaften[669] laufen die Anforderungen etwa im Bereich des Informationsmanagements und der allgemeinen Unternehmensorganisation häufig parallel, wie es noch zu zeigen gilt.

---

665 DRL. Siehe Fn. 664.

666 Kein Zusammenhang der beiden Institute erkennend in der Erläuterung bei: *Ringleb*, in: Ringleb/Kremer/Lutter/v.Werder, Komm. z. DCGK, 3. Aufl. 2008, Rn. 637 ff.

667 Siehe *Bürkle*, VW 2008, S. 212; *ders.*, BB 2007, S. 1797 (1799); *Kort*, NZG 2008, S. 81 (82).

668 Siehe oben, § 1 I. 1. c).

669 Vgl. dazu die Positionsmöglichkeiten des Compliance Officers, § 5 I. 2. a).

2. Risikofrüherkennung und Überwachungssystem gemäß § 91 Abs. 2 AktG

a) Bisheriges Verständnis der Norm

§ 91 Abs. 2 AktG verlangt seitens des Gesamtvorstandes[670] geeignete Maßnahmen zur frühen Erkennung der den Fortbestand der Gesellschaft gefährdende Entwicklungen sowic cin entsprechendes Überwachungssystem. Mangels genauerer gesetzlicher Bestimmungen zur Ausgestaltung eines solchen Systems, führt die Auslegung der vorgenannten Norm zu unterschiedlichen Ansichten. Insbesondere versucht die betriebswirtschaftliche Lehre darin die Grundlage für ein umfassendes Risikomanagement zu erblicken, das alle das Unternehmen bedrohenden Risiken systematisch überwachen und kontrollieren soll[671]. Dabei würde der Risikobegriff jegliche einzelne Gefahr von Verlusten im Rahmen der Geschäftstätigkeit umfassen. Der überwiegende Teil der Rechtslehre hat bislang die selbstständige, weisungsfreie und auf eigenes Ermessen gestützte Leitung des Vorstandes gemäß § 76 Abs. 1 AktG in den Vordergrund gestellt und ein nach betriebswirtschaftlichen Ansätzen ausgeprägtes Risikomanagementsystem mangels näherer gesetzlicher Angaben als unvereinbar damit erklärt[672]. Auch die Regierungsbegründung sieht in der Vorschrift des § 91 Abs. 2 AktG lediglich eine Hervorhebung der allgemeinen Leitungspflicht[673], der lediglich konkretisierende und klarstellende Bedeutung

---

[670] Das Risikofrüherkennungssystem obliegt der Gesamtverantwortung des Vorstands. LG Berlin, AG 2002, S. 682 (684); *Hüffer*, AktG, 8. Aufl. 2008, § 91 Rn. 1; *Klöpper*, in: Hauschka, Corporate Compliance, 2007, § 11 Rn. 45; *Preußner/Zimmermann*, AG 2002, S. 657 (661); *Spindler*, in: Fleischer, Hb. des Vorstandsrechts, 2006, § 19 Rn. 5.

[671] *Eggemann/Konradt*, BB 2000, S. 503; zurückhaltend *Gernoth*, DStR 2001, S. 299 ff.; *Kromschröder/Lück*, DB 1998, S. 1573 ff.; *Lück*, DB 1998, S. 8; *ders.*, DB 1998, S. 1925; *Pollanz*, DB 2001, S. 1317 (1318); *Oltmanns*, in: Heidel, AktR, 2. Aufl. 2006, § 91 Rn. 6. Weitergreifendes Verständnis zeigen auch: *Endres*, ZHR 163 (1999), S. 441 (451 f.); *Kiethe*, NZG 2003, S. 401 ff.; *Preußner/Becker*, NZG 2002, S. 846 (848).

[672] *Becker/Janker/Müller*, DStR 2004, S. 1578 (1579); *Blasche*, CCZ 2009, S. 62 (63); *Bürkle*, WM 2005, S. 1496 (1499); *Fleischer*, AG 2003, S. 291 (298); *ders.*, in: Spindler/Stilz, AktG, 2007, § 91 Rn. 34; *Hüffer*, AktG, 8. Aufl. 2008, § 91 Rn. 9; *Kort*, in: Großkommentar AktG, 4. Aufl. 2006, § 91 Rn. 62 f.; *Liese*, BB-Special 5, 2008, S. 17 (19); *Pahlke*, NJW 2002, S. 1680 (1684); *Pampel/Glage*, in: HAuschka, Corporate Compliance, 2007, § 5 Rn. 11; *Zimmermann*, WM 2008, S. 433(436); *Spindler*, in: MüKo AktG, 3. Aufl. 2008, § 91 Rn. 27 und § 93 Rn. 29; *ders.*, in: Fleischer, Hb. des Vorstandsrechts, 2006, § 19 Rn. 7, 56 ff.

[673] *Reg.Begr.* KontraG, BT-Drucks. 13/9712, S. 15.

beizumessen ist[674]. Die konkrete Ausgestaltung des Überwachungssystems beziehungsweise die Wahl der „geeigneten Maßnahmen“ soll vielmehr abhängig von Struktur, Branche und Größe des betroffenen Unternehmens durch den Vorstand bestimmt werden[675].

Wieweit die gesetzliche Vorgabe des § 91 Abs. 2 AktG greift, ist anhand des Wortlautes auszulegen, welcher auf der ersten Stufe die Einleitung geeigneter Maßnahmen zur frühen Erkennung von Risiken verlangt. Es ist ein System zu implementieren, welches die Möglichkeit der Erkennung bestehender und die frühzeitige Vorhersehbarkeit nachteiliger Entwicklungen für die Gesellschaft bietet. Der Terminus „Entwicklungen“ bedingt dabei eine ständige Beobachtung der Geschäftsprozesse respektive Veränderungen, welche im Fortgang zu einer vorhergehenden Bestandsaufnahme der relevanten Risikobereiche und Einzelrisiken eingesetzt wird[676]. Hinsichtlich der zu beachtenden Risiken ist nicht jegliche Art von Verlusten entscheidend, sondern eine Bestandsgefährdung des Unternehmens. Diese ist anzunehmen, wenn sich nachteilige Veränderungen auf die Vermögens-, Ertrags- oder Finanzlage der Gesellschaft wesentlich auswirken können[677]. Demnach muss es sich um Risiken handeln, die eine Insolvenzgefahr erheblich steigern oder hervorrufen[678]. Zusätzlich lässt der Wortlaut auf die Notwendigkeit eines Überwachungssystems für die Risikofrüherkennung schließen. Dieses dient der Kontrolle der Einhaltung und Effektivität der im ersten Schritt eingeleiteten Maßnahmen[679]. Ein im Gegensatz

---

674 VG Frankfurt a.M., WM 2004, S. 2157 (2160); *Berg*, AG 2007, S. 271 (274 f.); *Bürkle*, WM 2005, S. 1496 (1498 f.); *Eibelshäuser*, Der Konzern 2007, S. 735 (741); *Hommelhoff/Mattheus*, AG 1998, S. 249 (251); *dies.*, BB 2007, S. 2787; *Hüffer*, AktG, 8. Aufl. 2008, § 91 Rn. 1; *Kiethe*, NZG 2003, S. 401 (402); *Lücke*, in: Beck'sches Mandatshb. Vorstand der AG, 2004, § 3 Rn. 70; *Pahlke*, NJW 2002, S. 1680 (1681); *Preußner/Becker*, NZG 2002, S. 846 (847); *Schoberth/Servatius/Thees*, BB 2006, S. 2571 (2575); *Spindler*, in: Fleischer, Hb. des Vorstandsrechts, 2006, § 19 Rn. 6.

675 *Reg.Begr.* KontraG, BT-Drucks. 13/9712, S. 15. Vgl. Fn. 710.

676 Vgl. *Berg*, AG 2007, S. 271 (275 f.); *Bihr/Kalinowski*, DStR 2008, S. 620 (621); *Seibert*, in: FS Bezzenberger, 2000, S. 427 (437); *Spindler*, in: MüKo AktG, 3. Aufl. 2008, § 91 Rn. 20; *ders.*, in: Fleischer, Hb .des Vorstandsrechts, 2006, § 19 Rn. 8.

677 *Reg.Begr.* KontraG, BT-Drucks. 13/9712, S. 7; jetzt § 317 Abs. 1 Satz 2 HGB.

678 *Arnold*, in: Marsch-Barner/Schäfer, Hb. börsennotierte AG, 2. Aufl. 2009, § 18 Rn. 16; *Heller*, NZG 2007, S. 851 (852); *Pahlke*, NJW 2002, S. 1680 (1681); *Schäfer/Zeller*, BB 2009, S. 1706 (1708) *„übergroße Risiken“*; *Seibert*, in: FS Bezzenberger, 2000, S. 427 (437); *Spindler*, in: Fleischer, Hb. des Vorstandsrechts, 2006, § 19 Rn. 9; vgl. *Wiesner*, in: Münchener Hb. AG, 3. Aufl. 2007, § 25 Rn. 6; *Zimmermann*, WM 2008, S. 433 (435).

679 *Berg*, AG 2007, S. 271 (275); *Bihr/Kalinowski*, DStR 2008, S. 620 (621); *Heller*, NZG 2007, S. 851 (852); *Hüffer*, AktG, 8. Aufl. 2008, § 91 Rn. 8; *Seibert*, in: FS Bezzenberger,

dazu weiterer - teilweise angenommener[680] - Bezug des Überwachungssystems auf bestandsgefährdende Risiken, erschließt sich in dem Sinne nicht, in dem im Rahmen des Früherkennungssystems, wie oben geschildert, bereits eine fortlaufende Untersuchung des Unternehmens auf existenzbedrohende Risiken vorgenommen wird[681]. Die einzuleitenden Maßnahmen setzen zur „Erkennung" der bestandsgefährdenden Risiken gerade die laufende „Überwachung" der Geschäftsprozesse voraus. Eine zusätzliche Behandlung liefe ins Leere.

Die grammatikalische Auslegung der Norm ist nur in dieser Weite möglich[682]. So wünschenswert ein Hineinlesen der rechtlichen Verpflichtung zur Etablierung eines umfassenden Risikomanagements aus betriebswirtschaftlicher Sicht sein mag, so wenig ist diese Forderung im Wortlaut des § 91 Abs. 2 AktG angelegt. Zudem ist zu berücksichtigen, dass bei Annahme einer Verpflichtung zu einem umfassenden Risikomanagement die Geschäftsleiter in nicht kontrollierbare, und vor allem nicht im Gesetz verankerte Haftungsfallen geraten. Nicht zuletzt würde eine umfassende Verpflichtung die grundrechtlich gesicherte Organisationsfreiheit[683] berühren.

b) Umfassendes Risikomanagementsystem nach Einführung des Bilanzrechtsmodernisierungsgesetzes? „Schrittmacherrolle" spezialgesetzlicher Regelungen?

Es besteht die Möglichkeit, dass sich auf Grund neuerer Gesetzesnovellen an der rechtlichen Betrachtung und der eingeschränkten Verpflichtung des Vorstandes

---

2000, S. 427 (432) mit Bezug auf den Referentenentwurf; *Spindler*, in: MüKo AktG, 3. Aufl. 2008, § 91 Rn. 25.

680 *Preußner/Becker*, NZG 2004, S. 846 (847 f.) und Teile der betriebswirtschaftlichen Lehre (siehe Fn. 671). Siehe auch Darstellung dieser Ansicht bei: *Hüffer*, AktG, 8. Aufl. 2008, Rn. 8; *Spindler*, in: MüKo AktG, 3. Aufl. 2008, § 91 Rn. 25.

681 Zwar im Ergebnis abweichend, aber mit ähnlichem Ansatz: *Spindler*, in: MüKo AktG, 3. Aufl. 2008, § 91 Rn. 26; *ders.*, in: Fleischer, Hb. des Vorstandsrechts, 2006, § 19 Rn. 14, der den Streit nur als einen terminologischer Natur ansieht. Vergleiche auch vermittelnde Ansicht von *Drygala/Drygala*, ZIP 2000, S. 297 (299), die zwar der juristischen Meinung zustimmen, aber ergebnisorientiert im Rahmen des Früherkennungssystems eine vollumfängliche Risikoerfassung im ganzen Unternehmen fordern.

682 Zum zweistufigen Aufbau des Systems auch: LG Berlin, AG 2002, S. 682 (683), VG Frankfurt a.M., WM 2004, S. 2157 (2160 f.); siehe auch *Seibert*, in: FS Bezzenberger, 2000, S. 427 (437 f.).

683 Dazu ausführlich *Spindler,* Unternehmensorganisationspflichten, 2001, S. 445 ff.

zur Einrichtung eines Risikoerkennungssystems etwas ändert[684]. Maßgeblich ist insbesondere das Bilanzrechtsmodernisierungsgesetz, welches den Begriff Risikomanagement an mehreren Stellen einfügt. Zum einen wird durch § 289 Abs. 5 AktG eine Beschreibung des internen Risikomanagements im Hinblick auf den Rechnungslegungsprozess gefordert[685], zum anderen regelt ein neuer § 107 Abs. 3 Satz 2 AktG die mögliche Überwachung des Risikomanagements seitens eines Prüfungsausschusses[686]. Weitergehend hat der Abschlussprüfer gemäß § 171 Abs. 1 Satz 2 AktG dem Aufsichtsrat oder dessen Prüfungsausschuss über wesentliche Schwächen des internen Risikomanagements zu berichten[687].

Die Notwendigkeit dieser Überwachungs- und Berichtspflichten läuft zwangsläufig auf die Frage hinaus, ob nunmehr von einer bestehenden Einrichtungsverpflichtung zu einem umfassenden Risikomanagementsystem auszugehen ist[688]. Die Wortwahl der neuen Regelungen ließe diesen Rückschluss zu. Als gesetzliche Grundlage dafür wird in erster Linie § 91 Abs. 2 AktG herangezogen[689], wobei der Gesetzgeber im Rahmen des Gesetzesentwurfs zum BilMoG nicht von der Notwendigkeit einer Anpassung des § 91 Abs. 2 AktG ausgegangen ist[690]. Problematisch an einer derart veränderten Auslegung der gleichbleibenden Norm wäre weiterhin das Gegenargument der freien

---

[684] So auch *Bachmann*, VGR-Schriftenreihe 2008, S. 65 (75 f.); *Bergmoser/Theusinger/Gushurst*, BB-Special 5, 2008, S. 1 (4); *Theusinger/Liese*, NZG 2008, S. 289 (291).

[685] *RegE* zum BilMoG, BT-Drucks. 16/10067, S. 11. Siehe dazu: *Handelsrechtsausschuss des DAV*, NZG 2008, S. 612 (616).

[686] *RegE* zum BilMoG, BT-Drucks. 16/10067, S. 22; *Ernst/Seidler*, BB 2007, S. 2557 (2564ff.); *Hommelhoff/Mattheus*, BB 2007, S. 2787; *Weber-Rey*, AG 2008, S. 345 (348). Zu letzterem *Habersack*, AG 2008, S. 98 ff. Zu den Anforderungen der Norm im Einzelnen: *Arbeitskreis Schmalenbach Gesellschaft*, DB 2009, S. 1279 ff.

[687] *RegE* zum BilMoG, BT-Drucks. 16/10067, S. 22 mit Begründung S. 104. Hier sind die Adressaten der unterschiedlichen Regelungen zunächst außer Acht gelassen, diesbezüglich kommen jedoch weitere Schwierigkeiten zur Differenzierung hinzu. § 91 AktG gilt für alle Aktiengesellschaften; Prüfungspflicht und Vermerke im Prüfungsbericht etwa beziehen sich auf börsennotierte Aktiengesellschaften, Lageberichtspflichten treffen alle Kapitalgesellschaften.

[688] So sieht *Spindler*, WM 2008, S. 905 (907) die Regelungen ohne die Annahme einer Einrichtungsverpflichtung zu einem umfassenden Risikomanagement als sinnlos an.

[689] *Hommelhoff/Mattheus*, BB 2007, S. 2787 (2788 f.); *Spindler*, WM 2008, S. 905 (906 f.). dies erkennend, aber offen lassend: *Bergmoser/Theusinger/Gushurst*, BB-Special 5, 2008, S. 1 (4).

[690] *RegE* zum BilMoG, BT-Drucks. 16/10067, S. 102.

Leitungsverantwortung des Vorstandes. Das eingeräumte Ermessen stünde der Annahme einer Verpflichtung zur Einrichtung eines Risikomanagementsystems ohne nähere gesetzliche Formulierung weiterhin im Weg und würde nur schwerlich zu überwinden sein. In diesem Sinne ist auch die Betonung in der Regierungsbegründung zu verstehen, dass es sich bei § 289 Abs. 5 HGB[691] oder § 107 Abs. 3 Satz 2 AktG[692] nicht um eine Verpflichtung zur Einrichtung oder einer bestimmten inhaltlichen Ausgestaltung handelt[693]. Die Entscheidung über das „Ob" und das „Wie" eines umfassenden, internen Risikomanagementsystems sollen dem Vorstand vorbehalten bleiben[694]. Die neu geregelten Berichtspflichten können deshalb nur dahingehend ausgelegt werden, dass sie lediglich eine Aufklärung darüber verlangen, ob ein solches System eingerichtet ist oder nicht[695]. Auch dem zugrundeliegenden Gemeinschaftsrecht ist nichts Gegenteiliges zu entnehmen[696]. Zwar ist die Bedeutung der Gesetzesänderungen für die Einrichtung des Risikomanagements beziehungsweise für die Auslegung des § 91 Abs. 2 AktG noch nicht gänzlich geklärt[697], vieles spricht aber für ein weites Ermessen des Vorstandes.

Daneben werden die Ausgestaltungen zum Risikomanagement in den aufsichtsrechtlichen Spezialtatbeständen als „Schrittmacher" für die Übertragung auf das Gesellschaftsrecht beziehungsweise dessen Konkretisie-

---

691 *RegE* zum BilMoG, BT-Drucks. 16/10067, S. 76.

692 *RegE* zum BilMoG, BT-Drucks. 16/10067, S. 102.

693 So auch *v.Rosen*, AG 2008, S. 357.

694 *RegE* zum BilMoG, BT-Drucks. 16/10067, S. 102.

695 In diesem Sinne auch *Hommelhoff/Mattheus*, BB 2007, S. 2787 (2788). Zu diesem Grundgedanken bezüglich anderer, spezieller Regelungen des BilMoG: *Gruber*, NZG 2008, S. 12 (14).

696 § 289 Abs. 5 HGB soll Art. 46a Abs. 1 S. 2 lit. c der Bilanzrichtlinie in der Fassung Abänderungsrichtlinie, § 107 Abs. 3 S. 2 AktG soll Art. 41 Abs. 2 der Abschlussprüferrichtlinie und § 171 Abs. 1 S. 2 AktG soll Art. 41 Abs. 4 der Abänderungsrichtlinie umsetzen. Abänderungsrichtlinie 2006/46/EG v. 14.06.2006, Abl. EU L 224/1 und Abschlussprüferrichtlinie 2006/43/EG v. 21.05.2006, Abl. EU L 157/87.

697 Zur Prüferrichtlinie und den Diskrepanzen mit dem deutschen Recht bereits *Lanfermann/Maul*, DB 2006, S. 1505 (1508 f.). Eine Klarstellung des Gesetzgebers verlangend auch *Spindler*, WM 2008, S. 905 (907), der aber ohne weitere Begründung von einer Erweiterung der Pflichten aus § 91 Abs. 2 AktG durch die gesetzliche Änderungen und Forderungen europäischer Richtlinien ausgeht. *„Singuläre oder punktuelle Lösungen werden jedenfalls nicht mehr genügen."* Insoweit ist ihm zuzustimmen, dass gemäß § 91 Abs. 2 AktG ein andauerndes System einzuführen ist; dies bedingt jedoch nicht notwendigerweise ein umfassendes Risikomanagementsystem. *Bihr/Kalinowski*, DStR

rung bezeichnet[698]. Es erscheint zweckmäßig, die Grundgedanken der spezialgesetzlichen Tatbestände für die Ausgestaltung der gesellschaftsrechtlichen, auf Details verzichtenden Normen heranzuziehen. Jedoch ist äußerst fraglich, ob diese speziellen Vorgaben gleich zu einer Verpflichtung auf gesellschaftsrechtlicher Ebene werden. Als „Blaupause" können etwa die kapitalmarktrechtlichen Anforderungen auf Grund ihrer besonderen Risikoträchtigkeit des Finanzsektors nicht herhalten[699]. Auch eine Konkretisierung von § 91 Abs. 2 AktG durch § 25a Abs. 1 KWG[700] hält einer genaueren Kontrolle nicht stand. Die Entstehungsgeschichte der beiden Normen[701] und die Zugrundelegung eines Urteils des LG Berlins[702] lassen auf das Gegenteil schließen[703]. Bei dem dort behandelten Sachverhalt ging es um ein als Aktiengesellschaft organisiertes Kreditinstitut, wodurch sowohl aktienrechtliche als auch Normen des Kreditwesens zur Anwendung kamen. Erst auf Grund dessen wird eine gleichlaufende Verpflichtung aus für unterschiedliche Rechtsgebiete geltenden Normen respektive eine Ausgestaltung des § 91 Abs. 2 AktG durch die Spezialnorm angenommen. Auch die neuere Anpassung des § 64a Abs. 1 VAG[704] für Versicherungsunternehmen verdeutlicht, dass der

---

2008, S. 620 (624) gehen insoweit auch für das Risikofrüherkennungssystem von einem kontinuierlichen Prozess und keinem einmaligen Projekt aus, dem ist zuzustimmen.

[698] *Fleischer*, ZIP 2003, S. 1 (10); *ders.*, CCZ 2008, S. 1 (4); *Preußner*, NZG 2004, S. 303 (305). *Preußner*, NZG 2004, S. 57 (60), hier bezogen auf das Gesellschaftsrecht der Kreditinstitute; *Schäfer/Zeller*, BB 2009, S. 1706 (1707). Kritisch dazu auch: *Bachmann*, VGR-Schriftenreihe 2008, S.
65 ff.

[699] *Bachmann*, VGR-Schriftenreihe 2008, S. 65 (70); *Bihr/Kalinowski*, DStR 2008, S. 620 (623); *Bürkle*, BB 2005, S. 565 (567); *Hüffer*, NZG 2007, S. 47 (49); *Schäfer/Zeller*, BB 2009, S. 1706 (1710) zur Entlastung durch Einhaltung aufsichtsrechtlicher Vorgaben; *Spindler*, WM 2008, S. 905 (909 f.); *Zimmermann*, WM 2008, S. 433 (436).

[700] So aber VG Frankfurt a. M., WM 2004, S. 2157 (2160); *Preußner/Zimmermann*, AG 2002, S. 657 (660).

[701] § 25a KWG bestand bereits, bevor § 91 Abs. 2 AktG geändert wurde. Durch einen Verweis in der Gesetzesbegründung oder eine parallele Formulierung hätte der Gesetzgeber die Möglichkeit gehabt, eine Intention des Gleichlaufs der beiden Normen zu verdeutlichen.

[702] LG Berlin, AG 2002, S. 682 (683 f.).

[703] Siehe *Bihr/Kalinowski*, DStR 2008, S. 620 (623); *Bürkle*, WM 2005, S. 1496 ff.; *Kort*, in: Großkommentar AktG, 4. Aufl. 2006, § 91 Rn. 61.

[704] Insofern hat der Gesetzgeber durch die Gesetzesanpassung das Urteil des VG Frankfurt a.M., WM 2004, S. 2157 ff. bestätigt, dass die Anforderungen des § 25a Abs. 1 KWG auf die Versicherungsgesellschaft zu übertragen sind, weil diese zum Finanzdienstleistungssektor zu zählen ist. Zum neuen § 64a VAG siehe auch: *Dreher*, VersR 2008, S. 998 ff.;

Gesetzgeber lediglich die verschiedenen Bereiche des Finanzsektors mit entsprechend detaillierten Verpflichtungen versehen will und gerade nicht die Aktiengesellschaft im Allgemeinen[705].

Insofern kann auch hier lediglich eine Indizwirkung hinsichtlich einer faktischen Verdichtung des Vorstandsermessens angenommen werden[706]. Auswirkungen haben die spezialgesetzlichen und die durch das Bilanzrechtsmodernisierungsgesetz eingeführten Regelungen in Bezug auf ein umfassenderes Risikomanagement nur dann, wenn sie sich zu einem allgemeinen Standard entwickelten. Dieser würde nämlich als anerkannter Grundsatz ordnungsgemäßer Geschäftsführung in den allgemeinen Sorgfaltsmaßstab nach § 93 Abs. 1 AktG einfließen[707]. Bis dato etabliert sich als ein solcher Grundsatz erst immer mehr die Einführung des Risikofrüherkennungssystems[708]. Von einem bereits vorhandenen weitergreifenden Standard kann derweil nicht die Rede sein[709]. Trotzdem ist für die Beurteilung eines Überwachungssystems durchweg der Grundgedanke maßgeblich, dass die jeweiligen Anforderungen einzelfallabhängig sind und von der Struktur, Branche, Größe und Nähe zum Kapitalmarkt des Unternehmens bestimmt werden[710]. Bezogen auf die Anforderungen der Business

---

ders./Schaaf, WM 2008, S. 1765 ff.; *Kort*, NZG 2008, S. 81 (83); *Mutter*, AG-Report 2007, S. R 352 f.; *Weber-Rey*, AG 2008, S. 345 (354 ff.).

705 Gegen die Konkretisierung von § 91 Abs. 2 AktG durch § 25a KWG auch *Blasche*, CCZ 2009, S. 62 (64); *Schäfer/Zeller*, BB 2009, S. 1706 (1707). Zur Zurückhaltung analoger Anwendungen organisationsrechtlicher Vorschriften: *Bürkle*, WM 2005, S. 1496 (1498) m.w.N.

706 Vgl. Fn. 258 und Fn. 274. Hinsichtlich der spezialgesetzlichen Vorschriften: *Spindler*, WM 2008, S. 905 (908).

707 So *Pahlke* schon hinsichtlich der betriebswirtschaftlichen Auffassung in NJW 2002, S. 1680 (1683). In diese Richtung gehend hinsichtlich der Einführung des § 91 Abs. 2 AktG: *Schoberth/Servatius/Thees*, BB 2006, S. 2571 (2575). *Wiesner*, in: Münchener Hb. AG, 3. Aufl. 2007, § 25 Rn. 6 f. Im Zusammenhang mit dem DCGK: *Schüppen*, ZIP 2002, S. 1269 (1271); *Thümmel*, CCZ 2008, S. 141 (143).

708 LG München I, NZG 2008, S. 319 (320); *Bihr/Kalinowski*, DStR 2008, S. 620 (624). Zur Umsetzung und Bewertung des Risikomanagements in der Praxis siehe: *Thelemann*, CCZ 2008, S. 25 f.; *Wolf*, BC 2003, S. 7 ff.

709 Letztlich werden mit dieser Thematik auch zu wenige Gerichte beschäftigt. Ein etablierter Standard kann sich dann eher aus dem branchenüblichen Vergleich ergeben. *Bachmann*, VGR-Schriftenreihe 2008, S. 65 (76) warnt aber vor einer „self-fulfilling-prophecy".

710 *Reg.Begr.* KontraG, BT-Drucks. 13/9712, S. 15; *Berg*, AG 2007, S. 271 (274); *Bihr/Kalinowski*, DStR 2008, S. 620; *Dölling*, Hb. der Korruptionsprävention, 2007, Kap. 3 Rn. 230; *Fleischer*, AG 2003, S. 291 (298); *Liese/Theusinger*, NZG 2008, S. 289 (290); *Lücke*, in: Beck'sches Mandatshb. Vorstand der AG, 2004, § 3 Rn. 74; *Preußner*, NZG

Judgment Rule ist ein als Entscheidungsgrundlage hingenommenes Risiko erst dann im Rahmen des unternehmerischen Ermessens vertretbar, wenn hinsichtlich der Aufdeckung und Bewertung dessen, alles zum Zeitpunkt der Entscheidung Angemessene getan wurde[711]. Im Zweifel ist vor allem in größeren Unternehmen ein weitergehendes Risikomanagement schon deshalb erforderlich, um die Pflichten des Geschäftsleiters im Rahmen ihrer Organisations- und Informationspflicht zu wahren und nicht für eventuelle Schäden in Anspruch genommen werden zu können[712]. Zudem beinhaltet die allgemeine Sorgfaltspflicht des Vorstandes sowohl das Abstellen auf Risiken, die sich nicht nur in den bestandsgefährdenden erschöpfen, als auch die Bewertung und Einschätzung einmal erkannter, derartiger Risiken[713]. Dies kann vor allem damit begründet werden, dass auch eine Aufsummierung vieler mittlerer oder kleinerer Risiken sich zur Existenzbedrohung entwickeln können[714]. Insoweit wird neuerdings auch von der „Gefahr von Klumpenrisiken" gesprochen[715].

Zur Vermeidung von Rechtsunsicherheiten und Haftungsfallen[716] ist dem Gesetzgeber wegen der Gefahr, eine Insellösung zu produzieren, eine Klarstellung zu empfehlen. Des Weiteren ist eine beispielhafte Umsetzung der anberaumten, neuen Rechtsgrundlagen in der Praxis abzuwarten. Grundsätzlich ist jedoch davon auszugehen, dass die immer detaillierteren Anforderungen der Corporate Governance eher zur Vorsicht anhalten und die Tendenz insgesamt hin zu einem umfassenderen Risikomanagement geht. Dies gilt umso mehr in Anbetracht der Tatsache, dass die Abschlussprüfer im Rahmen ihrer Prüfaufgabe nach § 317 Abs. 4 HGB, § 321 Abs. 4 AktG wohl die

---

2004, S. 57 (58). Zur Umsetzung von Compliance-Maßnahmen entsprechend der Größe des Unternehmens: *Hauschka/Greeve*, BB 2007, S. 166 ff.

711 Vgl. OLG Frankfurt a. M., AG 2008, S. 453 (454).

712 In diesem Sinne auch *Preußner*, NZG 2008, S. 574 (575).

713 LG München I, NZG 2008, S. 319 (320); LG Berlin, AG 2002, S. 682 (683 f.); *Kiethe*, NZG 2003, S. 401; *Lücke*, in: Beck'sches Mandatshb. Vorstand der AG, 2004, § 3 Rn. 75 und 78; vgl. auch *Preußner/Zimmermann*, AG 2002, S. 657 ff.; *Ringleb*, in: Ringleb/Kremer/Lutter/v. Werder, Komm. z. DCGK, 3. Aufl. 2008, Rn. 646 und 652 ff; *Spindler*, in: Fleischer, Hb. des Vorstandsrechts, 2006, § 19 Rn. 60.

714 *Becker/Janker/Müller*, DStR 2004, S. 1578 (1580); *Bürkle*, BB 2005, S. 565 (569); *Eggemann/Konradt*, BB 2000, S. 503 (504); *Kromschröder/Lück*, DB 1998, S. 1573 f.; *Pahlke*, NJW 2002, S. 1680 (1681 f.); *Schwintowski*, NZG 2005, S. 200 (201).

715 *Fleischer*, NJW 2009, S. 2337 (2343); *Schäfer/Zeller*, BB 2009, S. 1706 (1709).

betriebswirtschaftliche Auffassung vertreten[717] sowie auch seitens der beurteilenden Gerichte Standards internationaler und nationaler Standardsetter, wie etwa die des Instituts der Wirtschaftsprüfer e.V. (IDW), zur Bestimmung des Sorgfaltsmaßstabs für den betroffenen Verkehrskreis herangezogen werden können[718].

3. Regelkreislauf des Risikomanagements

In diesem Zusammenhang ist es – unabhängig von dem gesetzlich geforderten Umfang der Verpflichtung aus § 91 Abs. 2 AktG, aber zur Erfüllung dieser Anforderungen dienend – sinnvoll[719], ein dem jeweiligen Unternehmen angemessenes und angepasstes Risikomanagementsystem zu etablieren. Entscheidend ist die Implementierung eines Regelkreises der die Grundvoraussetzungen des Risikomanagements von der Wurzel, also der Identifikation, über die Bewertung und die Bewältigung bis hin zur Risikokommunikation und –dokumentation abdeckt[720]. Die notwendigen Elemente sind nachstehend zu erläutern.

a) Risikoerkennung

Um ein Risiko zu „managen", wird zwangsläufig die Erkennung desselben vorausgesetzt. Insoweit kann sich die Unternehmensleitung nur mit vorhersehbaren, nicht mit unvorhersehbaren Risiken befassen. Ziel der

---

716 Siehe *Bürkle*, WM 2005, S. 1496 (1499); *Schoberth/Servatius/Thees*, BB 2006, S. 2571 (2576).

717 *Bachmann*, VGR-Schriftenreihe 2008, S. 65 (89); *Berg*, AG 2007, S. 271 (275); *Lücke*, in: Beck'sches Mandatshb. Vorstand der AG, 2004, § 3 Rn. 76; *Preußner/Zimmermann*, AG 2002, S. 657 (659). Zu dieser Tendenz auch *Lanfermann/Maul*, DB 2006, S. 1505 (1509).

718 Dazu *Moll/Niedermeier*, VW 2006, S. 2001 ff.; *Pahlke*, NJW 2002, S. 1680 (1684); *Preußner*, NZG 2004, S. 303 (304). Diese Regeln können aber verbindlich keinen höheren Standard setzen, hierbei ist insoweit auf den Einzelfall abzustellen: *Bachmann*, VGR-Schriftenreihe 2008, S. 65 (89) mit dem Hinweis, die Gerichte darauf aufmerksam machen zu müssen; *Spindler*, in: MüKo AktG, 3. Aufl. 2008, § 91 Rn. 27; *ders.*, in: Fleischer, Hb. des Vorstandsrechts, 2006, § 19 Rn. 58 f.; *Theusinger/Liese*, NZG 2008, S. 289 (291).

719 So auch *Huth*, BB 2007, S. 2167, der von der „Entwicklung eines Grundsatzsystems ordnungsgemäßer Risikoüberwachung" spricht.

720 *Hauschka*, AG 2004, S. 461 (467); *Lücke*, Beck'sches Mandatshb. Vorstand der AG, 2004, § 3 Rn. 73; *Ringleb*, in: Ringleb/Kremer/Lutter/v. Werder, Komm. z. DCGK, 3. Aufl. 2008, Rn. 657; *Spindler*, in: Fleischer, Hb. des Vorstandsrechts, 2006, § 19 Rn. 40.

Identifikation ist eine strukturierte und vollständige Erfassung der Risiken[721]. Demgemäß sind an das Maß der Anstrengungen zur Erkennung von Risiken hohe Anforderungen zu stellen. So fordert die Rechtsprechung klare Zuständigkeiten und ein engmaschiges Berichtswesen, welches jegliche Stelle vom verantwortlichen Sachbearbeiter über die jeweiligen Hierarchieebenen bis hin zur Unternehmensleitung über Risiken in Kenntnis setzt[722]. Die „frühe" Erfassung der Risiken stellt dabei auf einen Zeitpunkt ab, der so rechtzeitig ist, dass ein Entgegenwirken noch möglich ist[723]. Bestenfalls ist eine Art Inventur abzuhalten, die anhand statistischer Messmethoden[724], beispielsweise das Filtern von Risiken durch ausgefüllte Fragebögen der Mitarbeiter[725], einen vollumfänglichen Überblick über die möglichen Risiken liefert.

b) Risikoanalyse

Der zweite Schritt ist die Risikoanalyse, die der Bewertung der identifizierten Risiken dient. Als entscheidende Kriterien sind die Schadenshöhe sowie die Eintrittswahrscheinlichkeit heranzuziehen[726]. Die Bewertung sollte auf Grund der Sachnähe von der der betroffenen Ebene übergeordneten Delegationsebene vorgenommen werden[727]. Jedes Risiko kann vernünftigerweise nur dann eingegangen werden, wenn die erzielbare Vergütung dieses rechtfertigt. Zu berücksichtigen sind neben rein rechnerischen Aspekten die Legalitätspflicht und die guten Sitten[728]. Auch wenn die Bewertung eines Risikos meist aus

---

[721] *Becker/Janker/Müller*, DStR 2004, S. 1578 (1579); *Kless*, DStR 1998, S. 93 (95); *Preußner/Becker*, NZG 2002, S. 846 (848); *Preußner/Pananis*, BKR 2004, S. 347 (349).

[722] LG Berlin, AG 2002, S. 682 (683 f.); LG München I, NZG 2008, S. 319 (320).

[723] *Reg.Begr.* KontraG, BT-Drucks. 13/9712, S. 15; *Berg*, AG 2007, S. 271 (277); *Hüffer*, AktG, 8.Aufl. 2008, Rn. 7; *Liese*, BB-Special 5, 2008, S. 17 (19); *Spindler*, in: Fleischer, Hb. des Vorstandsrechts, 2006, § 19 Rn. 11.

[724] *Berg*, AG 2007, S. 271 (274); *Schwintowski*, NZG 2005, S. 200 (201).

[725] Vgl. dazu und zu anderen Möglichkeiten: *Becker/Janker/Müller*, DStR 2004, S. 1578 (1580); *Bihr/Kalinowski*, DStR 2008, S. 620 (626 f.); *Eggemann/Konradt*, BB 2000, S. 503 (505); *Kless*, DStR 1998, S. 93 (95) die letzteren beide zu Checklisten; *Kromschröder/Lück*, DB 1998, S. 1573 (1574); *Preußner/Becker*, NZG 2002, S. 846 (848); *Spannagl/Häßler*, DStR 1999, S. 1826 (1830).

[726] So auch *Becker/Janker/Müller*, DStR 2004, S. 1578 (1582); *Dölling*, Hb. der Korruptionsprävention, 2007, Kap. 3 Rn. 230; *Huth*, BB 2007, S. 2167 (2169); *Kless*, DStR 1998, S. 93 (95); *Preußner/Becker*, NZG 2002, S. 846 (848); *Ringleb*, in: Ringleb/Kremer/Lutter/v. Werder, Komm. z. DCGK, 3. Aufl. 2008, Rn. 657; *Spannagl/Häßler*, DStR 1999, S. 1826 (1827).

[727] *Ringleb*, in: Ringleb/Kremer/Lutter/v. Werder, Komm. z. DCGK, 3. Aufl. 2008, Rn. 657.

[728] *Hauschka*, AG 2004, S. 461 (468).

subjektiver Sicht erfolgt[729], und damit nicht immer Sicherheit vor Haftungsfallen bietet, unterfallen die Geschäftsleiter bei einer unternehmerischen Entscheidung durch eine angemessene Abwägung und Information im Vorfeld dem „sicheren Hafen“ der Business Judgment Rule und entziehen sich einer möglichen Haftung. Zur statistischen Erfassung der Analyseergebnisse ist eine eigens einzuführende Skala verschiedener Schadensklassen[730] sowie die grundsätzliche Einführung einer Worst-Case-Betrachtung[731] nützlich. Wichtig ist zudem die umfassende Betrachtung respektive die Bewertung der Summe der Risiken.[732]

c) Risikobewältigung

Zur vollständigen Behandlung von Risiken folgt der Risikoanalyse notwendigerweise die Risikobewältigung. Zugrunde gelegt wird hierzu die seitens der Unternehmensleitung individuell vorzugebende Risikostrategie[733]. Entscheidende Parameter sind dabei das Risikoumfeld, die wirtschaftliche Lage oder etwa die Wettbewerbssituation. Aufgabe der Unternehmensleitung ist es einerseits Sollwerte beziehungsweise Toleranzgrenzen zuzuweisen, die eine Grenze hinsichtlich des Umgangs einer bestimmten Hierarchieebene mit dem entdeckten Risiko bestimmen[734]. Andererseits ist die entsprechende Art und Weise der Risikobewältigung innerhalb dieser Grenzen vorzugeben. Zu denken ist hier an Risikovermeidung (z.B. Handlungsanweisung, welche Risiken nicht

---

729 *Pampel/Glage*, in: Hauschka, Corporate Compliance, 2007, § 5 Rn. 23; *Preußner/Becker*, NZG 2002, S. 846 (849); *Spindler*, in: Fleischer, Hb. des Vorstandsrechts, 2006, § 19 Rn. 40. *Weidemann/Wieben*, DB 2001, 1789 (1792).

730 „Risikotoleranzgrenzen“ verlangt auch die MiFID, siehe *Spindler/Kasten*, AG 2006, S. 785 (786).

731 Jede unternehmerische Entscheidung sollte eine Betrachtung des größtmöglichen Risikos einbeziehen. Engl. worst case = schlechtester Fall. So auch *Hauschka*, AG 2004, S. 461 (468). Ähnlich auch das „Szenario-Null“, siehe *Becker/Janker/Müller*, DStR 2004, S. 1578 (1583).

732 Das europarechtliche Projekt Solvency II und die MaRisk VA der BaFin beispielsweise suchen für den Finanzsektor nach Lösungen systematischer Risikoerfassung. Siehe dazu: *Röhl/Terhorst*, VW 2008, S. 1376 ff.

733 Auch von § 64a Abs. 1 S. 4 Nr. 1 VAG und § 25a Abs. 1 S. 3 Nr. 1 KWG vorausgesetzt. Siehe *Becker/Janker/Müller*, DStR 2004, S. 1578 (1583); *Huth*, BB 2007, S. 2167 (2169); *Ringleb*, in: Ringleb/Kremer/Lutter/v. Werder, Komm. z. DCGK, 3. Aufl. 2008, Rn. 657; *Spindler*, in: Fleischer, Hb. des Vorstandsrechts, 2006, § 19 Rn. 17; *Steffan*, in: Oppenländer/Trölitzsch, GmbH-Geschäftsführung, 2004, § 36 Rn. 20 ff.

734 *Eggemann/Konradt*, BB 2000, S. 503 (505); *Kromschröder/Lück*, DB 1998, S. 1573 (1575); *Steffan*, in: Oppenländer/Trölitzsch, GmbH-Geschäftsführung, 2004, § 36 Rn. 26 ff.

eingegangen werden dürfen), Risikoreduzierung (z.B. durch vorbeugende Maßnahmen wie Schaffung eines Risikobewusstseins beim Mitarbeiter oder automatisierter Verfahren, die Diskrepanzen zwischen vorgesehenem Empfänger einer Überweisung und der tatsächlich angegebenen Kontoverbindung aufdecken[735]), Risikoüberwälzung (z.B. auf Versicherungen oder Lieferanten) oder Risikokompensation (z.B. Bildung von Eigenkapital- und Liquiditätsreserve)[736]. Einzusetzende Elemente sind weiterhin klare Delegationsstrukturen, darauf basierende Kontrolleinheiten im Sinne des Vier-Augen-Prinzips und Funktionentrennung[737]. Zwar gibt es keine derartige unternehmerische Verpflichtung zum Umgang mit dem Risiko, entscheidend sollte jedoch in Anbetracht der Effektivität die eindeutige Zuweisung von Aufgaben und Kompetenzen an die einzelnen Mitarbeiter sein. So sieht auch *Hüffer* als Teil einer sachgemäßen Organisation den Grundsatz an, dass *„Geschäfte ab einem bestimmten Volumen oder von besonderer, in der Geschäftsordnung selbst definierter Risikoträchtigkeit in die Zuständigkeit des Gesamtvorstandes oder wenigstens eines Vorstandsausschusses fallen“*[738]. Eine Risikostrategie wird mithin, auch wenn sie vom Gesetzgeber lediglich in den spezialgesetzlichen Vorschriften angedacht wurde[739], notwendiger Bestandteil einer jeden effektiven, schematischen Risikosteuerung seitens des Vorstandes sein müssen[740].

d) Risikoüberwachung

Die Risikoüberwachung betrifft die Kontrolle der Einhaltung und Effektivität der Maßnahmen zur Risikofrüherkennung und -bewältigung und geht damit

---

735 Insbesondere zur Korruptionsvermeidung ist dies ein wichtiger Aspekt, da solche Äffaren in der Vergangenheit häufig auf kuriosen Überweisungen oder tatsächlich nicht erfüllten, aber bezahlten Beraterverträgen beruhten.

736 Zur Erläuterung der Begriffe: *Hauschka*, AG 2004, S. 461 (468); *Eggemann/Konradt*, BB 2000, 503 (506); *Hahn/Weber/Friedrich*, BB 2000, 2620 (2626f.); *Kless*, DStR 1998, S. 93 (95 f.); *Preußner/Becker*, NZG 2002, S. 846 (849 f.).

737 So *Berg*, AG 2007, S. 271 (277); *Spindler*, in: Fleischer, Hb. des Vorstandsrechts, 2006, § 19 Rn. 17. *Dölling*, Hb. der Korruptionsprävention, 2007, Kap. 3 Rn. 231, der diese Elemente als „Mindeststandard“ außerhalb der gesetzlichen Verpflichtung ansieht. An dieser Stelle wird die Überschneidung mit der Compliance-Organisation deutlich.

738 *Hüffer*, NZG 2007, S. 47 (51).

739 Vgl. *Kort*, NZG 2008, S. 81 (83).

740 So wohl auch *Bihr/Kalinowski*, DStR 2008, S. 620 (626), die die Unternehmensplanung als wesentlichen Bestandteil eines Risikofrüherkennungssystems ansehen.

bezüglich letzterem Punkt über die Anforderungen des Überwachungssystems nach § 91 Abs. 2 AktG hinaus. Daneben ist es sinnvoll die Risikoveränderungen im Laufe der Zeit zu beobachten und dementsprechend eine mögliche Anpassung der Risikostrategie an die tatsächliche Situation zu erwirken[741]. Personell sollte die Risikoüberwachung durch einen Risikobeauftragten auf jeder Unternehmensebene gekennzeichnet sein, der diese Kontrolle innerhalb seines Zuständigkeitsbereiches und der darin handelnden Personen übernimmt[742]. Insofern handelt es sich um ein internes Kontrollsystem[743], welches sich durch die Wahrnehmung prozessabhängiger Überwachungsmaßnahmen auszeichnet, bei denen der Überwachungsträger in den Arbeitsablauf integriert ist[744].

e) Risikokommunikation und -dokumentation

Die Forderung der Rechtsprechung nach einem engmaschigen Berichtswesen wurde bereits genannt[745]. Gegenseitige Information und dementsprechend Kommunikation sind eine der wichtigsten Voraussetzungen für die Effektivität eines solchen Systems. Der Vorstand kann erst dann selbst agieren oder Handlungsanweisungen geben, wenn er über die Risikosituation in Kenntnis gesetzt wurde[746]. Einzuführen ist ein periodisches System, das in gleichmäßigen Zeitabständen die jeweiligen Verantwortlichen dazu verpflichtet, einen Bericht über die Risikosituation an die nächsthöhere Delegationsebene abzugeben[747]. Eine solche Verpflichtung richtet sich außerdem inhaltlich an die zur Risikobewältigung eingeführten Sollwerte, bei deren Überschreiten sie eingreift. Im Falle kurzfristig auftretender Risiken ist eine Ad-hoc-Meldepflicht

---

741 *Ringleb*, in: Ringleb/Kremer/Lutter/v. Werder, Komm. z. DCGK, 3. Aufl. 2008, Rn. 657; *Spannagl/Häßler*, DStR 1999, S. 1826 (828).

742 *Preußner/Becker*, NZG 2002, S. 846 (850); *Spindler*, in Fleischer, Hb. des Vorstandsrechts, 2006, § 19 Rn. 17 „Risk-Manager"; ähnlich *Weidemann/Wieben*, DB 2001, 1789 (1795).

743 Zu internen Kontrollsystemen: *Schoberth/Servatius/Thees*, BB 2006, S. 2571 ff.

744 Siehe *Dobler*, DStR 2001, S. 2086 (2087); *Eggemann/Konradt*, BB 2000, S. 503 (506); *Gernoth*, DStR 2001, S. 299 (300); *Hüffer*, AktG, 8. Aufl. 2008, § 91 Rn. 8; *Spindler*, in: MüKo AktG, 3. Aufl. 2008, § 91 Rn. 25.

745 Siehe § 4 II. 3. a).

746 *Blasche*, CCZ 2009, S. 62 (66); *Ringleb*, in: Ringleb/Kremer/Lutter/v. Werder, Komm. z. DCGK, 3. Aufl. 2008, Rn. 657.

747 *Eggemann/Konradt*, BB 2000, 503 (505); vgl. auch *Huth*, BB 2007, S. 2167 (2170); *Preußner/Becker*, NZG 2002, S. 846 (849).

vorzusehen[748]. Durch die fortlaufende Struktur der Risikobewertung wird die Handhabung für den einzelnen Mitarbeiter vereinfacht und ein einheitliches, in sich geschlossenes System etabliert. Gleichzeitig ist jeder Berichtsweg an sich trotz Mangel an gesetzlicher Vorgabe zu dokumentieren[749]. Nützlich ist dazu die Einführung eines Risikohandbuchs[750], in dem die Strukturen des Systems für jeden Mitarbeiter verständlich dargelegt werden. Nur durch die Offenlegung können einzelne Abläufe optimiert und die unternehmensinterne Akzeptanz und Selbstverständlichkeit des Systems erhöht werden. Zudem dient die Dokumentation der Beweisführung und der Überprüfung durch den Abschlussprüfer.

4. Folgerungen für die Leitungsaufgabe des Vorstandes

Neben der Compliance ist der Gesamtvorstand also auch bezüglich des Risikomanagements gefragt; er muss den immer strenger und zahlreicher werdenden Anforderungen genügen. Das Früherkennungs- und Überwachungssystem aus § 91 Abs. 2 AktG verpflichtet zu den Elementen Risikoerkennung, Risikoanalyse und zur entsprechenden Überwachung. Keine Vorgaben gibt es hinsichtlich der Risikobewältigung[751]. Dieser Teilaspekt ist, neben Früherkennung und Überwachung, Vorstellung eines umfassenden Risikomanagementsystems durch die Betriebswirtschaft[752]. Gesetzliche und praktische Anforderungen fallen jedoch tatsächlich auseinander, so dass es hinsichtlich einer ordnungsgemäßen Organisation und Geschäftsführung eines umfangreicheren Umgangs auch mit nicht existenzbedrohenden Risiken bedarf. Insofern teilen sich Compliance und Risikomanagement insbesondere die Aspekte der Risikobewältigung, die sich in zahlreichen, im Zusammenhang mit ersterer schon dargestellten Elementen widerspiegeln[753]. Die grundsätzlichen

---

748 *Eggemann/Konradt*, BB 2000, 503 (505); *Huth*, BB 2007, S. 2167 (2170).

749 LG München I, NZG 2008, S. 319 (320); *Bihr/Kalinowski*, DStR 2008, S. 620 (626); *Huth*, BB 2007, S. 2167 (2170); *Kless*, DStR 1998, S. 93 (94); *Preußner/Becker*, NZG 2002, S. 846 (849); *Theusinger/Liese*, NZG 2008, S. 289 (290); *Weidemann/Wieben*, DB 2001, S. 1789 (1794); i. E. auch *Wolf*, DStR 2002, S. 466.

750 Zur Gestaltung eines solchen Risikohandbuchs: *Wolf*, DStR 2002, S. 466 ff.

751 Siehe *Dobler*, DStR 2001, 2086 (2087); *Spindler*, in: Fleischer, Hb. des Vorstandsrechts, 2006, § 19 Rn. 12.

752 *Steffan*, in: Oppenländer/Trölitzsch, GmbH-Geschäftsführung, 2004, § 36 Rn. 19.

753 *Bachmann*, VGR-Schriftenreihe 2008, S. 65 (72 mit Fn. 36). Insofern nimmt *Spindler*, in: Fleischer, Hb. des Vorstandsrechts, 2006, § 19 Rn. 60, eine Kongruenz von umfassendem

Organisationsanforderungen wie Delegation von Aufgaben, Einhaltung des Vier-Augen-Prinzips und der Funktionentrennung überschneiden sich. Einerseits ist Vorteil dieses Gleichlaufs die kostengünstige Realisierung der jeweiligen Obliegenheiten, die möglicherweise schon auf Grund des anderen Instituts bestehen[754], auf der anderen Seite wird von zwei Seiten Druck auf den Vorstand ausgeübt, bestimmte Elemente der Organisation einzuführen und zu unterhalten. Im Ergebnis führt dies zu einer weiteren Verdichtung des unternehmerischen Ermessens.

Auch wenn das Gesetz in § 91 Abs. 2 AktG keine Risikobewältigung und keine Dokumentation vorschreibt, ist die Umsetzung dieser Maßnahmen jedem Vorstand unter Berücksichtigung der durch die entsprechenden Größe und Struktur des Unternehmens vorgegebenen Erfordernisse zu empfehlen[755]. Ein mangelndes Eingehen auf ein bereits entdecktes Risiko ist im Rahmen der Voraussetzungen der Business Judgment Rule nur schwer zu vertreten, denn die Entscheidung über ein Risiko hinwegzusehen, kann bei vorliegender Information nur noch gerechtfertigt sein, wenn es zum Wohle der Gesellschaft war. Die Möglichkeit auf Grund eines angemessenen Risikomanagementsystems auf die erkannten Risiken einzugehen, kann die Gesellschaft vor Fehltritten und auch die Geschäftsleiter vor einer weiteren Haftung bewahren. Gerade in Anbetracht der neueren Rechtsprechung und der Gesetzesreformen ist in der zukünftigen Praxis von einem strengeren Bild auszugehen. Neben einer Anpassung durch den Gesetzgeber, wäre auch die Entwicklung einer „Best Practice[756]" wünschenswert.

III. KOMMUNIKATION

Als weiterer Bestandteil einer funktionierenden Unternehmensorganisation gelangt das Stichwort „Kommunikation" in den Fokus des Compliance-Interesses. Arbeitsteiliges Zusammenwirken führt zwangsläufig zu dem

---

Risikomanagement und Compliance-Organisation an. Diesbezüglich ist auf die Darstellung oben zu verweisen, § 4 II. 1.

754 Siehe hierzu auch die Anforderungen an den Vorstand bezüglich des Informationsmanagements § 4 III.

755 Inwiefern getrennte Compliance- und Risikomanagement-Stellen im Unternehmen einzuführen sind, wird unter der Rubrik „Personelle Struktur" behandelt, § 5 I. 2. a).

756 Darunter ist im Deutschen eine Erfolgsmethode oder eine Standardverfahren zu verstehen. Dazu *Hauschka*, ZRP 2006, S. 258 ff.

hergebrachten Problem der Wissensaufspaltung oder auch Wissensverlagerung[757]. Wichtig ist es demnach auf jeder Unternehmensebene, auch gerade im Zusammenhang mit der Inkorporierung der Business Judgment Rule und deren Anforderungen an die angemessene Informationsgrundlage des Vorstandes[758], entsprechende Kenntnisse an die jeweils zuständigen Stellen weiterzuleiten. Grundlagen wie Lösungsstrategien zum Umgang mit dem Wissen sind Inhalt des im Folgenden zu erarbeitenden Kommunikationssystems.

1. Wissenszurechnung

a) Wissenszurechnung als Haftungsgefahr

Bedeutender Ausgangspunkt des Verständnisses um die Notwendigkeit eines funktionierenden Informationssystems ist die Tatsache, dass das Wissen von Organmitgliedern[759] und Mitarbeitern dem Unternehmen als juristische Person auf Grund gefestigter Rechtsprechung[760] zugerechnet werden kann, auch wenn die handelnde Person im konkreten Fall über die entscheidende Information nicht verfügt[761]. Auf welcher dogmatischen Grundlage basierend dies im Einzelnen geschieht – teilweise wird § 166 (analog) BGB[762], von anderen auch § 31 BGB analog[763] herangezogen –, ist letztlich nicht entscheidend. Interessant ist vielmehr der durch die Rechtsprechung vorgenommene Wandel von der

---

[757] Umfassend hierzu *Buck*, Wissen und juristische Personen, 2001, S. 312 ff. Siehe auch *Faßbender/Neuhaus*, WM 2002, S. 1253; *Schramm*, in: MüKo BGB, 5. Aufl. 2006, § 166 Rn. 24. Zur Dogmatik vor allem: *Grunewald*, in: FS Beusch, 1993, S. 301; *Medicus*, Karlsruher Forum 1994, S. 4 ff.; *Taupitz*, Karlsruher Forum 1994, S. 16 ff.

[758] Durch die Anforderungen der Business Judgment Rule sieht auch *Kiethe*, GmbHR 2007, S. 393 (395) gerade den „Dreh- und Angelpunkt“ zur Vermeidung von Pflichtverletzungen in der Informationsbeschaffung.

[759] Siehe *Grunewald*, in: FS Beusch, 1993, S. 301 (302 ff.).

[760] Rechtsprechungsüberblick: BGHZ 82 (1981), S. 219 (222) = NJW 1982, S. 377 (378); BGH, NJW 1984, S. 1953 (1954); BGHZ 117 (1992), S. 104 = NJW 1992, S. 1099; BGHZ 132 (1996), S. 30 (35) = NJW 1996, S. 1339 (1340); BGH NJW 2001, S. 359 (360); BGH, NJW 2004, S. 2232 (2234).

[761] So im Fall der Wissensaufspaltung, bei der der Wissende und der Handelnde auseinanderfallen. Siehe ferner auch *Spindler*, Unternehmensorganisationspflichten, 2001, S. 601 ff.

[762] *Baumann*, ZGR 1973, S. 284 (290 ff.); *Hopt*, in: Baumbach/Hopt, HGB, 33. Aufl. 2008, § 125 Rn. 4; *Zöllner/Noack*, in: Baumbach/Hueck, GmbHG, 18. Aufl. 2006, § 35 Rn. 147.

[763] *Habermeier*, in: Bamberger/Roth, BGB, 2. Aufl. 2007, § 166 Rn. 15 zur Organvertretung; *Habersack*, in: Großkommentar AktG, 4. Aufl. 2003, § 78 Rn. 23 und 26; *K. Schmidt*, Gesellschaftsrecht, 4. Aufl. 2002, § 10 V 2b.

absoluten zur relativen Wissenszurechnung[764]. Bei der jüngeren Variante kommt es weniger auf die Stellung des Mitarbeiters im Unternehmen[765] als auf die Wertigkeit des maßgeblichen Wissens an[766]. Abzustellen ist auf „typischerweise aktenmäßig festgehaltene"[767] Informationen sowie auf die Belange und Interessen des Verkehrsschutzes[768]. Letztere fordern eine ordnungsgemäße Organisation der unternehmerischen Kommunikation und die damit zusammenhängende Verfügbarkeit einmal erlangten Wissens. Bei Mangel an einem derartigen System wird die Gesellschaft materiellrechtlich so gestellt, als habe sie von der Information Kenntnis[769]. Faktisch[770] bedeutet dies die Schaffung einer Informationsorganisationspflicht.

Die Divergenzen zwischen tatsächlichem Wissen, Nichtwissen und Wissenmüssen sind regelmäßig selbst in einem kleinen oder mittelständischen Unternehmen ohne (ausreichendes) Kommunikationssystem so groß, dass sich

---

764 Vgl. *Faßbender/Neuhaus*, WM 2002, S. 1253 ff.; *Fleischer*, NJW 2006, S. 3239 (3242). Ausführlich dazu *Buck*, Wissen und juristische Person, 2001, S. 221 ff. Zur Darstellung ältere und neuere Rechtsprechung: *Buck-Heeb*, in: Hauschka, Corporate Compliance, 2007, § 2 Rn. 11 ff.

765 Nach der „*Organtheorie*" wird das Wissen jedes Organmitglieds mit dem Wissen der juristischen Person gleichgesetzt, siehe: BGHZ 41 (1964), S. 282 (287); BGHZ 109 (1989), S. 327 (331) = NJW 1990, S. 975 (976); siehe zum Thema auch *Buck-Heeb*, WM 2008, S. 281 ff.; *Fleischer*, NJW 2006, S. 3229 (3241 f.); *Medicus*, Karlsruher Forum 1994, S. 14. Hinsichtlich untergeordneter Mitarbeiter wurde lange Zeit eine Stellung als „*Wissensvertreter*" oder auch „*Repräsentant*" verlangt, siehe: BGHZ 117 (1992), S. 104 (106 f.) = NJW 1992, S. 1099, BGH, NJW-RR 2004, S. 1197; *Dörner*, in: Schulze/Dörner/Ebert, BGB, 5. Aufl. 2007, § 166 Rn. 7; *Schramm*, in: MüKo BGB, 5. Aufl. 2006, Vor § 164 Rn. 64 und § 166 Rn. 40 f.; *Siol*, in: Schimansky/Bunte/Lwowski, Bankrechtshb., 3. Aufl. 2007, § 43 Rn. 24; *Taupitz*, Karlsruher Forum 1994, S. 16.

766 BGHZ 132 (1996), S. 30 (35) = NJW 1996, S. 1339 (1340): „Die Frage der Wissenszurechnung [...lässt sich] nicht mit logisch-begrifflicher Stringenz, sondern nur in wertender Beurteilung entscheiden."

767 BGHZ 109 (1989), S. 327 (332)= NJW 1990, S. 975 (976); BGHZ 117 (1992), S. 104 (107) = NJW 1992, S. 1099 (1100) in ersten Ansätzen; BGHZ 132 (1996), S. 30 (35) = NJW 1996, S. 1339 (1340); BGH ZIP 2001, S. 26 (27); BGH, NJW 2001, S. 2535; *Bohrer*, DNotZ 2001, S. 124 (123, 127, 129).

768 *Bohrer*, DNotZ 1991, S. 124 ff.; *Buck-Heeb*, in: Hauschka, Corporate Compliance, 2007, § 2 Rn. 15; *Grunewald*, in: FS Beusch, 1993, S. 301 (311, 313); *Kort*, in: Großkommentar AktG, 4. Aufl. 2003, § 76 Rn. 162; *Zöllner/Noack*, in: Baumbach/Hueck, GmbHG, 18. Aufl. 2006, § 35 Rn. 150.

769 BGHZ 132 (1996), S. 30 (35) = NJW 1996, S. 1339 (1340); OLG München, BB 2007, S. 14 (15).

770 Vgl. *Faßbender/Neuhaus*, WM 2002, S. 1253 (1256), die jedenfalls im geltenden Recht keine Grundlage für eine betriebliche Wissensorganisationspflicht sehen.

erhebliche Haftungsgefahren für das Unternehmen ergeben[771]. Exemplarisch für die Auswirkungen von Wissenszurechnung seien nur die Themenbereiche Anfechtung, gutgläubiger Erwerb oder die Bedeutung des kognitiven Elements für Vorsatz und Fahrlässigkeit genannt[772]. In Verbindung mit den oben genannten Haftungstatbeständen[773] sind allein hieraus etliche nachteilige Konstellationen denkbar. Zwar trifft die Folge zunächst nur die juristische Person bezüglich der Haftung im Außenverhältnis[774], die Wissenszurechnung kann sich aber auch in der internen Haftung der Geschäftsleiter gegenüber der Gesellschaft niederschlagen. Wegen der sich aus den Formulierungen der Rechtsprechung ergebenden Informationsorganisationspflicht ist eine Sorgfaltspflichtverletzung mit der Folge eines Schadensersatzanspruchs gemäß § 93 Abs. 2 AktG gegenüber der Gesellschaft möglich[775]. Darüber hinaus bedarf jede unternehmerische Entscheidung einer angemessenen Informationsgrundlage und führt andernfalls zum Entzug des Schutzes, den die Business Judgment Rule gewährt. Zwar geht es in einem solchen Haftungsfall dogmatisch nicht um die Zurechnung von Wissen, jedoch um eine direkte Folge des Mangels an einem funktionierenden Kommunikationssystem. Auch insofern ist eine basisschaffende Informationsstruktur unabdingbar[776].

b) Zu verwaltendes Wissen

Der Bundesgerichtshof beschränkt sich in seiner neueren Rechtsprechung hinsichtlich der Art des verfügbaren Wissens auf die Formulierung „typischerweise aktenmäßig festgehalten“. Dadurch soll dem Gleichstellungsargument Rechnung getragen werden, welches als einen Grundgedanken der

---

771 Zur Bedeutung von Wissen: *Medicus*, Karlsruher Forum 1994, S. 4 f. Die Haftungsgefahr ansprechend auch: *Rodewald/Unger*, BB 2007, S. 1629.

772 *Bachmann*, VGR-Schriftenreihe 2008, S. 65 (86); weiterer Überblick über die entscheidende zivilrechtliche Tatbestände bei *Buck*, Wissen und juristische Person, 2001, S. 20 ff.; *Dörner*, in: Schulze/Dörner/Ebert, BGB, 5. Aufl. 2007, § 166 Rn. 3.

773 § 2 III.

774 BGHZ 109 (1989), S. 327 (332) = NJW 1990, 975 (976) „Zurechnungsendsubjekt“; BGH NJW 2001, S. 359 (360); *Dörner*, in: Schulze/Dörner/Ebert, BGB, 5. Aufl. 2007, § 166 Rn. 7.

775 So auch *Buck-Heeb*, in: Hauschka, Corporate Compliance, 2007, § 2 Rn. 3.

776 Auch *Preußner*, NZG 2004, S. 57 (60), sieht eine Informationsversorgung des Managements ohne die durch den BGH entwickelten Organisationspflichten als „schlechthin unmöglich“. Zur Notwendigkeit einer Informationsordnung bei der BJR

Wissenszurechnung den Vertragspartner einer juristischen Person nicht schlechter stellen soll als den einer natürlichen Person[777]. Zwar erreicht die Wissenszurechnung diesen Nachteilsausgleich, soll aber auf der anderen Seite den Dritten auch nicht besser stellen, als kontrahiere er mit einer natürlichen Person[778]. Insoweit sind die Anforderungen an das zuzurechnende, und dementsprechend auch zu organisierende Wissen restriktiv zu betrachten. Zu verwalten ist demnach das intern im Unternehmen vorhandene Wissen, wobei die Erheblichkeit für den Sachverhalt, die Bedeutung der Information für den Vertragspartner oder die Einschätzungsmöglichkeit derer im Zeitpunkt der Wahrnehmung maßgeblich sind[779]. Eine abschließende Wertbestimmung bleibt einzelfallabhängig.

Übereinstimmung findet diese Rechtsprechung mit den jüngeren Formulierungen des Gesetzgebers in § 93 Abs. 1 S. 2 AktG, welche eine „angemessene" Informationsbasis für unternehmerische Entscheidungen ohne Anspruch auf Vollständigkeit[780] verlangt. Die Bewertung der Angemessenheit ist in jedem einzelnen Fall in das Ermessen des Vorstandes gelegt. Zwar scheint die Business Judgment Rule betreffend das Ausmaß an Informationen dadurch weiter gefasst, letztendlich orientiert sich das Ermessen des Vorstandes aber an § 93 Abs. 1 Satz 1 AktG. Den ordentlichen und gewissenhaften Geschäftsleiter trifft wiederum die durch die Rechtsprechung statuierte Informationsorganisationspflicht im beschriebenen Umfang, so dass die beiden unterschiedlichen Pflichten, über Informationen zu verfügen, parallel laufen. Ein erfolgreiches Kommunikationssystem minimiert nicht nur die externen Haftungsgefahren der Gesellschaft, sondern sichert gleichzeitig ein internes, haftungsfreies Agieren

---

auch: *Arbeitskreis Schmalenbach Gesellschaft*, BB 2006, S. 2189 (2192); *Kiethe*, GmbHR 2007, S. 393 (399). Vgl. auch Fn. 758.

777 BGHZ 109 (1989), S. 327 = NJW, 1990, S. 975 (976); BGHZ 132 (1996), S. 30 (35) = NJW 1996, S. 1339 (1340), typischer Fall der Kontamination eines Grundstücks; OLG Düsseldorf, NJW 2004, S. 783 (784f.); *Bachmann*, VGR-Schriftenreihe 2008, S. 65 (86); *Medicus*, Karlsruher Forum 1994, S. 15 f.; *Schramm*, in: MüKo BGB, 5. Aufl. 2006, § 166 Rn. 25 ff. m.w.N.

778 *Schramm*, in: MüKo BGB, 5. Aufl. 2006, § 166 Rn. 25; *Zöllner/Noack*, in: Baumbach/Hueck, GmbHG, 18. Aufl. 2006, § 35 Rn. 150; kritisch hierzu *Faßbender/Neuhaus*, WM 2002, S. 1253 (1255 und 1258).

779 Vgl. dazu: BGH, NJW 1999, S. 3777 (3778). BGHZ 117 (1992), S. 104 (107 f.) = NJW 1992, S. 1099.

780 Vgl. § 1 II. 3. c).

der Vorstandsmitglieder[781]. Es lohnt sich für den Vorstand also praktisch gleich aus doppeltem Grunde, auf das „typischerweise aktenmäßig festgehaltene Wissen“ abzustellen.

Zuletzt sei noch auf die in diesem Zusammenhang stehende Schwierigkeit der Behandlung des privat erlangten Wissens hinzuweisen[782]. Der nach älterer Rechtsprechung grundsätzlich nicht vorgenommenen Unterschcidung nach Herkunft der betroffenen Kenntnisse[783] sind durch die neue Rechtsprechung, die auf die Wertigkeit des Wissens abstellt, zumindest Tore geöffnet. Eine Trennung in privat oder beruflich erlangtes, relevantes Wissens einer im Zusammenhang mit dem fraglichen Rechtsakt handelnden Person wird allerdings nur schwer möglich sein. Insoweit bleibt es unrealistisch, von einer unterschiedlichen Handhabung auszugehen[784]. Lediglich das privat erlangte Wissen eines an einem Geschäft unbeteiligten Unternehmensangehörigen kann erwartungsgemäß[785] nicht verpflichtend in den Wissensbestand der Gesellschaft einzuspeisen sein[786]. Der Betroffene kann nämlich entweder das Wissen später als für das Geschäft notwendig erlangt oder etwa gar keine Kenntnis von der Relevanz der entsprechenden Informationen haben. Letztere Feststellung verläuft wiederum regelmäßig parallel zum Rang der wissenden Person im Unternehmen. Ein Geschäftsleiter hat eher Kenntnis vom in Rede stehenden Geschäft als etwa ein Sachbearbeiter einer völlig anderen Abteilung[787]. Demnach wäre bei Kenntnis des Vorgangs und erkennbarer Relevanz des Wissens eher von einer Mitteilungspflicht eines jeden Mitarbeiters auszugehen als umgekehrt. Pauschal kann jedoch keine zutreffende Antwort gegeben werden, es ist ersichtlich auf den Einzelfall abzustellen. Nur in dieser Form kann dem Gleichstellungsargu-

---

781 *Lösler*, WM 2007, S. 676 (681) geht in diesem Zusammenhang auf die Überwachungsverantwortung des Vorstandes ein.

782 Von einer detaillierten Auseinandersetzung soll hier abgesehen werden.

783 Sowohl die Zurechung nach der Organtheorie als auch die bei Vertretern und Wissensvertretern nach § 166 BGB (analog) bedurfte jeglichen Wissens ohne Frage nach der Art der Erlangung. Siehe *Buck-Heeb*, WM 2008, S. 281 (283 f.); *dies.*, in: Hauschka, Corporate Governance, 2007, § 2 Rn. 20 ff.; *Kort*, in: Fleischer Hb. des Vorstandsrechts, 2006, § 2 Rn. 102 ff.

784 *Fleischer* spricht hier von einem Hinauslaufen auf „eine Art Schizophrenie“, NJW 2006, S. 3239 (3242). I.E. auch *Buck*, Wissen und juristische Person, 2001, S. 245.

785 Orientiert an den Interessen des Verkehrsschutzes. Siehe bei Fn. 768.

786 *Buck-Heeb*, WM 2008, S. 281 (285); *Fleischer*, NJW 2006, S. 3239 (3242); in diese Richtung schon *Mertens*, in: KölnKomm AktG, 2. Aufl. 1996, § 76 AktG Rn. 67.

787 *Buck-Heeb*, WM 2008, S. 281 (284).

ment im Falle der Wissensaufspaltung auch hinsichtlich privat erlangten Wissens in beide Richtungen Rechnung getragen werden.

2. Grundlagen des Informationsmanagements

Ein zu etablierendes Kommunikationssystem bedarf einiger Grundlagen. Durch die Rechtsprechung haben sich dazu im Wesentlichen drei Schritte herausgebildet: Die Informationsweiterleitungs-, die Informationsabfrage-, und die Informationsspeicherungspflicht. Die Darstellung der jeweiligen Anforderungen folgt einem compliance-relevanten Blick.

a) Informationsweiterleitungspflicht

Erste Voraussetzung ist die Pflicht eines jeden Unternehmensbeteiligten, Kenntnisse, die für eine andere Person innerhalb der Organisation relevant sind, an diese weiterzugeben[788]. Vom Grundsatz her ist darunter eine Organisation von „unten nach oben“[789] zu verstehen, da das Zusammentragen von Informationen respektive das Bearbeiten eines Vorgangs üblicherweise auf einer delegierten Ebene geschieht und die Ergebnisse im Anschluss an den Vorgesetzen weitergegeben werden. Ziel der alltäglichen Arbeit muss es sein, die verantwortlichen Stellen über aktuelle Geschehnisse und Besonderheiten in Kenntnis zu setzen und eine Durchgängigkeit bis zur Spitze zu gewährleisten. Denn dieses Wissen benötigt der Vorstand im Speziellen, neben der Verhinderung der Haftung, auch für die Erfüllung der Berichtspflichten aus § 90 AktG gegenüber dem Aufsichtsrat[790]. Insoweit stellt diese Informationspflicht eine Bringschuld des Vorstandes dar[791].

---

788 BGH, WM 2005, 375, 377 f.; BGH, NJW 2001, S. 359; BGH, NJW 2001, S. 2535 f.; BGHZ 132 (1996), S. 30 (37) = NJW 1996, S. 1339 (1341); *K.P. Berger*, in: MüKo BGB, 5. Aufl. 2008, Vor § 488 Rn. 79; *Buck*, Wissen und juristische Person, 2001, S. 410; *Buck-Heeb*, in: Hauschka, Corporate Governance, 2007, § 2 Rn. 18; *Preußner*, NZG 2004, S. 57 (60); *Taupitz*, Karlsruher Forum 1994, S. 16 (28 ff.).

789 *Hauschka*, AG 2004, S. 461 (463); *ders.*, DB 2006, S. 1143 (1146); *Kiethe*, GmbHR 2007, S. 393 (399); *Lösler*, WM 2007, S. 676 (681).

790 Vgl. *Hüffer*, NZG 2007, S. 47 (48 f.); *ders.*, AktG, 8. Aufl. 2008, § 90 Rn. 3; *Spindler*, in: MüKo AktG, 3. Aufl. 2008, § 90 Rn. 1 ff.; *Werner*, GmbHR 2007, S. 678 (681). Im Zusammenhang mit Compliance dazu: *Bergmoser/Theusinger/Gushurst*, BB-Special 5, 2008, S. 1 (4); *Bürkle*, BB 2005, S. 565 (567); *Liese*, BB-Special 5, 2008, S. 17 (18).

791 Zu Bring- und Holschulden in diesem Zusammenhang ausführlich: *Theisen*, Information und Berichterstattung des AR, 2007, S. 23 ff. Siehe auch: *Eibelshäuser*, Der Konzern

Neben der oben schon inhaltlich vorgenommenen Eingrenzung des zu verwaltenden Wissens soll die Weiterleitungspflicht eine immanente Grenze durch den Grundgedanken des „Need-to-know-Prinzips“[792] erhalten. Zu breit verteiltes Wissen erhöht die Gefahr des Missbrauchs. Aus diesem Grund ist es ratsam, die entsprechenden Informationen ausschließlich an die zuständige Stelle, also an denjenigen, der über das Wissen tatsächlich verfügen beziehungsweise über den Sachverhalt in Kenntnis gesetzt werden muss, weiterzuleiten[793], statt vorsorglich eine möglichst breite Verteilung der Kenntnisse vorzunehmen[794]. Regelmäßig dienen dazu die bereits üblichen Berichtswege zur nächsthöheren Hierarchieebene, daneben ist aber auch eine eindeutige Struktur davon abweichender Kommunikationslinien gefordert. Exemplarisch kann die Einrichtung einer Whistleblower-Stelle[795] genannt werden, die der isolierten Entgegennahme von Informationen über unternehmensinterne Missstände dient. Die Weiterleitungspflicht erfährt dadurch gegenüber der Empfängerposition eine Eingrenzung anhand der Erforderlichkeit der Information. Diese gezielte Weitergabe dient der Effektivität, der Schnelligkeit und der Missbrauchsprävention eines Kommunikationssystems. Dahingehend sind alle Mitarbeiter zu sensibilisieren.

b) Informationsabfragepflicht

Um Lücken der Weiterleitungspflicht zu schließen, die häufig auch in der Unkenntnis des Wissenden hinsichtlich des Informationsbedarfs begründet liegen, wird eine Informationsabfragepflicht verlangt[796]. Eine solche Verpflichtung zur Nachfrage besteht immer dann, wenn erkennbar an anderer

---

2007, S. 735 (742); *Fleischer*, in: Spindler/Stilz, AktG, 2007, § 90 Rn. 8 ff.; *Thümmel*, AG 2004, S. 83 (86).

[792] *Eisele*, WM 1993, S. 1021 (1025); *Spindler*, in: Fleischer, Hb. des Vorstandsrechts, 2006, § 19 Rn. 47. Aus dem Bankrecht kommend und grundsätzlich die hinreichende Überschreitung von Vertraulichkeitsbereichen betreffend (dazu sogleich unten), kann das Prinzip auch auf die grundsätzliche Informationsweiterleitung übertragen werden.

[793] Vgl. *Dölling*, Hb. der Korruptionsprävention, 2007, 2. Kap. Rn. 32 ff.

[794] Zur Zulässigkeit von privaten Gesprächen am Arbeitsplatz: *Wiese*, in: FS Otto, 2008, S. 621 (628). Vgl. dazu auch die Darstellung zu bestehenden Verschwiegenheitspflichten, § 4 III. 4. a) aa).

[795] Näher dazu unten, § 5 II. 6.

[796] BGHZ 132 (1996), S. 30 (37) = NJW 1996, S. 1339 (1341); BGH, NJW 1999, S. 3777 (3778); OLG Düsseldorf, NJW 2004, S. 783 (785); *K.P. Berger*, in: MüKo BGB, 5. Aufl.

Stelle innerhalb des Unternehmens für den eigenen Bereich wesentliche Informationen vorhanden sind. Als Abfragemedium können sowohl Datenbanken als auch das Wissen anderer, am konkreten Rechtsakt gänzlich unbeteiligte Mitarbeiter dienen. Der jeweilige Umfang und die Tiefe der Nachforschung hängen vom Einzelfall ab[797]. Maßgebliches Kriterium wird sein, ob der Informationsaustausch möglich, nahe liegend und auch zumutbar ist[798]. Insoweit ist die Verkehrsauffassung entscheidend[799], bei der auch die Gewichtigkeit des einzelnen Geschäftes eine Rolle spielt. Die Verpflichtung ist als eine Holschuld[800] zu qualifizieren, welche insbesondere Aufgabe des Vorstandes ist[801], sich im Konkreten gemäß § 90 Abs. 3 AktG jedoch auch für den Aufsichtsrat ergibt[802].

c) Informationsspeicherungspflicht

Als dritte Pflicht hat sich die der Speicherung des erlangten Wissens etabliert[803]. Auf welche Art des Wissens abzustellen ist, kann anhand der oben dargelegten Grundsätze bemessen werden. Es kommt jedenfalls auf die Bedeutung der einzelnen Information und auf die Erkennbarkeit einer möglichen Relevanz für den fraglichen Rechtsakt an.

Mindestens genauso maßgeblich wie die Frage nach dem „ob" des Speicherns bestimmter Informationen ist es, „wie" die Dokumentation vorgenommen wird.

2008, Vor § 488 Rn. 79; *Hopt*, in: Großkommentar AktG, 4. Aufl. 1999, § 93 Rn. 84; *Preußner*, NZG 2004, S. 57 (60); *Schramm*, in: MüKo BGB, 5. Aufl. 2006, § 166 Rn. 24.

797 Exemplarisch BGH, NJW 1999, S. 3777 (3778). Ein erheblicher Durchsuchungsaufwand und die Beschaffung viele Jahre zurückliegender Informationen sind nicht notwendig.

798 BGHZ 123, S. 224 = NJW, 1993, S. 2807 f.; *Buck-Heeb*, in: Hauschka, Corporate Compliance, 2007, § 2 Rn. 19 und 24 ff.; *Kort*, in: Fleischer, Hb. des Vorstandsrechts, 2006, § 2 Rn. 103; *ders.*, in: Großkommentar AktG, 4. Aufl. 2003, § 76 Rn. 162; *Zöllner/Noack*, in: Baumbach/Hueck, GmbHG, 18. Aufl. 2006, § 35 Rn. 150.

799 Vgl. BGH, NJW-RR 1998, S. 255 f.

800 Siehe *Schwung*, BB 2007, S. 2419 (2422), der die Holschuld als eine zentrale Aufgabe des Inhouse-Juristen ansieht.

801 *Hauschka*, AG 2004, S. 461 (463 f.).

802 *Hüffer*, NZG 2007, S. 47 (49); *Thümmel*, AG 2004, S. 83 (86). Zur Aufgabe des Aufsichtrates, sich Informationen zu besorgen, siehe unten § 4 V. 1. c).

803 BGHZ 132 (1996), S. 30 (38) = NJW 1996, S. 1339 (1341); BGH, NJW 1996, S. 1205 (1206); *Bohrer*, DNotZ 1991, S. 124 (129 f.); differenzierende Betrachtung bei *Buck*, Wissen und juristische Person, 2001, S. 424 ff.; *Buck-Heeb*, WM 2008, S. 281 (282); *dies.*, in: Hauschka, Corporate Compliance, 2007, § 2 Rn. 29 ff.; *Eibelshäuser*, Der Konzern 2007, S. 735 (742); *Siol*, in: Schimansky/Bunte/ Lwowski, Bankrechtshb., 3. Aufl. 2007, § 43 Rn. 24.

Der hinter der Speicherungspflicht stehende Gedanke der Weitergabe von „Wissen des Unternehmens“ bei flukturierendem Mitarbeiterbestand geht von einem leicht zu durchschauenden System mit einer einfachen Einsichtnahmemöglichkeit seitens eines weiteren Mitarbeiters aus. Denn die Gesellschaft soll sich nicht von einer Haftung freisprechen können, indem sie sich auf eine unsorgfältige Dokumentation eines (bereits ausgeschiedenen) Mitarbeiters beruft[804]. Diesbezüglich belegt die Rechtsprechung die Wissenszurechnung und die Forderung nach einem Informationssystem mit der Nähe zu den deliktsrechtlichen Verkehrssicherungspflichten. Die Beherrschung eines selbsteröffneten Verkehrsbereichs bedingt eine ordnungsgemäße Organisation, deren Fehlen dem Betreibenden nicht zugute kommen darf[805]. Die Wissensspeicherungspflicht dient insoweit – als Teil des Gesamten und mit der Rechtsfolge der Wissenszurechnung – der Gleichbehandlung aller Unternehmen und gerade keiner Schlechterstellung derjenigen, die eine bessere Dokumentationspolitik betreiben. Auf die Einzelheiten der Dokumentation ist im weiteren Verlauf noch einzugehen[806].

3. Interdisziplinäre Kommunikation

a) Informationsaustausch zwischen unternehmensinternen Kontrollinstanzen

Die sorgfältige Arbeit eines Geschäfts und seiner Leiter lebt von der Information. Neben den Grundlagen des Informationsmanagements bedarf es zu einer ganzheitlichen, effektiven Kommunikation im Unternehmen mehr. Die alleinige Strukturierung jedes einzelnen Teilbereichs einer Gesellschaft anhand der aufgezeigten Delegations- und Informationsorganisationspflichten ist nicht ausreichend. Vielmehr ist auch ein interdisziplinärer Zusammenhang zu berücksichtigen. Durch steigende Anforderungen an die Corporate Governance etablieren sich immer differenziertere Bereiche. Neben die hergebrachten

---

804 Vgl. *Buck-Heeb*, in: Hauschka, Corporate Compliance, 2007, § 2 Rn. 28. Zum gleichen Gedankengang hinsichtlich der Informationsorganisation an sich: *Rodewald/Unger*, BB 2007, S. 1629.

805 BGHZ 132 (1996), S. 30 (38) = NJW 1996, S. 1339 (1341); *Bohrer*, DNotZ 1991, S. 124 (129); *Schramm*, in: MüKo BGB, 5. Aufl. 2006, § 166 Rn. 24; *Zöllner/Noack*, in: Baumbach/Hueck, GmbHG, 18. Aufl. 2006, § 35 Rn. 150.

806 Siehe unter § 4 IV.

Abteilungen Controlling, interne Revision oder auch die Rechtsabteilung treten neue Bausteine wie Compliance, Risikomanagement oder das Audit Committee[807]. Unabhängig von der strukturellen und personellen Einordnung[808] ist eine Verknüpfung der in einem Unternehmen vorhandenen Kontrollinstanzen unterschiedlicher Zielrichtungen notwendig, um die eingeholten Kenntnisse auszutauschen und die betroffenen Felder optimieren zu können[809]. Exemplarisch dafür ist die Interdependenz von Compliance und Risikomanagement[810]. Der Begriff Risiko umfasst auch Compliance-Risiken, deren Feststellung und Weiterleitung durch das Risikomanagement an die Compliance-Institution wichtig sind. Durch ein gegenseitiges „Auf dem Laufenden halten“[811] wird eine Dopplung von Arbeitsvorgängen vermieden und die Effizienz der Geschäftstätigkeit gesteigert. Zwar erinnert diese Überkreuzung der Themenbereiche an die hier abgelehnte Matrixorganisation[812], die Situation entzieht sich jedoch deswegen eines Vergleichs, weil es nicht um eine sich überschneidende Zuständigkeitsverteilung, sondern um einen reinen Informationsaustausch bei fortbestehender Unabhängigkeit der jeweiligen Abteilung geht.

b) Einrichtung eines Compliance Committees

Um diese Maßnahmen bezüglich der Compliance greifbarer zu machen, empfiehlt es sich, ein sogenanntes Compliance Committee[813] zu implementieren. Dieses folgt weder einem gesetzlich festgelegten Zweck noch einer bestimmten Zusammensetzung. Grundsätzlich ist es jedoch sinnvoll und auch notwendig, den Vorstand als Gesamtverantwortlichen für die Leitungsaufgabe

---

807 Insofern bedeutend allein schon die Neuerungen des BilMoG, zum Prüfungsausschuss bzw. Audit Committee siehe *Ernst/Seidler*, BB 2007, S. 2557 (2564); *Hommelhoff/Mattheus*, BB 2007, S. 2787 (2789 ff.); *Lanfermann/Maul*, DB 2006, S. 1505 ff.; *Pohle/v. Werder*, DB 2005, S. 237 ff.

808 Dazu später § 5 I.; zum Audit Committee siehe unter § 4 V. 1. b.

809 Vgl. *Berndt/Hoppler*, BB 2005, S. 2623 (2627). So auch *Eibelshäuser*, Der Konzern 2007, S. 735 (741) zum Verhältnis Prüfungsausschuss und Vorstand. Zur Wechselwirkung der gegenseitigen Information: *Lösler*, WM 2007, S. 676 (681).

810 Siehe bereits oben § 4 II. 1.

811 Vorwiegend ist hier die Kommunikation der führenden Abteilungspositionen gemeint.

812 Siehe Darstellung oben, unter § 3 V. 1.

813 Vgl. *Bürkle*, in: Hauschka, Corporate Compliance, 2007, § 8 Rn. 31; *Gebauer*, in: Hauschka, Corporate Compliance, 2007, § 31 Rn. 54; *Rodewald/Unger*, BB 2007, S. 1629

„Compliance" mit unterschiedlichen Institutionen wie etwa Compliance-Office/r[814], interne Revision, Risikomanagement, Rechtsabteilung und Controlling zusammenzubringen[815]. Das sodann festgelegte Compliance Committee soll im Rahmen einer in periodischen Abständen stattfindenden Versammlung[816] die Möglichkeit haben, sich bezüglich Compliance-relevanter Themen gegenseitig zu informieren und Lösungsansätze zu diskutieren. Da der Aufgabenbereich mangels gesetzlicher Vorgaben gestaltbar ist, überzeugt eine Festlegung desselben in einer Geschäftsordnung des Committees[817]. In großen Konzernen wie der Daimler AG oder der Deutschen Bahn AG[818] werden dem entsprechenden Ausschuss weitergehende Kompetenzen zugewiesen, welche von der Befugnis, das Compliance-Programm zu beschließen und zu steuern, bis hin zur alleinigen Entscheidungsbefugnis über das Vorgehen in einzelnen Sachverhalten reichen[819]. Exemplarisch verfolgt die Deutsche Bahn AG vorwiegend eine Anti-Korruptionstaktik und legt dadurch das Gewicht auf die Behandlung jedes Einzelfalls[820]. Maßgeblich ist der durch das Unternehmen gesetzte Schwerpunkt der Compliance-Tätigkeit. In kleineren Unternehmen mag eine periodische Sitzung der unterschiedlichen Kontrollinstanzen eines Unternehmens zum alleinigen Informationsaustausch sinnvoll sein. Grundlegende Entscheidungen sollten dann eher beim Vorstand bleiben und weitergehende Kompetenzen – hinsichtlich der Ausführung – der jeweils zuständigen Abteilung obliegen. Zu beachten bleibt in erster Linie die klare Aufgabenverteilung.

(1630); *Wolf*, DStR 2006, S. 1995 (1996). Begriff ist nach hier zugrundeliegendem Verständnis mit „Arbeitskreis" gleichzusetzen.

814 Begriffserläuterung siehe unten § 5 I. 2. und 3.

815 So ist auch *Bürkle*, BB 2005, S. 565, für eine enge Zusammenarbeit der unterschiedlichen Bereiche. Zur Vermeidung von Doppelarbeit auch: *Gebauer*, in: DIRK, 2004, S. 505 (511).

816 Bei der Daimler AG findet ein derartiges Treffen des Compliance Committees einmal im Quartal statt. Angaben dazu im interaktiven Geschäftsbericht des Jahres 2007 im Internet unter: http://gb2007.daimler.com/cgi-bin/show.ssp?companyName=daimler&language=German&report_id=gb-2007&id=602010 (zuletzt abgerufen am 19.10.2009).

817 In diese Richtung bezüglich der Zusammenarbeit von Prüfungsausschuss und interner Revision auch *Eibelshäuser*, Der Konzern 2007, S. 735 (743).

818 Terminologisch wird bei der Deutschen Bahn jedoch nicht vom Compliance Committee gesprochen, sondern von dem „Lenkungskreis Compliance".

819 Siehe dazu die Rubrik „Compliance" unter den Konzernangaben auf www.daimler.com oder www.bahn.de (beide zuletzt abgerufen am 19.10.2009).

820 Siehe Fn. 818.

4. Grenzen des Informationsmanagements

Da Informationen trotz einer offenkundigen Notwendigkeit bei der effektiven Unternehmensführung auch eine gewisse Sensibilität innehaben, stellt sich die Frage nach Abgrenzungen. Auf Einschränkungen der Rechtsprechung, die auf „typischerweise aktenmäßig festgehaltene" Kenntnisse sowie die Erwartungshaltung des Rechtsverkehrs abstellt, wurden bereits hingewiesen[821]. Grenzen kennt aber auch das Gesetz. Die Untersuchung stützt sich auf tatsächlich vorgegebene Schranken und die Übertragbarkeit von in diesem Zusammenhang stehenden Spezialfällen auf allgemein gesellschaftsrechtliche Anforderungen.

a) Typische Vertraulichkeitsaspekte

aa) Verschwiegenheitspflichten

Das Gesetz regelt in § 93 Abs. 1 Satz 3 AktG die Schweigepflicht der Vorstandsmitglieder bezüglich durch die Tätigkeit erlangter vertraulicher Angaben und Geheimnisse. Von der Verschwiegenheitspflicht umfasst ist darüber hinaus die Einhaltung von Vertraulichkeitspflichten, die der Gesellschaft selbst aus allgemeinem Recht, wie etwa dem Datenschutz, obliegen[822]. Als Auswuchs aus der allgemeinen Treuepflicht der Organwalter gegenüber der Gesellschaft zielt die niedergelegte Verschwiegenheitspflicht auf das Wohl der Gesellschaft ab[823]. Sorgfaltswidrige Zuwiderhandlungen führen zum Schadensersatzanspruch der Gesellschaft nach § 93 Abs. 2 AktG. Die Vorstandsmitglieder können also nicht, um dem grundlegenden Informationsaustausch innerhalb des Unternehmens gerecht zu werden, möglichst viele Kenntnisse weitergeben, sondern müssen diese genau abwägen. Dabei kommt es sowohl auf die personelle als auch auf die inhaltliche Komponente an. Personell geht es primär um die Verschwiegenheitspflicht gegenüber externen Dritten, betroffen sind aber auch Arbeitnehmervertreter wie der Betriebsrat, Aktionäre oder Finanzanalysten, denen nur die gesetzlich notwendigen Informationen

---

[821] Siehe oben „Zu verwaltendes Wissen", § 4 III. 1. b).

[822] *Liebscher*, in: Beck'sches Hb. AG, 2004 § 6 Rn. 124.

[823] *Fleischer*, in: Spindler/Stilz, AktG, 2007, § 93 Rn. 151; *Spindler*, in: Müko AktG, 3. Aufl. 2008, § 93 Rn. 96; *Wiesner*, in: Münchener Hb. AG, 3. Aufl. 2007, § 25 Rn. 40.

zukommen dürfen[824]. Dem Vorstand muss darüber hinaus insbesondere das Bestehen von Interessenkonflikten als Grenze der Informationsweitergabe dienen. Nicht einzuhalten ist die Schweigepflicht aber gegenüber den Vorstandskollegen und dem Aufsichtsrat[825]. Inhaltlich sind Kenntnisse über Betriebs- und Geschäftsgeheimnisse so wie vertrauliche Angaben geschützt, deren Mitteilung sich nachteilig auf die Gesellschaft auswirken kann[826]. In diesem Zusammenhang ist an den praktischen Fall Kirch gegen die Deutsche Bank AG und Breuer zu erinnern, bei dem selbst die Weitergabe von objektiv richtigen Inhalten in einem Fernsehinterview zu erheblichen Schadensersatzansprüchen sowohl gegenüber der Gesellschaft als auch gegenüber Herrn Breuer als Vorstandsmitglied persönlich geführt hat[827]. Weitere Geheimhaltungspflichten können sich aus einer berufs-[828] oder funktionenspezifischen[829] Verpflichtung oder datenschutzrechtlichen Regelungen ergeben.

bb) Attorney-Client-Privilege

So kann das aus dem angelsächsischen stammende Attorney-Client-Privilege eine berufsspezifische Grenze der Informationsorganisation darstellen. Das Attorney-Client-Privilege umschreibt die anwaltliche Schweigepflicht. Dem Wortlaut nach wird ein „Wissens"-Privileg zwischen Mandant und Rechtsanwalt definiert. Es stellt sich die Frage, ob eine derartige Beschränkung der Informationsweitergabe auch den Unternehmensjuristen trifft und damit eine

---

824 Vgl. *Hüffer*, AktG, 8. Aufl. 2008, § 93 Rn. 8; *Krieger/Sailer*, in: Schmidt/Lutter, AktG,. 2008, § 93 Rn. 21; *Mertens*, in: KölnKomm AktG, 2. Aufl. 1996, § 93 Rn. 81; *Spindler*, in: Müko AktG, 3. Aufl. 2008, § 93 Rn. 96.

825 BGHZ 20 (1956), S. 239 (246) = NJW 1956, 906; BGHZ 135, S. 48 (56) = NJW 1997, 1985 ff.; *Fleischer*, in: Fleischer, Hb. des Vorstandsrechts, 2006, § 11 Rn. 46; *Hüffer*, NZG 2007, S. 47 (50) m.w.N.

826 Siehe OLG Stuttgart AG 2007, S. 218 (219). Zur näheren Darstellung siehe: *Spindler*, in: MüKo AktG, 3. Aufl. 2008, § 93 Rn. 99 ff.; *Hopt*, in: Großkommentar AktG, 4. Aufl. 1999, § 93 Rn.195; *Hüffer*, AktG, 8. Aufl. 2008, § 93 Rn. 7; *Wiesner*, in: Münchener Hb. AG, 3. Aufl. 2007, § 25 Rn. 43 f.

827 Neben vertraglichen Schadensersatzansprüchen wurde auch ein Schadensersatzanspruch aus § 823 Abs. 1 BGB wegen eines Eingriffs in das Recht am eingerichteten und ausgeübten Gewerbebetrieb bejaht. Vgl. BGH, NJW 2006, S. 830; LG München, NJW 2003, S. 1046.

828 Siehe § 203 StGB und im Speziellen die folgenden Erläuterungen zum „Attorney-Client-Privilege".

829 Ähnlich der Verschwiegenheitspflicht des Vorstandes auch bei Mitgliedern des Betriebsrates (§ 79 Abs. 1 BetrVG) und der in § 79 Abs. 2 BetrVG genannten Stellen oder des Sprecherausschusses (§ 29 SprAuG).

spezielle Barriere innerhalb des gesellschaftlichen Informationsmanagements darstellt. Im angelsächsischen Raum zutreffend[830], soll diese interne und externe Schweigepflicht hinsichtlich deutscher Syndikusanwälte – bestätigt durch das EuG[831] – nicht gelten[832]. Kommunikation zwischen dem Management des Unternehmens, als Vertreter des Mandanten, und der Rechtsabteilung würde im Falle eines Rechtsstreits offen gelegt werden müssen. Zudem müssten relevante Themen, die im Rahmen der externen, anwaltlichen Tätigkeit unter die Schweigepflicht fielen, zu gegebenen Anlass in das Informationssystem des Unternehmens eingespeist werden[833]. Dem Unternehmensjuristen kommen damit gegenüber dem „gewöhnlichen“ Anwalt entgegengesetzte Verpflichtungen zu.

cc) Chinese Walls

Hinter dem aus dem kapitalmarktrechtlichen Bereich stammenden Anglizismus „Chinese Walls“[834] verstecken sich Informationsbarrieren, die sich in organisatorischen Trennlinien zwischen einzelnen Geschäftsbereichen oder in zielgerichteten Beschränkungen der Informationsweitergabe ausgestalten[835]. Sie

---

830 *Kohler*, in: FS Kümpel, 2003, S. 301 (307).

831 EuG, 17.09.2007 – verb. Rs. T-125/03 und T-253/03 – Akzo Nobel. Die Entscheidung hat zwar das Anwaltsprivileg an sich gestärkt, im Ergebnis aber festgestellt, dass Syndikusanwälte nicht von diesem Privileg erfasst sind.

832 So *Hauschka*, AG 2004, S. 461 (464 und 474); *Itzen*, BB-Special 5, 2008, S. 12 (15); a.A. *Schwung*, BB 2007, S. 2419 (2421). Rechtsprechung hat Syndikusanwalt nicht als rechtsanwaltlich tätig angesehen, weil die Unabhängigkeit auf Grund des Weisungsverhältnisses zum Dienstherrn nicht gegeben sei: BGH, NJW 1999, S. 2275; BGH, NJW 2003, S. 2750. Im Schrifttum wird der Syndikusanwalt deshalb teilweise nur bei typisch anwaltlicher Tätigkeit (unabhängiges Organ der Rechtspflege) umfasst, siehe *Lenckner*, in: Schönke/Schröder, StGB, 27. Aufl. 2006, § 203 Rn. 37. Ähnlich *Cierniak*, in: MüKo StGB, 2003, § 203 Rn. 33 und 41, differenzierend nach Funktion, in der die Information zugeht. Zur Diskussion *Redeker*, NJW 2004, S. 889 ff.; *Schmidt/Pankau*, DB 2008, S. 2295 ff.

833 Vgl. Voraussetzungen des Informationsmanagements oben § 4 III. 1. b). und 2. Anders: *Schwung*, BB 2007, S. 2419 (2421), der bei bestehender Schweigepflicht die Auswirkung auf die US-amerikanische „pre-trial discovery“ betont.

834 Verlangt wird dies im Zusammenhang mit den Organisationspflichten aus § 33 WpHG, siehe dazu *Fleischer*, AG 2003, S. 291 (291); *Lösler*, Compliance im Wertpapierdienstleistungskonzern, 2003, S. 73 ff. Zur metaphorischen Bedeutung des Begriffs siehe: *Eisele*, in: Schimansky/Bunte/Lwowski, Bankrechtshb., 3. Aufl. 2007, § 109 Rn. 141 Fn. 447.

835 Vgl. *Buck-Heeb*, in: Hauschka, Corporate Compliance, 2007, § 2 Rn. 38; *Eisele*, WM 1993, S. 1021 (1024); *Gebauer*, in: DIRK, 2004, S. 505 (534 ff.); *Kilian*, WM 2000, S. 1366 (1372); *Lösler*, Compliance im Wertpapierdienstleistungskonzern, 2003, S. 72 f.; *Schwark*, in: Schwark, KMRK, 3. Aufl. 2004, § 33 WPHG Rn. 14; *Spindler*, in: Fleischer,

können etwa räumlicher, personeller oder prozeduraler Art sein. Ein einfaches Beispiel können passwortgeschützte Systemzugänge für autorisierte Personen darstellen. Sinn und Zweck solcher Eingrenzungen ist der sorgsame Umgang mit vertraulichen Daten, der intentionale Einsatz derselben und die Vermeidung von Interessenkonflikten. Zu schützende Informationen sind im kapitalmarktrechtlichen Bereich insbesondere Insidertatsachen (§ 13 WpHG), Ad-hoc-Tatsachen (§ 15 WpHG) sowie kursrelevante Gerüchte[836]. Daneben verdienen kundennahe Daten etwa zwischen Anlage- und Kreditabteilung Vertraulichkeitsschutz und typische Zweige wie das M&A-Geschäft sehen üblicherweise eine Projektanonymisierung vor[837].

Jegliche Weitergabe von sensiblen Daten ist – auch innerhalb der Vertraulichkeitsbereiche – anhand des „Need-to-know-Prinzips" festzumachen[838]. Informationen dürfen dabei nur nach dem Maßstab der Erforderlichkeit weitergegeben werden. Sollen daneben aus gerechtfertigtem Grund „Chinese Walls" durchbrochen werden (sogenanntes „Wall-Crossing"), ist zusätzlich die Zustimmung der Bereichsleiter beider Seiten notwendig[839]. Innerhalb von Vertrauensbereichen sollte ein Mitarbeiterwechsel immer nur nach einer vorhergehenden Kontrolle durch die Compliance-Abteilung erfolgen[840]. Ihre Grenze findet die Anwendbarkeit der „Chinese Walls" in der Gesamtverantwortung des Vorstandes, da dieser in jeglicher Hinsicht dem umfassenden Informationsanspruch genügen muss[841].

Hb. des Vorstandsrechts 2006, § 19 Rn. 50 f. Zu den Änderungen durch die MiFID: *Röh*, BB 2008, S. 398 (399 ff.).

836 Vgl. *Klöpper*, in: Hauschka, Corporate Compliance, 2007, § 11 Rn. 18, 50; *Koller*, in Assmann/Uwe H. Schneider, WpHG, 4. Aufl. 2006, § 33 Rn. 31; *Ringleb*, in: Ringleb/Kremer/Lutter/v. Werder, Komm. z. DCGK, 3. Aufl. 2008, Rn. 635; *Schwark*, in: Schwark, KMRK, 3. Aufl. 2004, § 33 WPHG Rn. 17.

837 Vgl. ausführlich *Eisele*, in: Schimansky/Bunte/Lwowski, Bankrechtshb., 3. Aufl. 2007, § 109 Rn. 143 ff.; *Grundmann*, in: Ebenroth/Boujong/Joost, HGB, 2001, § 33 WpHG Rn. VI 258258; *Hauschka*, AG 2004, S. 461 (464).

838 *Eisele*, WM 1993, S. 1021 (1025); *Grundmann*, in: Ebenroth/Boujong/Joost, HGB, 2001, § 33 WpHG Rn. VI 258258; *Dr. Wehowsky*, in: Erbs/Kohlhaas, Strafrechtliche Nebengesetze, Stand 169. EL 2008, § 33 WpHG Rn. 5. Siehe auch bereits oben § 4 III. 2. a).

839 *Gebauer*, in: DIRK, 2004, S. 505 (535).

840 Vgl. *Schlicht*, BKR 2006, S. 469 (472); *Schwark*, in: Schwark, KMRK, 3. Aufl. 2004, § 33 WPHG Rn. 15.

841 *Schwark*, in: Schwark, KMRK, 3. Aufl. 2004, § 33 WPHG Rn. 16.

b) Ertrag für die Corporate Compliance-Organisation

Auch wenn die sogenannten „Chinese Walls“ zunächst nur für das Bank- und Kapitalmarktrecht verbindlich sind, kann die Implementierung solcher Standards in jedem Unternehmen bezüglich vertraulicher Informationen geboten sein. In Zeiten ständiger Datenschutzverletzungen sollte ein sorgsamer Umgang mit sensiblen Daten begrüßt werden. Entscheidende Frage ist aber, ob die gezielte Abschottung von Informationen von der Rechtsfolge der Wissenszurechnung befreien kann. Zwar hat sich die Rechtsprechung noch nicht mit dieser Thematik beschäftigen müssen, es ist jedoch davon auszugehen, dass soweit gesetzliche Vorgaben zum pfleglichen Umgang mit bestimmten Daten bestehen, eine weitere Wissenszurechnung blockiert wird[842]. Insofern wäre es widersprüchlich, eine Rechtsfolge anzunehmen, die nur unter Verletzung einer weiteren Rechtspflicht, nämlich der speziellen Schweigepflicht, verhindert werden könnte[843]. Daneben bleibt es Sache der Verkehrsauffassung, welche Weitergabe an Informationen erwartet werden kann und welche nicht. Gerade die für ein spezielles Unternehmen herausragenden Verschwiegenheitspflichten müssen und können im Rahmen einer effektiven Unternehmensführung Grundlage der Bildung von einzurichtenden „Chinese Walls“ sein, ohne Nachteile in der rechtlichen Bewertung zu befürchten. Vorsichtiger ist die Einrichtung von nicht zwingenden Grenzbereichen für selbst getroffene „Verschwiegenheitspflichten“ zu behandeln. Hier wird eher eine gezielte Unterbrechung des Informationsflusses unterstellt sowie die Rechtsfolge der Wissenszurechnung greifen. Eine gute Argumentation nahe an den Interessen des Verkehrsschutzes wird unabdingbar sein. Wichtigster Aspekt bezüglich der Erschaffung von Informationsbarrieren bleibt jedenfalls eine klare Zuweisung und Aufgabenzuteilung seitens des Vorstandes und die Beachtung der Erforderlichkeit bei Überschreitung der selbst gesetzten Grenzenlinien.

Dies gilt auch in Hinblick auf die beschriebene „Attorney-Client-Privilege“-Problematik, denn Rechtsfolgen aus der Möglichkeit und Pflicht der Informationsweitergabe können grundsätzlich für das Unternehmen positiver wie negativer Natur sein. Auch wenn das Fehlen einer Schweigepflicht des Unternehmensjuristen etwa gegenüber Ermittlungsbehörden nachteilig ist, kann

---

[842] In diesem Sinne auch *Eisele*, in: Schimansky/Bunte/Lwowski, Bankrechtshb., 3. Aufl. 2007, § 109 Rn. 116 f.; *Schwark*, in: Schwark, KMRK, 3. Aufl. 2004, § 33 WPHG Rn. 20.

[843] *Buck-Heeb*, in: Hauschka, Corporate Compliance, 2007, § 2 Rn. 38.

die Weitergabe von Kenntnissen der Rechtsabteilung aus Compliance-Sicht im Zuge der interdisziplinären Kommunikation durchaus zusagen. Entscheidend für den Umgang mit der Rechtsprechung zur anwaltlichen Schweigepflicht ist letztendlich die Kenntnis der Geschäftsleiter über die unterschiedliche rechtliche Behandlung von Inhouse-Jurist und ausgelagertem Anwalt. Zur Umgehung möglicher Nachteile ist dann auf die Implementierung einer klar strukturierten Aufgabenverteilung zwischen möglicherweise parallel engagierten externen und internen Rechtsberatern zu verweisen[844]. So besteht die Möglichkeit, die Schweigepflicht hinsichtlich gewünschter Tätigkeitsfelder beizubehalten[845].

Die gesetzlichen Grenzen des Informationsmanagements sind zu respektieren; sie dienen jedoch ohnehin dem Schutz der Gesellschaft und stehen dem Zweck der Compliance nicht im Weg. Zudem bieten die aufgezeigten Vertraulichkeitsaspekte auch im Rahmen der Corporate Compliance Möglichkeiten, Haftungsgefahren einzelfallgerecht einzugrenzen.

5. Information als Aufgabe des Vorstandes

Auch wenn sich der grundlegende Aufbau einer Informationsorganisation nach einer unternehmensimmanenten Selbstverständlichkeit anhört, sieht die Realität anders aus. Bereits simple, aber wichtige Kommunikationswege, wie etwa die zwischen Vorstand und Aufsichtsrat, werden oftmals nicht beherzigt[846]. Im Ursprung basierend auf der Rechtsfortbildung zur Wissenszurechnung, gelangt die Informationsthematik zu den Hauptaugenmerken bezüglich der Unternehmensorganisation und den Haftungsvermeidungsstrategien. Aus diesem Grund stellt das Informationsmanagement eine Leitungsaufgabe des Vorstandes[847] und zudem einen wesentlichen Kernaspekt bei der Grenzziehung zwischen der Business Judgment Rule und den Anforderungen einer Compliance-Organisation dar[848]. Einen durchgängigen Informationsfluss innerhalb des Unternehmens „von unten nach oben“ zu schaffen und somit

---

844 Vgl. *Lampert*, in: Hauschka, Corporate Compliance, 2007, § 9 Rn. 12. Siehe auch *Schwung*, BB 2007, S. 2419 (2422), der von einer Notwendigkeit der Zusammenarbeit auf Grund einer komplementären Funktion von externem und internem Jurist ausgeht.

845 So im Zusammenhang mit internen Unternehmensuntersuchungen: *v.Hehn/Hartung*, DB 2006, S. 1909 (1911 ff.). Vgl. auch unten § 5 II. 6. a) bb).

846 *Bernhardt*, BB 2008, S. 1686 (1690) mit Verweis auf *Theisen/Raßhofer*, DB 2007, S. 1317 ff.

847 *Fleischer*, ZIP 2003, S. 1 (5).

allgemeine Berichtswege zu etablieren, stellt das Grundgerüst eines Informationsmanagements dar[849]. Da letzteres jedoch nicht losgelöst betrachtet werden kann, führen inhaltliche Zusammenhänge zu Überschneidungen organisatorischer Anforderungen[850]. Um es plastischer zu machen: Auch etwa die Delegation oder das Risikomanagement verlangen als organisatorische Einheiten, die keinen eigenständigen Geschäftsbereich darstellen[851], eine ständige Kommunikation und haben dafür zu sorgen, dass die Mitarbeiter ihrer Informationspflichten entsprechend der geforderten Sorgfalt gerecht werden[852]. Insoweit müssen jeweils spezielle Informationen, beim Risikomanagement etwa die Risiken und damit zusammenhängenden Umstände, auf den Weg gebracht werden[853]. Sinnvoll ist es daher, die grundlegenden Berichtslinien auch für die einzelnen Organisationssegmente zu nutzen, um ein möglichst einheitliches und einfach zu durchschauendes System zu implementieren[854].

Auch die Notwendigkeit einer Strukturierung des Wissens innerhalb des Vorstands versteht sich von selbst. Im Zusammenhang mit der Thematik der Gesamtverantwortung und der Ressortaufteilung wurden bereits dahingehende Anforderungen an die Vorstandskollegen formuliert[855]. Die umfassende Zuständigkeit des Organs führt – anders als bei der Thematik der Wissenszurechnung – zur Irrelevanz der Herkunft der zu verarbeitenden Informationen[856]. Zu begründen ist dies zum einen mit der zu jeder Entscheidung heranzuziehenden und abzuwägenden Informationsbasis[857] und mit der Tatsache, dass geschäftliche oder private Funktion des Geschäftsleiters und Erlangung der Information nahezu untrennbar ist. Darüber hinaus ist der Vorstand durch seine Verschwiegenheitspflicht aus § 93 Abs. 1 Satz 3 AktG insbesondere zur

---

848 Siehe dazu auch Fn. 758.

849 *Lösler*, WM 2007, S. 676 (681).

850 *Rodewald/Unger*, BB 2007, S. 1629 (1630) sprechen von „ambivalenter Herausforderung".

851 Risikomanagement soll sich schließlich über das ganze Unternehmen erstrecken.

852 Vgl. zur Risikokommunikation § 4 II. 3. e).

853 *Preußner*, NZG 2004, S. 57 (60), zieht eine Parallele zwischen den allgemeinen Informationsorganisationspflichten und denen des Risikofrüherkennungssystems aus § 91 Abs. 2 AktG.

854 Die erfolgte Abhandlung zum Thema Kommunikation ist somit keineswegs abschließend. Vielmehr sind zunächst Grunderfordernisse und -strukturen dargestellt, die in vielerlei Hinsicht etwa inhaltlicher Natur zu ergänzen sind.

855 Vergleiche oben unter § 3 IV.

856 *Fleischer*, NZG 2003, S. 449 (454).

genauen Beachtung der nach außen zu tragenden Kenntnisse angehalten[858]. Im Rahmen eines Transaktionsgeschäfts und den entsprechenden Verhandlungen bleibt eine Offenlegung von Geschäftsgeheimnissen oder anderen internen Informationen meist nicht aus. Deshalb ist dem Vorstand in solchen Fällen etwa der Abschluss einer verbindlichen Vertraulichkeitsvereinbarung mit dem Dritten zu empfehlen[859].

Neben den auf die Unternehmensspitze ausgerichteten Kommunikationslinien kommt es genauso auf eine ausreichende Information und Beratung der einzelnen Glieder der Kette, sprich der Mitarbeiter, „von oben nach unten" an. In ihrer jeweiligen Position müssen sie zur vollständigen Funktionalität des Systems kontinuierlich über ihre Rechte, Pflichten und Berichtswege in Kenntnis gesetzt und sensibilisiert werden[860]. Diese ausgewogene Wechselwirkung zwischen Informationspflicht der Geschäftsleitung und der nachgeordneten Mitarbeiter führt zu einem vertrauensvollen Verhältnis und stabilisiert das System. Die dazu notwendigen Instrumente sind später darzustellen[861]. Ersichtlich umfasst der Kommunikationsbereich viele Facetten und unterschiedliche Herausforderungen je nach Betrachtungsperspektive. Nicht umsonst bezeichnet das Schrifttum die Informations- und Kommunikationsorganisation als prioritäre Compliance-Pflicht[862] oder Kernelement eines effektiven Compliance-Systems[863]. Die Notwendigkeit, Wissen zu organisieren, ergibt sich ersichtlich nicht nur aus der Rechtsprechung zur Wissenszurechnung, sondern dient im Allgemeinen als entscheidende Haftungsvermeidungsstrategie eines funktionierenden Unternehmens, dessen Geschäftsleitung und einer ganzheitlichen Compliance-Organisation.

---

857 Vgl. *Rodewald/Unger*, BB 2006, S. 113 f., zu Informationsbeschaffung und -verwertung.

858 Siehe oben § 4 III. 4. a) aa).

859 *Klöpper*, in: Hauschka, Corporate Compliance, 2007, § 26 Rn. 7 ff. Bei börsennotierten Unternehmen liegt mit der Transaktion selbst regelmäßig eine Insiderinformation gemäß § 13 WpHG vor, für die sodann auch weitere Pflichten (§§ 15 ff. WpHG) greifen können.

860 *Bürkle*, BB 2005, S. 565 (566); *Hauschka*, DB 2006, S. 1143 (1146); *Itzen*, BB 2008, S. 12 (16); *Lampert*, in: Hauschka, Corporate Compliance, 2007, § 9 Rn. 16; *Rodewald/Unger*, BB 2007, S. 1629 f.

861 Siehe unten, § 5 II., z.B. Mitabeitertrainingsprogramme oder Pflichtenhefte.

862 *Bachmann*, VGR-Schriftenreihe 2008, S. 65 (82 mit Fn. 91).

863 *Rodewald/Unger*, BB 2007, S. 1629 (1635). Zustimmend *Eibelshäuser*, Der Konzern 2007, S. 735 (740).

IV. Dokumentation

1. Notwendigkeit der Dokumentation

Die Notwendigkeit der Dokumentation wurde bereits an mehreren Stellen dieser Untersuchung angesprochen. Demnach sind die vorstandsinterne Geschäftsverteilung, die Delegation im Unternehmen, das Risikomanagementsystem sowie das Informationsmanagement schriftlich festzuhalten. Zwar mangelt es jeweils an gesetzlichen Vorgaben, jedoch hat der Bundesgerichtshof im Zusammenhang mit der Rechtsfortbildung zur Wissenszurechnung die zuvor beschriebene Informationsspeicherungspflicht etabliert[864] und sieht neuerdings ohne nähere Begründung auch ein Erfordernis zur Dokumentation des Risikofrüherkennungssystems[865]. Die hinter einer Dokumentationspflicht stehenden Grundgedanken sind sowohl die Beweissicherung beziehungsweise die Exkulpationsmöglichkeit[866] als auch das Erreichen eines personenunabhängigen Informationsorganisationssystems[867]. Jede implementierte Haftungsvermeidungsstrategie kann nur so gut sein, wie es – und zwar für jeden erkennbar – aus der vorgenommenen Dokumentation hervorgeht. Ein einfach strukturiertes und zu durchschauendes Organisationssystem muss sich schriftlich niedergelegt wiederfinden können.

2. Inhaltliche und praktische Anforderungen

Nicht nur die Grundzüge der Organisation sind in Arbeitsverträgen, Geschäftsordnungen oder Handbüchern[868] zu fixieren[869]. Auch die alltägliche, interne wie externe Korrespondenz sowie die Wahrnehmung der Berichtswege und Kontrollsysteme sind bestenfalls auf schriftlichem Wege zu vollziehen[870].

---

[864] Vgl. § 4 III. 2. c).

[865] BGH, NZG 2008, S. 319 (320).

[866] Vgl. *Hauschka*, DB 2006, S. 1143 (1146); *Kiethe*, GmbHR 2007, S. 393 (399 f.); *Krause*, BB 2009, S. 1370; *Krieger/Sailer*, in: Schmidt/Lutter, AktG, 2008, § 93 Rn. 31; *Kromschröder/Lück*, DB 1998, S. 1573 (1576) zum Risikomanagement. Siehe zur Beweislastumkehr auch: *Bachmann*, VGR-Schriftenreihe 2008, S. 65 (85).

[867] *Eibelshäuser*, Der Konzern 2007, S: 735 (741).

[868] Vgl. hierzu später auch die Ausgestaltungen der einzelnen Compliance-Instrumente.

[869] Vgl. *Schmidt-Husson*, in: Hauschka, Corporate Compliance, 2007, § 7 Rn. 20; *Theusinger/Liese*, NZG 2008, S. 289 (290).

[870] Vgl. *Hauschka*, AG 2004, S. 461 (465): „…alle anderen, möglicherweise haftungsrelevanten Vorgänge sind zu dokumentieren." So auch *Kiethe*, GmbHR 2007,

Dies bedeutet überspitzt nicht, dass jeder Mitarbeiter bei einfacher Fragestellung an einen Kollegen den Postweg nutzen muss. Die Dokumentationsanforderungen wollen den Grundsatz der Effektivität nicht vollends aushebeln. Aus diesem Grund ist Schriftlichkeit in dieser Hinsicht auch per Email gewährleistet. Mündliche Informationsanfragen oder -mitteilungen sind zudem ganz nach den Grundsätzen der Wissenszurechnung bei zu erkennendem Anlass oder ersichtlicher Relevanz für das Unternehmen in einer Aktennotiz zu vermerken und abzuspeichern[871]. Hierzu eignen sich vorgefertigte Formulare, die die nötigen Grundinformationen wie Datum, Betreff und beteiligte Personen automatisch abfragen. Ratsam kann auch die Einführung gewisser Grundregeln zur Ausdrucksweise sein, damit zu Beweiszwecken keine Uneindeutigkeiten zur Last fallen[872].

Ob die Dokumentation auf Papier oder innerhalb eines EDV-Systems geschieht, ist letztendlich nicht entscheidend[873]. Die Menge an Informationen lässt heutzutage eher den Schluss auf eine elektronische Datenbank zu, wobei wiederum die Gefahr des Datenverlustes abgesichert werden muss. Viele Kanzleien und Unternehmen neigen aus diesem Grund dazu, die vorgenommene Email-Korrespondenz zusätzlich ausgedruckt in Papierform zu verwalten[874]. Dies kann zwar nicht verbindlich verlangt werden, aus eigenem Interesse zwingend ist bei ausschließlich elektronischer Speicherung aber das Erstellen von Sicherungsdateien. Wichtig ist daneben die Errichtung eines einheitlichen Speicherungssystems entlang eines einfach strukturierten Schemas. Exemplarisch sind die separate Speicherung nach Mitarbeitern, Projekten,

---

S. 393 (400); *Rodewald/Unger*, BB 2006, S. 113 (115). Bezüglich der Korruptionsprävention: *Hauschka/Greeve*, BB 2007, S. 165 (171).

871 Dieser Verpflichtung muss aber im Zumutbaren liegen, siehe dazu: *König*, in: Göhler, OWiG, 14. Aufl. 2006, § 130 Rn. 12. Für Wertpapierdienstleistungsunternehmen sind durch die MiFID detaillierte Dokumentationsanforderungen statuiert worden. Siehe im Einzelnen dazu: *Spindler/Kasten*, AG 2006, S. 785 (788 f.).

872 Vgl. *Kapp/Schlump*, BB 2008, S. 2478 (2486), allerdings bezogen auf kartellrechtliche Vorwürfe gegen die Gesellschaft.

873 Sofern es sich um eigens erstellte Dokumente handelt, anders selbstverständlich bei notariellen Beurkundungen. Abzustellen ist insoweit zusätzlich auf den Verwendungszweck.

874 *Buchta*, DB 2006, S. 1939 (1943) geht noch weiter und verlangt eine Lagerung von Kopien an einem anderen Ort als den Geschäftsräumen. Dies dürfte allerdings nur für „wichtigere" Dokumente erforderlich sein.

Abteilungen sowie eine nachgeordnete Gliederung anhand der Art oder des Datums des entsprechenden Dokuments zu nennen.

Schwierigkeiten bei der Dokumentationspflicht bereiten internationale Tätigkeiten des Unternehmens, weil unterschiedliche Rechtsordnungen abweichende Anforderungen an die Vorlage von Beweismaterialien stellen. So kann es bei der US-amerikanischen „pre-trial discovery“[875] zu umfangreichen Beweisermittlungen und Einsichtnahmen seitens der gegnerischen Partei im Vorfeld von gerichtlichen Verhandlungen kommen, zu denen es in der Regel keiner richterlichen Anordnung bedarf. Daneben werden auch im Rahmen des gerichtlichen Verfahrens Aufbewahrungspflichten von potenziellem Prozessmaterial begründet („Litigation Hold“), sobald ein drohender Rechtsstreit für das Unternehmen absehbar ist[876]. Die Art der Speicherung ist dazu unerheblich, die Vorlage kann auch in elektronischer Form erfolgen[877], insoweit wird von „eDiscovery“[878] gesprochen. Problematisch für ein deutsches, auf dem US-amerikanischen Markt tätiges Unternehmen sind die Konsequenzen: Werden die Daten nicht vorgelegt oder frühzeitig gelöscht, gilt dies als Beweisvereitelung, die sowohl mit prozessualen Folgen als auch mit Geldstrafen einhergehen kann[879]. Die mangelnde Vorlage eines Dokumentes wird automatisch als ein gegen die Partei sprechendes Argument gewertet[880]. Die Speicherung von möglicherweise auch unter deutschen Datenschutz fallenden Informationen muss beachtet werden und stellt deutsche Unternehmen vor eine

---

875 Vgl. dazu: *v.Hehn/Hartung*, DB 2006, S. 1909 (1911); *Kapp/Schlump*, BB 2008, S. 2478 (2484); *Lüpke/Müller*, NZI 2002, S. 588 ff.; *Schwung*, BB 2007, S. 2419 (2421); *Wybitul*, BB 2009, S. 606 ff.

876 *Spies/Schröder*, MMR 2008, S. 275.

877 Sec. 34(a) Federal Rules of Civil Procedures. Danach umfasst der Begriff "Dokumente" auch die elektronisch gespeicherte Information.

878 Dies bringt die Problematik der wesentlich umfangreicheren Übermittlung von Daten mit sich, zum einen im Ganzen wegen des einfacheren Transportweges, aber auch wegen des zusätzlichen Mitsendens von Metadaten und der erhöhten Treffsicherheit mit Hilfe einer elektronischen Stichwortsuche. Dazu *Spies*, MMR 2007, Heft 7, S. V f. Zur eDiscovery im Schiedsverfahren: *Hilgard*, SchiedsVZ 2008, S. 122 ff.

879 *Kapp/Schlump*, BB 2008, S. 2478 (2484); *Spies*, MMR 2007, Heft 7, S. V f.; *ders./Schröder*, MMR 2008, S. 275 (276).

880 *Spies*, MMR 2008, Heft 3, S. XVIII. Der District Court for the Central District of California hat erneut keine Akzeptanz von europäischem Datenschutz gezeigt.

zusätzliche Herausforderung der Filterung der notwendig zu speichernden Daten[881].

Auch wegen der persönlichen Haftungsgefahren der Vorstandsmitglieder empfiehlt es sich, die Dokumentation sorgfältig durchzuführen[882]. Vorgenommene Entscheidungen sind umfassend und inklusive der zugrundeliegenden Argumente festzuhalten, um sich präventiv der Beweislastfalle aus § 93 Abs. 2 Satz 2 AktG zu entziehen[883]. Insoweit dient die Dokumentation auch gerade dazu, den Unterschied zwischen bewusstem Nicht-Handeln und schlichter Untätigkeit des Vorstandes zu beweisen[884]. Zur individuellen Absicherung kann ein Vorstandsmitglied etwa bei einer von ihm nicht zugestimmten Entscheidung das angefertigte Protokoll an einem anderen Ort als den Geschäftsräumen verwahren, um sich in jeder Hinsicht abzusichern[885]. An dieser Stelle ist jedoch erneut an die Bedeutung der ausreichenden Information zu erinnern. Eine vollständige Dokumentation bringt dann nichts, wenn die vorgenommene Maßnahme die weiteren Voraussetzungen an eine unternehmerische Entscheidung im Sinne der Business Judgment Rule nicht erfüllt. Die Antwort auf diese Wechselwirkung der einzelnen organisatorischen Faktoren gibt die Compliance-Organisation.

3. Zeitliche Anforderungen - Speicherungsdauer

Es stellt sich die Frage, wie lange welche Daten gespeichert werden müssen. Unerheblich ist dies zunächst für die Organisationsgrundrisse wie Geschäftsordnungen oder Handbücher. Diese bleiben mindestens solange gespeichert, wie sie tatsächlich anzuwenden sind[886]. Um einer gewissen Stetigkeit zu genügen, empfiehlt sich aber kein ständiger Wechsel der grundlegenden Organisationsstrukturen. Hier sollten, nachdem eine einmalige Errichtung entsprechend des Compliance-Verständnisses stattgefunden hat, nur

---

881 Lösungsansätze zur Vereinbarkeit von deutschen und US-amerikanischen Recht bei *Spies/Schröder*, MMR 2008, S. 275 (278 ff.). Zu den Möglichkeiten Unternehmensunterlagen zu vernichten: *Kapp/Schlump*, BB 2008, S. 2478 ff.

882 *Kock/Dinkel*, NZG 2004, S. 441 (448); *Wolf*, DStR 2006, S. 1995.

883 *Arbeitskreis Schmalenbach Gesellschaft*, DB 2006, S. 2189 (2193); *Kiethe*, GmbHR 2007, S. 393 (399 f.).

884 *Hauschka*, GmbHR 2007, S. 11 (14). Zum Unterschied siehe § 1 II. 3. a).

885 Vgl. Fn. 874.

886 Eine spätere Abrufmöglichkeit kann auch dazu dienen, in Haftungsfällen, die erst im Nachhinein beanstandet werden, zu entlasten.

noch erforderliche Anpassungen vorgenommen werden. Hinsichtlich einzelner Protokolle, Korrespondenzen oder anderweitiger Informationen kann hinsichtlich der zeitlichen Beschränkung keine allgemeingültige Vorgabe gemacht werden[887]. Der Rechtsfolge der Wissenszurechnung kann im Zweifel jedenfalls nur mit einer entsprechend langen Speicherungsdauer begegnet werden[888]. Demnach sollte der Vorstand bezüglich gleichwertiger Datentypen einen großzügigen Mindestspeicherungszeitrahmen vorgeben, der an der Erforderlichkeit der entsprechenden Informationsart bemessen wird[889]. Orientierung verschaffen dabei mögliche Verjährungsfristen etwaiger eigener Ansprüche oder zu erwartender Gegenansprüche[890] sowie bestimmte gesetzliche Vorgaben. Einschlägig sind insbesondere § 257 HGB und aus dem Steuerrecht § 147 AO, die je nach Art der Unterlagen regelmäßig eine Speicherungsdauer von sechs bis zehn Jahren vorschreiben. Des Weiteren sind etwa Aufzeichnungen von Wertpapierfirmen mindestens fünf Jahre zu verwahren, Daten über die grundlegende vertragliche Beziehung mindestens für die Dauer der Geschäftsbeziehung[891]. Im versicherungsaufsichtsrechtlichen Bereich wird eine Speicherzeit von sechs Jahren vorgeschrieben[892].

Sähen sich Unternehmen insbesondere auf Grund der ansteigenden Informationsflut über die lange Dauer eines zu großen Aufwandes ausgesetzt, ist ihnen die moderne Speichertechnik – unter Voraussetzung der oben angesprochenen inhaltlichen Anforderungen – entgegenzuhalten, die eine einfache Verwahrung der Daten auf einem elektronischen Speichermedium ohne größeren Kosten-, Platz- oder Zeitaufwand ermöglicht. Der im Unternehmensalltag durch die Dokumentationsanforderungen erhöhte Aufwand scheint in Anbetracht der geschilderten, existenzbedrohenden Schäden von Gesellschaft und Geschäftsleitern gerechtfertigt zu sein. Ohne großen Anforderungskatalog

---

887 *Buck-Heeb* beschreibt die nicht definierte Speicherungsdauer als eine der Schwächen des Organisationspflichtenansatzes, in: Hauschka, Corporate Compliance, 2007, § 2 Rn. 34.

888 Siehe BGHZ 132 (1996), S. 30 (38 f.) = NJW 1996, S. 1339 (1341).

889 Beispielsweise sind Kenntnisse bezüglich eines Grundstücks bis zu einer eventuellen Veräußerung gar nicht zu löschen.

890 So auch *Kapp/Schlump*, BB 2008, S. 2478 (2479), sofern mit einer Verwendung der Unterlagen im Prozess nicht mehr zu rechnen ist.

891 Vgl. Art. 51 Abs. 1 DRL zur MiFID (siehe Fn. 664).

892 Vgl. § 64a Abs. 3 S. 1 und 2 VAG. Dazu: *Weber-Rey*, AG 2008, S. 345 (357).

dient die Dokumentation als ein existenzielles und probates Mittel zur effektiven Haftungsvermeidung[893].

V. Kontrolle

Letzter grundlegender Baustein einer unternehmensinternen Organisation ist die Kontrolle der Geschehnisse und die damit zusammenhängenden internen Einrichtungen. Pflichten werden regelmäßig erst dann tatsächlich befolgt, wenn die Einhaltung derer seitens einer höheren Instanz überwacht wird. Die den einzelnen Organisationsstrukturen bereits inne wohnenden Überwachungspflichten und weitere Kontrollstellen werden hier gebündelt anhand ihrer Funktion und Bedeutung für die Haftungsvermeidung dargestellt.

1. Kontrolle durch den Aufsichtsrat

a) Kontrollaufgabe des Gremiums nach § 111 Abs. 1 AktG

Höchstes Kontrollinstrumentarium der Aktiengesellschaft ist der obligatorische Aufsichtsrat. Durch seine in § 111 Abs. 1 AktG niedergelegte Überwachungsaufgabe hat er als Gesamtaufsichtsrat[894] die Ordnungsgemäßheit, die Rechtmäßigkeit, die Zweckmäßigkeit und die Wirtschaftlichkeit der Geschäftsführung zu kontrollieren[895]. Gegenstand der Überwachung[896] ist nicht jede Tätigkeit im Sinne des Geschäftsführungsbegriffs nach § 77 AktG, vielmehr ist eher restriktiv auf die aus der Leitungsaufgabe resultierenden originären Führungsaufgaben und die damit zusammenhängenden Entscheidungen und wesentlichen Einzelmaßnahmen des Vorstandes

---

[893] *Spindler/Kasten*, AG 2006, S. 785, sprechen die Unterschätzung der Bedeutung der Dokumentationspflichten an.

[894] *Pentz*, in: Fleischer, Hb. des Vorstandsrechts, 2006, § 16 Rn. 26; *Mertens*, in: KölnKomm AktG, 2. Aufl. 1996, § 111 Rn. 10; *Schmidt-Husson*, in: Hauschka, Corporate Compliance, 2007, § 7 Rn. 40 m.w.N.; *Semler*, in: MüKo AktG, 3. Aufl. 2008, § 111 Rn. 17 und 49.

[895] *Goette*, in: FS 50 Jahre BGH, 2000, S. 123 (128); *Lutter/Krieger*, Rechte und Pflichten des AR, 3. Aufl. 2005, Rn. 65; *Mertens*, in: KölnKomm AktG, 2. Aufl. 1996, § 111 Rn 11; *Pentz*, in: Fleischer, Hb. des Vorstandsrechts, 2006, § 16 Rn. 32 ff. Diese Grundsätze als solche der ordnungsgemäßen Geschäftsführung bezeichnend: *Semler*, in: Semler/Peltzer, Arbeitshb. für Vorstandsmitglieder, 2005, § 1 Rn. 140.

[896] Umfassende Darstellung der Überwachungspflicht des Aufsichtsrats bei *Henze*, BB 2000, S. 209 (213 ff.).

abzustellen[897]. Diese Eingrenzung impliziert aber gleichzeitig die Kontrollfunktion des Aufsichtsrats über das Compliance-Geschehen als eine der entscheidenden Leitungspflichten[898]. Dem Aufsichtsrat kommt die Position zu, die Organisationspflichten hinsichtlich der notwendigen Maßnahmen und Einführung von Sicherungseinrichtungen sowie deren Effektivität zu überprüfen. Dazu gehört auch eine präventive Überwachung, die durch eine Beraterfunktion gegenüber dem Vorstand und die ständige Kommunikation mit diesem über laufende sowie zukünftige Geschäftspolitik und Unternehmensplanung wahrgenommen wird[899]. Der Aufsichtsrat hat selbst rechtmäßig zu handeln und organisatorische Verpflichtungen zu erfüllen[900]. Er dient auch als unabhängige Institution zur Lösung von Konfliktsituationen etwa zwischen dem Vorstand und dem Compliance-Office/r[901].

b) Funktion des Prüfungsausschusses – Audit Committee

Die Kontrolle der Compliance soll gemäß Ziffer 5.3.2 DCGK insbesondere seitens eines durch den Aufsichtsrat eingerichteten Prüfungsausschusses stattfinden[902]. Diesbezüglich wurde die Formulierung der zu behandelnden Themenbereiche bei der Überarbeitung des Kodex im Jahre 2007 ausdrücklich auf das Gebiet der Compliance erweitert. Auch das zur Umsetzung der Abschlussprüferrichtlinie vorgenommene Bilanzrechtsmodernisierungsgesetz formuliert in einem neuen § 107 Abs. 3 Satz 2 AktG die Möglichkeit des Aufsichtsrats zur Einrichtung eines Prüfungsausschusses als unselbständige Untergliederung[903], dem er die Überwachung des Rechnungslegungsprozesses,

---

[897] *Habersack,* in: MüKo AktG, 3. Aufl. 2008, § 111 Rn. 20; *Hüffer*, AktG 8. Aufl. 2008, § 111 Rn. 3. Kontrovers diskutiert wird die zusätzliche Überwachungsaufgabe leitender Angestellter, die mit Führungsaufgaben betraut sind, Meinungsbild dazu bei *Henze*, NJW 1999, S. 3309; *Roth*, AG 2004, S. 1 (5 f., Fn. 81 und 82).

[898] *E.Vetter*, DB 2007, S. 1963 (1966).

[899] BGHZ 114 (1991), S. 127 (130); BGHZ 126, S. 340 (344) = NJW 1994, S. 2484; *Dreher*, in: FS Ulmer, 2003, S. 87 (88); *Goette*, in: FS 50 Jahre BGH, 2000, S. 123 (128); *Habersack*, in: MüKo AktG, 3. Aufl. 2008, § 111 Rn. 39 ff.; *Henze*, NJW 1999, S. 3309 f.; *v. Schenck*, in: Semler/v. Schenck, Arbeitshb. für AR-Mitglieder, 3. Aufl. 2009, § 7 Rn. 111; *Lutter/Krieger*, Rechte und Pflichten des AR, 5. Aufl. 2008, Rn. 100 ff. und 443 ff.; *Wittmann*, DB 2007, S. 2579 (2580).

[900] Vgl. *Bachmann*, VGR-Schriftenreihe 2008, S. 64 (93); *Bürkle*, BB 2007, S. 1797 (1800).

[901] Zu Konfliktsituationen später unter § 5 I. 4.

[902] Vgl. dazu *Sidhu*, ZCG 2008, S. 13 (15); *Weber-Rey*, AG 2008, S. 345 (346).

[903] *RegE* zum BilMoG, BT-Drucks. 16/10067, S. 22. Dazu *Habersack*, AG 2008, S. 98 (101); vgl. auch *Hommelhoff/Mattheus*, BB 2007, S. 2787 (2789). Die europarechtlichen

der Wirksamkeit interner Risikomanagementsysteme und der internen Revision sowie die Abschlussprüfung überträgt. Die Einrichtung eines solchen Prüfungsausschusses ist für viele, vor allem größere, börsennotierte Unternehmen auf Grund der annähernd identischen Empfehlung des Deutschen Coporate Governance Kodex nichts Neues, zumal die Akzeptanzquote dieser Empfehlung recht hoch ist[904].

Fraglich ist aber, inwieweit die allgemeine Kontrollaufgabe des Aufsichtsrats bezüglich der Compliance-Angelegenheiten nach dieser Gesetzesänderung durch den Prüfungsausschuss wahrgenommen werden kann oder soll, denn die Compliance wird von § 107 Abs. 3 S. 2 AktG nicht ausdrücklich erfasst. Ein Hineinlesen der Compliance in die Formulierung zur Überwachung des Risikomanagements ist nach hier vertretener Auffassung nicht erstrebenswert, da die beiden Institute grundsätzlich getrennt voneinander betrachtet und behandelt werden sollten[905]. Selbst wenn der neue Gesetzestext in § 107 Abs. 3 S. 2 AktG für den Prüfungsausschuss nur die oben benannten Aufgaben berücksichtigt[906], steht dem Aufsichtsrat jedoch die Errichtung von Ausschüssen generell gemäß § 107 Abs. 3 Satz 1 AktG unverändert frei. Eine Verbindung der beiden Aufgabenbereiche innerhalb des einen Prüfungsausschusses kann auf Grund der bestehenden Interdependenz der Compliance mit dem ausdrücklich genannten Risikomanagement sogar durchaus effektiv sein[907]. Sinn und Zweck der Errichtung von Prüfungsausschüssen ist grundsätzlich die zielgerichtete Kontrolle und die effizientere Erledigung der Arbeit des Aufsichtsrates durch

---

Vorgaben haben den Mitgliedsstaaten die Festlegung der Position des Prüfungsausschusses im Verhältnis zu den Organen der Gesellschaft eingeräumt, siehe *Lanfermann/Maul*, DB 2006, S. 1505 (1505 f.).

904 *Habersack*, AG 2008, S. 98 (101); *Leuering/Rubel*, NJW-Spezial 2008, S. 559; *Nonnenmacher/Pohle/v.Werder*, DB 2007, S. 2412; *v.Rosen*, AG 2008, S. 537; *v.Werder/Talaulicar*, DB 2007, S. 869 (872); *dies.*, DB 2008, S. 825 (829); *Weber-Rey*, AG 2008, S. 345 (348).

905 Siehe Darstellung zum Verhältnis von Risikomanagement und Compliance unter § 4 II. 1. und vgl. *Weber-Rey*, AG 2008, S. 345 (348 f.).

906 Vgl. *Handelsrechtsausschuss des DAV*, NZG 2008, S. 612 (618). Den genannten Aufgabenbereichen ist kein zwingendes Pflichtprogramm zu entnehmen, sondern nur eine Beschreibung des möglichen Aufgabenspektrums.

907 Vgl. insoweit auch Erwägungsgrund 24 der Abschlussprüferrichtlinie 2006/43/EG v. 21.05.2006, Abl. EU, L 157/S. 87 (90). Dieser spricht ausdrücklich das Ziel an, das Risiko von Vorschriftenverstößen zu minimieren. Zu Ziffer 5.3.2 DCGK: *Sidhu*, ZCG 2008, S. 13 (15); *E.Vetter*, DB 2007, S. 1963 (1966).

entsprechend qualifizierte Mitarbeiter[908]. Zwar werden durch das BilMoG bezüglich der Qualifikation der Aufsichtsrats- respektive Ausschussmitglieder nur Kenntnisse im Bereich der Abschlussprüfung oder der Rechnungslegung verlangt[909], sollte der Aufsichtsrat den Aufgabenbereich des Prüfungsausschusses jedoch auf die Compliance erweitern, bietet sich sowohl die Möglichkeit als auch die Sachdienlichkeit, ein Mitglied, das über compliance-rechtliche Kenntnisse verfügt, zu implementieren[910]. Auf diese Weise können die unterschiedlichen Spezialisten ihre Kontrolltätigkeit gemeinsam und gegenseitig optimieren.

Da die Errichtung eines Prüfungsausschusses gemäß § 107 Abs. 3 Satz 2 AktG nicht obligatorisch ist und die Neuformulierung in Verbindung mit § 107 Abs. 3 Satz 1 AktG lediglich als eine Betonung der zu intensivierenden Überwachungstätigkeiten zu verstehen ist, kommt dem Aufsichtsrat hinsichtlich der Verteilung der jeweiligen Ausschusszuständigkeiten ein breites Ermessen zu. Es ist auch aus praktischer Sicht keine Notwendigkeit zu erkennen, dass Unternehmen, die bereits einen Prüfungsausschuss nach dem Deutschen Corporate Governance Kodex errichtet haben, die Tätigkeit desselben inhaltlich reduzieren müssten, weil das Aktiengesetz die Compliance nicht ausdrücklich als Aufgabe des Prüfungsausschusses vorsieht[911]. Vielmehr wird der Gesetzgeber mit dieser Umsetzung der europarechtlichen Vorgaben dem deutschen, dualistischen System gerecht und verzichtet auf eine verbindliche Errichtung eines zusätzlichen, selbständigen Kontrollorgans mit festgelegten Aufgabenfeldern[912].

---

908 Vgl. *RegE* zum BilMoG, BT-Drucks. 16/10067, S. 102. *Habersack*, AG 2008, S. 98 (101); *ders.*, in: MüKo AktG, 3. Aufl. 2008, § 116 Rn. 28; *Hopt/Roth*, in: Großkommentar AktG, 4. Aufl. 2006, § 116 Rn. 62; *Preußner*, NZG 2008, S. 574; *Roth*, AG 2004, S. 1 (11); *Spindler*, ZIP 2005, S. 2033 (2034); *ders.*, in: Spindler/Stilz, AktG 2007, § 116 Rn. 15.

909 Siehe dazu den neuen § 100 Abs. 5 AktG sowie § 107 Abs. 4 AktG, die bei kapitalmarktorientierten Kapitalgesellschaften im Aufsichtsrat bzw. im Prüfungsausschuss verpflichtend mindestens ein unabhängiges Mitglied sehen, das über Sachverstand in den Gebieten Rechnungslegung und Sachverstand verfügt. Die Vorgaben der Abschlussprüferrichtlinie (Fn. 907), deren Umsetzung das BilMoG u.a. dient, orientieren sich an Sec. 407 SOA, der einen „Financial Expert" im Audit Committee vorsieht.

910 So sind *Rodewald/Unger*, BB 2007, S. 1629 (1631) zu verstehen, die auch auf Aufsichtsratsebene einen Compliance-Beauftragten verlangen.

911 *E.Vetter*, DB 2007, S. S. 1963 (1967) geht selbstverständlich von Identität der Prüfungsausschüssen nach DCGK und BilMoG aus.

912 Abzugrenzen ist hier von dem im neuen § 324 HGB vorgesehenen Prüfungsausschuss, der keine Untergliederung des Aufsichtsrates darstellt, sondern ein eigenständiges Gesellschaftsorgan, für den Fall, dass eine kapitalmarktorientierte Gesellschaft gar keinen

Die Überwachung der Compliance kann also Aufgabe des in § 107 Abs. 3 Satz 2 AktG formulierten Prüfungsausschusses sein und ist auch in einem großen Unternehmen zur Effektivitätssteigerung der Kontrolle grundsätzlich empfehlenswert[913]. Die derartige Intensivierung der allgemein abverlangten Kontrolle des Aufsichtrates sollte jedoch im Einzelnen von der Risikolage des Unternehmens und der Unternehmensstrategie in Bezug auf die Compliance abhängig gemacht werden. Die Errichtung einer verstärkten Überwachung macht nur dann Sinn, wenn die zu kontrollierende Grundlage in entsprechender Breite vertreten ist. In kleineren Unternehmen ist die Bildung von Ausschüssen daher im Zweifel entweder gar nicht möglich oder nicht sinnvoll.

c) Information als Grundlage der Kontrolltätigkeit

Alleinige Grundlage der Aufsichtsrats- und dementsprechend auch der Ausschussarbeit ist die umfassende Kenntnis über bereits vollzogene Sachverhalte und zukünftige Geschäftspolitik. Nach hergebrachtem Verständnis wurde in diesem Zusammenhang von einem Informationsmonopol des Vorstandes und einem daraus resultierenden alleinigen Informationsfluss seinerseits gegenüber dem Aufsichtsrat im Rahmen der Pflichtberichterstattung (vorwiegend § 90 Abs. 1 AktG) ausgegangen[914]. Logischerweise könnten nach diesem Verständnis durch den Aufsichtsrat nur die Maßnahmen und Ereignisse beaufsichtigt und bewertet werden, die die Geschäftsleitung tatsächlich mitgeteilt hat. Eine derartige Abhängigkeit von den Gepflogenheiten des Vorstandes ist allerdings nicht Sinn einer guten Corporate Governance, so dass zunehmend die Pflicht des Aufsichtsrates zur Nachfrage und aktiven Informationsbeschaffung gemäß § 90 Abs. 3 AktG[915] betont wird[916]. Insoweit

---

Aufsichtsrat besitzt. Im Referentenentwurf war die Regelung in § 342 f HGB zu finden. Vgl. dazu *Ernst/Seidler*, BB 2007, S. 2557 (2564); *Gruber*, NZG 2008, S. 12 (14); *Habersack*, AG 2008, S. 98 (101); *Hommelhoff/Mattheus*, BB 2007, S. 2787 (2790).

913 So auch *E.Vetter*, DB 2007, S. 1963 (1966 f.).

914 Dazu ausführlich *Theisen*, Information und Berichterstattung des AR, 2007, S. 23 f. Zu diesem Ansatz: *Dreher*, in: FS Ulmer, 2003, S. 87 ff.; *Gernoth*, DStR 2001, S. 299 (301); *Spindler*, in: MüKo AktG, 3. Aufl 2008, Vor § 76 Rn. 41. Zu den Veränderungen der Aufsichtsratsarbeit durch das KonTraG und TransPuG: *Dölling*, Hb. der Korruptionsprävention, 2007, 3. Kap. Rn. 232; *Peltzer*, NZG 2002, S. 10 (14).

915 Insofern entspricht dies der Informationsabfragepflicht oder auch „Holschuld“ in § 4 III. 2. b).

916 Vgl. *Gernoth*, DStR 2001, S. 299 (301); *Hüffer*, NZG 2007, S. 47 (49); *ders.*, AktG, 8. Aufl. 2008, § 90 Rn. 1a; *Kropff*, in: FS Raiser, 2005, S 225, 231 f; *Lutter*, in:

kann sich der Aufsichtsrat nicht mit Unwissenheit entlasten, sondern muss darauf hinwirken, die für seine Überwachungsaufgabe notwendigen Informationen zu erhalten. In diesem Sinne formuliert auch der Deutsche Corporate Governance Kodex in Ziffer 3.4 Abs. 1 DCGK die Informationsversorgung als gemeinsame Aufgabe von Vorstand und Aufsichtsrat und bezieht sich zudem in der Fassung vom 14. Juni 2007 in der Ziffer 3.4 Abs. 2 DCGK wörtlich auf die Berichtspflicht über Compliance[917].

Die eigenständige Nachfragepflicht des Aufsichtrates wirft die Frage auf, ob der Vorstand verbindlich alleinige Informationsquelle des Aufsichtsrats bleiben muss, oder ob er daneben Berichte eines Dritten, etwa von Arbeitnehmern oder vom Compliance Office, anfordern darf. Die aktienrechtliche Konzeption respektive das dualistische System von Vorstand und Aufsichtsrat lassen auf eine gewollte Informationskanalisierung zwischen den beiden Institutionen schließen, die nur im absoluten Ausnahmefall zu durchbrechen erlaubt wäre[918]. Gewahrt bleiben soll dadurch die vom Gesetz vorgegebene Funktionentrennung in aktive Geschäftsführungsaufgabe des Vorstandes und die lediglich kontrollierende Position des Aufsichtsrates[919]. Gleichzeitig mutet es jedoch an, dem Gesetzgeber in diesem Zusammenhang eigene Inkonsequenz zu unterstellen. Neben der Tatsache, dass der Aufsichtsrat durch Gesetzesreformen in seiner Verantwortung gestärkt wurde und sich ohnehin eine an internationalen Standards angepasste Unternehmensphilosophie verbreitet[920], treffen die Forderungen und Folgen der Business Judgment Rule in mancher Hinsicht auch den Aufsichtsrat[921]. Kernfrage ist nun, wie diesbezüglich eine „angemessene

---

Ringleb/Kremer/Lutter/v.Werder, DCGK, 3. Aufl. 2008, Rn. 378; *Spindler*, in: MüKo AktG, 3. Aufl. 2008, § 90 Rn. 32 ff.

917 Siehe dazu *Bürkle*, BB 2007, S. 1797 (1800); *Preußner*, NZG 2008, S. 574; *Theisen*, Information und Berichterstattung des AR, 2007, S. 23 f.; *E.Vetter*, DB 2007, S. 1963 (1964).

918 So *Hüffer*, AktG, 8. Aufl. 2008, § 90 Rn. 11; *Mertens*, in: KölnKomm AktG, 2. Aufl. 1996, § 90 Rn. 44; *Spindler*, in: MüKo AktG, 3. Aufl. 2008, § 90 Rn. 38.

919 Vgl. *Goette*, in: FS 50 Jahre BGH, 2000, S. 123 (129).

920 So *Dölling*, Hb. der Korruptionsprävention, 2007, 3. Kap. Rn. 232; *Theisen*, Information und Berichterstattung des AR, 2007, S. 24. Ähnlich auch *Preußner*, NZG 2004, S. 303 (307). Zu den Relativierungen der Funktionentrennung generell: *Pentz*, in: Fleischer, Hb. des Vorstandsrechts, 2006, § 16 Rn. 5; *Roth*, AG 2004, S. 1 (3 f.).

921 Unternehmerische Entscheidungen und damit die Anwendbarkeit der Business Judgment Rule sind auch beim Aufsichtsrat möglich: BGH (1997) 135, S. 244 (253) (ARAG/Garmenbeck); *Habersack*, in: MüKo AktG, 3. Aufl. 2008, § 116 Rn. 40; *Hauschka*, GmbHR 2007, S. 11; *Hüffer*, NZG 2007, S. 47 (48); *Hopt/Roth*, in:

Informationsgrundlage" auszusehen hat. Einerseits könnte der Aufsichtsrat die Möglichkeit erhalten, benötigte Informationen neben dem Weg über den Vorstand jederzeit auch über andere (unternehmensinterne) Institutionen zu erlangen. Dabei würden die stets verlangten Transparenzanforderungen an gute Coporate Governance gefördert und nicht einmal den Grundsätzen des Informationsmanagements widersprochen[922], da regelmäßig[923] weder seitens untergeordneter Ebenen gegenüber dem Vorstand, noch seitens des Vorstandes gegenüber dem Aufsichtsrat[924] Verschwiegenheitspflichten bestehen. Auf der anderen Seite steht die soeben beschriebene, etablierte Beschränkung des Informationsweges gegenüber anderen Institutionen. Die Berichte des Vorstands wären dabei im Rahmen der Business Judgment Rule insoweit entlastend, als dem Aufsichtsrat andere Kenntnisse nicht abverlangt werden könnten und diese zwangsläufig als angemessene Informationsgrundlage im Sinne des § 93 Abs. 1 Satz 2 AktG dienen müssten[925]. Das würde jedenfalls gelten, solange sich der Aufsichtsrat selbst um eine umfassende Berichterstattung im Rahmen seiner Abfragepflicht gegenüber dem Vorstand gekümmert hat.

Aktuell wird die Diskussion um die Informationsbeschaffungsmodalitäten durch die gesetzliche Einführung der Regelungen über den Prüfungsausschuss verschärft. Manche Stimmen in der Literatur betonen die Möglichkeit des Prüfungsausschusses, den Leiter der internen Revision oder des Compliance Officers in Abwesenheit des Vorstandes ohne inhaltliche Beschränkung befragen zu können[926]. Dabei mag sich auf bereits bestehende gesetzlich geregelte Vorgaben zur vorstandsunabhängigen Informationsbeschaffung berufen werden, bei denen, neben der Befugnis Einsicht in die Schriften und

---

Großkommentar AktG, 4. Aufl. 2006, § 116 Rn. 66 ff.; *Lutter*, ZIP 2007, S. 841 (846); *Roth*, AG 2004, S. 1 (4 f.); *Schäfer*, ZIP 2005, S. 1253 (1258).

[922] Ähnlich *Kropff*, NZG 2003, S. 346 (348); *ders.*, in: FS Raiser, 2005, S. 225 (238 f.), der rechtlich kein Informationsmonopol sieht.

[923] Ausgenommen sind funktionsspezifische Schweigepflichten, vgl. oben § 4 III. 4. a) aa).

[924] Siehe Fn. 825.

[925] *v.Rosen*, AG 2008, S. 537 (538), sieht das als Vorteil der Entlastungsmöglichkeit des Aufsichtsrates, ansonsten wäre er verpflichtet, jeglichen Informationskanal wahrzunehmen und auszuschöpfen.

[926] *Nonnenmacher/Pohle/v.Werder*, DB 2007, S. 2412 (2415). Nur mit Zustimmung des Vorstands: *Arbeitskreis Schmalenbach Gesellschaft*, DB 2009, 1279 (1282). Die Befragung des Leiters der internen Revision noch verneinend: *Pohle/v.Werder*, DB 2005, S. 237 (239). Im Ergebnis die vorstandsunabhängige Kommunikation mit der internen Revision befürwortend: *Roth*, AG 2004, S. 1 (11 ff.).

Bücher der Gesellschaft zu nehmen[927], sowohl der Abschlussprüfer[928] als auch Sachverständige[929] ohne Anwesenheit des Vorstandes an den Aufsichtsrat beziehungsweise an seine Ausschüsse berichten dürfen. Insoweit basiert insbesondere die spezielle Arbeit des Prüfungsausschusses zwangsläufig bereits zu einem großen Anteil auf vorstandsunabhängigem Wissen. Eine grundsätzlich mögliche Kenntniserlangung darüber hinaus und am Vorstand vorbei, etwa durch die gezielte Befragung von Mitarbeitern, entzieht sich aber schon der Weisungsbefugnis des Aufsichtsrats und einer Berichtspflicht der Arbeitnehmer[930]. Anders zu behandeln sind lediglich die Fälle, bei denen Informationen an den Aufsichtsrat oder seine Ausschüsse herangetragen werden[931]; diese bestimmten Ausnahmetatbestände sind vom Aufsichtsrat durchweg ernst zu behandeln[932]. Wird sich hingegen unbegründet über den Vorstand hinweggesetzt, kann bei Kenntniserlangung durch die Öffentlichkeit eine Schädigung des Ansehens des Vorstandes oder der Gesellschaft entstehen, dessen materielle Schäden der Aufsichtsrat bei fehlender Sorgfalt gemäß §§ 93 Abs. 2, 116 AktG zu ersetzen hat[933].

---

927 § 111 Abs. 2 S. 1 AktG.

928 § 171 Abs. 1 S. 2 AktG, § 321 HGB. In diesem Zusammenhang sind wohl die Empfehlungen 3.3.4 und 3.5 des Leitfadens „Best Practice“ von Bilanzprüfungsausschüssen zu sehen, in: *Pohle/v.Werder*, DB 2005, S. 237 (238 f.) „executive sessions“.

929 §§ 109, Abs. 1 S. 2, 111 Abs. 2 S. 2 AktG. Vgl. *Kropff*, in: FS Raiser, 2005, S. 225 (241).

930 *Dreher*, in: FS Ulmer, 2003, S. 87 (98 ff.) jedoch differenzierend nach Informationsrecht und Personalkompetenz; *Lutter*, AG 2006, S. 517 (521); *Pohle/v.Werder*, DB 2005, S. 237 (238) in Ziffer 3.3.2; *v.Rosen*, AG 2008, S. 537; *Roth*, AG 2004, S. 1 (9); zur Thematik: *Spindler*, ZIP 2005, S. 2033 (2038). Über § 111 Abs. 2 S. 1 AktG zulassend: *Kropff*, NZG 2003, S. 346 (349 f.); *ders.*, in: FS Raiser, 2005, S. 225 (242). Zu den Ausnahmen siehe unten. A.A. *Habersack*, in: MüKo AktG, 3. Aufl. 2008, § 111 Rn. 68, der die Notwendigkeit eines Verdachts auf Unregelmäßigkeiten nicht sieht.

931 *Roth*, AG 2004, S. 1 (8) mit Verweis auf das RG (1924) 107, S. 221 (226). Für eine Mitteilungsmöglichkeit der Angestellten gegenüber dem Aufsichtsrat bei Verdacht einer schweren Straftat: *Bachmann*, VGR-Schriftenreihe 2008, S. 65 (93). Siehe auch Eskalationsrechte zum Aufsichtsrat unter § 3 IV. 3. und § 5 I. 5. c). Mangels gesetzlicher Vorgaben, empfiehlt es sich, solche Grenzbereiche ausdrücklich zwischen den Organen zu regeln.

932 Siehe *Lutter*, AG 2006, S. 517 (521).

933 So aber auch *Habersack*, in: MüKo AktG, 3. Aufl. 2008, § 111 Rn. 66 und 70. Durch die Befragung externer Dritter kann auch eine Verletzung der Verschwiegenheitspflicht aus §§ 93 Abs. 1 S. 3, 116 AktG vorliegen. Hinsichtlich des Einsichts- und Prüfungsrechts aus § 111 Abs. 2 S. 1 AktG Transparenz in den Vordergrund stellend: *Mutter*, Unternehmerische Entscheidungen und Haftung des AR der AG, 1994, S. 145 f.; *Roth*, AG 2004, S. 1 (7).

Ob in einem solchen Fall der Prüfungsausschuss oder der Aufsichtsrat als Plenum gehandelt hat, ist unerheblich. Dem Ausschuss werden zwar zentrale Teil der Kontrollaufgabe zur abschließenden Wahrnehmung übertragen, die Verantwortlichkeit für die Erledigung bleibt jedoch immer Aufgabe des Gesamtgremiums, welches die Kompetenz jederzeit wieder an sich ziehen kann[934]. Der Prüfungsausschuss darf insoweit nicht mit dem selbständigen „Audit Committee“ des anglo-amerikanischen Rechtskreises basierend auf dem „Board“-System verwechselt werden[935]. Genau darin verankert liegt aber der Wunsch der internationalen Betrachtungsperspektive nach einer umfassenden Informationsbeschaffungsmöglichkeit. Der deutsche Gesetzgeber hält einerseits am dualistischen System fest, versucht sich aber gleichzeitig als „Global Player“ zu beweisen, indem möglichst viele Entwicklungen aus dem Bereich der internationalen Corporate Governance in das bestehende aktienrechtliche Konzept eingebaut werden. Dass diese Rechnung an vielen Stellen nur unter Preisgabe der eigenen Identität aufgeht, scheint nicht von weiterem Interesse zu sein.

Begegnet werden kann diesem Konflikt nur mit einem Kompromiss. Das Trennungssystem und die damit einhergehende Berichtstruktur bleibt, solange das Aktiengesetz es vorsieht, zu respektieren. Informationsquelle muss daher primär der Vorstand sein. Er hat regelmäßig die Entscheidungsbefugnis über die Weitergabe an Informationen und Befragung anderer Institutionen[936]. Lediglich in Ausnahmefällen darf sich über das Vertrauensverhältnis der beiden obersten Organe[937] und die Autorität des Vorstands hinweggesetzt und *ultima ratio* anderweitig nach Auskünften gesucht werden[938]. Typische Ausnahmefälle sind Verdachtsmomente einer Vertuschung oder Verweigerung der Daten seitens des

---

934 *RegE* zum BilMoG, BT-Drucks. 16/10067 S. 102; *Ernst/Seidler*, BB 2007, S. 2557 (2564); *Hommelhoff/Mattheus*, BB 2007, S. 2787 (2789); *Preußner*, NZG 2008, S. 574; *v.Rosen*, AG 2008, S. 537; *Weber-Rey*, AG 2008, S. 345 (348).

935 Vergleichend: *Eibelshäuser*, Der Konzern 2007, S. 735; *Kremer*, in: Ringleb/Kremer/Lutter/v. Werder, Komm. z. DCGK, 3. Aufl. 2008, Rn. 991; *Pohle/v.Werder*, DB 2005, S. 237; *Wolf*, DStR 2006, S. 1995 (1998 f.).

936 Der Vorstand ist Adressat der Berichtspflichten und hält die Weisungsbefugnisse über Arbeitnehmer und somit auch über den Compliance Officer inne.

937 Vgl. dazu *Lutter*, AG 2006, S. 517 (521).

938 *Hommelhoff*, ZGR 1983, S. 551 (565); *Hüffer*, AktG, 8. Aufl. 2008, Rn. 11; *Mertens*, in: KölnKomm AktG, 2. Aufl. 1996, § 90 Rn. 44; *Spindler*, in: MüKo AktG, 3. Aufl. 2008, § 90 Rn. 38; a.A. *Kropff*, in: FS Raiser, 2005, S. 225 (241), der kein *ultima ratio*-Prinzip sieht. Offen *Fleischer*, in: Spindler/Stilz, AktG 2007, § 90 Rn. 43 f.

Vorstands[939]. Diese Regelung gilt auch für den Prüfungsausschuss, dessen sich aus § 107 Abs. 3 Satz 4 AktG ergebende Berichtspflicht gegenüber dem Aufsichtsrat dementsprechend intensiv auszugestalten und die Abfrage von Informationen weiterhin über die geregelten Wege der §§ 90 Abs. 3, 111 Abs. 2, 171 Abs. 1 Satz 2 AktG zu realisieren ist. Wenn auch gerade in Hinblick auf bekannt gewordene, interne Rechtsverstöße und dadurch betreffend die Kommunikation mit dem Compliance Officer Ausnahmezustände denkbar sind, die eine vom Vorstand unabhängige Befragung rechtfertigen, werden solche Ausnahmen sich aber in der Regel auf Interessenkonfliktkonstellationen beschränken[940]. Hinsichtlich der Rechtsfolgen der Business Judgment Rule muss im Normalfall folgerichtig von einer Entlastung des Aufsichtsrates und dessen Ausschüssen auf Basis der durch den Vorstand erlangten Kenntnisse ausgegangen werden. Eine eindeutige Klärung dieses Widerstreits kann letztendlich nur eine höchstrichterliche Entscheidung bringen.

d) Organisatorische Umsetzung der Kontrollaufgabe

Die Compliance-Organisation soll dazu verhelfen, etwaige Nachteile, die sich aus diesen rechtlichen Unsicherheiten ergeben können, zu vermeiden. Ein funktionstüchtiges, auf einem Informationssystem aufbauendes Compliance-Programm bewirkt die Weitergabe der Daten bis zum Vorstand. Auf Grund der Berichtspflichten des Vorstandes erweitert sich zum einen der ständige Informationsfluss bis zum Aufsichtsrat, zum anderen gewährt die vollumfängliche Dokumentation durch das Einsichtsrecht des Aufsichtsrates in die Schriften des Unternehmens ein umfassendes Bild.

Daneben ist es die Aufgabe des Aufsichtsrates eine den bekannten Grundzügen entsprechende Informationsordnung zwischen ihm und dem Vorstand zu schaffen oder zu unterhalten und Berichtspflichten sowie zeitnahe Informationsintervalle zu konkretisieren[941]. Dazu ist er im Rahmen seiner

---

939 *Kropff*, NZG 2003, S. 346 (349); *ders.*, in: FS Raiser, 2005, S. 225 (242) sieht aber auch die Möglichkeit zur Befragung von Mitarbeitern, wenn diese für den Aufsichtsrat den Sachverhalt besser und schneller klären können; *v.Rosen*, AG 2008, S. 537; *Spindler*, WM 2008, S. 905 (914).

940 Hervorhebend auch *Kropff*, NZG 2003, S. 346 (348). Dazu später unter § 5 I. 4.

941 Dazu auch *Hüffer*, NZG 2007, S. 47 (51); *Kropff*, NZG 2003, S. 346 (347 und 349); *ders.*, in: FS Raiser, 2005, S. 225 (244 f.); *Seibt*, in: Schmidt/Lutter, AktG, 2008, § 77 Rn. 18. Dahingehend auch die Empfehlung in Ziffer 3.4. Abs. 3 DCGK.

Kompetenz, dem Vorstand eine Geschäftsordnung zu geben (§ 77 Abs. 2 AktG)[942], berechtigt. Inhalte, wie die Vorlage von in § 90 AktG nicht explizit genannten Berichten[943] zu speziellen Themenkreisen (etwa Compliance, Risikomanagement, interner Revision) können hier festgelegt werden. Insbesondere kann auf die Weiterleitung aller Vorgänge, die auf einen Normverstoß hindeuten[944], und die Mitteilungspflicht von Anstrengungen seitens Ermittlungs- oder Steuerbehörden verwiesen werden[945]. Anlass zur Berichterstattung geben daneben bedeutende Gesetzesänderungen und Gerichtsurteile sowie verbindliche Anordnungen von Aufsichtsbehörden[946]. Zur Umgehung einer Durchbrechung des gesetzlichen Grundgedankens steht dem Aufsichtsrat somit selbst die Befugnis zu, die Informationsbeschaffung grundlegend zu beeinflussen und zu intensivieren. Zur besseren Einbindung der Kontrollinstanz in die Compliance-Thematik ist an eine passive Teilnahme eines Aufsichtrats- beziehungsweise Prüfungsausschussmitglieds[947] im zuvor erwähnten Compliance Committee zu denken[948], in dem auch der Vorstand vertreten ist. Dadurch könnten doppelte Berichtswege und zugleich eine Umgehung der Geschäftsleitung vermieden werden. Zudem kann sich das zuständige Überwachungsorgan einen umfassenden Überblick sowohl über die einzelnen Institutionen als auch die Zusammenarbeit dieser hinsichtlich der Compliance machen.

Basis der Zusammenarbeit von Vorstand und Aufsichtsrat sollte Offenheit und beiderseitiges Vertrauen sein. Dies bedingt, dass jede intendierte Überschreitung des ungeschriebenen Informationsmonopols durch Zurückhaltung geprägt ist. Ein Heranziehen anderweitiger Informationsquellen darf aber bei Bedarf zur

---

942 Zur „Informationsordnung": *Habersack*, in: MüKo AktG, 3. Aufl. 2008, § 111 Rn. 68; *Seibt*, in: Schmidt/Lutter, AktG, 2008, § 77 Rn. 17.

943 So gibt es im Gegensatz zum Kapitalmarktrecht (§ 33 Abs. 1 Satz 2 Nr. 5 WpHG) bezüglich des Gesellschaftsrecht keine explizite Compliance-Berichtspflicht, siehe *Spindler*, WM 2008, S. 905 (913).

944 Abzustellen ist wohl vor allem auf Einzelfälle, die strafbewehrt sind oder zu erheblichen Reputationsschäden führen können. So *Kort*, NZG 2008, S. 81 (84); *Nonnenmacher/Pohle/v.Werder*, DB 2007, S. 2412 (2415).

945 *Bürkle*, BB 2007, S. 1797 (1800).

946 *Bürkle*, BB 2007, S. 1797 (1800); *Kort*, NZG 2008, S. 81 (84).

947 Sofern die Compliance-Überwachung tatsächlich vom Prüfungsausschuss wahrgenommen wird. Das Gleiche gilt aber auch für jeden anderen Ausschuss, der sich mit der Thematik beschäftigt.

Gewährleistung einer umfassenden Kontrolltätigkeit nicht ohne weiteres als Misstrauenskundgebung gewertet werden. Zu empfehlen sind daher klare, schriftlich fixierte Vereinbarungen zwischen den beiden Organen, die den vertieften Einfluss des Aufsichtsrats und der Ausschüsse auf Mitarbeiter oder bestimmte Institutionen regeln. Eine an das US-amerikanische Recht angepasste Möglichkeit des Prüfungsausschusses etwa eng mit der internen Revision zusammenzuarbeiten und dieser gegenüber Weisungen zu erteilen, kann im deutschen Recht nur auf Grund einer Kooperation mit dem Vorstand erfolgen[949]. Das muss auch hinsichtlich der Compliance gelten[950]. Jedoch wird sich die Notwendigkeit einer derartigen Zusammenarbeit von Aufsichtsrat und Compliance-Stelle in der Regel nicht ergeben, da letztere vielmehr organisatorische Maßnahmen als operative Kontrolle in den Vordergrund stellt und selbst auf die anderen Prüfungseinrichtungen wie interne Revision oder Risikomanagement zurückgreift. Vorrangig ist dann der Effizienzaspekt, dass bestehende Kontrollmechanismen der Gesellschaft bei Implementierung einer weiteren Institution ausgenutzt werden können[951].

Dem Aufsichtsrat sind bei Ausreizung der gesetzlichen Vorgaben und kritischer Hinterfragung der Vollständigkeit der erlangten Daten regelmäßig genügend Wege zur Informationsbeschaffung im Rahmen des Sorgfaltsmaßstabs nach §§ 93 Abs. 1, 116 AktG eröffnet. Allein die Einsichtnahme in die Bücher und Schriften der Gesellschaft dürfen bei sorgfältiger Pflege einen umfassenden Wissensfundus darstellen. Konkrete Regelungen zwischen den beiden Organen oder in der Geschäftsordnung sind auf die speziellen Belange und auf den konkret gesetzten Compliance-Schwerpunkt des jeweiligen Unternehmens abzustellen. So ist auch die nicht obligatorische Bildung eines Prüfungsausschusses auf einen großen Aufsichtsrat gemünzt, der bei einem mittelständischen Unternehmen nicht notwendig ist. Auch hier entscheidet der Bedarf des einzelnen Falles und im Mittelpunkt steht die Hervorhebung der klaren, schriftlich fixierten Informationsstrukturen.

---

948 Vgl. § 4 III. 3. b). So sehen *Rodewald/Unger* (BB 2007, S. 1629 (1631)) eine Einbindung des Aufsichtsrats in die Compliance-Berichterstattung vor.

949 *Kropff*, NZG 2003, S. 346 (350); *Roth*, AG 2004, S. 1 (9 f.).

950 Vgl. *Bachmann*, VGR-Schriftenreihe 2008, S. 65 (93). Dieser sieht den unmittelbaren Kontakt zwischen Aufsichtsrat und Compliance Officer wegen der Informationshoheit des Vorstands als ausgeschlossen an.

951 So auch *Roth*, AG 2004, S. 1 (11).

2. Kontrolle durch die delegierende Stelle und durch den Compliance Officer

Jede Hierarchie lebt von der Delegation nach unten und der entsprechenden Kontrolle von oben. Auf die Anforderungen an den Delegierenden bezüglich der Überwachungsfunktion und –sorgfalt wurde bereits eingegangen, so dass auf die obige Darstellung zu verweisen ist[952]. Auch im vorstandsinternen Bezug wurden die Grundsätze der gegenseitigen Überwachung und die Anforderungen an den schmalen Grat zwischen Vertrauen und Misstrauen ausführlich behandelt[953]. Aufgabe der Delegierenden im Allgemeinen, und im Speziellen auch des Compliance Officers[954], ist neben der Kontrolle der ausführenden Tätigkeiten der Mitarbeiter auch die Prüfung der Funktionalität der getroffenen organisatorischen Maßnahmen.

Als mögliches Instrumentarium der Kontrolle werden Stichproben genannt[955]. Diese können sich in der Vorlage von Protokollen, Befragungen von Mitarbeitern, oder der Durchsicht von abgelegten Unterlagen niederschlagen. Denkbar sind auch vorgetäuschte Durchsuchungen von Ermittlungsbehörden, um die Ernsthaftigkeit der Kontrollen zu betonen[956]. Genügen diese der gebotenen Überwachung nicht, ist an umfassendere Geschäftsprüfungen zu denken[957]. Um die Angemessenheit des jeweiligen Vorgehens beurteilen zu können, ist auf die Zumutbarkeitsgrenze im Einzelfall[958] und dabei auf die Wertigkeit des aufzudeckenden Verdachts abzustellen. Zur Aufdeckung von Straftaten, wie vor allem korrupten Sachverhalten und in besonders anfälligen Tätigkeitskreisen (z.B. im Kartellrecht), sind unerwartete Tests auch in

---

952 Siehe § 4 I. 2. c) cc) und § 4 I. 3.

953 Siehe § 3 IV. 1. und 4.

954 Ausführlich hierzu § 5 I. 2.

955 BGH (1981), WuW/E, S. 1799 „Revisionsabteilung"; BGH (1985), WuW/E, S. 2202 (2203) „Brückenbau Hopener Mühlenbach"; *Bergmoser/Theusinger/Gushurst*, BB-Special 5, 2008, S. 1 (5); *Dreher*, ZWeR 2004, S. 75 (99 f.); *Fleischer*, AG 2003, S. 291 (294); *ders.*, CCZ 2008, S. 1 (6); *Hauschka/Greeve*, BB 2007, S. 165 (167); *Pampel*, BB 2007, S. 1636 (1637).

956 So *Itzen*, BB-Special 5, 2008, S. 12 (16); *Lampert*, BB 2002, S. 2237 (2242) zum Kartellrecht; *ders.*, in: Hauschka, Corporate Compliance, 2007, § 9 Rn. 33; zustimmend *Bürkle*, in: Hauschka, Corporate Compliance, 2007, § 8 Rn. 12.

957 BGH (1985), WuW/E, S. 2202 (2203) „Brückenbau Hopener Mühlenbach"; BGH, NStZ 1986, S. 34; *Fleischer*, CCZ 2008, S. 1 (2); zum Kartellrecht: *Hauschka*, BB 2004, S. 1178 (1181).

958 Siehe Fn. 620.

größerem Umfang besonders wertvoll und im Zweifel auch erforderlich[959]. Im Fokus jeder einzelnen Maßnahme muss immer die tatsächliche Geeignetheit stehen, betriebsbezogene Verstöße zu verhindern[960]. Bei geringwertigeren Problemfeldern ist die anzuwendende Maßnahme stärker anhand der Auswirkungen auf die kollegiale Zusammenarbeit und abzuwägen[961]. Keinesfalls darf es im Rahmen der Prüfungsaufgabe zu einer anhaltenden Überwachung der Mitarbeiter etwa per Videokamera oder anderweitige Bespitzelung und einen damit einhergehenden Eingriff in das allgemeine Persönlichkeitsrecht kommen[962], wie es erst kürzlich der Vorwurf gegenüber der Lidl GmbH & Co. KG zeigte. Sinn einer überraschenden Kontrolle soll vielmehr die Herstellung des Bewusstseins eines jeden Mitarbeiters sein, bei einer eventuellen Zuwiderhandlung gegen Vorschriften entdeckt und im Fortgang bestraft zu werden[963]. Daneben wird die Nachhaltigkeit von in Schulungen und Handbüchern präsentiertem Wissen zum Thema Compliance überprüft[964].

Die Intensität der Kontrolle orientiert sich an Krisensituationen und Verdachtsmomenten und kann bei konkreten Anhaltspunkten zu einer Einschreitenspflicht der Kontrollinstanz werden, die das sofortige Abstellen der Gefahrensituation[965] und ein eindeutiges Durchgreifen mit Hilfe von Disziplinarmaßnahmen[966] verlangt. Der Vorstand hat im Rahmen seiner

---

959 Vgl. *Lampert*, in: Hauschka, Corporate Compliance, 2007, § 9 Rn. 33. Die Erforderlichkeit von Kontrolle im Zusammenhang mit Korruption betonend: *Hauschka/Greeve*, BB 2007, S. 165 (167). Zum Tatbestandsmerkmal der Erforderlichkeit des Umgangs mit Arbeitnehmerdaten nach dem neuen § 32 Abs. 1 Satz 1 BDSG siehe *Wybitul*, BB 2009, S. 1582 ff.

960 OLG Düsseldorf (2006), WuW DE-R 1893 (1896).

961 So sieht *Hauschka* (BB 2004, S. 1178 (1181)) bei der Kartellrechtscompliance auch angekündigte und in einem festen Turnus stattfindende Stichproben als ausreichend an.

962 *König*, in: Göhler, OWiG, 14. Aufl. 2006, § 130 Rn. 12; *Rogall*, in: Karlsruher Kommentar OWiG, 3. Aufl. 2006, § 130 Rn. 38, 49 („keine Schnüffelei") und 50.

963 BGH (1981), WuW/E, S. 1799 „Revisionsabteilung"; BGH (1985), WuW/E, S. 2202 (2203) „Brückenbau Hopener Mühlenbach"; *Bergmoser/Theusinger/Gushurst*, BB-Special 5, 2008, S. 1 (5); *Hauschka*, AG 2004, S. 461 (467) zur Notwendigkeit von Bestrafung; *Rogall*, in: Karlsruher Kommentar OWiG, 3. Aufl. 2006, § 130 Rn. 60.

964 Zu Schulungen und Handbüchern siehe unten § 5 II. 3. und 4. Zur Notwendigkeit von Kontrolle des Erlernten: *Mengel/Hagemeister*, BB 2006, S. 2466 (2468); *Itzen*, BB-Special 5, 2008, S. 12 (16).

965 *Hauschka*, in: Hauschka, Corporate Compliance, 2007, § 1 Rn. 38.

966 Konsequenzen bei Compliance-Verstößen sollen Disziplinarmaßnahmen sein, dazu näher unten § 5 II. 7. So *Dreher*, ZWeR 2004, S. 75 (100 f.); *Hauschka*, ZIP 2004, S. 877 (881);

Compliance-Verpflichtung sicherzustellen, dass die Überwachungsaufgabe erfolgreich delegiert wird, in einem organisierten Rahmen stattfindet und die Berichtslinien nach oben eingehalten werden. Es ist insbesondere seine Aufgabe das Erreichen von Rechtskonformität im gesamten Unternehmen durch stringente Weiterverfolgung und Sanktionierung einzelner Missstände nachhaltig zu sichern.

3. Controlling, internes Kontrollsystem und interne Revision

Die Literatur zur Compliance verwendet mehrere mit dieser im Zusammenhang stehende Begrifflichkeiten, die bisher vom Gesetzgeber nicht eindeutig definiert sind und daher Schwierigkeiten in der Abgrenzung bereiten. Zu nennen sind – neben dem schon behandelten Risikomanagement – das Controlling, das interne Kontrollsystem und die interne Revision. Diesen Institutionen sind Überwachungselemente, aber auch Ansätze zur Entwicklung unterschiedlicher Lösungsstrategien immanent. Eine ausführliche Behandlung all jener Themenkreise und der genauen, gegenseitigen Abhängigkeiten derer kann im Rahmen dieser Arbeit nicht stattfinden. Trotzdem soll zum Verständnis der im Unternehmen möglichen und eventuell notwendigen Kontrolltätigkeiten nicht auf die kurze Gegenüberstellung der jeweiligen Systemansätze verzichtet werden.

a) Begriffserläuterungen

Bei der Controlling-Abteilung handelt es sich um eine unternehmensführungsbezogene und prozessabhängige Überwachung. Das Controlling dient der koordinierenden Unterstützung der Geschäftsführung anhand von Planung, Kontrolle, Analyse und Entwicklung von Handlungsalternativen[967]. Die führungsrelevanten Unternehmensdaten werden aus betriebswirtschaftlicher Sicht aufgearbeitet und in einem frühen Stadium einer kritischen Prüfung hinsichtlich Fehlentwicklungen unterzogen[968].

---

ders./Greeve, BB 2007, S. 165 (167); *Pampel*, BB 2007, S. 1636 (1637); *Uwe H. Schneider*, ZIP 2003, S. 645 (650).

[967] *Gernoth*, DStR 2001, S. 299; *Hauschka*, AG 2004, S. 461 (475); *Theisen*, Information und Berichterstattung des AR, 2007, S. 12 f. Umfassender *Pampel/Krolak*, in: Hauschka, Corporate Compliance, 2007, § 15 Rn. 10.

[968] Vgl. *Reg. Begr.* KonTraG, BT-Drucks. 13/9712 S. 15. *Fleischer*, in: Fleischer, Hb. des Vorstandsrechts, 2006, § 7 Rn. 41; zur Notwendigkeit einer Controllingabteilung

Auch dem internen Kontrollsystem liegt eine prozessabhängige Überwachungsfunktion zugrunde, bei der der jeweilige Überwachungsträger in den Arbeitsablauf integriert ist[969]. Die Anforderungen gehen hinsichtlich der prüfungsrelevanten Bereiche auseinander. Section 404 des Sarbanes Oxley Act verlangt ein internes Kontrollsystem hinsichtlich der Rechnungslegung mit dem Ziel der Vermeidung von Fehlinformationen der Finanzberichterstattung[970]. Das Institut für Wirtschaftsprüfer versteht in seinem Standard IDW PS 261[971] unter einem internen Kontrollsystem die von der Unternehmensleitung eingeführten Grundsätze, Verfahren und Regelungen, die auf die organisatorische Umsetzung von Entscheidungen der Unternehmensleitung gerichtet sind. Ziele sind dabei die Sicherung der Wirksamkeit und Wirtschaftlichkeit der Geschäftstätigkeit, die Ordnungsmäßigkeit und Verlässlichkeit der internen und externen Rechnungslegung sowie die Einhaltung der für das Unternehmen maßgeblichen rechtlichen Vorschriften.[972] Hinter dem Begriff steckt also das gleiche Grundprinzip, welches auch bezüglich der Compliance von einer funktionierenden Unternehmensorganisation erwartet wird. Die in den Prozess integrierten, jeweiligen Vorsitzenden respektive die Delegierenden müssen ihrer Überwachungssorgfalt gerecht werden und die nötigen Informationen zielgerichtet weitergeben[973]. Das interne Kontrollsystem richtet sich aber unternehmensspezifisch anhand prozessinhärenter Risikofaktoren aus[974], so dass etwa an sensiblen Stellen eine gesondere Überwachungsinstanz eingerichtet wird. In der derzeitigen Praxis liegt der Schwerpunkt bei der Einführung eines internen Kontrollsystems wegen der internationalen Vorbilder überwiegend auf der Überprüfung der Rechnungslegung.

---

hinsichtlich der angemessenen Information: *Hopt*, in: Großkommentar AktG, 4. Aufl. 1999, § 93 Rn. 84 und 107.

969 *Eggemann/Konradt*, BB 2000, S. 503 (506); *Grohnert*, DStR 2008, S. 299; *Küting/Busch*, DB 2009, S. 1361 (1362).

970 Dazu *Büssow/Taetzner*, BB 2005, S. 2437 ff.; *Bungartz//Szackamer*, ZCG 2007, S. 123 (124 f.); *Schoberth/Servatius/Thees*, BB 2006, S. 2571 (2572 f.).

971 Der IDW PS 261 „Feststellung und Beurteilung von Fehlerrisiken und Reaktionen des Abschlussprüfers auf die beurteilten Fehlerrisiken" ersetzt den IDW PS 260 „Das interne Kontrollsystem im Rahmen der Abschlussprüfung". Zu den IDW Standards siehe http://www.idw.de/idw/generator/id=302246.html (zuletzt besucht am: 19.10.2009).

972 Darstellend: *Moll/Niedermeier*, VW 2006, S. 2001; *Schoberth/Servatius/Thees*, BB 2006, S. 2571.

973 Siehe zuvor "Kontrolle der delegierenden Stelle". Auch *Bungartz//Szackamer*, ZCG 2007, S. 123 (125), betonen den Gleichlauf mit bereits bestehenden Kontrollmechanismen.

974 *Schoberth/Servatius/Thees*, BB 2006, S. 2571 (2576).

Die interne Revision hingegen ist prozessunabhängig und nimmt unternehmensintern objektive Prüfungen aus der Retrospektive vor[975], die insbesondere das Financial Auditing, Compliance Auditing und Operational Auditing umfassen[976]. Sie bezieht sich nicht speziell auf die Kontrolle der Unternehmensführung, sondern beleuchtet alle Prozesse, die mit den soeben genannten Tätigkeitsfeldern im Zusammenhang stehen. Als neutrale Instanz ist sie neben der hier hervorzuhebenden Kontrolle der Compliance auch für die Prüfung der Funktionalität des internen Kontrollsystems, des Controllings sowie des Risikomanagements zuständig. Gesetzliche Verpflichtungen für jedwede Aktiengesellschaft gibt es für die Einführung dieser Institutionen nicht[977], der Bundesgerichtshof hat bisweilen jedoch die Notwendigkeit der Implementierung einer internen Revision in einem größeren Unternehmen gesehen[978].

b) Gegenseitige Zusammenhänge und Bezug zur Compliance

Schwierig zu fassen sind die Zusammenhänge der jeweiligen Institutionen. So wird etwa die interne Revision und das Controlling als regelmäßiger Bestandteil eines funktionierenden Überwachungssystems gemäß § 91 Abs. 2 AktG gesehen[979], das unternehmensbezogene Risikomanagement soll Teilbereich des internen Kontrollsystems sein[980], stellenweise jedoch genau andersherum[981], und die interne Revision soll letztendlich alle anderen Einrichtungen überwachen,

---

[975] Vgl. *Eggemann/Konradt*, BB 2000, S. 503 (506); *Fahrion/Geis*, ZCG 2007, S. 257 (259), betonen jedoch die zunehmende Zukunftsorientierung; *Grohnert*, DStR 2008, S. 299; *Küting/Busch*, DB 2009, S. 1361 (1362); *Lück*, DB 1998, S. 8 (10); *Moll/Niedermeier*, VW 2006, S. 2001 f. *Seibert*, in: FS Bezzenberger, 2000, S. 427 (430), bemerkt die unterschiedliche Qualität von Risikomanagement nach § 91 Abs. 2 AktG und interner Revision.

[976] *Amling/Bantleon*, DStR 2008, S. 1300 (1301); *Arbeitskreis Schmalenbach Gesellschaft*, DB 2006, S. 2189 (2195); *Fahrion/Geis*, ZCG 2007, S. 257 (258); *Theisen*, Information und Berichterstattung des AR, 2007, S. 12.

[977] So zur internen Revision: *Amling/Bantleon*, DStR 2008, S. 1300 (1301). Anders aber im aufsichtsrechtlichen Bereich, hier formulieren § 64a VAG und § 25a KWG die Notwendigkeit von interner Revision und internem Kontrollsystem.

[978] BGH (1981), WuW/E, S. 1799 – „Revisionsabteilung". Dazu: *Bergmoser/Theusinger/Gushurst*, BB-Special 5, 2008, S. 1 (5).

[979] *Spindler*, in: MüKo AktG, 3. Aufl. 2008, § 91 Rn. 28; *ders.*, in: Fleischer, Hb. des Vorstandsrechts, 2006, § 19 Rn. 18.

[980] *Schoberth/Servatius/Thees*, BB 2006, S. 2571.

[981] *Hommelhoff/Mattheus*, BB 2007, S. 2787 (2788). Für den versicherungsaufsichtsrechtlichen Bereich: *Bürkle*, VW 2008, S. 212, internes Steuerungs- und Kontrollsystem als Teil des Risikomanagements.

aber auch als Bestandteil des internen Kontrollsystems gelten[982]. Die Compliance könnte als Untergliederung des internen Kontrollsystems gewertet werden[983], wird aber auch als Teilbereich des Risikomanagements[984] oder der internen Revision[985] gesehen. All diese Verzettelungen bringen nicht weiter. Interessanter ist vielmehr die Betrachtung aus der Perspektive der allumfassenden Kontrolle. Prozessabhängig gibt es bezüglich jeder Geschäftstätigkeit eine interne Kontrolle, bezogen auf den Vorstand im Speziellen das Controlling. Prozessunabhängig ist die interne Revision für alle unternehmensbezogenen Abläufe zuständig, z.B. auch für das Controlling oder das Risikomanagement[986]. Auf Vorstandsebene wacht insoweit der Aufsichtsrat[987]. Der weite Begriff des internen Kontrollsystems wird sodann durch die auf bestimmte Ziele ausgerichteten Institutionen wie die Compliance und das Risikomanagement ausgefüllt. Die Interdependenzen von Compliance und Risikomanagement wurden bereits oben dargestellt und können auf das Verhältnis zwischen Überwachungssystem nach § 91 Abs. 2 AktG und Controlling und interner Revision übertragen werden. Hier liegt keine Untergliederung oder Darstellung von Teilbereichen vor, sondern eine gegenseitige Abhängigkeit und Ergänzung. Die Einheiten stehen dabei weiterhin nebeneinander[988]. Die unterschiedlichen Ansätze führen zu einem Gesamtgefüge von Kontrollinstanzen, deren

---

982 *Fahrion/Geis*, ZCG 2007, S. 257 ff.; *Moll/Niedermeier*, VW 2006, S. 2001 f.

983 Das interne Kontrollsystem soll nach obiger Definition auch die Einhaltung der für das Unternehmen maßgeblichen rechtlichen Vorschriften sichern.

984 Vgl. Fn. 659. Oder andersherum: *Rohde-Liebenau*, BB 2008, Heft 46, Die Letzte Seite, M 16; siehe auch Fn. 661.

985 Vgl. *Campos Nave/Bonenberger*, BB 2008, S. 734 (735). Ähnlich auch *Cauers/Haas/Jakob/Kremer/Schartmann/Welp*, DB 2008, S. 2717 ff., die die Koordinierungsfunktion für Compliance, nicht aber die Prüfung des Compliance-Systems (S. 2718), der internen Revision übertragen wollen.

986 So auch *Eisele*, in: Schimansky/Bunte/Lwowski, Bankrechtshb., 3. Aufl. 2007, § 109 Rn. 112 m. Fn. 363; *Kort*, NZG 2008, S. 81 (83); *Spindler*, WM 2008, S. 905 (912).

987 Seine Aufgabe ist es wiederum auch das interne Kontrollsystem, das Risikomanagement und die interne Revision (im Sinne von Leitungsaufgaben des Vorstands) zu überwachen. Denn gemäß § 107 Abs. 3 S. 2 AktG kann diese Kontrolle Aufgabe des Prüfungsausschusses sein, ist dies nicht der Fall, bleibt sie im Wahrnehmungsbereich des Aufsichtsrats, vgl. *RegE* zum BilMoG, BT-Drucks. 16/10067, S. 102.

988 So ist auch die Erläuterung bei *Bürkle*, VW 2008, S. 212 (213) zu verstehen. Die interne Revision wird in § 64a Abs. 1 Nr. 4 VAG zwar als Teil des Risikomanagements genannt, soll aber darüber hinaus die ganze Geschäftsorganisation prüfen. Zum prakischen Umsetzung, siehe § 5 I. 2. a).

verschiedenen Zielrichtungen und Orientierung an selbständigen Prinzipien[989] relevant ist[990]. Der Vorstand bleibt deshalb verpflichtet, sich jeder Institution einzeln zu nähern und die Notwendigkeit für das Unternehmen zu prüfen. Geht es im zweiten Schritt an die Umsetzung der Aufgabe, können und sollen Grundstrukturen und Berichtswege für verschiedene Zwecke genutzt werden ohne gleich von der inhaltlichen Identität oder Überschneidung ausgehen zu müssen. Vielmehr können so auf der einen Seite Organisation und Effizienz der bestehenden Ressourcen zusammengeführt (prozessabhängige Kontrolle) und gleichzeitig auf der anderen Seite unabhängige Kontrollinstitutionen geschaffen werden (prozessunabhängige Kontrolle). Für die mehr oder weniger dogmatische Zuordnung von Compliance bedeutet das, dass sie nach hier zugrunde gelegter Auslegung zumindest in Teilbereichen der Umsetzung des internen Kontrollsystems dient, jedenfalls soweit sie überwachende Aufgaben wahrnimmt. Vieles darüber hinaus, stellt Besonderheiten der spezifischen Compliance-Organisation dar. Auf Vorstandsebene wird die Compliance sodann vom Aufsichtsrat überwacht, die nachgeordnete Compliance-Geschäftstätigkeit unterzieht die interne Revision einer näheren Kontrolle.

VI. Zusammenfassung

Die Compliance-Organisation basiert auf hergebrachten Organisationsstrukturen wie der ordnungsgemäßen Delegation von Aufgaben, der fortwährenden Kommunikation, der Beachtung von Risikofaktoren und der schriftlichen Fixierung von Sachverhalten. Diese Abläufe werden sodann von, für spezielle Aufgaben zugeordneten, Kontrollinstanzen überwacht.

Die Delegation ist zur Bewältigung des Arbeitsaufwandes unbedingt erforderlich, entzieht den Delegierenden jedoch nicht aus seiner Verantwortung. Neben der Auswahl- und Einweisungssorgfalt trifft ihn die fortwährende

---

989 Zum prinzipienorientierten Ansatz: *Amling/Bantleon*, DStR 2008, S. 1300 (1301); *Weber-Rey*, AG 2008, S. 345 (348) m.w.N.; *Webler*, WM 2008, S. 1435 (1441); *Dreher*, VersR 2008, S. 998 (1000 f.). *Hauschka* sieht den Zweck der unterschiedlichen Kontrollinstanzen nicht in der Wahrnehmung der unterschiedlichen Aufgaben selbst, sondern in der umfassenden Bewältigung der Kontrolle und Entdeckung der Risiken. Die Einsetzung der Abteilungen hat an den Anforderungen des jeweiligen Unternehmens zu erfolgen, in: VGR-Schriftenreihe, 2008, S. 51 (61 f.).

990 So sieht auch *Hauschka*, NJW 2004, S. 257 (260), den Unterschied von interner Revision und Controlling zur Compliance in der Zweckbestimmung.

Überwachungssorgfalt. Damit nimmt jeder Delegierende eine wichtige Stellung innerhalb des internen Kontrollsystems wahr und dient der Umsetzung einer den Missbrauch vorbeugenden Funktionentrennung in eine ausführende und eine überwachende Position hinsichtlich eines Arbeitsprozesses. Diese Strukturierung schafft gleichzeitig die Basis für ein zu implementierendes Risikomanagementsystem, welches zwar gesetzlich nicht im umfassenden Sinn gefordert ist (§ 91 Abs. 2 AktG), hinsichtlich der gestiegenen Corporate Governance-Anforderungen und im Zusammenhang mit der Compliance aber empfehlenswert erscheint. Grundelement aller Organisationsstrukturen ist das umfassende, von unten nach oben gerichtete Informationsmanagement. Um trotzdem die Grenzen bestimmter Schweigepflichten nicht zu durchbrechen, kann die Einrichtung von Vertraulichkeitsbereichen sowie Verhaltensvorgaben zum Umgang mit sensiblen Daten sinnvoll sein. Die umfängliche Kommunikation der Compliance-Inhalte betreffend kann zudem eine Compliance-Committee errichtet werden, in dessen Sitzungen der Vorstand mit dem Compliance Officer, der Rechtsabteilung, Kontrollinstanzen wie interne Revision und Controlling oder dem Risikomanagement zusammentrifft und sich mit compliance-relevanten Themen beschäftigt. Dadurch gelangen auch die überwachenden Positionen an die Kenntnisse, die ein frühzeitiges Einschreiten ermöglichen und erfordern. Denkbar wäre auch die Teilnahme eines Aufsichtsratsmitglieds, wodurch eine Informationsbeschaffung unter Anwesenheit des Vorstands gewährleistet wäre. Denn dieser ist zur Kontrolle der Compliance-Tätigkeit der Geschäftsleitung verpflichtet und soll nach hier vertretener Auffassung das exklusive Vertrauensverhältnis zum Vorstand wahren, bevor er bei entsprechendem Anlass Informationen von Dritten einholt. Möglich ist auch die Übertragung der Compliance-Überwachung auf den nicht obligatorisch zu errichtenden Prüfungsausschuss, obwohl der neue § 107 Abs. 3 Satz 2 AktG die Compliance als Aufgabenbereich eines solchen nicht ausdrücklich erwähnt. Die weiteren, vor allem aus betriebswirtschaftlicher Sicht zu implementierenden Kontrollinstanzen[991] dienen im Gesamten einer umfassenden Prüfung der Abläufe im Unternehmen, indem sie sich sowohl prozessabhängig als auch prozessunabhängig einfügen und sich gegenseitig ergänzen. Aus praktischer Perspektive sind diese unterschiedlichen Segmente nicht in jeder Gesellschaft notwendig. Die Bedeutung eines internen

---

[991] Controlling, interne Revision und internes Kontrollsystem.

Kontrollsystems, welches sich in einer sorgfältigen Delegation niederschlägt, wird in einem kleineren Unternehmen höher sein als die zusätzliche Implementierung einer internen Revision[992].

Entscheidendes Kriterium zur Rechtfertigung des hohen organisatorischen Aufwandes ist neben der Funktionalität eines Unternehmens die Haftungsvermeidung. Die Inanspruchnahme externer Delegation etwa verpflichtet zwar dazu, vertraglich ein Einsichts- und Kassationsrecht zu vereinbaren, sie führt aber zur höheren Risikoabwälzung im Schadensfall als bei vertikaler Delegation. Aus ähnlichem Grund kann auch die Kenntnis über die Tatsache, dass das „Attorney-Client-Privilege" beim Unternehmensjuristen durch die deutsche und europäische Rechtsprechung nicht akzeptiert wird, zum sinnvollen Outsourcing vertraulicher, rechtlicher Sachverhalte führen. Daneben ist jegliche Organisation nur dann wertvoll, wenn sie unter Beweis gestellt werden kann. Notwendig ist folglich eine umfängliche und ausreichend lang nachzuweisende Dokumentation der Organisationsgrundzüge in Geschäftsordnungen und Arbeitsverträgen sowie aller wichtigen Informationen, welche sich etwa aus Schriftverkehr, Protokollen von Sitzungen oder Gutachten ergeben und in einem einfach strukturierten Speichersystem abzulegen sind. Diese Notwendigkeit folgt vor allem aus der Rechtsprechung zur Wissenszurechnung, erklärt sich aber auch im Zusammenhang mit der Business Judgment Rule. Das Ausmaß der jeweiligen Organisation stellt sich, bis auf wenige gesetzlich vorgegebene Anforderungen, als Ermessensaufgabe des Vorstands dar. Die Geschäftsleiter haben für eine derartige Strukturierung zu sorgen, dass Unregelmäßigkeiten und Fehlentwicklungen in der Regel nicht vorkommen. Jedes Problemfeld, das im Vorhinein hätte erkannt werden können, fällt nicht in den Haftungsfreiraum der Business Judgment Rule. Der Vorstand hat also die Risikofaktoren und die Erfordernisse des einzelnen Unternehmens als Grundlage für die Entscheidung hinsichtlich der Implementierung der einzelnen Organisationsmaßnahmen und deren Intensität an der ex-ante Betrachtung zu orientieren, um die persönliche sowie die Haftung der Gesellschaft zu unterbinden.

---

[992] Insoweit geht dies mit der Rechtsprechung einher, die für größere Unternehmen die Einführung einer internen Revision fordert.

3. Kapitel: Compliance in der Praxis

Die bisherigen Erkenntnisse sind für die Funktionalität einer Compliance-Organisation unabdingbar. Ihre Inhalte weisen jedoch größtenteils keine compliance-spezifischen Maßnahmen auf. Vielmehr handelt es sich um allgemeine Grundsätze ordnungsgemäßer Unternehmensorganisation, die auch außerhalb des Compliance-Gedankens Beachtung finden und notwendig sind. Das folgende Kapitel widmet sich den tatsächlich neuen „Transplantaten" aus dem anglo-amerikanischen Rechtskreis, die als speziellere Organisationsmaßnahmen gezielt auf die Einhaltung von Rechtsregeln hinwirken wollen. Im Anschluss an die Darstellung wird ein sinnvoller Umgang mit dem Notfall und ein effektives Krisenmanagement erörtert.

§ 5 Praktische Umsetzung der Compliance-Organisation

Compliance wird häufig als „Alter Wein in neuen Schläuchen" bezeichnet[993]. Bezüglich des Leitgedankens und der dadurch bedingten Grundstrukturen einer Organisation ist dem – wie soeben erläutert – zuzustimmen. Die modernen Maßnahmen, die eine Compliance-Organisation buchstäblich erst zu dieser machen, sind zwar in der Sache wenig umstritten, werden aber insbesondere hinsichtlich der personellen Besetzung unterschiedlich bezeichnet und dadurch häufig verwirrend dargestellt. Mangels festgelegter Definitionen bedarf die personelle Compliance-Struktur einer klarstellenden Aufteilung. Im Anschluss daran ist auf die markanten Compliance-Maßnahmen wie etwa das Mission Statement oder Whistleblowing einzugehen.

I. Personelle Struktur

Hinsichtlich der personellen Besetzung der Compliance-Stellen fallen in der Literatur Begriffe wie Compliance Officer, Compliance-Manager, Compliance-Beauftragter oder Ombudsmann. Eindeutig daraus zu entnehmen ist im Zweifel allein die Zuständigkeit für die, wie auch immer geartete, Bearbeitung der Compliance im Unternehmen. Der tatsächliche Sinngehalt bleibt verborgen.

---

993 Statt vieler *Spindler*, WM 2008, S. 905.

Häufig werden diese Bezeichnungen auch parallel für die Umschreibung einer identischen Funktion verwandt. Im Folgenden soll aus diesem Grund systematisch an die personelle Besetzung der Compliance-Aufgabe herangegangen werden.

1. Unternehmensbeauftragter

Bei der Suche nach der Besetzung von Compliance-Stellen fällt häufig der Begriff des Compliance-Beauftragten[994]. Diese Benennung legt es nahe, von einem Unternehmensbeauftragten für den Bereich der Compliance auszugehen[995]. Dabei stellt sich die Frage nach der Funktion eines solchen Beauftragten und der Übertragbarkeit der Aufgabenstellung auf die Compliance. Die kraft Gesetzes für das Unternehmen verpflichtende Bestellung eines Unternehmensbeauftragten dient zum Schutz bestimmter Allgemeinbelange[996]. Die Hauptaufgabe wird durch die interne Wahrnehmung einer speziellen Selbstkontrolle der Gesellschaft charakterisiert, die gleichzeitig sowohl dem jeweiligen Unternehmensinteresse als auch dem öffentlichen Interesse hinsichtlich der Umsetzung von öffentlich-rechtlichen Vorgaben nachgeht[997]. Die jeweiligen Aufgaben und Kompetenzen legt das zur Einsetzung verpflichtende Gesetz fest, dabei kann der Unternehmensbeauftragte als Sprachrohr zur zuständigen Behörde dienen[998]. Der Unternehmensbeauftragte ist aber kein behördliches Aufsichtsorgan, sondern ein Organ der unternehmerischen Eigenüberwachung[999]. Sinn hinter den immer häufiger anzutreffenden

---

[994] Siehe *Bürkle*, in: Hauschka, Corporate Compliance, 2007, § 8 Rn. 2; *Lösler*, WM 2008, S. 1098 (1102); *Schlicht*, BKR 2006, S. 469 (470); *Uwe H. Schneider*, ZIP 2003, S. 645 (650); *Veil*, WM 2008, S. 1093 (1096).

[995] *Uwe H. Schneider*, in: FS 100 Jahre GmbHG, 1992, S. 473 (480); *ders.*, DB 1993, 1909 (1913), formulierte bereits vorausschauend die Möglichkeit eines Unternehmensbeauftragten für die Einhaltung bestimmter, gesetzlicher Pflichten.

[996] *Haouache*, Unternehmensbeauftragte und Gesellschaftsrecht der AG, 2003, S. 23; *Lösler*, WM 2008, S. 1098 (1100); vgl. auch *ders.*, WM 2007, 676 (678). Der Begriff ist nicht eindeutig definiert, wird aber aus dem Rückschluss der uneinheitlich bestehenden Unternehmensbeauftragten abgeleitet. *Lösler* verweist auf die Darstellung bei *Rehbinder*, ZGR 1989, S. 305 (314 ff.); *ders.*, ZHR 165 (2001), S. 1 (8 ff.).

[997] *Bürkle*, in: Hauschka, Corporate Compliance, 2007, § 8 Rn. 1; *Lösler*, WM 2008, S. 1098 (1100); *Veil*, WM 2008, S. 1093 (1097).

[998] Differenzierend *Haouache*, Unternehmensbeauftragte und Gesellschaftsrecht der AG, 2003, S. 24 ff.; *Rehbinder*, ZGR 1989, S. 305 (317). Zur Realität der Kommunikation nach außen: *Deiseroth/Derleder*, ZRP 2008, S. 248 (249).

[999] *Haouache*, Unternehmensbeauftragte und Gesellschaftsrecht der AG, 2003, S. 30.

Regelungen[1000] des Gesetzgebers ist es, die Unternehmen auf Grund der anwachsenden Normenflut intern durch einen Beauftragten zu einem gesetzmäßigen Verhalten hinsichtlich bedeutender Pflichtbereiche zu bewegen. So gibt es beispielsweise Umweltbeauftragte[1001], Geldwäschebeauftragte[1002], Sonderbeauftragte[1003], Datenschutzbeauftragte[1004], Gleichstellungsbeauftragte[1005] und im Versicherungsrecht den Aktuar[1006]. Für die Corporate Compliance ist eine derartige gesetzliche Vorgabe nicht vorhanden, zwar dienen die soeben genannten Institutionen auch zur Einhaltung von Rechtsvorschriften, allerdings nur für öffentlich-rechtliche und nicht umfassend für alle Compliance-Inhalte.

Im Wertpapierrecht wurde die in Art. 6 Abs. 3 lit. b) der Durchführungsrichtlinie zur MiFiD[1007] niedergelegte Forderung nach einer Regelung zu einem Compliance-Beauftragten in § 12 Abs. 4 Satz 1 WpDVerOV umgesetzt, jedoch nicht in einem formellen Gesetz wie dem Wertpapierhandelsgesetz[1008]. Gewiss lässt sich darüber streiten, ob diese für Wertpapierdienstleistungsunternehmen geltende, verbindliche aber nicht formelle Forderung als ein neuer Typus des Unternehmensbeauftragten gesehen werden kann[1009], für die Corporate Compliance ist dies dennoch irrelevant. Mangels ausdrücklicher Vorschrift kommt es innerhalb einer beliebigen Aktiengesellschaft zu keiner öffentlich-

---

[1000] Dazu *Dreher*, AG 2006, S. 213 (221).

[1001] Im Speziellen etwa Abfallbeauftragter (§§ 54, 55 KrW/AbfG), Immissionsschutzbeauftragter (§§ 53 ff. BImSchG), Strahlenschutzbeauftragter (§§ 29 ff. StrahlenschutzVO) oder Gewässerschutzbeauftragter (§§ 21a WHG).

[1002] § 14 Abs. 2 Nr. 1 GwG.

[1003] Etwa in § 83a VAG und § 36 Abs. 1a KWG.

[1004] § 4f BDSG.

[1005] So etwa aus der „zuständigen Stelle“ in § 13 Abs. 1 AGG zu entnehmen.

[1006] § 11a VAG. Der Verantwortungsbereich des Aktuars geht aber weiter als derjenige der genannten Beauftragten. Er hat eine gemäß § 11a Abs. 3 Nr. 3 VAG eine unmittelbare Berichtspflicht an die Aufsichtsbehörde. Zum versicherungsaufsichtsrechtlichen Aktuar: *Wittmann*, DB 2007, S. 2579 (2581).

[1007] siehe Fn. 664.

[1008] *Röh*, BB 2008, S. 398 (400 f.); *Spindler*, WM 2008, S. 905 (909 f.). Die verfassungsrechtliche Problematik dadurch ansprechend: *Veil*, WM 2008, S. 1093 (1094 Fn. 28).

[1009] Bejahend: *Veil*, WM 2008, S. 1093 (1097). Ablehnend: *Lösler*, WM 2008, S. 1098 (1100 ff.); *Matthias Casper* in „Rechtliche Grundlagen und aktuelle Entwicklungen des Compliance am Beispiel des Kapitalmarktrechts“, zusammengefasst in Bericht zum Bankrechtstag vom 20.06.2008: *Webler*, WM 2008, S. 1435 (1440 f.). Zum den ursprünglichen rechtspolitischen Vorschlägen um den Compliance-Beauftragten nach der MiFID: *Röh*, BB 2008, S. 398.

rechtlichen Bestellung eines „Compliance-Beauftragten“[1010]. Im Rückschluss ist dabei mangels ausdrücklicher Regelung von fehlender Notwendigkeit einer solchen auszugehen, denn ein derartiger Eingriff in die unternehmerische Organisationsfreiheit bedarf einer ausreichenden gesetzlichen Rechtfertigung. Auch einer etwaigen Analogie zu den spezialgesetzlichen Regelungen ist der Boden auf Grund der unterschiedlichen Zweckrichtungen sowie Ausgestaltungen[1011] hinsichtlich der Aufgaben und Kompetenzen der gesetzlich für die jeweiligen Bereiche zuständigen Beauftragten entzogen. Lediglich als Orientierungshilfe können die Rahmenbedingungen der spezialgesetzlichen Vorgaben für die Besetzung der Corporate Compliance-Funktion dienen und diese in ihrer Aufgabe ergänzen[1012]. Der Begriff des Compliance-Beauftragten ist somit irreführend und meint nicht einen gesetzlich Beauftragten, sondern eine freiwillig eingesetzte, für die Compliance verantwortliche Position.

2. Compliance Officer

Gängigste Bezeichnung der die Compliance-Stelle besetzenden Person ist die des Compliance Officers[1013], zu dem im allgemein gesellschaftsrechtlichen Verständnis der Ausdruck Compliance-Beauftragter als deutsches Synonym verstanden werden kann[1014]. Das Unternehmen trifft die Obliegenheit, für die Compliance eine zuständige Funktion mit entsprechenden Mitarbeitern zu implementieren. Da die Verantwortung für diese Leitungsaufgabe beim

---

1010 *Hauschka* sieht sehrwohl einen Unternehmensbeauftragten im der Compliance-Funktion des Gesellschaftsrechts, dies erklärt sich aber daraus, dass er die Position des Compliance Officers mit der des Geldwäschebeauftragten gleichsetzt. In Bericht zum Bankrechtstag vom 20.06.2008: *Webler*, WM 2008, S. 1435 (1440). Vgl. auch Darstellungen zum Compliance Officer in Verbindung mit § 33 WpHG: *Lösler*, Compliance im Wertpapierdienstleistungskonzern, 2003, S. 188 f.

1011 Vgl. zu den unterschiedlichen Aufgaben: *Bürkle*, in: Hauschka, Corporate Compliance, 2007, § 8 Rn. 1.

1012 So etwa die Vorgabe einer Stabsstelle, vgl. *Rehbinder*, ZHR 165 (2001), S. 1 (8); unten „Position im Unternehmen“, § 5 I. 2. a).

1013 Gleichbedeutend wohl auch Compliance-Manager, siehe *Hauschka*, NJW 2004, S. 257 (259); *ders.*, in: Hauschka, Corporate Compliance, 2007, § 1 Rn. 30; *Kiethe*, GmbHR 2007, S. 393 (397); *Liese*, BB-Special 5, 2008, S. 17 (21).

1014 Insoweit wird nicht der terminologischen Unterscheidung von *Bürkle* (in: Hauschka, Corporate Compliance, 2007, § 8 Rn. 3 ff.) und *Rodewald/Unger*, BB 2006, S. 113 (115) gefolgt, der den Compliance Officer als zentralen Compliance-Beauftragten unter mehreren „Compliance-Beauftragten“ bezeichnet.

Vorstand liegt, ist dieser zur weiteren Delegation angehalten[1015]. Dazu bedient sich der Vorstand eines Compliance Officers, der sachkundig und mit notwendigen Kompetenzen ausgestattet, die umfangreiche Aufgabe der Umsetzung und Kontrolle der Compliance-Organisation übernimmt. Wie bei jeder Delegation von Leitungsaufgaben verbleibt die Restverantwortung beim Gesamtvorstand[1016]. In einem großen Unternehmen ist daneben aber auch die Errichtung eines eigenständigen Compliance-Ressorts innerhalb des Vorstands möglich und im Zweifel nötig[1017]. Jedenfalls hat der Vorstand aber, bei bereits getätigter Ressortaufteilung, die Compliance-Aufgabe einem bestehenden Ressort als zusätzlichen Bereich zuzuteilen[1018]. Um sich der Figur des Compliance Officers zu nähern, ist auf die Position im Unternehmen, die Funktion, die einzelnen Zuständigkeiten sowie auf die Qualifikationsanforderungen einzugehen.

a) Position im Unternehmen

Bei einer neu geschaffenen Position wie der des Compliance Officers stellt sich die Frage nach der Verankerung im Unternehmen. Da es um die Einhaltung von Rechtsregeln geht, ist im Rahmen der Anbindung an bestehende Strukturen in erster Linie an die Rechtsabteilung zu denken[1019]. Inhaltlich mag das sinnvoll sein, kann aber in der Praxis im Zusammenhang mit vertraulichen oder sensiblen Sachverhalten Schwierigkeiten bereiten. In jedem Einzelfall entscheidend sind die Größe und die Branche des Unternehmens. Einen wichtigen Faktor stellen

---

[1015] Vgl. Darstellung bei § 3 III. 5. b). *Bürkle*, in: Hauschka, Corporate Compliance, 2007, § 8 Rn. 5; *Lösler*, WM 2007, S. 676 (679); *Spindler*, WM 2008, S. 905 (909).

[1016] Siehe § 3 III. 5. a).

[1017] Vgl. § 3 III. 5. b). *Bürkle*, BB 2007, S. 1797 (1799); *Fleischer*, in: Fleischer, Hb. des Vorstandsrechts, 2006, § 8 Rn. 44; *ders.*, CCZ 2008, S. 1 (3); *ders.*, BB 2008, S. 1070 (1072). So sieht *Hauschka* (in: Hauschka, Corporate Compliance, 2007, § 1 Rn. 30; NJW 2004, S. 257 (259); ZIP 2004, S. 877 (881)) die Zuweisung eines „alleinigen" Verantwortungsbereichs Compliance im Vorstand als den ersten Schritt einer Compliance-Organisation an.

[1018] *Bürkle*, DB 2004, S. 2158 (2160); *ders.*, BB 2005, S. 565; *Kort*, NZG 2008, S. 81 (83).

[1019] So auch *Bürkle*, DB 2004, S. 2158 (2160); *ders.*, CCZ 2008, S. 50 (53); *Kohler*, in: FS Kümpel, 2003, S. 301 ff.; *Lampert*, in: Hauschka, Corporate Compliance, 2007, § 9 Rn. 8; *Mengel/Hagemeister*, BB 2006, S. 2466 (2467); *Rodewald/Unger*, BB 2007, S. 1629 (1630). Zur Compliance-Aufgabe des Syndikusanwalts: *Schwung*, AnwBl 2007, S. 14 (15); *ders.*, BB 2007, S. 2419 (2420 ff.). siehe Darstellung bei *Deter/Bozicevic*, AG-Report 2006, S. R 532; *Deter/Gremmler*, AG-Report 2007, S. R 326 zum Wechselspiel zwischen Rechtsabteilung und Investor Relations; *Kort*, NZG 2008, S. 81 (85).

zudem Auffälligkeiten in der Vergangenheit dar, sprich vorgefallene Non-Compliance. Eine große Aktiengesellschaft, die sich beispielsweise überwiegend der Bekämpfung von zu häufig aufgetretenen Korruptionsfällen widmet, ist angehalten, eine eigene Compliance-Abteilung[1020] im Sinne einer Stabsstelle[1021] zu errichten[1022], deren Kopf der Compliance Officer ist[1023]. Insoweit können Unabhängigkeit[1024] und getrennte Wahrnehmung der jeweiligen Funktionen bestmöglich gewährleistet werden. Verschärfende, strukturelle Änderungen unterstützen die Intensität der (gegenseitigen) Kontrolltätigkeiten und damit die Ernsthaftigkeit der Maßnahmen.

In mittelgroßen Unternehmen bietet sich aus Effizienzgründen eine Überschneidung der Compliance-Stelle mit der Rechtsabteilung an[1025], wobei hinsichtlich der vertraulichen Behandlung von Daten die Bildung von „Chinese Walls"[1026] zu empfehlen ist. Bei kleineren Unternehmen, die durchaus in der Rechtsform der Aktiengesellschaft vertreten sind, ist die Vereinigung von dem womöglich einzigen Unternehmensjurist und der Compliance-Funktion oder

---

[1020] Siehe zur Möglichkeit der eigenständigen Abteilung unter § 5 I. 2. und zur Abgrenzung zum Compliance Office unter § 5 I. 3.

[1021] *Bürkle*, in: Hauschka, Corporate Compliance, 2007, § 8 Rn. 18; *Buff*, Compliance, 2000, S. 55 f.; *Cauers/Haas/Jakob/Kremer/Schartmann/Welp*, DB 2009, S. 2717 (2718); *Dreher*, VersR 2008, S. 998 (1004); *Eisele*, WM 1993, S. 1021; vgl. *Götz*, AG 1995, S. 337 (338), der Controlling und Interne Revision als Stabsstelle vorsieht; *Hauschka*, NJW 2004, S. 257 (260) zur Stabsstelle der Deutschen Bahn; *Klindt*, NJW 2006, S. 3399 (3400); *Kohler*, in: FS Kümpel, 2003, S. 301 (308); *Lösler*, WM 2008, S. 1098 (1102); *Rodewald/Unger*, BB 2007, S. 1629 (1630). A.A. *Campos Nave/Bonenberger*, BB 2008, S. 534 (735), die den Bereich Corporate Compliance dem Leiter der Rechtsabteilung oder dem Leiter der internen Revision unterstellen wollen; anders noch *Lösler*, NZG 2005, S. 104, der die Compliance als Teil des integrierten Risikomanagements ansieht.

[1022] Zur Schwierigkeit der Implementierung der Compliance in die Rechtsabteilung im Bankrecht: *Spindler*, WM 2008, S. 905 (912). Siehe zur Thematik auch: *Gebauer*, in: Hauschka, Corporate Compliance, 2007, § 8 Rn. 42.

[1023] Zur noch umfangreicheren Delegation und Stellenbesetzung siehe Darstellung zum Compliance Office, § 5 I. 3.

[1024] Zum Begriff der Unabhängigkeit sogleich unter § 5 I. 4.

[1025] So auch *Bürkle*, in: Hauschka, Corporate Compliance, 2007, § 8 Rn. 21. Vgl. *Klindt*, NJW 2006, S. 3399 (3400). In diesem Sinne auch *Cauers/Haas/Jakob/Kremer/Schartmann/Welp*, DB 2008, S. 2717 (2718), die zwischen der möglichen Integrierung als Stabsstelle, innerhalb der Rechtsabteilung oder der Internen Revision ausgehen.

[1026] Siehe oben § 4 III. 4. a) cc).

etwa ein Outsourcing an den externen rechtlichen Berater kaum zu umgehen[1027]. Daneben ist eine kooperative Zusammenlegung der Leitung von Compliance und Risikomanagement denkbar, da die beiden Themenbereiche eng miteinander verbunden sind und ähnliche Maßnahmen erfordern[1028].

Systematisch untersteht der Compliance Officer direkt dem Vorstand. Dadurch kommt ihm eine gewichtige Schnittstellenfunktion zwischen der Compliance-Abteilung und der Geschäftsleitung zu.

b) Funktion und Aufgaben

Zum Beginn der Errichtung eines umfassenden Compliance-Systems übernimmt der Compliance Officer die Ausarbeitung einer Organisationsstruktur und legt diese dem Vorstand anhand von unterschiedlichen Maßnahmenkatalogen als Entscheidungsgrundlage vor. Im Anschluss an eine getroffene Vorstandsentscheidung ist er für die Umsetzung und die Weiterentwicklung des Systems verantwortlich[1029]. Bei Bedarf ist zusätzlich eine Compliance-Abteilung zu implementieren, die dem Compliance Officer unterstellt ist[1030] und sich um die Ausführung der beschiedenen Sachverhalte kümmert. Im Rahmen seiner Leitungsfunktion hat der Vorstand dem Compliance Officer die Überwachungsaufgabe über die Mitarbeiter der Abteilung und die Einhaltung der Compliance-Maßnahmen im Unternehmen zu übertragen[1031] (Monitoring)[1032].

1027 Vgl. auch die Stufeneinteilung bei *Lampert*, in: Hauschka, Corporate Compliance, 2007, § 9 Rn. 8. In diese Richtung auch *Bachmann*, VGR-Schriftenreihe, 2008, S. 65 (82); *Spindler*, in: MüKo AktG, 3. Aufl. 2008, § 91 Rn. 38.

1028 Vgl. *Spindler*, WM 2008, S. 905 (912). Dies wird hier auf Grund pragmatischer Gesichtspunkte in Bezug auf ein kleines Unternehmen vertreten. Grundsätzlich ist sinnvollerweise von einer Trennung der beiden Institute auszugehen. Vgl. § 4 II. 1. insb. Fn. 660.

1029 *Bürkle*, BB 2007, S. 1797 (1799); *Campos Nave/Bonenberger*, BB 2008, S. 734 (735); *Fleischer*, CCZ 2008, S. 1 (3); *ders.*, BB 2008, S. 1070 (1072); *Wolf*, DStR 2006, S. 1995 (1996).

1030 *Mengel/Hagemeister*, BB 2007, S. 1386. Zum Bedarf und der möglichen Umsetzung siehe zuvor § 5 I. 2. a).

1031 Vgl. *Kiethe*, GmbHR 2007, S. 393 (397); *Lösler*, WM 2007, S. 676 (681). Die Kontrolle der „delegierenden Stelle“ trifft genauso auf den Compliance Officer zu, vgl. § 4 V. 2.

1032 *Lösler*, NZG 2005, S. 104 (105); *Gebauer*, in: Hauschka, Corporate Compliance, 2007, § 31 Rn. 18. Monitoring ist kein feststehender Begriff, sondern umschreibt die prozessabhängige Überwachungsaufgabe.

Neben dieser kontrollierenden Tätigkeit obliegt dem Compliance Officer eine beratende Funktion[1033]. So unterstützt er die Geschäftsleitung in Compliance-Fragen, erstattet in gleichmäßigen zeitlichen Abständen Bericht über die Vorkommnisse im Unternehmen und informiert den Vorstand ad hoc über Unregelmäßigkeiten und Fehlentwicklungen inner- wie außerhalb des Unternehmens[1034]. Zudem schlagen sich die notwendigen Präventionsmaßnahmen grundlegend in der Beratung der Unternehmensangehörigen nieder[1035]. Zwar ist auch hier der umfassende Informationsfluss der Kernpunkt aller Aufgaben, die Institution „Compliance Officer" dient jedoch in restriktiver Weise gleichzeitig der Durchsetzung des Grundsatzes der Wesentlichkeit[1036]. Naturgemäß ist der Vorstand mit der Bearbeitung jeglicher Information sowohl zeitlich als auch personell überlastet. Die an ihn gerichteten Informationen sind demnach im Rahmen einer vorgeschalteten Filterfunktion nach Bedeutung und Kumulationseffekten zu erfassen und entsprechend nur konzentriert weiterzuleiten[1037]. Hierzu bedarf es einer eindeutigen Regelung[1038]. Nicht zuletzt zählt die Dokumentation des Compliance-Systems zum Aufgabenbereich des Compliance Officers[1039].

c) Persönliche und sachliche Qualifikation

Mangels gesetzlicher Vorgabe zur Bestellung eines Compliance Officers fehlt es zwangsläufig an festgesetzten Anforderungen bezüglich der persönlichen und sachlichen Qualifikation. Ungeachtet dessen, hat der Vorstand in jedem Fall seine delegationsbezogene Auswahlsorgfalt zu wahren. Insofern muss der Compliance Officer fachlich versiert sein, über intensive Erfahrung im

---

1033 *Buff*, Compliance, 2000, S. 534; *Gebauer*, in: Hauschka, Corporate Compliance, 2007, § 31 Rn. 18; *Veil*, WM 2008, S. 1093 (1094).

1034 *Bürkle*, DB 2004, S. 2158 (2160); *ders.*, BB 2005, S. 565; *ders.*, in: Hauschka, Corporate Compliance, 2007, § 8 Rn. 12; *Gebauer*, in: DIRK, 2004, S. 505 (539); *Hauschka*, BB 2004, S. 1178 (1181); *Rodewald/Unger*, BB 2007, S. 1629 (1632). Vgl. dazu auch Ausführungen zum Eskalationsrecht, § 5 I. 5. b).

1035 Vgl. unter § 5 II. 5. b) und 6. b).

1036 Ähnlich auch oben das „Need-to-Know"-Prinzip, § 4 III. 2. a).

1037 Vgl. *Rodewald/Unger*, BB 2007, S. 1629 (1932). Zum Grundsatz der Wesentlichkeit: *Bergmoser/Theusinger/Gushurst*, BB-Special 5, 2008, S. 1 (7); *Huth*, BB 2007, S. 2167 (2170).

1038 So auch: *Rodewald/Unger*, BB 2007, S. 1629 (1631).

1039 Hierbei ist insbesondere die neue Rechtsprechung des BGH zu beachten, die dem Compliance Officer eine strafrechtliche Garantenstellung zuweist, vgl. § 2 III. 2.

Unternehmen verfügen sowie erforderliche Branchenkenntnisse mitbringen[1040]. Das notwendige Fachwissen erstreckt sich in erster Linie – wie soeben bereits angesprochen[1041] – auf den rechtlichen Bereich, so dass die Zuweisung der Position an einen Juristen nahe liegt[1042]. Daneben wird mancherorts dessen Anwaltszulassung zur Wahrung seiner Unabhängigkeit gefordert[1043].

Für die Einsetzung von bereits für das Unternehmen tätigen oder ehemaligen Mitarbeitern[1044] als Compliance Officer sprechen die Kenntnisse der internen Abläufe und der personellen Besetzung des Unternehmens. Dagegen muss diesen Personen eine gewisse Befangenheit unterstellt werden. Betriebsfremde befinden sich wiederum auf völlig neuem Terrain und bedürfen erst der Bekanntmachung mit dem unternehmerischen Umfeld. Besteht die Notwendigkeit für ein Compliance Office[1045] ist aus diesem Grund am besten eine Mischung aus erfahrenen und neuen Mitarbeitern auszuwählen[1046]. Die alleinige Besetzung der Stelle des Compliance Officers sollte auf Grund mangelnder Mischmöglichkeit sodann auf die persönlichen Attribute des Bewerbers abstellen. Es ist eine Persönlichkeit gefragt, die die Fähigkeit besitzt, sich die nötige Distanz zur Beurteilung von Sachverhalten zu verschaffen und die Lösung von Konflikten sowie unangenehmen personellen Aufgaben objektiv anzugehen[1047]. Gleichzeitig verlangt die beratende Funktion der Compliance

---

[1040] *Bürkle*, in: Hauschka, Coporate Compliance, 2007, § 8 Rn. 17 ff.; *Hauschka*, NJW 2004, S. 257 (259); *ders.*, in: Hauschka, Coporate Compliance, 2007, § 1 Rn. 30 und *Kiethe*, GmbHR 2007, S. 393 (397). Zu den Anforderungen im Kartellrecht: *Hauschka*, BB 2004, S. 1178 (1180).

[1041] Siehe „Position im Unternehmen" unter § 5 I. 2. a).

[1042] Siehe Disskussion bei *Unger*, VGR-Schriftenreihe, 2008, S. 103 (106 f.). *Bürkle*, DB 2004, S. 2158 (2160).

[1043] Dazu sogleich unter § 5 I. 4.

[1044] So beschreibt *Hauschka*, BB 2004, S. 1178 (1180), für die Position des Kartellrechtsbeauftragten die Möglichkeit der Einsetzung von bereits ausgeschiedenen Niederlassungs- oder Bereichsleitern, früherer Vorstände und Geschäftsführer, Leitern der Personal- oder Rechtsabteilung, Chefrevisoren oder Vorstandsreferenten. Ähnlich *Hauschka/Greeve*, B 2007, S. 165 (172), die das bestehende, uneingeschränkte Vertrauen der Mitarbeiter in die persönliche Integrität betonen.

[1045] Dazu sogleich § 5 I. 3.

[1046] *Bürkle*, in: Hauschka, Coporate Compliance, 2007, § 8 Rn. 22.

[1047] *Buff*, Compliance, 2000, S. 52 f.; *Gebauer*, in: Hauschka, Coporate Compliance, 2007, § 31 Rn. 57, fasst dies mit persönlicher Integrität, Durchsetzungsvermögen und Kommunikationsgeschick zusammen.

Stelle kommunikatives Talent und die entsprechende Kompetenz, die Sachverhalte an Laien verständlich und umfassend vermitteln zu können[1048].

Hinsichtlich der sachlichen und persönlichen Qualifikation sind insbesondere in Anbetracht der allgemein steigenden Anforderungen an die Besetzung von Kontrollinstanzen[1049] keine Abstriche zu machen. Der Gedanke der Haftungsvermeidung funktioniert auch in diesem Zusammenhang nur, wenn dieser von der Wurzel an begriffen und umgesetzt wird. Die Beherrschung eines derart sensiblen Bereichs ist daher mit einer kompetenten Person zu besetzen.

3. Compliance Office

Der Begriff des Compliance Office dient der untechnischen Bezeichnung der mehrköpfigen Compliance-Stelle im Unternehmen[1050]. Das Compliance Office fasst die leitenden Compliance-Positionen zusammen. In einem großen Unternehmen sind die Anforderungen an den Compliance Officer so umfangreich und von so unterschiedlicher Art, dass sie in auch in leitender Stellung nicht von einer Person allein wahrgenommen werden können[1051]. Aus diesem Grund können mehrere bereichsspezifische Compliance Officer bestellt werden, die in ihrem jeweiligen Sachgebiet mit den entsprechenden, fachlichen Kenntnissen die Instruktions- und Kontrollaufgaben übernehmen[1052]. So haben sich in der Praxis etwa Kartellrechtsbeauftragte[1053] oder Korruptionsbeauftragte[1054] etabliert[1055]. Daneben bietet sich eine Verbindung mit den kraft Gesetzes

---

[1048] *Gebauer*, in: DIRK, 2004, S. 505 (532).

[1049] Siehe Darstellung unter § 3 III. 4. zu Anforderungen an den Aufsichtsrat und den Prüfungsausschuss nach den Änderungen durch das BilMoG.

[1050] Ähnlich auch „Corporate Compliance Board", bei: *Campos Nave/Bonenberger*, BB 2008, S. 734 (735).

[1051] Vgl. *Bachmann*, VGR-Schriftenreihe, 2008, S. 65 (66), der den Compliance Officer als „juristischen Supermann" bezeichnet.

[1052] Es besteht Ermessen des Vorstandes, inwieweit die Aufgaben delegiert werden. Zur Aufteilung auf verschiedene Aufgaben sieht *Hauschka* lediglich die Funktionalität als ausschlaggebendes Kriterium, siehe VGR-Schriftenreihe, 2008, S. 51 (61 f.).

[1053] Siehe dazu *Hauschka*, BB 2004, S. 1178 (1179 ff.); *Schwintowski*, NZG 2005, S. 200 (202) zum Sachverständigen Dritten bei der kartellrechtlichen Selbsteinschätzung.

[1054] Vgl. *Fleischer*, in: Fleischer, Hb. des Vorstandsrechts, 2006, § 8 Rn. 44; *Hauschka*, NJW 2004, S. 257 (259).

[1055] Hier ist nochmals auf die Differenzierung zwischen dem kraft Gesetzes zu bestellenden Unternehmensbeauftragten und den freiwilligen Compliance-Vertretern hinzuweisen. Nach hier vertretenem Verständnis sind die freiwillig implementierten unter den Begriff „Compliance Officer" zu fassen.

bestellten Unternehmensbeauftragten wie etwa dem Geldwäschebeauftragten an[1056]. Diese Zusammenführung aus Mulitplikatoren der dezentralen Kommunikation gewährleistet eine umfassende Compliance-Funktion. Die jeweiligen, bereichsspezifischen Compliance Officer unterstehen einem zentralen Compliance Officer, der sodann als Chief Compliance Officer[1057] bezeichnet wird[1058]. Diesem sind die Aufgaben des soeben beschriebenen (alleinigen) Compliance Officers als Kopf des Compliance Offices zuzuschreiben. Er dient genauso als verlängerter Arm der Geschäftsleitung und berichtet an diese. Die Wahrnehmung der Position eines fachspezifischen Compliance Officers kann je nach Unternehmensstruktur von den leitenden Angestellten der Bereiche übernommen werden[1059], die ohnehin für das rechtskonforme Verhalten ihrer selbst und der nachgeordneten Mitarbeiter verantwortlich sind[1060]. Nachteil dieser Doppelfunktion ist allerdings das Verschwimmen der klaren Strukturen der personellen Besetzung zu Gunsten des unternehmerischen Organisationsermessens. Inwiefern dabei noch von einem bereichsspezifischen „Compliance Officer“ anstelle einer der üblichen Kontrollstellen innerhalb des internen Kontrollsystems zu sprechen ist, bleibt zu bezweifeln. In größeren Unternehmen ist deshalb originär an eine von der Bereichsleitung getrennte, beziehungsweise übergreifende Stellung anzuknüpfen[1061], die der zugedachten Funktion des Compliance Officers wesentlich näher kommt.

1056 *Bürkle*, BB 2005, S. 565; *Hauschka*, NJW 2004, S. 257 (259); *ders.*, in: Hauschka, Corporate Compliance, 2007, § 1 Rn. 30; *Kiethe*, GmbHR 2007, S. 393 (397). Eine solche Umsetzung in einer Person macht vor allem in kleineren Unternehmen Sinn.

1057 Diesen Begriff verwendend: *Campos Nave*, BB 2007, Heft 31, Die Erste Seite; *Kort*, 2008, S. 81 (85); *Webler*, WM 2008, S. 1435 (1440); *Wolf*, DStR 2006, S. 1995 (1996). Gemeint ist folglich nicht der Ressortinhaber für den Bereich Compliance, sondern der zentrale Compliance Officer; a.A.: *Bergmoser/Theusinger/Gushurst*, BB-Special 5, 2008, S. 1 (9).

1058 Der Aufteilung von *Bürkle* (in: Hauschka, Corporate Compliance, 2007, § 8 Rn. 2 ff.) wird zwar im funktionalen Sinne zugestimmt, die Bezeichnung „Compliance-Beauftrager“ anstatt hier bereichsspezifischer Compliance Officer ist jedoch wegen der Nähe zum Unternehmensbeauftragten irreführend. Im hier bezeichneten Sinne auch: *Fleischer*, BB 2008, S. 1070 (1072).

1059 In diesem Sinne auch *Bergmoser/Theusinger/Gushurst*, BB-Special 5, 2008, S. 1 (9).

1060 Auch die Mitarbeiter im Unternehmen trifft grundsätzlich die Legalitätspflicht, wenn auch etwa als Nebenpflicht aus dem Arbeitsvertrag.

1061 Vgl. Ansätze bei *Bürkle*, in: Hauschka, Corporate Compliance, 2007, § 8 Rn. 24 ff.

Zum gegenseitigen Informationsaustausch und der Funktionalität der Aufgabenteilung ist eine turnusmäßige Sitzung des Compliance Office sinnvoll. Sowohl die Bereichszuständigkeiten als auch die jeweiligen Berichtspflichten sind in einer Geschäftsordnung schriftlich niederzulegen. Insoweit gelten die allgemeinen Grundsätze des Informationsmanagements.

Auch die Begrifflichkeiten „Compliance Office" und „Compliance-Abteilung" werden parallel verwendet, eine eindeutige Zuordnung wird bisher nicht vorgenommen. Sinnvoll erscheint eine Differenzierung aus funktionellen Gesichtspunkten. Die Compliance-Abteilung soll dabei nur ausführende Tätigkeiten wahrnehmen und zur Unterstützung der leitenden Compliance-Stelle dienen. Das Compliance Office hingegen besteht aus zwei Positionen, Chief Compliance Officer und bereichsspezifische Compliance Officer[1062], die erst durch ihre Zusammenarbeit die leitende Compliance-Funktion wahrnehmen und die nachgeordneten Mitarbeiter anweisen und kontrollieren. Dem Compliance Office kann insoweit genau wie dem „einfachen" Compliance Officer eine Compliance-Abteilung unterstehen[1063].

4. Grundsatz der Unabhängigkeit

Der Compliance Officer[1064] hat die eher undankbare Aufgabe, das Fehlverhalten anderer zu kontrollieren, aufzudecken und bestenfalls jegliche Wiederholung zu vermeiden. Befangenheit und Abhängigkeiten zur Geschäftsleitung könnten diese Tätigkeit ins Leere laufen lassen, weshalb einheitlich die Unabhängigkeit des Compliance Officers verlangt wird. Schlagwortartig wird in diesem Sinne ein selbständiger, weisungsfreier und nicht in eigener Sache agierender Compliance Officer gefordert[1065]. So wirksam eine derart gestaltete Instanz

---

[1062] Beziehungsweise auch Unternehmensbeauftragte.

[1063] Im weiten, eher untechnischen Sinne wird unter der Bezeichnung „Compliance-Abteilung" auch die leitende Compliance-Stelle (Compliance Office/Compliance Officer) inklusive ihrer Mitarbeiter, unabhängig von den Kompetenzen, verstanden werden können. Hier sollen jedoch gerade die technischen Unterschiede der möglichen Konstellationen herausgestellt werden.

[1064] Zur Vereinfachung wird hier nur vom Compliance Officer gesprochen. Besteht die Notwendigkeit, ein Compliance Office zu errichten, treffen die Folgen den Chief Compliance Officer.

[1065] So *Bürkle*, DB 2004, S. 2158 (2160); *Campos Nave*, BB 2007, Heft 31, Die Erste Seite, zur Weisungsfreiheit; *Spindler*, WM 2008, S. 905 (910) bezogen auf § 12 Abs. 4 Satz 3 WpDVerOV.

hinsichtlich rechtlicher Fehlentwicklungen sein mag, desto mehr stellt sich die Frage nach der Möglichkeit, jemanden, der eine Leitungsaufgabe des Vorstandes wahrnimmt, weisungsfrei zu stellen. Dass der Vorstand wenigstens seiner Kontrollaufgabe und der Leitentscheidungen bezüglich Compliance nicht entmachtet wird und werden kann, wurde bereits erläutert[1066]. Gerade durch das Kassationsrecht, also die Möglichkeit die Compliance-Funktion wieder an sich zu ziehen[1067], bleibt der Vorstand gegenüber dem Compliance Officer weisungsbefugt[1068]. Von notwendiger Weisungsfreiheit kann daher nur in Bezug auf andere Mitarbeiter, die Aufgabenerfüllung sowie die verwendeten Maßnahmen gesprochen werden. Eine die Unabhängigkeit stärkende, arbeitsrechtliche Sonderposition im Sinne einer Unkündbarkeit des Compliance Officers kann ohne weitere gesetzliche Regelung nicht angenommen werden[1069]. Dies unterstreichend sieht auch die gesetzliche Umsetzung der MiFiD im spezielleren Kapitalmarktrecht keine Regelung zum arbeitsrechtlichen Schutz des Compliance Officers vor[1070].

Einfacher zu realisieren ist dagegen eine organisatorische Unabhängigkeit. Im Sinne einer Stabsstelle kann der Compliance Officer beziehungsweise das Compliance Office losgelöst - also unabhängig - von den operativen Abläufen[1071] die Kontrolltätigkeiten durchführen[1072]. Das bedeutet nicht, dass auf die enge

---

1066 Vgl. § 3 I. und § 3 III. 5. a).

1067 Diese Möglichkeit besteht im Rahmen jeder Delegation, vgl. § 4 I. 2. c) cc).

1068 *Eisele*, in: Schimansky/Bunte/Lwowski, Bankrechtshb., 3. Aufl. 2007, § 109 Rn. 99; *Gebauer*, in: Hauschka, Corporate Compliance, 2007, § 31 Rn. 58; *Lösler*, NZG 2005, S. 104 (107); *ders.*, WM 2007, S. 676 (679); *Rodewald/Unger*, BB 2007, S. 1629 (1632); *Röh*, BB 2008, S. 398 (403 Fn. 44); *Spindler*, WM 2008, S. 905 (911).

1069 *Lösler*, NZG 2005, S. 104 (107); *Röh*, BB 2008, S. 398 (403). Im Ergebnis so auch *Hauschka*, zitiert in: *Webler*, WM 2008, S. 1435 (1440). Differenzierter zum Kapitalmarktrecht: *Veil*, WM 2008, S. 1093 (1097).

1070 Vgl. *Spindler*, WM 2008, S. 905 (910) zur Auslegung von § 12 Abs. 4 Satz 2 WpDVerOV. Gedanke wurde zwar angedacht, aber nicht weiterverfolgt. So auch *Röh*, BB 2008, S. 398.

1071 Die Trennung von operativem Geschäft und Kontrolltätigkeit betonend: *Bürkle*, in: Hauschka, Corporate Compliance, 2007, § 8 Rn. 18; *Gebauer*, in: Hauschka, Corporate Compliance, 2007, § 31 Rn. 57; *Hauschka/Greeve*, BB 2007, S. 165 (168); *Hauschka*, BB 2004, S. 1178 (1180) zur Besetzung der Position des Kartellrechtsbeauftragten mit Vorstandsmitgliedern; *Kohler*, in: FS Kümpel, 2003, S. 301 (311); *Schlicht*, BKR 2006, S. 469 (470) „Funktionentrennung".

1072 Vgl. *Casper*, zitiert in: *Webler*, WM 2008, S. 1435 (1440 f.). Zur Errichtung einer Stabsstelle siehe auch Fn 1021. Anders zu verstehen ist *Lösler*, NZG 2005, S. 104 (107), *ders.*, WM 2008, S. 1098 (1103), der die Nähe zu den betreuten Geschäftsbereichen

Zusammenarbeit zu den anderen unternehmensinternen Kontrollstellen verzichtet werden muss[1073]. Vielmehr lebt die Kontrolle von einem gegenseitigen Informationsaustausch. Auch eine materielle Unabhängigkeit des Compliance Officers ist durch eine ordnungsgemäße Delegation gegeben, die ein zur Verfügungstellen der erforderlichen personellen und sachlichen Ressourcen zur effektiven Wahrnehmung der Compliance-Aufgabe voraussetzt[1074]. Darüber hinaus wird im Kapitalmarktrecht durch § 12 Abs. 4 Satz 3 WpDVerOV die finanzielle Unabhängigkeit der Mitarbeiter verlangt. Eine Vergütung, die von der zu überwachenden Abteilung oder generell von den wirtschaftlichen Entwicklungen des Unternehmens abhängig ist, stellt für die Effektivität der Compliance-Aufgabe eine Gefahr da und soll unterbunden werden[1075]. Diese Maßnahme empfiehlt sich auch für die Compliance-Abteilung außerhalb des Kapitalmarktrechts[1076]. Hier sollten jedoch keine strengeren Ansätze verfolgt werden als für die übrigen Kontrollinstanzen, insbesondere für den Aufsichtsrat[1077].

Da die fachliche Kenntnis überwiegend dem Juristen zugeschrieben wird, gilt als weitere Möglichkeit, die Unabhängigkeit des Compliance Officers zu gewährleisten, dessen gleichzeitige Anwaltszulassung[1078]. Entscheidend sind der Status als Organ der Rechtspflege sowie die damit verbundene Verpflichtung zur Rechtstreue und die anwaltliche Schweigepflicht. In Anbetracht der jüngeren, europäischen Rechtsprechung[1079] allerdings, die den Syndikusanwalt

---

verlangt. Diese Unabhängigkeit bezieht sich hier in erster Linie auf die leitenden Compliance-Positionen in größeren Unternehmen. Sicher umfasst die Compliance-Organisation auch prozessbezogene Kontrolltätigkeiten, wie die Kontrolle der nachgeordneten, delegierenden Stelle. Diese sind hiermit nicht angesprochen.

1073 Vgl. allgemein § 4 V. 3. b). So ist auch *Gebauer*, in: Hauschka, Corporate Compliance, 2007, § 31 Rn. 59, zu verstehen.

1074 Vgl. § 4 I. 2. c) bb). *Bürkle*, in: Hauschka, Corporate Compliance, 2007, § 8 Rn. 17; *Fleischer*, in: Fleischer, Hb. des Vorstandsrechts, 2006, § 8 Rn. 45; *Gebauer*, in: Hauschka, Corporate Compliance, 2007, § 31 Rn. 57; *Kohler*, in: FS Kümpel, 2003, S. 301 (311); *Koller*, in: Assmann/Uwe H. Schneider, 4. Aufl. 2006, § 33 WpHG Rn. 3 und 35; *Lösler*, NZG 2005, S. 104 (107); *ders.*, WM 2008, S. 1098 (1103).

1075 Vgl. *Lösler*, NZG 2004, S. 104 (107); *Röh*, BB 2008, S. 398 (403); *Spindler*, WM 2008, S. 905 (910).

1076 In diese Richtung schon: *Kohler*, in: FS Kümpel, 2003, S. 301 (311).

1077 Vgl. dazu BGH, NJW 2004, S. 1109 ff.; anders Ziffer 5.4.7 DCGK.

1078 *Schwung*, AnwBl 2007, S. 14 (15); *ders.*, BB 2007, S. 2419 (2421); *Wolf*, DStR 2006, S. 1995 (1996).

1079 Vgl. § 4 III. 4. a) bb).

nicht mehr unter den Schutz der Schweigepflichten des anwaltlichen Berufes stellt, scheint dieses Verlangen wertlos zu sein.

5. Kompetenzen des Compliance Office(r)s

Die herausragende Stellung des Compliance Officers bedarf einer eindeutigen Regelung zum Umgang mit dem Vorstand und umgekehrt. Trotz des eindeutigen Verlangens nach Unabhängigkeit der Compliance-Stelle sind Konstellationen denkbar, in denen die Verhaltenspflichten des Compliance Officers in Frage stehen; so etwa das rechtswidrige Verhalten eines Vorstandsmitglieds. Es gilt im Folgenden zu klären, welche Befugnisse dem Compliance Officer im Unternehmen, insbesondere hinsichtlich bestimmter Anzeigerechte, zustehen.

a) Einsichtsrechte

Um die Aufgaben in der Praxis unabhängig durchführen zu können, müssen dem Compliance Officer unbegrenzte Zutritts-, Auskunfts- und Einsichtsrechte zu allen unternehmerischen Angelegenheiten zustehen[1080]. So bedarf es etwa eines unbeschränkten Zugangs zum EDV-System oder anderen Informationsspeichern. Dem gegenüber tritt die notwendige Verpflichtung der Mitarbeiter, die geforderten Daten zur Verfügung zu stellen. Da keine Gesetzesgrundlage vorhanden ist, bedarf es der (schriftlichen) Kompetenzübertragung durch den Vorstand[1081]. Die Problematik der Informationsbeschaffung „an der Geschäftsleitung vorbei", ist auf Grund der ausdrücklichen Zustimmung zu den unabhängigen Einsichtsrechten beim Compliance Officer nicht von Belang[1082].

b) Eskalationsrecht bis zum Vorstand

Ergeben sich aus diesen Einsichtsrechten oder aus anderen Quellen Auffälligkeiten, die sich sowohl in möglichen oder tatsächlichen Normverstößen als auch in Interessenkonflikten oder anderen rechtlichen Diskrepanzen

---

[1080] *Bürkle*, in: Hauschka, Corporate Compliance, 2007, § 8 Rn. 19; *Lösler*, NZG 2005, S. 104 (108); *Schlicht*, BKR 2006, S. 469 (471); *Spindler*, WM 2008, S. 905 (911); *Webler*, WM 2008, S. 1435 (1440).

[1081] So auch *Veil*, WM 2008, S. 1093 (1098) und *Lösler*, WM 2008, S. 1098 (1102), sogar im Zusammenhang mit dem für Wertpapierdienstleistungsunternehmen geltenden § 12 Abs. 4 Satz 2 WpDVerOV .

[1082] Vgl. zur Problematik § 4 V. 1. c).

niederschlagen können, besteht das Recht zur Eskalation[1083]. Hinter diesem Begriff steckt nicht mehr als die unverzügliche Berichtspflicht des Compliance Officers über die neuen Erkenntnisse an den Vorstand[1084]. Letzterem obliegt das Letztentscheidungsrecht und somit die Entscheidungsbefugnis hinsichtlich des weiteren Vorgehens. Insofern kommt dem Compliance Officer lediglich eine beratende, aber keine abschließende oder sanktionierende Funktion zu[1085]. Zwar hat er im Rahmen der an ihn delegierten Aufgaben auch die Aufsichtspflicht über die Mitarbeiter der Compliance-Abteilung erhalten, eine Interventionspflicht äußert sich auch in diesem Zusammenhang aber im Zweifel durch ein Informieren der nächsthöheren Ebene[1086]. Mangels bestehender Weisungsbefugnis[1087] bezüglich der Mitarbeiter aller anderen Abteilungen bedürfen weitere Handlungsmöglichkeiten, wie das Ersuchen des Gesprächs mit dem Mitarbeiter oder die Aufforderung, weitere Verstöße zu unterlassen, der eindeutigen Kompetenzzuweisung durch den Vorstand. Eine solche schriftliche Übertragung kann allerdings nur in begrenztem Maße für kleinere, interne Compliance-Verstöße erfolgen. Alle Maßnahmen, die herausragende Fälle und damit Entscheidungen für die unternehmerische Zukunft betreffen, fallen auf Grund der Gesamtverantwortung in die alleinige Kompetenz der Geschäftsleitung[1088]. Als beispielhaft problematischer Fall kann die Strafanzeige gegen einen Mitarbeiter genannt werden. Eine Vorwegnahme solch eindringlicher Entscheidungen würde ein Spannungsverhältnis zwischen Vorstand und Compliance Officer entstehen lassen, das weder dem unternehmerischen Fortkommen noch der Effektivität der Compliance dient. Auch hier ist gegenseitiges Vertrauen ein wertvoller Grundstein.

[1083] *Lösler*, NZG 2005, S. 104 (108); *ders.*, WM 2007, S. 676 (679 und 681); *ders.*, WM 2008, S. 1098 (1104); *Webler*, WM 2008, S. 1435 (1440).

[1084] So zur gleichbedeutenden Ad-hoc-Meldepflicht: *Rodewald/Unger*, BB 2007, S. 1629 (1632).

[1085] *Lösler*, NZG 2005, S. 104 (108); *ders.*, WM 2007, S. 676 (679 und 681 Fn. 60); *ders.*, WM 2008, S. 1098 (1104).

[1086] Vgl. § 3 IV. 3.

[1087] Jedenfalls dann, wenn der Compliance Officer als Stabsstelle eingerichtet wird und nicht mit Verbindung zu anderen Abteilungen oder Positionen einhergeht.

[1088] *Bürkle*, in: Hauschka, Corporate Compliance, 2007, § 8 Rn. 12. A.A. *Veil*, WM 2008, S. 1093 (1098), der Entscheidungsbefugnisse der Compliance-Funktion annimmt und als notwendig voraussetzt.

c) Eskalationsrecht bis zum Aufsichtsrat

Die Einhaltung der Rechtmäßigkeit berührt nicht nur die dem Vorstand nachgeordneten Mitarbeiter, sondern auch diesen selbst. Das bedingt einzelne Situationen, bei denen das Eskalationsrecht zum Vorstand die Arbeit des Compliance Officers nicht weiterbringt. Deshalb stellt sich die Frage nach Möglichkeiten zum Umgang mit (vermeintlichem) Fehlverhalten der Geschäftsleitung.

aa) Bei Beurteilungsdiskrepanz zur Geschäftsleitung

Klarstellungsbedürfnis bezüglich der Kompetenzen des Compliance Officers gegenüber dem Vorstand besteht bei unterschiedlicher Beurteilung von Sachverhalten. Der Vorstand könnte etwa einen compliance-relevanten Vorfall im Unternehmen nicht weiter verfolgen wollen, weil Reputationsschäden drohen und das Ruhenlassen der Situation für das Unternehmen im Ergebnis günstiger ist[1089]. Deutlich wird bei Vornahme einer solchen Handlung zwar der Widerspruch zur generellen Implementierung von Compliance durch den Vorstand. Hier muss sich die Geschäftsleitung jedoch zunächst selbst fragen, ob sie mit derartigen Entscheidungen den rechten Weg wählt[1090]. Denn auch im Falle einer falschen Entscheidung des Vorstands ist ein Hinwegsetzen über die Leitungsaufgabe „Compliance" im Sinne einer umfassenden Entscheidungsbefugnis durch den nachrangigen Compliance Officer im aktienrechtlichen Konzept nicht möglich[1091]. Denkbar ist allenfalls ein Eskalationsweg zum Aufsichtsrat beziehungsweise zu einem zuständigen Ausschuss des Aufsichtsrats[1092]. Diese Kompromisslösung wird auch im Rahmen des Interventionsrechts der Vorstandskollegen untereinander angenommen[1093]. Eine gefürchtete Verletzung der Informationskanalisierung zwischen Vorstand und Aufsichtsrat wird dabei regelmäßig nicht zu sehen sein, da der Vorstand ungern

---

1089 Vgl. Beispiel bei *Rodewald/Unger*, BB 2007, S. 1629 (1632). Denkbar sind vor allem Fälle, die sich in einer rechtlichen Grauzone bewegen oder uneinheitlich beurteilt werden können. Siehe hierzu auch: § 2 II. 2. b).

1090 Vgl. insoweit auch die Darstellung zur gerechtfertigten Handlung des Vorstands bei unklarer oder umstrittener Rechtslage, § 2 II. 2. b).

1091 So auch *Rodewald/Unger*, BB 2007, S. 1629 (1632). Vgl. auch zuvor „Eskalationsrecht zum Vorstand".

1092 Vgl. *Spindler*, WM 2008, S. 905 (913 f.), der zwar kein Berichtsrecht der Compliance-Stelle zum Aufsichtsrat annimmt, jedoch auch Ausnahmefälle anerkennt.

1093 Siehe oben § 3 IV. 3.

freiwillig gegen sich selbst sprechende Informationen an den Aufsichtsrat weitergeben wird und somit ein zulässiger Ausnahmefall zu der eingeschränkten Informationsverschaffung des Aufsichtsrats gegenüber dem Vorstand vorliegt[1094].

Trotzdem ist dem Compliance Officer grundsätzlich vor Inanspruchnahme des Eskalationsrechts zum Aufsichtsrat Zurückhaltung zu empfehlen. Der Geschäftsleitung obliegt die unternehmerische Freiheit, welche in erster Linie auf den wirtschaftlichen Erfolg gerichtet ist. Auch Compliance will dem Unternehmensinteresse[1095] dienen, denn sie wird auf freiwilliger Basis[1096] zum Wohl der Gesellschaft eingeführt[1097]; gesetzliche Verpflichtungen, die auf eine eindeutige Ausgerichtetheit am Allgemeinwohl hindeuten, bestehen gerade nicht. Die gezielte Verfolgung öffentlicher Interessen kann allenfalls im Zusammenhang mit der geregelten Kapitalmarktrechtscompliance gesehen werden[1098]. Die Aufsicht der Bundesanstalt für Finanzen (BaFin) und der aktuelle Hintergrund der globalen Bankenkrise mit den Auswirkungen auf die Wirtschaft sowie Kleinanleger lassen im Speziellen den Schluss auf ein Interesse der Allgemeinheit an der Verschärfung der organisatorischen Anforderungen zu. Im Rahmen der allgemeinen Corporate Compliance ist dieser Bezug nicht gegeben. Der Compliance Officer hat aus diesem Grund trotz seiner unabhängigen Stellung jede zweifelhafte Sachverhaltsbeurteilung des Vorstands, soweit wie im rechtlichen Rahmen möglich, im Sinne des unternehmerischen Interesses zu akzeptieren[1099]. Der Berichtsweg zum Aufsichtsrat ist demnach erst nach einer intensiven Prüfung des Vorfalls einzuschlagen.

bb) Bei Selbstbetroffenheit der Geschäftsleitung

Die vorbenannten Fälle, in denen die Geschäftsleitung in Bezug auf Vorkommnisse weiterer Unternehmensangehöriger in bedenklicher Weise agiert, gehen regelmäßig mit einem Compliance-Verstoß des Leitungsorgans

---

1094 Vgl. Ausführungen oben § 4 V. 1.c).

1095 Zum Begriff des Unternehmensinteresses siehe oben § 1 II. 3. b).

1096 Jedenfalls soweit es sich um die modernen Compliance-Maßnahmen wie die Bestellung eines Compliance Officers handelt.

1097 *Lösler*, WM 2008, S. 1098 (1102 und 1104); *ders.*, NZG 2005, S. 104 (108) sogar für das Kapitalmarktrecht.

1098 Dazu *Koller*, in: Assmann/Uwe H. Schneider, WpHG, 4. Aufl. 2006, § 33 Rn. 35 *Veil*, WM 2008, S. 1093 (1097).

1099 *Lösler*, NZG 2005, S. 104 (108 Fn. 34), der dies aber auch im Kapitalmarktrecht so vertritt.

selbst einher. Der Vorstand verletzt typischerweise seine bei wichtigen Anlässen bestehende Berichtspflicht gegenüber dem Aufsichtsrat[1100]. Daneben sind auf Vorstandsebene direkte Compliance-Verstöße aus eigener Initiative denkbar. Wie aufgezeigt, treffen den Vorstand zahlreiche Pflichten[1101], deren Nichtbeachtung zu rechtswidrigem Handeln und der erheblichen Gefahr von Reputationsschäden führt. Auch hier ist dem Compliance Officer zunächst ein zurückhaltender Umgang mit Auffälligkeiten zu empfehlen. Bei Vornahme der Rechtsverletzung durch einen Ressortinhaber allein wäre insoweit der Verantwortliche für das Compliance-Ressort oder der Vorstandsvorsitzende zu informieren. Erst wenn das rechtswidrige Verhalten innerhalb des Vorstandes weiterhin ingnoriert wird, ist der Aufsichtsrat zu bemühen[1102]. Denn die Leitungsaufgabe des Vorstands besteht uneingeschränkt weiter und wird erst im akuten Ernstfall zu Gunsten der Gesellschaft und zu Lasten des Vertrauensverhältnisses zur Geschäftsleitung unterbrochen. Die Inanspruchnahme dieses Eskalationsrechts zum Aufsichtsrat muss vom Compliance Officer als *ultima ratio*-Lösung akzeptiert werden. Bestenfalls sollte dieser Berichtsweg schriftlich in der Geschäftsordnung des Vorstands oder den Kompetenzübertragungen auf den Compliance Officer beschrieben und fixiert werden, damit das Compliance-System als funktionierendes Ganzes abgerundet wird sowie vollste Akzeptanz der Mitarbeiter und der Öffentlichkeit erfährt[1103].

d) Strafanzeigerecht

In ähnlicher Weise beantwortet sich die Frage nach einem Strafanzeigerecht des Compliance Officers bei Polizei oder Staatsanwaltschaft. Auch in diesem Fall würde sich der Compliance Officer über den Vorstand hinwegsetzen[1104]. Daneben wird die generelle Möglichkeit eines jeden Bürgers Strafanzeige zu erstatten, von der arbeitsrechtlichen Verschwiegenheits- und Rücksichtnah-

---

[1100] Vgl. OLG Oldenburg, NZG 2007, S. 434 (435 und 437). Berichtet der Vorstand dem Aufsichtsrat selbst über den Sachverhalt, ist eine Einwirkung des Compliance Officers ohnehin nicht mehr notwendig.

[1101] Vgl. § 2 II. 1.

[1102] So auch *Bürkle*, in: Hauschka, Corporate Compliance, 2007, § 8 Rn. 16. In Abgrenzung dazu ist aber die überwiegende Ablehnung einer Anzeigepflicht der Vorstandsmitglieder zu sehen: *Fleischer*, BB 2004, S. 2645 (2650).

[1103] Zur Akzeptanz durch die Mitarbeiter: *Bürkle*, in: Hauschka, Corporate Compliance, 2007, § 8 Rn. 15; *Rodewald/Unger*, BB 2007, S. 1629 (1632).

[1104] Vgl. *Rodewald/Unger*, BB 2007, S. 1629 (1632).

mepflicht überschattet[1105]. Abgesehen von den Regelungen in § 138 StGB, bei der die Nichtanzeige von Straftaten wiederum unter Strafe gestellt ist, gibt es keine Anzeigepflicht[1106]. Ein unternehmensinternes Bekanntwerden von strafrechtlich relevanten Sachverhalten, vor allem bezüglich der Geschäftsleitung, verlangt im Rahmen der Verhältnismäßigkeit eine vorrangige innerbetriebliche Auseinandersetzung[1107]. Eine sofortige Anzeige hingegen kann unter Umständen sogar zur fristlosen Kündigung führen[1108]. Zwar spielen hierzu auch Details wie leichtfertige oder falsche Angaben des Anzeigenden, Schutzinteresse der verletzten Vorschrift sowie Zumutbarkeit für den Arbeitgeber eine Rolle[1109]. Offensichtlich gefährdet die öffentliche Anzeige aber das Betriebsklima und setzt sich auf Grund der Reputationsgefahr regelmäßig auch über das von Compliance verfolgte Unternehmensinteresse hinweg[1110]. Eine Strafanzeige kann daher kein Grundsatz der Problembewältigung durch den

---

[1105] Vertragliche Nebenpflichten gemäß § 241 Abs. 2 BGB. Vgl. auch *Bürkle*, DB 2004, S. 2158 f.; *Herbert/Oberrath*, NZA 2005, S. 193 (194 f.); *Lösler*, WM 2007, S. 676 (677); *Weber-Rey*, AG 2006, S. 406 (410).

[1106] Vgl. *Deiseroth/Derleder*, ZRP 2008, S. 248 (249); *Fleischer*, BB 2004, S. 2645 (2650) und *ders.*, in: Fleischer, Hb. des Vorstandsrechts, 2006, § 11 Rn. 51, im Zusammenhang mit Vorstandsmitgliedern; *Herbert/Oberrath*, NZA 2005, S. 193 (196) mit Auflistung der Anzeigerechte; *Sternberg-Lieben*, in: Schönke/Schröder, StGB, 27. Aufl. 2006, § 138 Rn. 1.

[1107] Siehe *Dörner*, in: Ascheid/Preis/Schmidt, Kündigungsrecht, 3. Aufl. 2007, § 626 BGB, Rn. 191 m.w.N.; *Hergenröder*, in: MüKo BGB, 4. Aufl. 2005, § 1 KSchG Rn. 239; *Lösler*, WM 2007, S. 676 (678); *Müller-Bonanni/Sagan*, BB-Special 5, 2008, S. 28 (31); i. E. auch *Wiese*, in: FS Otto, 2008, S. 621 (638 f.); siehe auch Darstellung der Problematik im Zusammenhang zum „Whistleblowing" bei: *Müller*, NZA 2002, S. 424 (436); *Wisskirchen/Jordan/Bissels*, DB 2005, S. 2190 (2193).

[1108] i.E. BGH, NZA 2004, S. 427 ff. = NJW 2004, 1547 ff.; LAG Rheinland-Pfalz, BeckRS 2008, 51400; zu weiteren Einzelfällen: *Dörner*, in: Ascheid/Preis/Schmidt, Kündigungsrecht, 3. Aufl. 2007, § 626 BGB, Rn. 190 ff.; *Henssler*, in: MüKo BGB, 4. Aufl. 2005, § 626 Rn. 165; *Müller-Glöge*, Erfurter Komm. ArbR, 9.Aufl. 2009, § 626 BGB, Rn. 64. Überblick zur vorherigen Rechtsprechung: *Müller*, NZA 2002, S. 424 (432 ff.).

[1109] Interessenabwägung gegen die Kündigung bei: BVerfG, NZA 2001, S. 888 (889 f.) = NJW 2001, 3474 (3475 f.). In diesem Fall sieht das BVerfG die staatsbürgerlichen Pflichten zur Zeugenaussage in Rahmen eines strafrechtlichen Verfahrens gegen den Arbeitgeber vorrangig zur arbeitsvertraglichen Rücksichtnahmepflicht. Eine Kündigung war trotz eingestelltem Verfahren nicht begründet. Ähnlich BAG, NZA 2007, S. 502 (503 f.) = NJW 2007, S. 2204 (2205 f.). Vgl. zur Schwierigkeit der Einschätzung im Einzelfall Darstellung bei: *Herbert/Oberrath*, NZA 2005, S. 193 (197 ff.); *Müller*, NZA 2002, S. 424 (434 ff.).

[1110] In diesem Sinne auch: *Lösler*, WM 2007, S. 676 (682), der bei Kompetenz des Compliance Officers zur Strafanzeige von mangelndem Vertrauen der Mitarbeiter und einer unternehmensinternen Abhilfe durch Compliance ausgeht.

Compliance Officer sein. Ausnahmen sind hier bei evident kriminellen Machenschaften von erheblicher Bedeutung zu sehen. Des Weiteren ist auf die Einrichtungsmöglichkeit einer Whistleblowing-Stelle hinzuweisen, auf deren rechtliche Zulässigkeit, Zuständigkeit und Ausgestaltung später einzugehen sowie die damit einhergehende Position des „Ombudsmanns" darzustellen ist[1111].

II. COMPLIANCE-INSTRUMENTE

Sind die Zuständigkeiten verteilt, besteht die Aufgabe des Compliance Officers vor allem darin, einen Katalog spezieller Compliance-Instrumente zusammenzustellen und dem Vorstand zur Entscheidung vorzulegen. Dieser weitere Baustein kann sich aus verschiedenen, organisatorischen Maßnahmen zusammensetzen, sollte jedoch zur Vorbeugung vor Überregulierung an die Anforderungen des jeweiligen Unternehmens angepasst werden.

1. Compliance Check

Die effiziente Umsetzung einer Compliance-Organisation setzt eine grundlegende Ermittlung des aktuellen Stands des eigenen Unternehmens voraus, eine Art Compliance-Inventur[1112]. Maßgeblich sind dabei zwei Gesichtspunkte: Zum einen müssen die vorhandenen organisatorischen Maßnahmen auf ihre Tauglichkeit hinsichtlich der Einhaltung von rechtlichen Vorgaben überprüft werden[1113]. Bedeutend ist dies neben dem wesentlichen Aspekt der Erfüllung von Rechtspflichten auch für das Anforderungsprofil der Business Judgment Rule bei unternehmerischen Entscheidungen. Die Unternehmensstruktur sollte so beschaffen sein, dass Entscheidungen der Geschäftsleitung auf angemessener Informationsgrundlage zum Wohle der Gesellschaft erfolgen. Auf der anderen Seite müssen bestehende rechtliche Risiken sowie die speziellen Risikobereiche identifiziert werden, damit diesen

---

[1111] Siehe unten: § 5 II. 6.

[1112] So schon *Adams/Johannsen*, BB 1996, S. 1017 (1019); siehe auch *Bachmann*, VGR-Schriftenreihe, 2008, S. 65 (81); *Bergmoser/Theusinger/Gushurst*, BB-Special 5, 2008, S. 1 (8 und 9); *Bürkle*, BB 2005, S. 565 (566); *Campos Nave/Bonenberger*, BB 2008, S. 734 (735 f.); *Hauschka*, VGR-Schriftenreihe, 2008, S. 51 (57 ff.); *ders.*, BB 2004, S. 1178 (1180); *ders.*, AG 2004, S. 461 (467 f.); *ders.*, DB 2006, S. 1143 (1144); *ders.*, ZIP 2004, S. 877 (880) mit Beispiel zur Deutschen Bahn AG; *ders./Greeve*, BB 2007, S. 165 (166); *Itzen*, BB-Special 5, 2008, S. 12 (14); *Lampert*, BB 2002, S. 2237 (2239). Vgl. auch Ausführungen zum Risikomanagement § 4 II. 3. a).

[1113] *Rodewald/Unger*, BB 2006, S. 113 (116).

besonderes Augenmerk bei der Implementierung von Compliance-Maßnahmen geschenkt wird. Der Compliance-Check umfasst die Ermittlung des tatsächlichen Ist-Zustandes und folgert daraus im Anschluss an die bestehenden Lücken die Anforderungen an ein adäquates Compliance-Programm.

a) Ermittlung des Ist-Zustandes

Notwendigerweise sind für die Anfertigung eines solchen Querschnitts Daten herauszufiltern und zur Verfügung zu stellen. Aufzubauen ist auf einer umfassenden Zusammenstellung der rechtlichen Anforderungen, die das Unternehmen betreffen[1114]. Eine solche Checkliste sollte der Compliance Officer gegebenenfalls in Absprache mit interner oder externer Rechtsberatung erstellen[1115]. Anhaltspunkte dazu geben etwa die Branchentätigkeit, die Rechtsform sowie vergangene Verdachts- oder Schadensfälle. Inhaltlich sind neben den verbandsrechtlichen Vorgaben insbesondere Normen aus dem Kartellrecht, Kapitalmarktrecht, Steuer- und Sozialrecht, Arbeits-, Umwelt- und Produkthaftungsrecht sowie die damit verbundenen Strafvorschriften zu durchleuchten[1116]. Auf Grund der Individualität jeder einzelnen Gesellschaft muss die Checkliste für jeden Einzelfall neu erstellt werden. Ist ein Compliance Office vorhanden und sind damit bereichsspezifische Compliance Officer eingesetzt, spricht vieles für eine dezentrale Erstellung von einzelnen Checklisten, die die jeweiligen Anforderungen der speziellen Bereiche abdecken[1117] und später zusammengeführt werden können.

Anhand dieser Soll-Checkliste wird das bestehende Organisationssystem im nächsten Schritt auf Funktionalität und entsprechende Missstände überprüft[1118]. Dazu können die üblicherweise vorhandenen Schriftstücke wie Geschäftsordnungen, Arbeitsverträge, Arbeitspläne oder schriftliche Weisungen

---

[1114] So vor allem *Bachmann*, VGR-Schriftenreihe, 2008, S. 65 (81), „Risikoklasse"; *Rodewald/Unger*, BB 2006, S. 113 (116), „Anforderungskatalog"; *Uwe H. Schneider*, DB 1993, S. 1909 (1911) „Pflichtenkatalog". Hier sind die Grundsätze der Wesentlichkeit zu beachten, siehe sogleich zu „Handbuch zu den Grundpflichten", § 5 II. 3. a).

[1115] Vgl. *Gebauer*, in: DIRK, 2004, S. 505 (509).

[1116] Siehe Übersicht zu den wichtigsten Haftungsrisiken bei *Hauschka*, AG 2004, S. 461 (468 ff.); *ders.*, NJW 2005, S. 257 (258 f.). Dazu auch oben § 2 III.

[1117] Vgl. *Campos Nave/Bonenberger*, BB 2008, S. 734 (736).

[1118] Ähnliches Vorgehen beschreiben *Bungartz//Szackamer*, ZCG 2007, S. 123 (125 f.) im Zusammenhang mit der Errichtung eines Internen Kontrollsystems.

herangezogen werden[1119]. Der Vergleich von Idealanforderungen an die Organisation und in der Praxis umgesetzten Maßnahmen zeigt auf diese Weise schnell die risikoträchtigen Bereiche auf. Hilfreich ist daneben die Befragung der Mitarbeiter im Rahmen eines Interviews[1120] oder mittels gezielt formulierter Fragebögen[1121]. Der Durchschnitt der Antworten lässt den Schluss auf einen realitätsnahen Status der Risiken des unternehmerischen Alltags zu[1122]. Hierdurch kann eine weitere Diskrepanz der Risikoermittlung zwischen schriftlich Fixiertem und tatsächlich Gelebtem überwunden werden. Gleichzeitig kann an dieser Stelle die interdisziplinäre Kommunikation fruchtbar gemacht werden. Die ohnehin notwendige Risikoerkennung im Rahmen des Risikofrüherkennungs- und Überwachungssystems im Sinne des § 91 Abs. 2 AktG[1123] sollte durch ihre laufenden Kontrollen zumindest die existenzbedrohenden Rechtsrisiken im Auge behalten haben und kann diese Erkenntnisse an die Compliance-Stelle weitergeben. In diesem Zusammenhang steht auch die Due Diligence[1124]. Gegebenheiten und Risiken des Unternehmens werden dabei umfassend festgestellt und zusammengefasst. Hat es eine solche Überprüfung für die in Rede stehende Gesellschaft bereits gegeben, können die Erkenntnisse übernommen oder je nach Aktualität zumindest zum Abgleich herangezogen werden. Zur Ermittlung des Ist-Zustandes stehen mehrere Wege zur Verfügung, die kumulativ angewandt werden können.

b) Zusammenstellung des individuellen Soll-Zustandes

Sind die Risikobereiche aufgedeckt, geht es darum, einen Maßnahmenkatalog zusammenzustellen, der die Grundsätze der Compliance – primär also das geltende Recht – umsetzt und dabei den aufgezeigten Problemfeldern gerecht wird. Dieser Katalog basiert auf der Diskrepanz zwischen den idealen

---

[1119] *Rodewald/Unger*, BB 2006, S. 113 (116).

[1120] *Göpfert/Merten/Siegrist*, NJW 2008, S. 1703 (1705). Speziell zum Kartellrecht: *Hauschka*, BB 2004, S. 1178 (1181); *Itzen*, BB-Special 5, 2008, S. 12 (14); *Lampert*, BB 2002, S. 2237 (2239).

[1121] *Rodewald/Unger*, BB 2006, S. 113 (116).

[1122] Zur Bedeutung der Mitarbeiter für die Compliance: *Göpfert/Merten/Siegrist*, NJW 2008, S. 1703 f.

[1123] Vgl. dazu § 4 II. Siehe auch: *Bergmoser/Theusinger/Gushurst*, BB-Special 5, 2008, S. 1 (8); *Hauschka*, AG 2004, S. 461 (467 f.); *ders./Greeve*, BB 2007, S. 165 (166); *Liese*, BB-Special 5, 2008, S. 17 (21).

[1124] *Hauschka*, AG 2004, S. 461 (465); *Rodewald/Unger*, BB 2006, S. 113 (117). Vgl. auch § 1 II. 3 c).

Anforderungsinhalten, der zuvor erstellten Checkliste und den tatsächlich vorgefundenen organisatorischen Vorkehrungen[1125]. Nicht selten mangelt es etwa bereits an einem Risikofrüherkennungs- und Überwachungssystem, so dass ein vollumfänglicher Abgleich nicht zu erwarten ist. In solchen Fällen besteht Handlungsbedarf. Neben den hergebrachten Maßnahmen zur ordnungsgemäßen Delegation ist die Organisation um originäre Compliance-Maßnahmen zu ergänzen, die sogleich dargestellt werden. Der Soll-Zustand ist nicht identisch mit der Checkliste. Der Maßnahmenkatalog beinhaltet vielmehr bereits die compliance-rechtlichen Antworten auf die Forderungen der Checkliste und zwar in dem Format, in dem sie auf das jeweilige Unternehmen zugeschnitten sind. Genauso wie nicht jedes Unternehmen eines Compliance Offices bedarf, sind etwa eine externe Whistleblower-Hotline oder ein Ethikkodex obligatorisch. Zur endgültigen Entscheidung über die einzelnen Maßnahmen sollte der Compliance Officer der Geschäftsleitung die Ergebnisse des Compliance-Checks mit Empfehlungen zum weiteren Vorgehen zur Verfügung stellen und in seiner Funktion als Berater tätig werden.

Ein Compliance-Check sollte in einem kleineren Umfang regelmäßig im Rahmen der Kontrollaufgabe des Compliance Officers stattfinden. Dazu kann er sich ebenso Befragungen der Mitarbeiter, so genannter Audits[1126], und den fortwährend getätigten Dokumentationen bedienen. Im Anschluss daran kann er den aufgedeckten Problemen Abhilfe schaffen.

2. Mission Statement

Als eine Mindestvoraussetzung eines funktionierenden Compliance-Systems kann das „Mission Statement“[1127] bezeichnet werden. Darunter wird ein Bekenntnis der Geschäftsleitung zur Rechtstreue und zur Implementierung des

[1125] Vgl. *Bergmoser/Theusinger/Gushurst*, BB-Special 5, 2008, S. 1 (9); *Campos Nave/Bonenberger*, BB 2008, S. 734 (736) "Delta zwischen Ist-Zustand und den Compliance-Anforderungen"; *Rodewald/Unger*, BB 2006, S. 113 (116) bezeichnen den Maßnahmenkatalog als „Lastenheft“.

[1126] *Itzen*, BB-Special 5, 2008, S. 12 (14); *Lampert,* in: Hauschka, Corporate Compliance, 2007, § 9 Rn. 33; *ders.*, BB 2002, S. 2237 (2242); *Uwe H. Schneider*, ZIP 2003, S. 645 (649 f.).

[1127] Diese Bezeichnung hat sich in jüngster Zeit verbreitet. Gleichbedeutend ist auch der Begriff „Policy Statement“, vgl. *Hauschka*, DB 2006, S. 1143 (1144).

Compliance-Systems verstanden[1128]. Allen Unternehmensangehörigen gegenüber muss offen und verständlich kommuniziert werden, dass das Unternehmen Recht und Gesetz uneingeschränkt befolgen will und sich trotz etwaiger Vorteile nicht auf die Überschreitung der vorgegebenen Grenzen einlassen wird. Wichtig ist die Ernsthaftigkeit und die Glaubwürdigkeit der schriftlichen[1129] Erklärung[1130]. Der Vorstand muss „Commitment"[1131] zeigen, was soviel bedeutet, wie mittels vollster Überzeugung dem Compliance-Programm Rückendeckung zu geben und insbesondere dadurch als Vorbildfunktion für die nachgeordneten Mitarbeiter zu agieren[1132]. Erst dadurch ist die Akzeptanz durch die Unternehmensangehörigen gewährleistet und die Zusammenarbeit mit dem für die Compliance so wichtigen Aspekt „Mitarbeiter"[1133] möglich. Denn diese werden Verhaltensregeln erst dann befolgen, wenn sie sich von der Effektivität der Compliance für das Unternehmen überzeugt haben und erkennen, dass die neue Unternehmensphilosophie[1134] einheitlich gelebt wird. In diesem Zusammenhang steht auch die Implementierung des Eskalationswegs zum Aufsichtsrat[1135]. Denn ein Vorstand, der sich der Möglichkeit zur Aufdeckung von eigenen Fehlentwicklungen entziehen wollte, verliert diese Glaubwürdigkeit. Die Abgabe des Mission Statements sollte einer der ersten, von außen erkennbaren Schritte bei der Errichtung der Compliance-Organisation sein.

1128 *Bachmann*, VGR-Schriftenreihe, 2008, S. 65 (82); *Hauschka*, NJW 2005, S. 257 (260); *ders.*, BB 2004, S. 1178 (1179); *ders.*, in: Hauschka, Corporate Compliance, 2007, § 1 Rn. 31; *Itzen*, BB-Special 5, 2008, S. 12 (14); *Lampert*, BB 2002, S. 2237 (2240); *ders.*, in: Hauschka, Corporate Compliance, 2007, § 9 Rn. 17; *Liese*, BB-Special 5, 2008, S. 17 (21); *Voet van Vormizeele*, CCZ 2009, S. 41 (42).. Zur ethischen Seite: *M. Roth*, Compliance, 2005, S. 59 (These 5).

1129 *Lampert*, in: Hauschka, Corporate Compliance, 2007, § 9 Rn. 21; *Liese/Theusinger*, NZG 2008, S. 289 (290).

1130 *Lampert*, in: Hauschka, Corporate Compliance, 2007, § 9 Rn. 17.

1131 *Hauschka*, VGR-Schriftenreihe, 2008, S. 51 (59); *ders.*, DB 2006, S. 1143 (1145); *ders./Greeve*, BB 2007, S. 165 (167). Als Commitment wird insoweit der Inhalt des funktionalen Mission Statements verstanden.

1132 Dazu *Dreher*, ZWeR 2004, S. 75 (94); *Hauschka*, DB 2006, S. 1143 (1144 f.); *Lampert*, BB 2002, S. 2237 (2239 f.); *ders.*, in: Hauschka, Corporate Compliance, 2007, § 9 Rn. 10.

1133 Die Mitarbeiter dienen der präventiven Compliance im Sinne der ordnungsgemäßen Erledigung ihrer Aufgaben sowie Erörterung der Risikobereiche, aber auch der repressiven Aufklärung hinsichtlich von Verdachtsfällen.

1134 *Itzen*, BB-Special 5, 2008, S. 12 (14) spricht insoweit von einem Richtungswechsel.

1135 Siehe oben § 5 I. 5. c).

3. Aushändigung von Mitarbeiter-Handbüchern

Bis hierhin behandeln die modernen Compliance-Instrumente eher die Hintergrundarbeit. Der Compliance Officer ist aber auch dafür zuständig, die Mitarbeiter über die rechtlichen Rahmenbedingungen sowie über die Aufgabe, der sich die Compliance stellt, aufzuklären und zu beraten. Im Ansatz obliegt der Geschäftsleitung diese Pflicht bereits auf Grund ihrer Einweisungssorgfalt im Rahmen der Delegation von Aufgaben an Mitarbeiter[1136]. In der praktischen Umsetzung ist im ersten Schritt die Herausgabe von Handbüchern sinnvoll, die die individuell einschlägigen Rechtsbereiche aufgreifen und für den Anwender eine realitätsnahe Hilfe darstellen. Die tatsächliche Herausgabe der Handbücher an die Mitarbeiter sollte sich der Arbeitgeber schriftlich bestätigen lassen[1137]. Am besten eignet sich eine inhaltliche Aufteilung der Handbücher in zwei unterschiedliche Kategorien[1138].

a) Handbuch zu den Grundpflichten

Zunächst sind die für dieses Unternehmen wesentlichen, gesetzlichen Anforderungen und daraus resultierenden Verhaltensstandards in einem allgemeingültigen Handbuch festzuhalten. Darin kann auch das Mission Statement aufgenommen werden. Wesentlich ist darüber hinaus eine kurze Darstellung der Bedeutung von Compliance und der drohenden Schadensfolgen für die Gesellschaft bei Missachtung der Vorgaben. Die rechtlichen Rahmenbedingungen für die Tätigkeitsschwerpunkte des Unternehmens gilt es, zu erläutern und in Zusammenhang mit den für die Mitarbeiter bedeutenden Sachverhalten zu stellen. Als Grundlage für die Anfertigung eines solchen Handbuches kann eine im Vorhinein erstellte Checkliste dienen, die alle objektiv relevanten Vorschriften erfasst hat. An dieser Stelle ist darauf hinzuweisen, dass sicher nicht jegliche eventuell einschlägige Norm in das Handbuch aufgenommen werden kann und im Rahmen der Darstellung der Grundpflichten auch nicht soll. Zur globalen Aufklärung der Mitarbeiter hat eine

---

[1136] Siehe oben § 4 I. 2. c) bb). Dazu auch *Liese*, BB-Special 5, 2008, S. 17 (22).

[1137] Vgl. *Mengel/Hagemeister*, BB 2007, S. 1386 (1387). Zum rechtmäßigen Verlangen einer solchen Bestätigung: *Müller-Bonanni/Sagan*, BB-Special 5, 2008, S. 28 (30 f.).

[1138] Vgl. *Uwe H. Schneider*, ZIP 2003, S. 645 (648), der von einem Grundpflichtenheft und einem Einzelpflichtenheft spricht. Auch *Gebauer* geht nicht von einem einheitlichen Werk, sondern einer dezentralen Erstellung von einzelnen Dokumenten aus, in: Hauschka, Corporate Compliance, 2007, § 31 Rn. 16.

Reduzierung nach Wesentlichkeitsgesichtspunkten zu erfolgen, indem – neben jedes Unternehmen tangierende Themen wie Korruption oder Diebstahl – insbesondere auf die rechtlichen Zweifelsfragen sowie auf die sich durch den Compliance Check herauskristallisierten Risikobereiche eingegangen wird[1139]. Insoweit ist es ratsam, ein solches Handbuch als allgemeinen, rechtlichen Leitfaden zu deklarieren, und eine Gewähr auf Vollständigkeit auszuschließen. Vielmehr ist ein jederzeitiges Herantreten an die Mitarbeiter der Compliance-Stelle zu empfehlen oder auch im Handbuch eindeutig zu verlangen. Denn eine Überhäufung mit Informationen wäre kontraproduktiv. Um eine Gegenwirkung zu vermeiden, muss zudem unbedingt auf eine einfache und klare Wortwahl geachtet werden, wobei der Inhalt bestenfalls mit simplen Beispielen aus dem Alltag untermalt wird[1140]. Der Verstoß gegen gesetzliche Verbote muss eindeutig ausgeschlossen werden und keinen Raum für eine weitere Auslegung offen lassen[1141]. Psychologisch unterstützend kann eine „wir"-Formulierung[1142] verwendet werden, die den Vorstand und die weiteren Mitarbeiter auf eine Ebene stellt und jeden als Teil des Ganzen betrachten lässt. Der Inhalt des Handbuchs zu den Grundpflichten ist ansonsten variabel und individuell anzupassen. Viele der bereits aufgezeigten Anforderungen an Organisationsmaßnahmen wie Kommunikation oder Dokumentation mögen auch über das Handbuch ihre schriftliche Fixierung erfahren[1143]. Sinnvoll ist dies jedenfalls bei klarstellender Intention, einer Verbindlichkeit wiederum können arbeitsrechtliche Schwierigkeiten entgegenstehen[1144]. Ziel sein sollte ein „Aha"-Effekt beim Leser und die Möglichkeit für die Mitarbeiter, im groben Rahmen jederzeit selbständig eine Antwort auf Rechtsunsicherheiten finden zu können.

[1139] Siehe Ausführungen bei *Hauschka*, ZIP 2004, S. 877 (879 f.); *ders.*, in: Hauschka, Corporate Compliance, 2007, § 1 Rn. 26.

[1140] *Lampert*, in: Hauschka, Corporate Compliance, 2007, § 9 Rn. 18 und 22; *Müller-Bonanni/Sagan*, BB-Special 5, 2008, S. 28 (29) "laienverständliche Aufarbeitung".

[1141] Falsch wäre eine „Soll"-Formulierung im Handbuch, obwohl das Gesetz die Handlung eindeutig verbietet.

[1142] Etwa: „Wir verschreiben uns der vollumfänglichen Einhaltung der Rechtsvorschriften…".

[1143] Z.B. Berichtswege, Dokumentationspolitik, Aufbewahrungsfristen, Zuständigkeiten, Ansprechpartner. Wird sich jedoch damit über die Zuständigkeit eines anderen hinweggesetzt, bedarf es einer Regelung in der Geschäftsordnung oder in einer gesondereten Vereinbarung. Zum Inhalt der Compliance-Richtlinien sogleich.

[1144] Zur Möglichkeit der arbeitsrechtlichen Implementierung, siehe § 5 II. 4. Zu Problemen der Mitbestimmung vgl. unter § 5 II. 6. c).

b) Handbuch zu den Einzelpflichten

Darüber hinaus soll es im zweiten Schritt speziellere Handbücher geben, die nicht nur einen allgemeinen Überblick schaffen, sondern Mitarbeitern spezieller Abteilungen auch die entsprechenden rechtlichen Vorgaben nahelegen[1145]. So sind der zuständigen Abteilung bei Anwendbarkeit etwa die wertpapierhandelsrechtlichen Mitteilungspflichten im Einzelnen aufzulisten oder besondere umweltrechtliche Ge- und Verbote darzulegen. Auch hier muss sich zwangsläufig auf die wesentlichen Regelungen beschränkt werden. Um es greifbar zu machen, muss nicht jedem Metallverarbeiter in einem Industrieunternehmen eine Auflistung aller zutreffenden DIN-Normen überreicht werden. In dem Fall würde – falls überhaupt notwendig – ein Hinweis auf die einschlägigsten Sachverhalte mit derartigem Bezug ausreichen. Letzteres ist aber insbesondere dann notwendig, wenn bestimmte Anforderungen durch Unternehmensangehörige in der Vergangenheit keine Beachtung gefunden hatten. Auch aus diesem Grund bedarf die Erstellung solcher Handbücher eines gewissen Feingefühls für den Bedeutungsgehalt der Weitergabe und die Wesentlichkeit von Informationen. Je nach Zuständigkeit erhält ein Mitarbeiter neben dem Grundpflichten-Handbuch ein oder mehrere Spezialhandbücher. Diese ergänzen insoweit die bereits bestehenden Dokumente zur Aufgabenzuweisung wie Arbeitsvertrag, Stellenbeschreibung oder anderweitige Anweisungen[1146]. Von erheblicher Bedeutung ist die ständige Anpassung der einzelnen Bücher an den aktuellen Gesetzesstand. Sowohl die Erstellung als auch die Aktualisierung der Einzelpflichten-Handbücher müssen nicht zwangsläufig vom Compliance Office(r) vollzogen werden, sondern vorzugswürdig von den Bereichsleitern der jeweiligen Aufgabengebiete oder von einem entsprechenden, bereichsspezifischen Experten. Dabei sollte Hilfestellung von der Rechtsabteilung in Anspruch genommen werden. Diese Angelegenheiten sind seitens der Compliance-Stelle regelmäßig zu delegieren.

[1145] So grundlegend: *Uwe H. Schneider*, ZIP 2003, S. 645 (648). Siehe auch *Hauschka/Greeve*, BB 2007, S. 165 (171).

[1146] Zur Bedeutung dieser Dokumente für die Compliance: *Hauschka/Greeve*, BB 2007, S. 165 (171); *Rodewald/Unger*, BB 2006, S. 113 (115). Siehe auch Abschnitt zur Dokumentation in § 4 IV.

4. Compliance-Richtlinien, Verhaltens- und Ethikkodex

Im engen Zusammenhang zu den Compliance-Handbüchern steht auch der Begriff der Compliance-Richtlinien. Viele Unternehmen verfassen sogenannte „Codes of Conduct“ oder „Ethikkodices“[1147], die gerne auch in die Handbücher mit aufgenommen werden beziehungsweise mit diesen gleichlaufen[1148]. Die Richtlinien stellen unternehmensinterne Leitfäden zum „korrekten“ Verhalten der Mitarbeiter in bestimmten Situationen des Geschäftsverkehrs dar[1149]. Exemplarisch zu nennen sind Angaben zu Einkaufsbedingungen, Umgang mit Geschäftsinformationen nach außen, Geschäftspartnern, privater Liebesbeziehungen unter Arbeitnehmern oder privater Nutzung der Telekommunikationseinrichtungen. Häufig dienen diese eigens erstellten Regeln zur internationalen Vereinheitlichung der Unternehmenspolitik unabhängig von dem jeweils geltenden Recht[1150]. Sinnvoll sind sie daneben auch zur Ausfüllung von gesetzlichen Auslegungsspielräumen oder Behandlung von gesetzlich nicht erfassten, aber für das individuelle Unternehmen bedeutenden Einzelfällen[1151]. Dem Arbeitgeber obliegen dazu grundsätzlich zahlreiche Möglichkeiten den Arbeitnehmern Verhaltensweisen vorzuschreiben und Verstöße mit einer entsprechenden Sanktion zu versehen. Rechtlich sind Wege über den Arbeitsvertrag, Betriebsvereinbarungen und das Direktionsrecht eröffnet[1152]. Inhalt der Compliance-Richtlinie kann so etwa auch die Konkretisierung von arbeitsvertraglichen Nebenpflichten sein[1153]. Der Geschäftsleitung muss dabei aber bewusst sein, dass sie sich je nach Ausgestaltung der Vorgaben vor allem arbeitsrechtlich auf dünnem Eis bewegt. Die Idealvorstellung des Arbeitgebers von einem Mitarbeiter muss nicht immer mit dem geltenden Recht

---

1147 *Buff*, Compliance, 2000, S. 206; *Hauschka/Greeve*, BB 2007, S. 165 (172); *Rodewald/Unger*, BB 2007, S. 1629 (1630); *Wolf*, DStR 2006, S. 1995 (1997 f.).

1148 Teilweise wird gar keine Unterscheidung vorgenommen, so *Lampert*, in: Hauschka, Corporate Compliance, 2007, § 9 Rn. 18 ff.; *Müller-Bonanni/Sagan*, BB-Special 5, 2008, S. 28 ff.

1149 Compliance und Ethik sind untrennbar miteinander verbunden, so *M. Roth*, Compliance, 2005, S. 39.

1150 *Lampert*, in: Hauschka, Corporate Compliance, 2007, § 9 Rn. 19.

1151 Vgl. *Gebauer*, in: DIRK, 2004, S. 505 (527).

1152 Vgl. ausführlich *Mengel/Hagemeister*, BB 2007, S. 1386 (1387 ff.); *Wisskirchen/Jordan/Bissels*, DB 2005, S. 2190 ff. Siehe hier auch Probleme zum Mitbestimmungsrecht.

1153 *Müller-Bonanni/Sagan*, BB-Special 5, 2008, S. 28 (29); *Schuster/Darsow*, NZA 2005, S. 273.

übereinstimmen. Paradebeispiel ist das Verbot der Liebesbeziehung. Greift dieses Verbot auch außerdienstlich, liegt ein Eingriff in das allgemeine Persönlichkeitsrecht vor[1154]. Zwar überschneiden sich die ethischen und moralischen Verhaltensvorgaben nicht unerheblich mit den rechtlichen, was darauf basiert, dass die Vorstellung von gutem und schlechtem Handeln durch die gleichgerichteten, rechtlich fixierten Forderungen geprägt ist und umgekehrt. So behandelt etwa die Anmerkung, keine Geschenke anzunehmen, sowohl einen rechtlichen als auch einen ethischen Aspekt[1155]; die Zulässigkeit richtet sich nach Schwere der Einschränkung und der Darstellung der Erwartungen an den Arbeitnehmer. Die Übergänge zwischen rechtlichen und ethischen Vorgaben sind jedoch fließend. Aus diesem Grund ist der Gesellschaft anzuraten, eine klare Trennung zwischen den gesetzlichen Rahmenbedingungen und den unternehmensintern erwünschten Verhaltensregeln vorzunehmen. Im möglichen Falle eines Rechtsstreits besteht die Gefahr, dass das gesamte Handbuch durch die Arbeitnehmer keine Akzeptanz mehr findet und die Nachhaltigkeit von Compliance gefährdet ist. Große Unternehmen sollten daher die auf gesetzlichen Pflichten beruhenden Handbücher möglichst vom Verhaltenskodex trennen, auch wenn es dadurch eventuell zu Dopplungen kommt. In kleineren Unternehmen wäre jedenfalls an ein gesondertes Kapitel innerhalb des Compliance-Handbuchs zu denken.

5. Compliance-Schulungen

a) Bedeutung der Präsenzschulungen

Neben der Darreichung unterschiedlichster Handbücher bedarf es zusätzlich aktiver Schulungen der Mitarbeiter[1156]. Durch diese doppelte Strategie[1157] ist

---

1154 Zum Verhaltenskodex von „Wal-Mart“: *Mengel/Hagemeister*, BB 2007, S. 1386 (1389 f.); *Müller-Bonanni/Sagan,* BB-Special 5, 2008, S. 28 (30); *Wisskirchen/Jordan/Bissels*, DB 2005, S. 2190 (2191 und 2194).

1155 § 299 Abs. 1 StGB verbietet rechtlich gesehen die Annahme von Geschenken als Gegenleistung für eine Bevorzugung im geschäftlichen Verkehr. Das umfassende Verbot betrifft insoweit darüber hinaus den ethischen Aspekt, da es durch die grundsätzliche Annahme von Geschenken bereits zu einem Verdacht der Bestechlichkeit kommen kann.

1156 Teilweise sind sind solche Schulungen sogar gesetzlich vorgeschrieben oder empfohlen: Zur Geldwäsche nach § 14 Abs. 2 Nr. 4 GwG, zum Allgemeinen Gleichbehandlungsgesetz in § 12 Abs. 2 S. 2 AGG. Zu letzterem: *D. Schneider/Sittard*, NZA 2007, S. 654 ff.

1157 Vgl. *Liese*, BB-Special 5, 2008, S. 17 (21 f.), der die Schulung bestehend aus Handbuch und aktiver Schulung beschreibt.

sowohl die Glaubwürdigkeit der Geschäftsleitung als auch die Nachhaltigkeit der zu übermittelnden Informationen gewährleistet. Zwar wird die Möglichkeit von Schulungen auf elektronischem Wege wie etwa per e-Learning-Programmen angedacht[1158], empfehlenswert erscheint dies jedoch erst im zweiten Schritt zur Auffrischung beziehungsweise Aktualisierung des bereits Gelehrten[1159]. Ziel ist es, die Mitarbeiter jeder Unternehmensebene hinsichtlich der Compliance-Sachverhalte und der davon ausgehenden Gefahren zu sensibilisieren[1160]. Sie sollen *face-to-face* über rechtliche Grundlagen, die Haltung des Unternehmens zu Compliance sowie die Sanktionierung von einzelnen Verstößen aufgeklärt werden. Entscheidend ist dabei, dass die Mitarbeiter nicht allein die Aufgabe der Geschäftsleitung sehen, sondern sich selbst als wichtigen Teilaspekt des Systems „Compliance“ erkennen. Sie übernehmen in gewissen Bereichen selbst Kontrolltätigkeiten, sei es über andere Mitarbeiter oder etwa auch über die eigene Dokumentation, und dienen damit als geeignetes Mittel zur Zweckerreichung[1161]. Auch ihre Funktion innerhalb der Schulung selbst ist nicht zu unterschätzen. So können Mitarbeiter hinsichtlich der Position des Unternehmens aus Sicht der Angestellten als auch der Aufdeckung von Vorfällen in der Vergangenheit behilflich sein.

b) Praktische Umsetzung der Lehrstoffvermittlung

Um den bestmöglichen Erfolg zu erreichen macht hier – orientiert an den Handbüchern – eine inhaltliche Aufteilung der Schulungen über Grundpflichten und Einzelpflichten Sinn. Daneben fördern kleine Gruppen und eine Interaktion mit den Teilnehmern das bessere Erreichen eines jeden Einzelnen[1162]. Hierbei gilt es, Alltagssituationen zu beschreiben und die wahrscheinlichen Problemfälle möglichst plastisch zu vermitteln. Der Gestaltungsfreiheit sind hinsichtlich der Ausführung keine Grenzen gesetzt. Gehalten werden können die Schulungen

---

[1158] *Bauer/Göpfert/Krieger*, AGG, 2. Aufl. 2008, § 12 Rn. 16 ff.; *Gebauer*, in: Hauschka, Corporate Compliance, 2007, § 31 Rn. 46; *Kremer/Klahold*, in: Hb. Managerhaftung, 2007, § 18 Rn. 38 f.; *Müller-Bonanni/Sagan*, BB-Special 5, 2008, S. 28 (31).

[1159] So auch: *Hauschka/Greeve*, BB 2007, S. 165 (168); *Itzen*, BB-Special 5, 2008, S. 12 (16).

[1160] *Hauschka/Greeve*, BB 2007, S. 165 (168); *Itzen*, BB-Special 5, 2008, S. 12 (16); *Lampert*, in: Hauschka, Corporate Compliance, 2007, § 9 Rn. 26; *Uwe H. Schneider*, ZIP 2003, S. 645 (649).

[1161] *Rodewald/Unger*, BB 2007, S. 1629 (1630).

[1162] Siehe dazu auch Darstellung bei *Lampert*, BB 2002, S. 2237 (2241); *ders.*, in: Hauschka, Corporate Compliance, 2007, § 9 Rn. 27 ff.

von Mitarbeitern der Compliance-Abteilung, sinnvoll kann zudem, insbesondere im Bereich der Einzelpflichten, die Schulung durch den Bereichsleiter oder eine externe Person sein[1163]. Entscheidend ist die inhaltiche Nähe zu dem zu präsentierenden Rechtsbereich.

Der Inhalt der Schulungen ist regelmäßig, etwa in einem Turnus von zwei Jahren, zu wiederholen, laufend sind die Mitarbeiter über aktuelle Änderungen schnellstmöglich aufzuklären[1164]. Letzteres kann über die üblichen Kommunikationswege wie Email oder Intranet per Arbeitsanweisung oder Rundschreiben erfolgen. Für die Wiederholung des Lehrstoffes ist ein computerunterstütztes Selbststudium anzudenken, welches auf einfachem und kostengünstigen Weg eine große Anzahl Mitarbeiter erreicht, etwa durch das soeben genannte e-Learning[1165]. Die Handbücher stellen gleichzeitig eine schriftliche Zusammenfassung wie auch eine Ergänzung der Schulungen dar. Da der Inhalt von Handbüchern und Schulungen auf Grund der Fülle an Material nie abschließend sein kann, ist auch in den Schulungen ausdrücklich auf bestimmte Handlungsvorgaben in Zweifelsfällen hinzuweisen. Die Mitarbeiter sind des Weiteren auf die beratende Funktion der Compliance-Stelle aufmerksam zu machen. Denn ein, wenn auch unbewusstes, Hinwegsetzen über Vorschriften kann verheerende Folgen für das Unternehmen auslösen und sollte somit präventiv durch hilfesuchenden, rechtlichen Rat vermieden werden.[1166]

Im Zuge der Dokumentationsanforderungen von Compliance sollten die Mitarbeiter eine Teilnahmebestätigung unterschreiben[1167]. In Verbindung mit den ausgegebenen und empfangsbestätigten Handbüchern steht der Arbeitgeber bezüglich seiner Informationspflicht auf der sicheren Seite. Der Einwand etwa,

---

[1163] Vgl. *Gebauer*, in: Hauschka, Corporate Compliance, 2007, § 31 Rn. 46; *Hauschka*, NJW 2004, S. 257 (260); *Lampert*, in: Hauschka, Corporate Compliance, 2007, § 9 Rn. 27, betont hier die höhere Akzeptanz durch externe Berater.

[1164] OLG Düsseldorf (2006), WuW DE-R, S. 1893 (1896) zur Aufklärung und Überwachung durch die Geschäftsleitung; *Gebauer*, in: DIRK, 2004, S. 505 (531); *Itzen*, BB-Special 5, 2008, S. 12 (16) „Follow-Up"; *Mengel/Hagemeister*, BB 2006, S. 2466 (2468); *Pampel*, BB 2007, S. 1636 (1637).

[1165] Beispielhaft ist die Homepage: www.wecomply.com (zuletzt besucht am 19.10.2009).

[1166] Vgl. *Bürkle*, BB 2005, S. 565 (566); *Itzen*, BB-Special 5, 2008, S. 12 (16).

[1167] *Hauschka*, BB 2004, S. 1178 (1179); *Lampert*, BB 2002, S. 2237 (2241); *Müller-Bonanni/Sagan*, BB-Special 5, 2008, S. 28 (31).

dass Schulungen allein wegen Krankheitsfällen und Urlaubsabwesenheiten nicht ausreichen[1168], ist damit der Boden entzogen.

6. Whistleblowing-Stelle

Allgemein wird unter Whistleblowing das Hinweisgeben eines Stakeholders, also überwiegend eines Mitarbeiters aber auch Kunden oder Lieferanten[1169], über vermeintliche oder tatsächliche Verstöße im Unternehmen, vorwiegend der Geschäftsleitung, verstanden[1170]. Die Informationsweiterleitung kann intern an eine übergeordnete Stelle (Betriebsrat, Vorstand, Aufsichtsrat, etc.) oder extern an eine zuständige Behörde, Interessensvertretungen oder etwa die Presse passieren[1171]. Gerade letztere Varianten finden in Deutschland mangels ausdrücklicher gesetzlicher Zulässigkeit und restriktiver, arbeitsgerichtlicher Rechtsprechung wenig Akzeptanz[1172]. Arbeitnehmer sind vielmehr bei Annahme eines Verdachtsfalles grundsätzlich gehalten, die üblichen Organisationsstrukturen zur Informationsweitergabe zu nutzen und die innerbetriebliche Abhilfe, basierend auf einer Rücksichtnahmepflicht zum Arbeitgeber, einer externen (Straf-)Anzeige vorzuziehen. Diese eingeschränkte, unternehmensinterne Regulierung von Fehlverhalten kann jedoch den Interessen beider Seiten zuwiderlaufen: Für den berichtenden Arbeitnehmer ist der Vorrang der innerbetrieblichen Abhilfe unbefriedigend, wenn der gegebene Hinweis kein Gehör findet[1173]; für das Unternehmen besteht zusätzlich ein Laster, wenn der Arbeitnehmer bei – etwa aus subjektiver Sicht – unzureichender Behandlung der Problematik im Zweifel den externen Weg über die jeweils zuständige Behörde wählt.

[1168] So *Dreher*, ZWeR 2004, S. 75 (98), der aus diesem Argument auch die Notwendigkeit der Herausgabe von Handbüchern zieht.

[1169] Die folgende Darstellung fokussiert sich auf die Arbeitnehmer und die damit zusammenhängenden evidenten Problemfelder des Arbeitsrechts.

[1170] Vgl. *Bürkle*, DB 2004, S. 2158; *Mahnhold*, NZA 2008, S. 737; *Müller*, NZA 2002, S. 424 (426).

[1171] Siehe *Herbert/Oberrath*, NZA 2005, S. 193 (194). Zu Beispielsfällen: *Deiseroth/Derleder*, ZRP 2008, S. 248 f.

[1172] Vgl. oben § 5 I. 5. d).

[1173] Zu den Motiven und Interessen des Arbeitnehmers: *Bürkle*, DB 2004, S. 2158 (2159); *Müller*, NZA 2002, S. 424 (427).

Da die Bedeutung interner Hinweisgeber für die Aufdeckung von Missständen nicht zu unterschätzen ist[1174], kann dieser Diskrepanz durch ein reglementiertes Verfahren zum diskreten Umgang mit Hinweisen ein Mittelweg geebnet werden. Diese durch die Unternehmensleitung zu implementierende Methode soll die Durchbrechung der gängigen Hierarchieebenen zur Informationsweiterleitung zulassen[1175]. Ihren Ursprung hat dieser Ansatz hauptsächlich in den Regelungen des US-amerikanischen Sarbanes-Oxley-Act und der darin teilweise auch für deutsche Unternehmen geltenden Vorschriften[1176]. Der im System des Whistleblowing verankerte Kompromiss zeichnet sich auf der einen Seite durch Zusicherung anonymer oder vertraulicher Behandlung der Angaben des Informanten sowie Schutz vor Sanktionen durch den Arbeitgeber, und andererseits durch die intensivere Möglichkeit der Unternehmensleitung zur internen Abhilfe aus. Der negative Beigeschmack, der durch den Versuch einer deutschen Übersetzung von „Whistleblowing“ mit Ausdrücken wie „Petzen“ oder „Verpfeifen“ verdeutlicht wird, hat der Erkenntnis zu weichen, dass die Mitarbeiter als „Insider“ Wissen aufweisen, das überhaupt oder jedenfalls auf schnellstem Wege zur Aufdeckung von Missständen im Unternehmen führen kann[1177]. Um dem umfassenden Informationsanspruch guter Corporate Compliance gerecht zu werden, ist eine Annahmestelle einzurichten, die für die Entgegennahme und Behandlung eingehender Beschwerden meist in Form einer Hotline[1178] zuständig ist.

1174 Siehe Darstellung bei *Hofmann*, ZCG 2006, S. 121 ff., die die Bedeutung von und den Umgang mit „Whistleblowern“ bei den markanten Bilanzskandalen Enron, Worldcom und Flowtex beinhaltet.

1175 In diesem Sinne: *Berndt/Hoppler*, BB 2005, S. 2623 (2624); *Weber-Rey*, AG 2006, S. 406 f.

1176 Siehe oben § 1 I. 2. a).

1177 Vgl. *Buff*, Compliance, 2000, S. 550; *Göpfert/Merten/Siegrist*, NJW 2008, S. 1703 f.; *Müller*, NZA 2002, S. 424 (425). *Hauschka*, DB 2006, S. 1143 (1145) spricht insoweit von einem „außerordentlich starken Indiz für Commitment“.

1178 *Wisskirchen/ Jordan/Bissels*, DB 2005, S. 2190 (2192 f.); kritisch *Rohde-Liebenau*, BB 2008, Heft 46, Die Letzte Seite, M 16, der die Hotline nicht ausreichen lässt, sondern ein ganzheitliches Kommunikationssystem vorsieht. Dieses läuft jedoch mit dem umfassenden Compliance-System in weiten Teilen gleich.

a) Verortung der Selbstregulierung inner- oder außerhalb des Unternehmens

aa) Internes Whistleblowing

Zur Umsetzung eines solchen Selbstregulierungsverfahrens sind interne und externe Beschwerdestellen denkbar. Möglich ist die interne Zuständigkeit einer der leitenden und kontrollierenden Positionen im Unternehmen. Vorstellbar wäre dabei etwa die Zuweisung an den Vorstand, den Aufsichtsrat, die interne Revision, die Rechtsabteilung, das Compliance Office[1179] oder – nach US-amerikanischem Vorbild[1180] – das Audit Committee[1181]. Die Wahl des Vorstandes wäre jedoch insoweit bedenklich, als es sich im Zusammenhang mit Whistleblowing insbesondere auch um Fehlverhalten der Geschäftsleitung handelt und daneben für anderweitige Missstände ohnehin die Eskalationsleiter bis zur Geschäftsleitung besteht. Whistleblowing soll vielmehr dazu dienen, gerade auch den Vorstand zu rechtmäßigem Verhalten anzuhalten und ist daher effektiver, wenn eine unabhängige Instanz die Aufgabe wahrnimmt. Aus diesem Gesichtspunkt heraus, sprechen genauso Argumente gegen den, dem Vorstand nachgeordneten, Compliance Officer. Seine eingeschränkte Unabhängigkeit vom Vorstand schlägt sich in der Informationsweiterleitung nieder, die allein durch das restriktive Eskalationsrecht zum Aufsichtsrat[1182] durchbrochen werden kann.

Zwar obliegen dem Compliance Officer damit tatsächliche Handlungsmöglichkeiten, einfacher wäre jedoch eine direkte Zuständigkeit der Mitglieder des Aufsichtsrats oder seines speziell zuständigen Ausschusses, dem Audit Committee[1183], welches dem Vorstand unabhängig gegenübersteht. Dem „Whistleblower“[1184], sprich dem Informanten, wird dabei ein sicheres Gefühl

---

[1179] So bevorzugt von *Bürkle*, DB 2004, S. 2158 (2159 ff.).

[1180] Vgl. Sec. 301 SOA.

[1181] Siehe *Berndt/Hoppler*, BB 2005, S. 2623 (2628); *Eibelshäuser*, Der Konzern 2007, S. 735 (741). Dazu auch *Roth*, AG 2004, S. 1 ff. Die Informationweiterleitung am Vorstand vorbei widerspricht insoweit nicht dem geltenden Recht, als das der Vorstand die Whistleblowing-Stelle selbst einführt und auf den direkten Informationsweg verzichtet.

[1182] Siehe oben § 5 I. 5. c).

[1183] Sofern die Compliance-Aufgabe auf das Audit Committee übertragen wurde. Vgl. § 4 V. b).

[1184] Zur Definition: *Berndt/Hoppler*, BB 2005, S. 2623 (2624); *Weber-Rey*, AG 2006, S. 406 (407). Es muss sich um einen „Insider“ handeln, neben Mitarbeitern sind auch Kunden oder Lieferanten denkbar.

bezüglich seiner Anonymität oder Vertraulichkeit, der möglichen Gefahren hinsichtlich seines Arbeitsplatzes aber auch der weiteren Verfolgung seiner Anmerkungen gegeben. Denkbar ist auch eine Aufteilung der Zuständigkeiten: Der Compliance Officer übernimmt allgemein die Aufgabe für alle Verstöße im Unternehmen, das Audit Committee kann daneben als Anlaufstelle für Berichte über Fehlverhalten des Vorstandes oder als sekundärer Ansprechpartner im Falle mangelnder Abhilfe durch den Compliance Officer dienen. Damit würde der Tatsache Rechnung getragen werden können, dass Aufsichtsrats- und Ausschussmitglieder regelmäßig nicht dem alltäglichen Geschäft angehören und dadurch nicht jederzeit sofort abrufbar sind. Die soeben beschriebene Position des Audit Committees kann auch von der Internen Revision übernommen werden.

bb) Externes Whistleblowing

Bei externer Wahrnehmung einer Whistleblower-Hotline sind nicht an erster Stelle staatliche Regulierungsbehörden[1185] zu sehen, sondern eine durch die Geschäftsleitung errichtete Meldestelle, die in der Praxis meist von einem externen Rechtsanwalt besetzt wird[1186]. Insoweit liegt eine Form des Outsourcings vor. Vorteil dieser Art der Whistleblowing-Stelle ist die tatsächliche Unabhängigkeit, die Gewährleistung der Anonymität beziehungsweise Vertraulichkeit des Anrufers durch die gesetzliche Schweigepflicht des Rechtsanwalts[1187] sowie die Sicherstellung der Information des Vorstandes im Rahmen der vertraglichen Vereinbarungen. Eine externe Stelle findet so regelmäßig höhere Akzeptanz bei den Mitarbeitern und bietet dadurch eine höhere Effektivität. Der Vertrag zwischen externem Rechtsanwalt und der Gesellschaft muss soweit gehen, dass auch Verstöße des Vorstandes von der Nachforschung erfasst sind, ansonsten würde erheblicher Zweifel an der Glaubwürdigkeit desselben bestehen. Bezüglich der Realisierung einer externen Whistleblowing-Stelle wird teilweise sogar eine branchenweite oder

---

[1185] Neben Strafverfolgungsbehörden ist auch ein Informieren spezieller Aufsichtsbehörden wie etwa der BaFin anzudenken.

[1186] *Bürkle*, DB 2004, S. 2158 (2160 f.); *Hauschka/Greeve*, BB 2007, S. 165 (173); *Lampert*, in: Hauschka, Corporate Compliance, 2007, § 9 Rn. 31; *Samson/Langrock*, DB 2007, S. 1684 (1687); *Uwe H. Schneider*, ZIP 2003, S. 645 (650).

branchenübergreifende Lösung vorgeschlagen, die mit Hilfe von im vorgegebenen Umfang zuständigen Selbstregulierungsorganisationen einen einheitlichen Verfahrensgang garantiert und dabei auch typische Tat- oder Deliktsmuster erkennen kann[1188].

b) Ombudsmann

In den Zusammenhang zur Whistleblower-Hotline fällt der Begriff „Ombudsmann", der regelmäßig die personelle Besetzung der Whistleblowing-Stelle beschreibt. Diese aus dem skandinavischen stammende Bezeichnung[1189] ohne gleichwertige Übersetzung meint die besondere Hervorhebung der Funktion als vertrauenswürdiger Ansprechpartner für Mitarbeiter[1190]. Die Whistleblower-Hotline kann also neben der passiven Entgegennahme von Berichten der Mitarbeiter auch der vertraulichen Beratung und Information der hilfesuchenden Arbeitnehmer dienen. *Schneider*[1191] spricht deshalb auch von „Helpline". Diese Kombination der Aufgaben ist sinnvoll, weil die Mitarbeiter in der Regel rechtliche Laien sind und sich zunächst allgemeiner Aufklärung versichern dürfen. Bedeutung kann dies insbesondere bei Vorwürfen betreffend die eigene Person sein[1192].

Da die Whistleblowing-Stelle aber auch intern vom Compliance Officer wahrgenommen werden kann und dieser ohnehin als Beratungsstelle für die Mitarbeiter dient[1193], verwischen die Bezeichnungen mit ihren jeweiligen Funktionen. Zum einfacheren Verständnis ist es sinnvoll, den externen Rechtsanwalt als Ombudsmann zu bezeichnen[1194], auch wenn der Compliance

---

[1187] Die Whistleblowing-Stelle ist ein Beispiel für eine sinnvolle Überlegung des Vorstands hinsichtlich des Einsatzes eines externen Rechtsanwalts, vgl. Darstellung oben, § 4 III. 4. b).

[1188] *Berndt/Hoppler*, BB 2005, S. 2623 (2628 f.); *Weber-Rey*, AG 2006, S. 406 (409).

[1189] Übersetzt: Vermittler. *Lampert*, in: Hauschka, Corporate Compliance, 2007, § 9 Rn. 31; *Samson/Langrock*, DB 2007, S. 1684 (1687); *Schimmelpfennig*, CCZ 2008, S. 161.

[1190] *Dölling*, Hb. der Korruptionsprävention, 2007, 2. Kap. Rn. 133 ff.; *Hauschka*, in: Hauschka, Corporate Compliance, 2007, § 1 Rn. 30 Fn. 80; *Rohde-Liebenau*, BB 2008, Heft 46, Die Letzte Seite, M 16. So ist auch *Lampert*, BB 2002, S. 2237 (2240), zu verstehen.

[1191] *Uwe H. Schneider*, ZIP 2003, S. 645 (650).

[1192] Vgl. *Samson/Langrock*, DB 2007, S. 1684 (1688).

[1193] Siehe oben § 5 I. 2. b). und § 5 II. 5.b).

[1194] So auch *Hauschka* zitiert von *Unger*, VGR-Schriftenreihe, 2008, S. 103 (105). Zur externen Ombudsstelle: *Schimmelpfennig*, CCZ 2008, S. 161 ff.

Officer daneben eine beratende Funktion einnimmt. Besteht nur eine interne Beschwerdestelle vereint der Compliance Officer beide Positionen und agiert somit zusätzlich als Ombudsmann.

c) Rechtliche Zulässigkeit und individuelle Umsetzung im Unternehmen

Ob im Einzelfall eine interne oder eine externe Whistleblowing-Stelle einzurichten ist und wie das System im Einzelnen auszugestalten ist, hängt von den Gegebenheiten im jeweiligen Unternehmen ab. Entscheidende Faktoren können vergangene Störfälle, ein allgemeines Misstrauen der Mitarbeiter zu internen Kontrollstellen oder auch Effizienzgründe sein. Bei der Implementierung des Systems ist eher der Umfang der damit verbundenen, den Mitarbeitern aufzuerlegenden Verpflichtungen problematisch. Solange die Beschwerde- und/oder Beratungsstelle nur ein freiwilliges Angebot bleibt oder sich auf bestimmte Compliance-Verstöße bezieht, sind noch keine (arbeits-)rechtlichen Schwierigkeiten zu erkennen[1195], sollen die Mitarbeiter jedoch etwa verpflichtet werden, jegliche Informationen über Zuwiderhandlungen im Unternehmen preiszugeben, können mitbestimmungsrechtliche Aspekte gemäß § 87 BetrVG im Weg stehen[1196]. Ein solches Ausmaß ist nicht mehr vom Direktionsrecht des Arbeitgebers allein getragen. Der legale Weg führt dann nur über die Verständigung auf eine Betriebsvereinbarung[1197], wozu es der Zustimmung durch den Betriebsrat bedarf. Im Einzelfall entscheidend ist, ob die Regelung lediglich die geschuldete Arbeitsleistung konkretisiert, soweit reicht das Direktionsrecht aus, oder eine separate Bestimmung über das Verhalten der Beschäftigten oder die betriebliche Ordnung getroffen wurde, wozu eine Mitbestimmung notwendig

---

[1195] Eine Beschwerdestelle wird in § 13 Abs. 1 AGG sogar verlangt. Ein generelles Beschwerderecht steht jedem Arbeitnehmer nach § 84 BetrVG zu: *Mahnhold*, NZA 2008, S. 737 (738); *Müller-Bonanni/Sagan*, BB-Special 5, 2008, S. 28 (31). Zur klarstellenden Funktion des § 13 AGG: *Bauer/Göpfert/Krieger*, AGG, 2. Aufl. 2008, § 13 Rn. 1.

[1196] Unterscheidung zwischen verbindlicher und unverbindlicher Regelung maßgeblich. Vgl. BAG, NZA 2003, S. 166 ff. "Handelsblatt", wo die vorgeschriebene Benutzung eines Formulars für die Angabe zu Wertpapierbesitz zur Mitbestimmung führte; ArbG Wuppertal, NZA-RR 2005, S. 476 ff., Vorinstanz „Wal-Mart"; *Herbert/Oberrath*, NZA 2005, S. 193 (199); *Kort*, NJW 2009, S. 129 (131); *Mengel/Hagemeister*, BB 2007, S. 1386 (1389 und 1392); *Müller-Bonanni/Sagan*, BB-Special 5, 2008, S. 28 (31); *Schuster/Darsow*, NZA 2005, S. 273 (276); *v.Steinau-Steinrück/Glanz*, NJW-Spezial 5, 2008, S. 146 f.

ist[1198]. Um diese Thematik zu umgehen, sollte der Aufgabenbereich der Whistleblowing-Stelle sorgsam hinsichtlich bestimmter, markanter Verstöße festgelegt werden, deren Meldung ohnehin auf Grund der arbeitsvertraglichen Treuepflicht geboten ist[1199]. Eine allumfassende Meldepflicht dagegen[1200] würde sich einer adäquaten Kontrollmöglichkeit entziehen, gegen die Entgegennahme von anonymen Meldungen sprechen[1201] und – aus der Angst heraus, die Meldepflichten zu verletzen – die unnötig hohe Inanspruchnahme der Hotline herbeiführen. Den Mitarbeitern ist nahezulegen, dass keiner Denunziantenkultur Vorschub geleistet wird[1202], sondern die gemeinsamen Interessen von Arbeitnehmern und Arbeitgeber, nämlich die Befolgung der einschlägigen Normen[1203], im Mittelpunkt steht[1204]. Ein zu beobachtender Missbrauch der Whistleblowing-Stelle sollte aus diesem Grund eindeutig mit Sanktionen belegt werden[1205]. Der Einsatz einer solchen Hotline widerspricht nicht der restriktiven Rechtsprechung, sondern macht sich diese im Rahmen der organisatorischen Möglichkeiten zunutze. So ist bei Erweiterung des Rechts der Mitarbeiter, Hinweise zu geben, zu berücksichtigen, dass auch die externe Adresse keinen „wasserdichten" Schutz vor Informationsweitergabe an Dritte gewährt[1206].

1197 Sofern ein Betriebsrat vorhanden ist. *Bachmann*, VGR-Schriftenreihe, 2008, S. 65 (91); *Hauschka/Greeve*, BB 2007, S. 165 (172); *v.Steinau-Steinrück/Glanz*, NJW-Spezial 5, 2008, S. 146 (147).

1198 BAG, DB 2008, S. 2485 ff. Anders noch Vorinstanz (LAG Hessen, CCZ 2008, S. 73 ff. = BeckRS 2007, 42207), welche Mitbestimmung für die ganze Ethikrichtlinie vorsehen wollte, ohne auf die spezielle Regelung und damit auch die reine Wiedergabe von gesetzlichen Verpflichtungen abzustellen.

1199 Siehe Darstellung der Probleme bei weitergehender Meldepflicht der Arbeitnehmer im Rahmen einer Whistleblower-Hotline im Beschluss des LAG Düsseldorf, NZA-RR 2006, S. 81 (84 f.) „Wal-Mart" = ZIP 2006, 436 ff.

1200 Sowohl bezüglich aller Arbeitnehmer als auch jeglichen Verstoßes.

1201 Dazu sogleich.

1202 So allerdings die landläufige Meinung zum Thema Whistleblowing, siehe *Vogel*, BB 2008, S. 1280. *Wisskirchen/Körber/Bissels*, BB 2006, S. 1567 (1570), die die Begründung in der Zeit des Nationalsozialismus und des Stasisystems der DDR suchen. Ebenso *Mahnhold*, NZA 2008, S. 737.

1203 Vgl. *Bürkle*, DB 2004, S. 2158 (2159).

1204 *Schuster/Darsow*, NZA 2005, S. 273 (276). Ähnlich *Wiese*, in: FS Otto, 2008, S. 621 (639), allgemein zum Strafanzeigerecht.

1205 Zum möglichen Missbrauch: *Hofmann*, ZCG 2006, S. 121 (124).

1206 *Weber-Rey*, AG 2006, S. 406 (409).

Als weitere Hürde zur Implementierung einer Whistleblower-Hotline ist das Datenschutzrecht zu beachten[1207]. Für deutsche, international tätige Unternehmen, die etwa auch dem Sarbanes-Oxley-Act unterfallen, ist die Weitergabe personenbezogener Daten durch Kollegen insbesondere in Länder außerhalb der Europäischen Union problematisch[1208]. § 4 b Abs. 2 Satz 2 BDSG verlangt dafür ein angemessenes Schutzniveau im Drittland[1209]. Aber auch innerhalb der EU besteht keine Klarheit über den Umgang mit Whistleblowing[1210]. Eine Stellungnahme eines europäischen Datenschutzgremiums[1211] und der sich daran anschließende Arbeitsbericht des Düsseldorfer Kreises[1212] will Whistleblower-Hotlines nur dann als verhältnismäßig betrachten, wenn die Meldungen nicht anonym, sondern nur vertraulich erfolgen[1213] und ein Schwerpunkt auf bestimmte Themengebiete gelegt wird[1214]. Mangels rechtlicher Verbindlichkeit dieser Aussagen bleibt abzuwarten, wie eine gerichtliche Überprüfung die Einrichtung von Whistleblower-Hotlines in Deutschland und Europa bewertet.

Bemerkenswert ist an dieser Stelle, dass die Bundesregierung nach dem „Gammelfleisch-Skandal“ im Jahre 2005 mit einem Entwurf vom 30.04.2008 eine Änderung des § 612a BGB hinsichtlich eines Anzeigerechts des Arbeitnehmers geplant hatte. Dieser zielte in seiner neuen Fassung[1215] und in

---

1207 *Bachmann*, VGR-Schriftenreihe, 2008, S. 65 (90); *Eibelshäuser*, Der Konzern 2007, S. 735 (741); *Mengel/Hagemeister*, BB 2007, S. 1386 (1389); *Weber-Rey*, AG 2006, S. 406 (409).

1208 Vgl. Darstellung bei *Zimmermann*, WM 2007, S. 1060 ff.

1209 Siehe *Mengel/Hagemeister*, BB 2006, S. 2466 (2469).

1210 So *Wisskirchen/Körber/Bissels*, BB 2006, S. 1567 (1568) zum französischen Datenschutzrecht.

1211 Die sog. „Artikel-29-Arbeitsgruppe“.

1212 Arbeitsbericht der Ad-hoc-Arbeitsgruppe „Beschäftigtendatenschutz“ des Düsseldorfer Kreises aus April 2007. Abrufbar unter: http://www.hamburg.de/datenschutz/informationen/informationsmaterial/wirtschaft/233840/whistleblowing.html (zuletzt besucht am 19.10.2009).

1213 Siehe Stellungnahme 1/2006 der Artikel-29-Arbeitsgruppe vom 01.02.2006, http://ec.europa.eu/justice_home/fsj/privacy/docs/wpdocs/2006/wp117_de.pdf, S. 11 ff. (zuletzt besucht am 19.10.2009). Dazu *Wisskirchen/Körber/Bissels*, BB 2006, S. 1567 (1568 ff.); *Zimmermann*, WM 2007, S. 1060 (1063 f.).

1214 Siehe Stellungnahme 1/2006 der Artikel-29-Arbeitsgruppe vom 01.02.2006, S. 4 und 13.

1215 „§ 612a BGB – Anzeigerecht
(1) Ist ein Arbeitnehmer auf Grund konkreter Anhaltspunkte der Auffassung, dass im Betrieb oder bei einer betrieblichen Tätigkeit gesetzliche Pflichten verletzt werden, kann er sich an den Arbeitgeber oder eine zur innerbetrieblichen Klärung zuständige Stelle

Anpassung an die vorhergehende Rechtsprechung darauf ab, eine klare und eindeutige Regelung im Bereich des Informantenschutzes zu schaffen, und damit die Rechtssicherheit für Arbeitnehmer, die über gesetzeswidrige Praktiken in ihrem Betrieb informieren, deutlich zu verbessern. Kritik wurde durch die Argumente getragen, dass die Vorschrift zu unklar formuliert sei und höhere respektive abweichende Anforderungen an die Voraussetzungen des Arbeitnehmerschutzes stelle als die vorhergehende Rechtsprechung[1216]. Gleichzeitig wurde auf das Fehlen eines notwendigen, umfassenden Verschlechterungsverbots hinsichtlich der Stellung des Hinweisgebers aufmerksam gemacht. Datenschutzrechtliche Probleme wurden derweil gar nicht berücksichtigt. Wegen unüberwindbarer Probleme ist dieser Ansatz auch nicht weiter verfolgt worden[1217]. Es stellt sich die Frage, ob eine solche Neuregelung den aufgezeigten Problemen in der angedachten Form gerecht werden kann. Empfehlenswert wäre jedenfalls eine Anpassung an die bereits vorhandenen, internationalen Regelungen, die den uneingeschränkten Schutz des Whistleblowers hervorheben[1218]. Auch die Internationale Handelskammer (ICC)

---

wenden und Abhilfe verlangen. Kommt der Arbeitgeber dem Verlangen nach Abhilfe nicht oder nicht ausreichend nach, hat der Arbeitnehmer das Recht, sich an eine zuständige außerbetriebliche Stelle zu wenden.

(2) Ein vorheriges Verlangen nach Abhilfe ist nicht erforderlich, wenn dies dem Arbeitnehmer nicht zumutbar ist. Unzumutbar ist ein solches Verlangen stets, wenn der Arbeitnehmer auf Grund konkreter Anhaltspunkte der Auffassung ist, dass

1. aus dem Betrieb eine unmittelbare Gefahr für Leben oder Gesundheit von Menschen oder für die Umwelt droht,

2. der Arbeitgeber oder ein anderer Arbeitnehmer eine Straftat begangen hat,

3. eine Straftat geplant ist, durch deren Nichtanzeige er sich selbst der Strafverfolgung aussetzen würde,

4. eine innerbetriebliche Abhilfe nicht oder nicht ausreichend erfolgen wird.

(3) Von den Absätzen 1 und 2 kann nicht zuungunsten des Arbeitnehmers abgewichen werden.

(4) Beschwerderechte des Arbeitnehmers nach anderen Rechtsvorschriften und die Rechte der Arbeitnehmervertretungen bleiben unberührt." Siehe *Ausschuss für Ernährung, Landwirtschaft und Verbraucherschutz,* BT-Ausschussdrs. 16 (10) 849. Dazu *Deiseroth/Derleder*, ZRP 2008, S. 248 ff.

1216 So die Stellungnahme des Whistleblower-Netzwerk e.V. zum Vorschlag der Bundesministerien: http://www.whistleblower-net.de/content/view/87/80/lang,de/ (zuletzt aberufen am: 19.10.2009). Ähnlich: *Deiseroth/Derleder*, ZRP 2008, S. 248 (251); *Müller-Bonnani/Sagan*, BB-Special 5, 2008, S. 28 (31 Fn. 44); *Sasse*, NZA 2008, S. 990 (993).

1217 NJW-Spezial 2009, S. 180.

1218 Eingängige Regelungen sehen diesen Schutz ausdrücklich vor: Frankreich in Artikel 9 des Act nr. 2007- 1598 of 13 November 2007, USA in Sec. 806 SOA, The New York Stock hat als erste internationale Organisation Mitte 2008 „Guidelines on Whistleblowing“[1219] herausgebracht, die als Grundregeln zur Etablierung eines allgemeinen Standards dienen sollen und gleichzeitig vor einer zu detaillierten Verrechtlichung warnen[1220]. Im Zuge dessen, sollte der deutsche Gesetzgeber neben der bisherigen Rechtsprechung einen Blick auf die internationale Entwicklung werfen.

Solange gesetzliche Vorschriften nicht vorhanden sind, bleibt dem Unternehmen in Hinblick auf die Präventionswirkung von Mitteilungen durch die Mitarbeiter nur die Möglichkeit, Sanktionen für die Hinweisgeber ausdrücklich auszuschließen und die Folgen für den Arbeitnehmer klar, deutlich und vor allem schriftlich zu formulieren. Die gesetzliche Regelung ist jedenfalls ein Schritt in die richtige Richtung, um ein Umdenken hinsichtlich der grundsätzlichen Behandlung von Whistleblowern und gleichzeitig den Weg zu guter Unternehmensführung zu erreichen. Inhalt einer solchen Regelung sollte dennoch die Möglichkeit von anonymen Meldungen sein[1221]. Diese dämpfen den Vorbehalt der Arbeitnehmer, der auf Grund vorhergehender Rechtsprechung und ihm zugesprochener Denunziantenkultur aufgekommen ist[1222], und erhöhen somit die Effektivität der Einrichtung. Im Falle – möglicherweise geduldeter – Fehlverhalten und Missstände im Unternehmen, ist das Vertrauen der Mitarbeiter in die Sanktionslosigkeit ihres Verhaltens langfristig nur über den Weg der Anonymität wieder zu gewinnen. Entscheidender Faktor, einer dadurch ermöglichten Missbrauchskultur vorzubeugen, wird der ernsthafte Umgang mit offensichtlichen Racheakten und Anschwärzungen sein.

Die Vorgaben zum selbstregulierten Whistleblowing-Verfahren können und sollen in die Compliance-Richtlinien aufgenommen werden, sofern sie den Umfang des Direktionsrechts nicht überschreiten.

Exchange (NYSE) im „Listing Manual“ Section 303 A.10. In diesem Sinne auch: *Hauschka*, ZIP 2004, S. 877 (882).

[1219] Dokument im Internet abrufbar unter: http://www.icc-deutschland.de/ fileadmin/ICC_Dokumente/GuideICCWhistleblowing.pdf (zuletzt besucht am 19.10.2009).

[1220] ICC Guidelines on Whistleblowing (Fn. 1219), S. 5.

[1221] Zu einer Verpflichtung zum anonymen Whistleblowing: *Casper* zitiert in *Webler*, WM 2008, S. 1435 (1441); kritisch *Hofmann*, ZCG 2006, S. 121 (126). A.A. *Mahnhold*, NZA 2008, S. 737 (7339 f.).

[1222] Vgl. *Deiseroth/Derleder*, ZRP 2008, S. 248 (249) „die Folgen des Alarmschlagens [sind] kaum kalkulierbar.“.

d) Umgang mit Hinweisen

Nutzen Mitarbeiter das Angebot der Hotline, hat der Ombudsmann die Aufgabe, den Sachverhalt bereits während des Gesprächs sensibel zu hinterfragen. In der Regel wird der Hinweisgeber ein tatsächliches Fehlverhalten präzise beschreiben und einem weiteren Nachhaken standhalten können. Es ist deshalb davon auszugehen, dass der Wahrheitsgehalt eines Hinweises umso höher ist, desto konkreter der in Rede stehende Sachverhalt beschrieben wird. Vielen Denunzianten kann auf Grundlage dieser einfachen Technik bereits frühzeitig das Handwerk gelegt werden. Darüber hinaus kann dem pflichtbewussten Whistleblower die Möglichkeit gegeben werden, sich nach gewisser Zeit an gleicher Stelle nach dem Stand der Ermittlungen zu erkundigen.

Die weitere Bearbeitung des Hinweises ist innerhalb des Unternehmens diskret zu behandeln, auch hier gilt der Grundsatz des „Need-to-know-Prinzips“[1223]. Abhängig von der Besetzung der Whistleblowing-Stelle kann der Sachverhalt direkt von dort aus verfolgt werden. Handelt es sich jedoch um eine externe Hotline, ist festzulegen, welche Institution innerhalb des Unternehmens informiert wird. Zuständig kann je nach Einzelfall die Compliance-Stelle, die interne Revision oder der Vorstand sein[1224].

7. Disziplinarmaßnahmen

Mögen pflichtbewusste Arbeitnehmer sich an die Regeln halten, gibt es doch immer welche, die sich von einem Reglement ohne explizit erwähnte Konsequenzen nicht maßregeln lassen. Um eine durchschlagende Effektivität des Compliance-Systems zu erreichen, sind im Falle von Zuwiderhandlungen zwingend innerbetrieblich Disziplinarmaßnahmen anzukündigen[1225]. Die Androhung von Sanktionen unterstreicht die Ernsthaftigkeit des Anliegens und wirkt präventiv gegen die Vornahme von Compliance-Verstößen[1226]. Das Arbeitsrecht bietet Sanktionsmöglichkeiten, die angefangen von Abmahnungen über Versetzungen bis hin zur (Verdachts-)Kündigung reichen. In diesem

---

[1223] Siehe oben § 4 III. 2. a) und § 4 III. 4. a. cc).

[1224] Vgl. hierzu Ausführungen oben unter § 5 II. 6. a) aa).

[1225] *Hauschka*, ZIP 2004, S. 877 (881); *Itzen*, BB-Special 5, 2008, S. 12 (14); *Liese*, BB-Special 5, 2008, S. 17 (22); *Uwe H. Schneider*, ZIP 2003, S. 645 (650).

[1226] *Dreher*, ZWeR 2004, S. 75 (100 f.); *Lampert*, BB 2002, S. 2237 (2242); *Liese*, BB-Special 5, 2008, S. 17 (22); *Pampel*, BB 2007, S. 1636 (1638).

Zusammenhang wird zum Teil eine „zero-tolerance-policy" gefordert[1227], die bei Feststellung eines Verstoßes die sofortige Kündigung des verantwortlichen Mitarbeiters zur Folge hat. Zwar wäre dies konsequent, es stellt sich aber die Frage nach der Vereinbarkeit mit dem arbeitsrechtlichen *ultima ratio*-Prinzip[1228]. Eine fristlose Kündigung ist danach erst im Falle besonders schwerer Pflichtverletzungen wie Straftaten möglich, eine ordentliche Kündigung ohne Abmahnung bedarf mindestens einer erheblichen Verletzung und einer eindeutigen, vorhergehenden Sanktionsandrohung[1229]. Entscheidendes Kriterium im arbeitsgerichtlichen Prozess wird die Nachweisbarkeit der Aushändigung von umfassendem Compliance-Material und die Teilnahme an Schulungen sein, da diese belegen, dass eine dem Arbeitnehmer bekannte, erhebliche Pflichtverletzung vorliegt[1230]. Die Verhältnismäßigkeit der Disziplinarmaßnahmen ist einzelfallabhängig und sollte von der Geschäftsleitung vor jeder Sanktionierung geprüft werden. Je nach Schwere der Pflichtverletzung wäre eine Kündigung sogar kontraproduktiv, wenn erst die weitere Zusammenarbeit mit dem Verantwortlichen zur Aufklärung der Tatumstände führt. Dem Mitarbeiter können sodann, zur Unterstützung der Aufklärung, Kronzeugen- und Amnestieregelungen in Gestalt von Haftungs- oder Kündigungsverzicht angeboten werden, die nur bei tatsächlicher Aussage durchgesetzt werden.[1231]

Neben diesen arbeitsrechtlichen Disziplinarmaßnahmen ist die Geltendmachung von Schadensersatzansprüchen denkbar, die für Vorstandsmitglieder von Gesetzes wegen nach § 93 Abs. 2 AktG gelten[1232]. Mitarbeiter betreffend sind die Grundsätze des innerbetrieblichen Schadensausgleichs zu beachten.

[1227] *Uwe H. Schneider*, ZIP 2003, S. 645 (649); *Kort*, NZG 2008, S. 81 (85). Kritisch *Hauschka*, ZIP 2004, S. 877 (882); *ders./Greeve*, BB 2007, S. 165 (171).

[1228] So auch *Bachmann*, VGR-Schriftenreihe, 2008, S. 65 (91).

[1229] *Mengel/Hagemeister*, BB 2007, S. 1386 (1392 f.) auch zum Institut der vorweggenommenen Abmahnung.

[1230] Ähnlich *Lampert*, in: Hauschka, Corporate Compliance, 2007, § 9 Rn. 32. *Müller-Bonnani/Sagan*, BB-Special 5, 2008, S. 28 (29) betonen in diesem Zusammenhang die signifikante Erleichterung der Beweisführung und der arbeitsrechtlichen Sanktionierung durch eine Compliance-Organisation.

[1231] Siehe *Göpfert/Merten/Siegrist*, NJW 2008, S. 1703 (1704); *Itzen*, BB-Special 5, 2008, S. 12 (14); *Lampert*, BB 2002, S. 2237 (2242). *Hasselbach/Seibel*, AG 2008, S. 770 (771), sprechen die Thematik insbesondere bei der Zusammenarbeit mit Managern an, denen ansonsten der Regress nach § 93 Abs. 2 AktG droht. Ausführlich zu Inhalten und Grenzen von Amnestien: *Breßler/Kuhnke/Schulz/Stein*, NZG 2009, S. 721 ff.

[1232] Vgl. *Dreher*, ZWeR 2004, S. 75 (101).

8. Visibility

Neben der Implementierung von sowohl hergebrachten als auch importierten Compliance-Strukturen ist die Kommunikation dieser Umstrukturierung nach außen von entscheidender Bedeutung. Das Verhalten als „Good corporate citizen“[1233] bringt dem Unternehmen erst dann positive Reputation, wenn es der Außenwelt bekannt ist. Den Stakeholdern soll der redliche Umgang mit den rechtlichen Rahmenbedingungen durch Pressemitteilungen sowie einer stets aktuellen Veröffentlichung der vorgenommenen Einführungen und Änderungen auf der Homepage des Unternehmens jederzeit zugänglich sein und verdeutlicht werden. Diese Erkennbarkeit wird auch mit „Visibility“ bezeichnet[1234]. Insbesondere durch diesen Weg ist dem Unternehmen eine glaubwürdige Abstandnahme von einem vergangenen Compliance-Vorfall möglich.

III. ZUSAMMENFASSUNG

Entscheidend für die personelle Struktur einer Compliance-Organisation ist die Einsetzung eines Compliance Officers, der sich zur Umsetzung seiner Vorhaben und Aufgaben einer Compliance-Abteilung bedienen kann. Die Institutionalisierung von Compliance sichert die Bemühungen um Rechtskonformität innerhalb des Unternehmens ab. In einem großen Unternehmen oder bei spezieller Risikoträchtigkeit in einem Rechtsgebiet sind neben den gesetzlich bestimmten Unternehmensbeauftragten bereichsspezifische Compliance Officer einzusetzen, die der zentralen Stelle des Chief Compliance Officers unterstehen und gemeinsam mit ihm das Compliance Office bilden. Gerade in diesem mit höher anfallendem Arbeitsaufwand einhergehenden Fall ist die Etablierung einer nachgeordneten Compliance-Abteilung sinnvoll. In kleineren Unternehmen ist der Schwerpunkt weniger auf die Funktionentrennung zu legen als auf die tatsächliche Wahrnehmung der Compliance-Funktion, wenn auch vereint in einer Person mit ähnlichen Kontrollaufgaben. Der Compliance Officer (respektive das Compliance Office) steht unterhalb der Geschäftsleitungsebene und ist im Rahmen seiner Aufgabenerledigung unabhängig. Er nimmt lediglich eine beratende Funktion wahr, welche sich bei Compliance-Verstößen in seiner Berichtspflicht zur Geschäftsleitung niederschlägt, die Eskalation. Ist der

---

[1233] Siehe oben Einleitung I. 1. c). und Fn. 26.

[1234] *Hauschka*, DB 2006, S. 1143 (1146).

Vorstand selbst in einen entsprechenden Vorfall involviert, hat der Compliance Officer *ultima ratio* die Möglichkeit, den Aufsichtsrat anzurufen. Eine sofortige Vornahme von Strafanzeigen widerspricht allerdings schon dem Grundgedanken der Compliance, der auf das Unternehmensinteresse gerichtet ist.

Ein wie auch immer gearteter Berichtsweg nach außen erhöht das Risiko eines Reputationsschadens erheblich. Auch aus diesem Grund fordert eine ganzheitliche Compliance-Organisation neben den hergebrachten Organisationsgrundsätzen moderne Maßnahmen. Nachdem ein Compliance-Check durchgeführt wurde, der die akuten Problemfelder offenbart, sollten Handbücher und/oder Compliance-Richtlinien an die Mitarbeiter herausgegeben werden. Diese dienen dazu die entscheidenden rechtlichen Rahmenbedingungen und die Verhaltensforderungen des Unternehmens in schriftlicher Form an die Adressaten heranzutragen. Zur Vertiefung und plastischeren Übermittlung des Stoffes dienen initiale *face-to-face* Schulungen, die im Anschluss beispielsweise durch e-learning aufgefrischt werden können. Um die Problematik der innerbetrieblichen Abhilfe bei Bekanntwerden eines Verstoßes sowohl für Arbeitgeber als auch Arbeitnehmer einer zufriedenstellenden Reglementierung zu unterziehen, ist die Errichtung einer Whistleblowing-Stelle anzuraten. Ob diese inner- oder außerhalb des Unternehmens angesiedelt wird und ob die Stelle neben der Entgegennahme von Beschwerden gleichzeitig auch die beratende Funktion des Ombudsmanns einnehmen soll, hängt von den Gegebenheiten des Einzelfalles ab. Bei der Ausgestaltung einer Beschwerdestelle sind arbeitsrechtliche und mitbestimmungsrechtliche Fragen zwingend zu berücksichtigen sowie die Neuregelungen des Gesetzgebers zum Schutz der Whistleblower (§ 612a BGB-E) im Auge zu behalten.

Bei Verstoß sowohl gegen Gesetze als auch gegen interne Verhaltensvorgaben sollen strikt Sanktionen angedroht werden, welche sich in arbeitsrechtlichen Konsequenzen oder Schadensersatzforderungen niederschlagen. Vorzuziehen sind deren Durchsetzung allerdings je nach Fall auch Kronzeugen- oder Amnestieregelungen zur - für das Unternehmen wichtigen - Aufklärung des Sachverhaltes. Durch die grundsätzliche Androhung von Disziplinarmaßnahmen unterstützt die Geschäftsleitung die Ernsthaftigkeit ihres Anliegens, welches sie auch in einem Mission Statement, einer schriftlichen Erklärung zu ihrer uneingeschränkten Befolgung von Recht und Gesetz, den Mitarbeitern unterbreiten soll. Weiterer, nicht zu unterschätzender Aspekt ist die „Visibility“

der umfassenden Compliance-Organisation nach außen, die in gewissem Maße als ein Schutzmantel vor weiteren Reputationsschäden dient. Die dargestellten Compliance-Instrumente sind kein Muss für jede Gesellschaft, sie verdeutlichen jedoch sehr wohl, nach welchem Prinzip Compliance funktioniert. Die Strukturen lassen Wege für Kompromisse und Effizienzlösungen offen und zielen auf ein einzelfallgerechtes Ergebnis ab.

§ 6 Krisenmanagement

Die bisher aufgezeigten präventiv wirkenden sowie generellen Organisationsmaßnahmen sind zwar unentbehrlich für Compliance, reichen aber bei Weitem nicht aus, das Unternehmen vor Schädigungen zu schützen. Wichtiges Kriterium ist zusätzlich der Umgang mit einer tatsächlich eintretenden Krise, die sowohl vorbereitende als auch akute Maßnahmen erfordert. Unter der Krise sind an erster Stelle innerbetrieblich aufgefallene Compliance-Verstöße zu verstehen, im zweiten Schritt zählt die von außen initiierte Ermittlung durch Strafbehörden dazu.

I. Allgemeine Krisenvorbereitung

Stellt man sich die Situation vor, die Ermittlungsbehörden ständen plötzlich in der Tür und kein Mitarbeiter sei mit dem Umgang einer solchen Sachlage vertraut, lassen sich die Ausmaße von vorschnellen Fehlhandlungen nur erahnen. In diesem Sinne würde auch die umfängliche, organisatorische Strukturierung zum innerbetrieblichen Bekanntwerden von Verstößen wenig helfen, wenn den zuständigen Personen nicht im Vorfeld für den Ernstfall ein konkreter Handlungsrahmen vorgegeben wird. Deshalb bedarf auch die Krisenvorbereitung einiger organisatorischer Gestaltungsformen, die im Rahmen einer funktionierenden Compliance-Organisation obligatorisch sein müssen.

Dem Compliance Officer als Ansprechpartner erster Instanz müssen die einzelnen Schritte des Umgangs[1235] mit einem intern sowie extern festgestellten Verstoß nahegelegt werden. Dies kann in einer schriftlich formulierten

[1235] Im Detail dazu sogleich unter § 6 II.

Arbeitsanweisung geschehen, deren Ausformulierung auch in Kooperation von Vorstand und Compliance Officer geschehen darf, da letzterer im Zweifel höhere Fachkenntnis und Erfahrung zur Problembewältigung aufweist als seine Vorgesetzten[1236]. Genauso sind alle Mitarbeiter insbesondere über ihre arbeitsrechtliche Verschwiegenheitspflicht als auch über das Verhalten im Falle von Durchsuchungen durch Behörden aufzuklären[1237]. Zu berücksichtigen sind vor allem die grundlegenden Fragen, welche Mitwirkungspflichten die Mitarbeiter bei einer Durchsuchung haben, ob ein anwaltlicher Berater hinzugezogen werden darf und inwieweit Unterlagen zur Sicherstellung herausgegeben werden müssen. Auch die Behandlung von Reklamationsfällen[1238], Pressemitteilungen oder etwa Arbeitsunfällen sollen durch Textvorlagen für die Mitarbeiter reglementiert werden. Zur Umsetzung der notwendigen Grundstrukturen ist die Aufnahme der Thematik in die Compliance-Richtlinien sowie die Belehrung innerhalb der Compliance-Schulungen zu empfehlen. Daneben sollte für den Ernstfall ein Informationsblatt in Form einer To-do-Liste erstellt werden, welches in kurzen Schritten die wichtigsten Handlungsanweisungen für die jeweilige Problemsituation zusammenfasst[1239].

Um dem Eintritt von direkten, finanziellen Schäden entgegenzuwirken, können auf unternehmerischer Ebene die Aussagen des zur Einführung des Systems vorgenommenen Compliance-Checks und der daraus ersichtlichen Krisenherde im Unternehmen, die erkennbar und mit der höchsten Wahrscheinlichkeit zu großen Schadenssummen führen können, herangezogen werden[1240]. Zu prüfen sind Möglichkeiten der vertraglichen Übertragung der Risiken auf Geschäftspartner oder die Abdeckung durch Versicherungen wie etwa durch die D&O-Versicherung[1241]. Hierbei finden regelmäßig Überschneidungen zur Arbeit des Risikomanagements statt, die miteinander abgeglichen werden und zu einer effektiven Verhinderung von Schadenseintritten konsolidiert werden sollten. Der

1236 Sofern dies gerade bezüglich psychologischer Aspekte noch nicht der Fall ist, hat der Compliance Officer Lehrgänge zum Umgang mit Krisenfällen zu absolvieren.

1237 *Campos Nave/Bonenberger*, BB 2008, S. 734 (736); *Lampert*, in: Hauschka, Corporate Compliance, 2007, § 9 Rn. 35. Siehe dazu auch sogleich unter § 6 II. 5.

1238 Zur Behandlung von Reklamationen ausführlich: *Hauschka/Klindt*, NJW 2007, S. 2726 ff.; dazu auch: *Hauschka*, ZRP 2006, S. 258 (260).

1239 Siehe Beispiel eines „Notfallplans“ bei: *Campos Nave/Bonenberger*, BB 2008, S. 734 (736 f.).

1240 Vgl. *Rodewald/Unger*, B 2007, S. 1629 (1633).

1241 Vgl. zu letzerer § 3 V. 2.

Compliance Officer kann auch andere Abteilungen dazu anregen, ihren Bestand hinsichtlich spezieller Problemfelder zu überprüfen und gegebenenfalls anzupassen[1242].

So wirksam Prävention zur Verhinderung von Rechtsverstößen und dem Eintritt von Risiken sein mag, desto weniger garantiert sie jedoch vor Querschlägern, die sich von der Reglementierung nicht beeindrucken lassen. Gerade vorsätzliche Verstöße kann Compliance nicht verhindern[1243]. Dennoch ist im Krisenfall nicht auf die Motivationslage des Täters abzustellen, sondern primär auf den für das Unternehmen bestmöglichen Umgang mit der Situation.

II. Aufgaben des Compliance Officers in der Krise

Voraussetzung für eine wirksame Abhilfe im Krisenfall ist ein funktionierendes Informationssystem, das die Kenntniserlangung durch den Compliance Officer auf schnellstem Wege gewährleistet, um im Nachgang die geeignete Strategie zum Umgang mit dem Verstoß selbst bestimmen zu können[1244]. Der folgende Abschnitt widmet sich deshalb vorwiegend den Aufgaben des Compliance Officers in Kooperation mit dem Vorstand.

1. Sachverhaltsaufklärung

Treten intern Informationen zu einem Verstoß gegen gesetzliche oder innebetriebliche Vorschriften auf, darf der Compliance Officer keine vorschnellen Handlungen oder gar Entscheidungen treffen, sondern muss dem Gerücht zunächst nach triftigen Anhaltspunkten auf den Grund gehen[1245]. Wie bereits angedeutet, birgt gerade die Möglichkeit, Kenntnisse über das Verhalten der Kollegen anonym über die Whistleblowing-Stelle weiterzugeben[1246], Missbrauchsgefahr. Diese sollte mit hoher Wahrscheinlichkeit ausgeschlossen

---

[1242] Insofern hat er zwar keine Weisungsbefugnis, hier geht es aber um interdisziplinäre Zusammenarbeit, die im Zweifel durch den Vorstand gefördert werden sollte.

[1243] Vgl. *Lampert*, in: Hauschka, Corporate Compliance, 2007, § 9 Rn. 35; *Spindler*, in: Fleischer, Hb. des Vorstandsrechts, 2006, § 19 Rn. 6; *Wolf*, DStR 2006, S. 1995 (2000).

[1244] In diesem Sinne: *Lampert*, in: Hauschka, Corporate Compliance, 2007, § 9 Rn. 4; *ders.*, BB 2002, S. 2237 (2242).

[1245] Zur Problematik der zweiwöchigen Kündigungsfrist aus § 626 Abs. 2 BGB bei außerordentlicher oder Verdachtskündigung: *Schimmelpfennig*, CCZ 2008, S. 161 ff.

[1246] Vgl. § 5 II. 6. c).

sein[1247], bevor weitere Schritte eingeleitet werden. Im Anschluss ist die Recherche in Datenbanken und die Befragung von Personen wie Kollegen oder Kunden[1248] zur Sachverhaltsaufklärung unumgänglich. Letztere könnten mit dem Vorfall bewusst oder unbewusst in Verbindung stehen und wichtige Details zu Tage bringen. Diese Phase der „Ermittlung“ bedarf besonderer Sensibilität, da zwar eine rasche Aufklärung des Sachverhalts wünschenswert ist, häufig aber nur taktische Erwägungen zum Ziel führen[1249]. Gut zu überlegen ist etwa, wer befragt wird und welche Fragen gestellt werden, ohne dass die Aufklärung dadurch gefährdet wird oder der Vorfall an die Öffentlichkeit gerät[1250]. Unterstützend zu empfehlen, kann zu diesem Zweck auch die Heranziehung eines externen, dem Anwaltsprivileg unterfallenden Rechtsanwalts sein[1251].

2. Benachrichtigung der Geschäftsleitung

Bestätigt die Sachverhaltsaufklärung den erhobenen Verdacht, muss der Compliance Officer unverzüglich die Geschäftsleitung respektive den zuständigen Ressortinhaber über den Vorfall informieren[1252]. Die üblichen Informationswege sind einzuhalten, im Zweifel besteht also ein Eskalationsrecht zum Aufsichtsrat[1253]. Im Anschluss ist das Compliance-Committee (falls vorhanden) zu benachrichtigen, welches einen Zwischenfall in der Regel im Nachgang bearbeiten und Schlüsse für die zukünftige Compliance-Organisation ziehen wird. Erlangt der Vorstand erste Kenntnis von einem Verstoß, sollte regelmäßig der Compliance Officer von „oben nach unten“ informiert und mit der Sachverhaltsaufklärung betraut werden[1254].

[1247] Siehe hierzu aber auch die Möglichkeiten des Ombudsmannes, § 5 II. 6. d).

[1248] So auch *v.Hehn/Hartung*, DB 2006, S. 1909 (1914).

[1249] Siehe *Rodewald/Unger*, BB 2007, S. 1629 (1634).

[1250] Ähnlich *Schimmelpfennig*, CCZ 2008, S. 161 (162), der zu frühes Handelns als Hilfe für Komplizen und Hintermänner beschreibt.

[1251] Vgl. Darstellung bei § 4 III. 4. b).

[1252] *Campos Nave/Bonenberger*, BB 2008, S. 734 (737); *Rodewald/Unger*, BB 2007, S. 1629 (1634).

[1253] Siehe § 5 I. 5. c).

[1254] *Lösler*, WM 2007, S. 676 (681), spricht von einer vertrauensvollen Wechselwirkung zwischen Geschäftsleitung und Compliance.

3. Abhilfemaßnahmen

Jegliche Abhilfemaßnahmen sind wegen des Letztentscheidungsrechts von der Geschäftsleitung selbst durchzuführen; der Compliance Officer steht dabei in seiner beratenden Funktion zur Seite. Handelt es sich bei dem Compliance-Verstoß um eine noch andauernde Zuwiderhandlung, muss diese sofort beendet werden[1255]. Im Anschluss schlägt sich Abhilfe einerseits in arbeitsrechtlichen Konsequenzen nieder[1256], auf der anderen Seite ist bei einem Verstoß gegen spezielle Gesetze über die Einbeziehung einer zuständigen Behörde, wie etwa die Strafermittlungsbehörde, die Bundesanstalt für Finanzdienstleistungsaufsicht, die Umweltbehörde oder die Kartellbehörde, nachzudenken[1257]. Vorteil einer Selbstbezichtigung ist die Möglichkeit, den Sachverhalt im Vorhinein innerbetrieblich aufzuklären und der Behörde abschließend die nötigen Materialien zur Verfügung zu stellen. Dadurch können unerwünschte Durchsuchungen, die eventuell zur negativen Öffentlichkeitswirkung sowie weiteren Zufallsfunden[1258] führen, vermieden werden[1259]. Daneben ist im Kartellrecht ein Erlass oder eine Ermäßigung des zu erwartenden, durchaus hohen Bußgeldes[1260] oder im Falle einer Steuerhinterziehung Straffreiheit[1261] möglich. Zusätzlich ist das Argument zu berücksichtigen, dass eine durchaus schnellere Ermittlung die Berichterstattung in der Öffentlichkeit eher kurz und damit für das Unternehmen schmerzloser macht, als ein ausgedehntes Verfahren inklusive Beweisproblemen. Durch eine Selbstanzeige bestätigt das Unternehmen– zumindest bezogen auf das Krisenmanagement– ein funktionierendes Compliance-System, welches keine Fehltritte duldet und die Sachverhaltsaufklärung in den Vordergrund stellt. Handelt es sich bei dem Beschuldigten um einen einzelnen Mitarbeiter und nicht um eine Verzweigung in mehrere Abteilungen der Gesellschaft, kann und sollte sich die

---

1255 Zum Kartellrechtsverstoß: *Itzen*, BB-Special 5, 2008, S. 12 (14).
1256 Siehe Erläuterungen zu Disziplinarmaßnahmen, § 5 II. 7.
1257 So auch *v.Hehn/Hartung*, DB 2006, S. 1909 (1912); *Göpfert/Merten/Siegrist*, NJW 2008, S. 1703 (1704).
1258 Welche natürlich eigentlich durch die Compliance-Stelle oder das Risikomanagement entdeckt werden sollten.
1259 *Rodewald/Unger*, BB 2007, S. 1629 (1634).
1260 Zu den einzelnen Fallkonstellationen bei der Kronzeugenregelung: *Itzen*, BB-Special 5, 2008, S. 12 (15). Siehe auch *Lampert*, BB 2002, S. 2237 (2242 f.).
1261 Vgl. § 371 AO.

Geschäftsleitung im Zusammenhang mit der Anzeige bei der Behörde von dem Fehlverhalten distanzieren.

Lässt sich der Sachverhalt nicht ohne weiteres aufklären, sind grundsätzlich interne Kronzeugen- oder Amnestieregelungen für den betroffenen Mitarbeiter den angedrohten Disziplinarmaßnahmen vorzuziehen, um den gesamten, regelverstoßenden Ablauf im Unternehmen erörtern zu können[1262]. Auch hinsichtlich der Abhilfemaßnahmen ist die Dokumentation der Entscheidung zu empfehlen, damit der Vorstand nicht in unnötige Beweisprobleme insbesondere im Zusammenhang mit § 93 Abs.2 S. 2 AktG gelangt.

4. Presse - Umgang mit der Öffentlichkeit

Da Compliance Reputationsschäden vermeiden will, spielt die Presse eine herausragende Rolle bei der Behandlung von Krisenfällen. Die eigenständige Beurteilung von Sachverhalten durch die Presse prägt ohne eine tatsächliche Bestätigung der Vorwürfe häufig ein negatives Bild eines Unternehmens in der Öffentlichkeit. Diesem starken Instrumentarium sind unternehmerseits Grenzen zu setzen. Hilfreich kann bereits das Bekanntsein der Gesellschaft sowohl bei der Presse als auch in der Öffentlichkeit als „good coporate citizen" sein. Dazu ist ein laufender Kontakt zu Entscheidungsträgern der Presse notwendig, so dass negative Meldungen auf Grund des Bekanntheitsgrades unglaubwürdiger erscheinen und nicht auf direktem Wege zu (falsch) ausgeschmückten Schlagzeilen führen[1263]. Ziel der Pressearbeit sollte es insbesondere sein, dass das Unternehmen die originäre Nachrichtenquelle bleibt und dadurch Einfluss auf die Berichterstattung nimmt[1264]. Des Weiteren kann eine laufend geförderte, positive Berichterstattung den durch einen Compliance-Verstoß geprägten, negativen Beigeschmack des Unternehmensansehens mildern[1265]. Denn die Meinungsbildung beruht vor allem auf einer Abwägung zum bestehenden Gesamtbild und auf Nachhaltigkeit der negativen Meldungen. Diesem Effekt

---

1262 Siehe oben § 5 II. 7.

1263 *Campos Nave/Bonenberger*, BB 2008, S. 734 (737).

1264 *Campos Nave/Bonenberger*, BB 2008, S. 734 (739); ähnlich auch *Kapp/Schlump*, BB 2008, S. 2478 (2486), die auf professionelle Korrespondenz ohne negative Auslegungsmöglichkeiten und ohne falschen Schein setzen. Anders *Kremer/Klahold*, in: Krieger/Uwe H. Schneider, Hb. Managerhaftung, 2007, § 18 Rn. 72, die auf zurückhaltenden Umgang mit der Öffentlichkeit verweisen.

1265 *Rodewald/Unger*, BB 2007, S. 1629 (1635).

kann eigens entgegengewirkt werden, auch wenn dafür zusätzliche Kosten, wie Spenden für gute Zwecke[1266] oder der Aufwand für Anzeigentexte, fällig werden[1267].

Für die Presse sollte ein fester Ansprechpartner im Unternehmen festgelegt werden[1268]. Diese Tätigkeit kann ein spezieller, interner oder externer Pressesprecher oder aber auch der dahingehend geschulte Compliance Officer wahrnehmen. Im Krisenfall sollte der versierte Mitarbeiter den von außerhalb gestellten Fragen entgegentreten und je nach Sachlage ein ausdrückliches Angebot zum Interview abgeben, in dem der Vorfall aus der Sicht des Unternehmens mit ausdrücklicher Distanzierung dargestellt werden kann.

5. Verhalten bei Erscheinen der Ermittlungsbehörden

Handelt es sich nicht um einen intern bekannt gewordenen Verstoß, sondern um eine externe Ermittlung durch die Strafverfolgungsbehörde, sind weitergehende Verhaltensmuster an die Mitarbeiter weiterzugeben. Unverzüglich sind zunächst Geschäftsleitung und Syndikus zu informieren. Den Ermittlern sind bestenfalls zwei dahingehend geschulte Mitarbeiter leitender Positionen als Ansprechpartner gegenüberzustellen, die ihre Handlungen und Aussagen gegenseitig bezeugen. Empfehlenswert ist auch hier das Heranziehen des Compliance Officers; die regelmäßig plötzlich eintretende Situation einer strafrechtlichen Ermittlung bedarf jedoch genügend Flexibilität. Die Krisenkommunikation gegenüber den Ermittlern soll ausschließlich durch diese kurzfristig bestimmten Personen erfolgen, da andere Mitarbeiter mit unbedachten Äußerungen erheblichen Schaden für das Unternehmen begründen können[1269].

Im ersten Schritt sollen sich die beiden „Krisenmanager" der Legitimation der Beamten sowie des Durchsuchungsbeschlusses vergewissern. Im Anschluss ist die eindeutige Dokumentation aller erheblichen Einwände (z.B. Widerspruch

---

[1266] Zu Unternehmensspenden: *Fleischer*, AG 2001, S. 171 ff. und „good corporate citizen" S. 175.

[1267] Compliance darf aber nicht mit den hier benannten Aufgaben der „Corporate Social Responsibility" gleichgesetzt werden. An dieser Stelle macht sie sich diese lediglich zu Nutze. Vgl. *Fleischer*, NZG 2004, S. 1129 (1131 f.); *Hauschka* zitiert von *Webler*, WM 2008, S. 1435 (1440).

[1268] *Campos Nave/Bonenberger*, BB 2008, S. 734 (737), empfehlen sogar das Aufstellen eines Kriseninterventionsteams. Dies mag je nach vergangenen Vorfällen und Risikostruktur des Unternehmens sinnvoll sein.

zur Durchsuchung) sowie der beschlagnahmten Akten von zentraler Bedeutung. Eine Zusammenarbeit mit den Ermittlern ist dringend zu empfehlen[1270], denn sie kann zur Aufdeckung für das Unternehmen bedeutender Information führen oder schützt jedenfalls vor weiteren Komplikationen, wie Widerstand gegen Vollstreckungsbeamte, Strafvereitelung, etc.. Gelassenheit bringt hier weiter und wird auf Grund der für diesen Zweck geschulten Mitarbeiter realisierbar.

6. Krisennachbereitung

Zu jeder auftretenden Krise gehört abschließend die Nachbereitung. Vorab sollten alle Beteiligten die Geschehnisse, vor allem im Falle einer Durchsuchung der Ermittlungsbehörden, in einem Gedächtnisprotokoll zusammenfassen[1271]. Der Compliance Officer hat insoweit für die schnelle Umsetzung zu sorgen. Danach ist eine Analyse der Gründe für den Compliance-Verstoß notwendig. Es muss festgestellt werden, ob das bereits eingesetzte System markante Lücken aufweist und ob gerade diese für den Vorfall kausal waren. Auch die Beseitigung von eingetretenen Reputationsschäden gehört dazu. Nur mit diesen Mitteln kann die Organisation wachsen und sich der individuellen Anforderungen des speziellen Unternehmens anpassen. Die Krisennachbereitung ist Aufgabe des Compliance Officers, welcher die Ergebnisse der Analyse je nach Schwere des Falls mit in das Compliance Committee zur weiteren, abteilungsübergreifenden Problemlösung nimmt. Der Vorstand hat den zuständigen Kontrollorganen sodann eine gesteigerte Überwachungssorgfalt nahezulegen[1272].

III. Zusammenfassung

Nicht allein die organisatorische Strukturierung eines Unternehmens reicht für eine effektive Schadensminderung aus, auch der gekonnte Umgang mit einem eingetretenen Compliance-Verstoß dient der Schadensbegrenzung. So sind die Mitarbeiter hinsichtlich ihres Verhaltens in Krisensituationen, etwa des plötzlichen Erscheinens der Ermittlungsbehörden, aufzuklären, zu schulen und mit Informationsmaterial zu bestücken. Zuständigkeiten für den Ernstfall müssen eindeutig vergeben werden. Liegen Anhaltspunkte für einen

---

[1269] Vgl. auch *Buff*, Compliance, 2000, S. 515.
[1270] *Kremer/Klahold*, in: Krieger/Uwe H. Schneider, Hb. Managerhaftung, 2007, § 18 Rn. 70.
[1271] *Campos Nave/Bonenberger*, BB 2008, S. 734 (740).
[1272] Vgl. § 4 I. 2. c) cc).

Rechtsverstoß vor, obliegt die Handlungspflicht in erster Linie dem Compliance Officer, der die Geschäftsleitung informieren muss und gemeinsam mit dieser einen Abhilfeplan erarbeitet. Neben arbeitsrechtlichen Maßnahmen ist vor allem die Selbstanzeige bei der zuständigen Behörde im Einzelfall zu erörtern, da damit letztendlich der Schaden für das Unternehmen sowohl in der Höhe der Bestrafung als auch im Ansehen der Öffentlichkeit begrenzt werden kann. Der Umgang mit der Presse ist nicht zu unterschätzen und sollte laufend gefördert werden. Die Erkenntnisse aus einer Krise sind für die Zukunft zu notieren, auszuwerten und fruchtbar zu machen.

Schlussbetrachtung

„Much Adoe About Nothing? – Viel Lärm um nichts“ mit dieser Sentenz versucht *Liese*[1273] die Diskussion um Compliance zu beschreiben. Zuzugeben ist, dass viele der im Zusammenhang mit Compliance genannten Elemente keine Innovationen sind, sondern Organisationsanforderungen, die sich aus Spezialtatbeständen sowie langjährig entwickelter Rechtsprechung ergeben haben; so etwa die Aufsichtspflicht aus § 130 OWiG oder die Grundsätze der Wissenszurechnung. Für die Effektivität eines Organisationssystems darf aber die Notwendigkeit der modernen Compliance-Maßnahmen nicht verkannt werden. Die Realität zeigt immer wieder neue Formen von Missbrauch im Unternehmen und dadurch erneut die Erkenntnis, dass die vorhandenen Strukturen nicht ausreichend sind. Es ist noch lange keine Selbstverständlichkeit, dass jedes Unternehmen die hergebrachten Grundsätze ordnungsgemäßer Organisation insbesondere im Hinblick auf die Vermeidung von Haftungsgefahren tatsächlich umgesetzt hat. Häufig werden nur betriebswirtschaftliche oder technische Aspekte in den Vordergrund gestellt[1274], wie etwa die häufige Wahl der Matrixorganisation belegt. Zur Veränderung ist das Wachrütteln aller Unternehmensangehörigen entscheidend, um eine gemeinsam gelebte Compliance-Kultur vom Fuß bis zur Spitze der Gesellschaft zu erwirken.

I. Notwendigkeit einer aktienrechtlichen Regelung? – Interdependenz zwischen Business Judgment Rule und Compliance

Die Darstellung der Möglichkeiten, die sich im Rahmen einer Unternehmensorganisation ergeben, werfen die Frage auf, ob auch im deutschen Recht - ähnlich der international vorhandenen Gesetze[1275] - eine gesetzliche Regelung für die Implementierung von Compliance innerhalb jeglicher Aktiengesellschaft sinnvoll ist. Da nach hier vertretener Auffassung das Bestehen einer Rechtspflicht zur Compliance verneint wird, könnte eine gesetzliche Regelung die Einführung von Compliance verbindlich machen und damit für Rechtssicherheit bei den Gesellschaften sorgen. Dieser Rückschluss basiert

---

[1273] *Liese*, BB-Special 5, 2008, S. 17 ff.

[1274] *Turiaux/Knigge*, DB 2004, S. 2199.

allerdings auf einer sehr oberflächlichen Betrachtung und widerspricht schon der oben verfolgten Argumentation[1276]. Wären die Unternehmen nur im Groben verpflichtet, eine Compliance-Organisation zu implementieren, fehlt die Definition, welche Maßnahmen im Einzelnen davon zu umfassen sind. Stellen nur die modernen Maßnahmen wie Mitarbeiter-Handbücher oder eine Whistleblowing-Stelle tatsächlich Compliance dar? Oder gehören auch hergebrachte Organisationsstrukturen dazu? Würde hingegen das Gesetz einzelne Maßnahmen explizit vorgegeben, stellt sich die Frage nach der Relevanz für die jeweilige Gesellschaft und die Thematik der oktroyierten Überregulierung[1277]. Sollten Unternehmen tatsächlich für fehlende Strukturen sanktioniert werden, obwohl die entsprechende Maßnahme im Einzelfall eindeutig nicht notwendig ist? Individuelle Anpassungen und Angemessenheitskriterien bei der Gestaltung der Aktiengesellschaft entsprechen – vor allem bei nicht börsennotierten Unternehmen – der aktuellen Entwicklung des Aktienrechts[1278]. Zudem sind die Unternehmensgegenstände und Strukturierungen der einzelnen Aktiengesellschaften so differenziert, dass die jeweiligen Anforderungen nur schwerlich harmonisiert werden könnten. Im Umkehrschluss liegt eben darin die Tatsache begründet, dass etwa die Sparte des Kapitalmarktrechts Regulierungen aufweist, die zunehmend detaillierter werden. Wertpapierdienstleistungsunternehmen sind gleichen oder jedenfalls ähnlichen Gefahren ausgesetzt und bereits auf Grund der intensiven Regulierung dieser Branche strukturell einheitlich[1279]. Zudem dient die Compliance auf diesem Gebiet vorwiegend dem Anlegerschutz und nicht lediglich dem Unternehmensinteresse[1280]. Eine allgemeine, aktienrechtliche Regelung würde deshalb dem Zweck einer sinnvollen Compliance-Organisation nicht allumfassend genügen können.

1275 Siehe oben § 1 I. 2.

1276 Siehe Darstellung unter § 1 III. 3.

1277 Wirtschaftsethische Diskussion zu Überregulierung bei: *M. Roth*, Compliance, 2005, S. 4 ff. Zur Effizienz und Bürokratie im Zusammenhang mit der MiFID: *Röh*, BB 2008, S. 398 f. Zum allgemeinen Effizienzgedanken sogleich unter II.

1278 Vgl. *Bayer/Hoffmann*, AG-Report 2008, S. R 379 (R 382) und *Spindler*, AG 2008, S. 598 ff., die die Entwicklung hinsichtlich einer Flexibilisierung von nicht börsennotierten Aktiengesellschaften seit der Reform aus dem Jahre 1994 beschreiben und fortsetzen wollen.

1279 *Bachmann*, VGR-Schriftenreihe, 2008, S. 65 (68) will deswegen das Ausmaß an notwendiger Compliance-Organisation von der Risikoklasse abhängig machen.

1280 Siehe dazu oben § 5 I. 5. c) aa).

Genau dieser Diskrepanz zwischen der tatsächlich festgestellten Notwendigkeit der Implementierung von Compliance und dem Bedürfnis nach individueller Gestaltbarkeit eines solchen Systems wird durch die Business Judgment Rule eine Brücke gebaut. Es eröffnet sich für nicht gebundene Entscheidungen ein Ermessensspielraum, der von der Rechtsordnung akzeptiert wird, falls die Anforderungen an eine sorgfältige unternehmerische Entscheidung im Sinne des § 93 Abs. 1 Satz 2 AktG erfüllt sind. Zwar handelt es sich bei der Business Judgment Rule um eine durch weite Rechtsbegriffe ausgestaltete Norm; die notwendige Anpassung an jeden Einzelfall bedingt jedoch Abstraktheit in der Formulierung. Durch das Erfordernis, definierte Tatbestandsmerkmale kumulativ vorweisen zu müssen, sind die Anforderungen an die Vorstandsmitglieder für eine sorgfältige Entscheidung hinsichtlich der individuellen Organisationsgestaltung und der damit verbundenen Haftungsbefreiung hinreichend bestimmt. Es ist jeder Geschäftsleitung anzuraten, über die Implementierung einer Compliance-Organisation auf der Grundlage angemessener Informationsbasis nachzudenken, denn sowohl eine nicht ausreichende Organisation als auch eine Entscheidung gegen eine Errichtung, kann einen Sorgfaltsverstoß begründen, der zur persönlichen Haftung der Unternehmensleitung führen kann. Allein die Entscheidung über die Einführung eines Compliance-Systems selbst muss den Vorstand erkennen lassen, wie wichtig die ausreichende Informationsgrundlage und ein funktionierendes Kommunikationssystem als Basis für unternehmerisches Handeln ist. Darüber hinaus beruhen zahlreiche Fälle von Gesetzes- und Sorgfaltspflichtverstößen auf Fahrlässigkeit, verkehrter Risikoanalyse oder mangelnder Sachverhaltsermittlung[1281], die durch eine ordnungsgemäße Organisationsstruktur weitestgehend ausgeräumt werden könnten. Die Interdependenz von Business Judgment Rule und Compliance schlägt sich zum einen in den Anfängen der Implementierung einer (vertieften) Unternehmensorganisation und zum anderen bei jeder weiteren unternehmerischen Entscheidung nieder. Denn sind einmal vernünftige organisatorische Vorkehrungen getroffen, um den Sorgfaltsanforderungen der Business Judgment Rule zu genügen, stellt eine sich hinterher als nachteilig für das Unternehmen herausgestellte Handlung sich nicht als Pflichtverletzung des Vorstandes dar. Die Gemeinsamkeit der beiden Rechtsfiguren liegt im Streben nach Handlungen zum Wohle der Gesellschaft.

[1281] *Hauschka*, NJW 2004, S. 257 (260); *Petrak/J. Schneider*, BC 2008, S. 11 (12).

Je mehr Compliance ins Gespräch internationaler Standards rückt – und das geschieht zweifelsohne – desto intensiver müssen sich Vorstände mit dem Umfang und der Notwendigkeit von Compliance-Maßnahmen für das von ihnen geführte Unternehmen auseinandersetzen, um sich Sorgfaltspflichtverstößen und damit Haftungstatbeständen zu entziehen. Die nicht vorhandene Rechtspflicht zur Compliance wird dadurch zu einer faktischen Verpflichtung, deren Vorteil im Gegensatz zu einer starren gesetzlichen Reglementierung die individuelle Gestaltbarkeit ist. Daneben sind jedoch gesetzliche Neuerungen bezüglich bestimmter Teilaspekte, welche die bisher im deutschen Recht nur schwer zu akzeptierenden Umstände wie das Whistleblowing schützen, willkommen. Unsicherheiten in der zu erwartenden Rechtsprechung soll durch gesetzliche Regelungen die Grundlage entzogen werden, damit Compliance sich zügig weiter verbreitet und in naher Zukunft tatsächlich zur Selbstverständlichkeit wird. Im Grundsatz verfolgt Compliance einen prinzipienorientierten Ansatz[1282], der nicht durch einen regelbasierenden Weg ersetzt werden sollte.

Ein denkbarer Ansatz für eine genormte Orientierungshilfe wäre allenfalls ein unverbindliches, an den Deutschen Corporate Governance Kodex angelehntes Regelwerk, welches die in dieser Arbeit beschriebenen Compliance-Strukturen im Gesamten vorgibt. Die Ausgestaltung könnte zum einen so aussehen, dass den Gesellschaften offen stünde, welche Maßnahmen in welchem Umfang umgesetzt werden und diese in einer Entsprechenserklärung, ähnlich der aus § 161 AktG, die Abweichungen anhand der Notwendigkeiten des jeweiligen Unternehmens begründen. In anderer Weise wäre eine Darstellung anhand einer Separierung der Aktiengesellschaften in drei Größen, etwa kleine, mittlere und große Aktiengesellschaften[1283] unabhängig von der Börsennotierung denkbar, für die jeweils ein solcher Kodex entsprechend ihrer Anforderungen festgelegt wird. Letztere Variante beinhaltet eine gewisse Führung derjenigen Unternehmen, die sich mit der Thematik erst wenig auseinandergesetzt haben. Zudem würden auch den Gerichten entsprechende Maßstäbe vorgegeben, die die bestehende Rechtsunsicherheit bezüglich der gestellten organisatorischen Anforderungen verringern könnte[1284]. Es bleibt jedoch die Frage, inwieweit „gleichgroße"

1282 Vgl. Fn. 989.

1283 Maßstab können Jahresumsätze und Mitarbeiterzahlen sein.

1284 Die Bedeutung der Gerichtsfestigkeit einer Organisation haben *Adams/Johannsen*, BB 1996, S. 1017 ff. schön früh erkannt und in den Mittelpunkt gestellt. Zur Rechtsunsicherheit auch: *Hauschka/Greeve*, BB 2007, S. 165 (166 Fn. 16).

Aktiengesellschaften miteinander zu vergleichen sind. So kann ein Umsatz von 50 Millionen Euro mit 200 Mitarbeitern aber auch mit 50 Mitarbeitern eingebracht werden. Würde bei dieser Variante genauso die Möglichkeit einer begründeten Abweichungserklärung gegeben, die zu Überschneidungen der einzelnen Elemente der ursprünglich unterschiedlichen Kodices führt, ist leicht die Übersicht zu verlieren. Angemessen wäre insoweit eine Konsolidierung der beiden Ansätze, indem ein umfangreiches Regelwerk erstellt wird, dass bestimmte Maßnahmen in der Regel ab einer bestimmten Betriebsgröße empfiehlt und auch andere nicht auf jedes Unternehmen im besonderen Maße zutreffende Risiken aufnimmt, wie etwa vertiefte Korruptionsprävention oder Reklamationsmanagement. Zusätzlicher Pluspunkt einer solchen Kodexlösung wäre die durchaus verbindliche Wirkung der Regelungen auf die Mitarbeiter[1285] und somit ein weiterer Schritt auf dem Weg zur neuen, allumfassenden Compliance-Kultur. Von einer starren gesetzlichen Regelung ist abzuraten. Denn mit entsprechenden Kenntnissen ist es möglich, Compliance in das bestehende aktienrechtliche Konzept effektiv einzubinden.

II. Angemessenheit einer individuellen Compliance-Organisation

Neben der Tatsache, dass die Anforderungen der Business Judgment Rule im Ergebnis eine Compliance-Organisation fordern, stellt sich die Frage, nach welchen Gesichtspunkten und Maßstäben sowie welchem Umfang eine Compliance-Organisation für das Unternehmen im Einzelnen als angemessen zu bewerten ist. Immer wieder wird der Maßstab der Größe und der Branche des Unternehmens sowie der individuellen Schadensstatistik betont. Diese wagen Anhaltspunkte dienen im ersten Schritt dazu, die Risikoträchtigkeit der Gesellschaft einzuschätzen sowie die Intensität und den damit verbundenen, personellen Aufwand einer Compliance-Organisation abzustecken. Des Weiteren soll die Implementierung eines Compliance-Programms keine übermäßige Bürokratisierung des Organisationsablaufs erwirken, sondern im Rahmen der unternehmerischen Vorstandsentscheidung nach Effizienzgesichts-

[1285] *Bachmann*, WM 2002, S. 2137 (2142), betont, dass der DCGK von nicht-juristischer Seite gerne als verbindliches Gesetz angesehen wird. Mitarbeiter werden die Regelungen aus diesem Grund eher akzeptieren.

punkten[1286] umgesetzt werden[1287]. Der (finanzielle) Aufwand soll also nur so hoch sein, wie der notwendige Nutzen es erfordert. Zur Kostenersparnis ist dabei vor allem eine Verankerung der Compliance im operativen Geschäft sinnvoll[1288]. Aus diesem Grund wird sich auch des internen Kontrollsystems und der damit verbundenen Berichtslinien bedient[1289]. Neben dieser Ausnutzung der vorhandenen Ressourcen ist zusätzlich die eindeutige Steuerung der Mitarbeiter hinsichtlich der Beachtung von Compliance erforderlich. Diese Notwendigkeit führt zu dem Bedarf an kostenintensiven Mitarbeiter-Schulungen, der Herausgabe von Handbüchern oder etwa dem Einsatz eines Ombudsmannes. Dreh- und Angelpunkt zur Bestimmung der Angemessenheit ist dabei die möglichst weitreichende Feststellung des individuellen Nutzens. Welchen Bedarf an Compliance-Maßnahmen und dementsprechend welchen Nutzen aus der Organisation die einzelne Gesellschaft hat, ist durch den nicht unaufwendigen Compliance-Check herauszufiltern. Zwar bleibt die Entstehung von zusätzlichen Kosten[1290] trotz der aufgezeigten Wechselwirkung zwischen hergebrachten und modernen Compliance-Maßnahmen unumgänglich, das schrittweise Vorgehen ermöglicht aber einen wirtschaftlichen Weg zum passenden Maßanzug „Compliance". Zudem dienen die eingesetzten Mittel im Verhältnis zu einem möglicherweise verhinderten Reputationsschaden und den zu erwartenden Kosten der Non-Compliance[1291] regelmäßig effektiv dazu, das Wohl der Gesellschaft und damit auch deren Vermögen zu schützen[1292].

[1286] *Huth*, BB 2007, S. 2167 (2168), betont den Grundsatz der Wirtschaftlichkeit bezüglich der Risikoüberwachung aus § 91 Abs. 2 AktG. Siehe auch *Bungartz//Szackamer*, ZCG 2007, S. 123 (126), zu Internen Kontrollsystemen.

[1287] Hier wird auch dem Tatbestandsmerkmal des § 130 OWiG (vgl. dazu *Rogall*, in: Karlsruher Kommentar OwiG, 3. Aufl. 2006, § 130 Rn. 49) folgend von einer Zumutbarkeitsgrenze gesprochen: *Bachmann*, VGR-Schriftenreihe, 2008, S. 65 (78 f.); *Bürkle*, BB 2005, S. 565 (569); *Dreher*, ZWeR 2004, S. 75 (94); *Fleischer*, AG 2003, S. 291 (300). Vgl. zum Kostenmanagement auch: *Kohler*, in FS Kümpel 2003, S. 301 (309).

[1288] *Bergmoser/Theusinger/Gushurst*, BB-Special 5, 2008, S. 1 (9); *Bürkle*, BB 2007, S. 1797 (1798); *Weber-Rey*, AG 2006, S. 406 (410); *Wolf*, DStR 2006, S. 1995 (1997).

[1289] Hierzu wurde an mehreren Stellen explizit hingewiesen. Siehe insbesondere § 4 III. 5. und § 4 V. 3. b).

[1290] *Gößmann* betont, dass Compliance teuer sei, es könne davon ausgegangen werden, dass 1 % der Mitarbeiter einer Bank für Compliance-Aufgaben abzustellen seien. Zitiert von *Lenenbach*, ZBB 2008, S. 267 (274).

[1291] *Bergmoser/Theusinger/Gushurst*, BB-Special 5, 2008, S. 1 (9); *Petrak/J. Schneider*, BC 2008, S. 11 (14).

[1292] So auch das Ergebnis einer Studie von Ernst & Young: *Thelemann*, CCZ 2008, S. 25 (26).

Neben diesem dominierenden Kostengedanken, welcher allemal hinsichtlich des Ertrags von Compliance schwierig in greifbare Zahlen umzuwandeln ist, fördern weitere Aspekte die Angemessenheit von Compliance. Nicht nur die Quantität und die Intensität der Maßnahmen ist ausschlaggebend, sondern auch die Qualität. In diesem Sinne sind ein ausgewogenes Betriebsklima, eine im Allgemeinen gelebte Compliance-Kultur sowie die Akzeptanz von Compliance inner- und außerhalb des Unternehmens, die etwa durch die tatsächliche Inanspruchnahme von rechtlichen Beratungsfunktionen durch die Mitarbeiter oder eine Kundenbeschwerdestatistik messbar wird, richtungsweisend. Denn aus Sicht des Arbeitsmarktes ist die Qualität des innerbetrieblichen Arbeitsklimas inzwischen längst zu einem öffentlichkeitswirksamen Qualitätsnachweis für das gesamte Unternehmen geworden[1293]. Eine höhere Akzeptanz der für Dritte anmutenden Worthülse „Compliance" wird durch ein klar strukturiertes, aber nicht überfrachtetes System erreicht. Insbesondere sind Negativwirkungen wie Vertrauensverlusten oder falschem, gegenseitigem In-Sicherheit-Wiegen bestimmter Mitarbeiter auf Grund unklarer Kompetenzabgrenzungen[1294] entgegenzusteuern. Gleiche Maßnahmen erzielen unter Beachtung der genannten Qualitätsmerkmale eine weitaus höhere Effektivität als ohne diese. Unbeschadet dieser Angemessenheitskriterien mag es aber grundsätzlich empfehlenswert sein, der bestehenden Rechtsunsicherheit[1295] zum Thema Compliance mit einem „Mehr" an Organisation entgegenzuwirken.

III. Durch Compliance erfüllte Funktionen

In der Literatur werden hinsichtlich der Compliance im Bankenbereich fünf Compliance-Funktionen benannt: Die Schutzfunktion, die Beratungs- und Informationsfunktion, die Qualitätssicherungs- und Innovationsfunktion, die Überwachungsfunktion und die Marketingfunktion[1296]. Es stellt sich die Frage,

---

[1293] *Mengel/Hagemeister*, BB 2006, S. 2466 (2468).

[1294] *Berndt/Hoppler*, BB 2005, S. 2623 (2629); *Weber-Rey*, AG 2006, S. 406 (410).

[1295] Jedenfalls solange kein Compliance-Kodex, wie soeben in I. beschrieben, etabliert wird.

[1296] *Eisele*, in: Schimansky/Bunte/Lwowski, Bankrechtshb., 3. Aufl. 2007, § 109 Rn. 4; *Lösler*, NZG 2004, S. 104 f.; *ders.*, WM 2007, S. 676 (677); zur Funktion von Compliance: *ders.*, Compliance im Wertpapierdienstleistungskonzern, 2003, S. 11 f.. Die Bestimmung lehnt sich an die bereits von *Rehbinder*, ZGR 1989, S. 305 (316); *ders.*, ZHR 165 (2001), S. 1 (9) bezeichneten und später von *Haouache*, Unternehmensbeauftragte und Gesellschaftsrecht der AG, 2003, S. 33 ff. aufgegriffenen Funktionen zu den Unternehmensbeauftragten an.

nach der Übertragbarkeit dieser Funktionen auf die Corporate Compliance. Von der Schutzfunktion ist die Vorbeugung vor Rechtsverstößen und damit verbundenen Schadensersatzansprüchen oder Bußgeldern erfasst. Diese Risikobegrenzung ist das maßgebliche Ziel der Implementierung einer Corporate Compliance-Organisation, auch im Hinblick auf die Voraussetzungen der Business Judgment Rule. Da dieses Ziel zu einem nicht unerheblichen Teil durch interne, überwachende Elemente erreicht werden kann, ist zudem die Überwachungsfunktion von Compliance zu unterstreichen. Die Beratungs- und Informationsfunktion wird durch den zentralen Aspekt der Kommunikation bedient. Wichtig ist vor allem die richtige Anwendung des Informationsmanagements durch die zuständigen Mitarbeiter.

Weniger eingängig ist die Qualitätssicherungs- und Innovationsfunktion. Im Zusammenhang mit Wertpapierdienstleistungsunternehmen verbirgt sich dahinter ein „Know your Customer"-Grundsatz[1297], der bestimmte anlage- und anlegergerechte Beratungsverfahren verlangt. Kennt die Bank ihre Kunden, kann sie auf der einen Seite individuell und damit in der Regel qualitativ gut beraten und andererseits auf Basis dieser Kenntnisse Schwachstellen aufdecken und innovative Produkte anbieten. Mangels eines kodifizierten Verhaltensgrundsatzes tritt diese Funktion bei der Corporate Compliance in den Hintergrund. Compliance dient weder dazu, die Produktpalette zu optimieren noch steht die Qualität der angebotenen Dienstleistung oder Ware im Vordergrund[1298]. Trotzdem mag eine sorgfältige Compliance-Organisation auch auf diese Gesichtspunkte Auswirkungen haben, die jedoch eher als positive Nebenwirkung zu deklarieren sind. Letztlich verbleibt die Marketing-Funktion, die sich hinsichtlich der Corporate Compliance bereits mit dem Stichwort „good corporate citizen" beantworten lässt. Die Vermeidung von Reputationsschäden ist essentiell; damit verbunden ist das Vertrauen der Kunden und Anleger sowie der Erfolg des Unternehmens[1299]. Eine gelebte Compliance-Kultur verschafft – unter anderem auf Grund verhinderter Fehltritte des Unternehmens und dessen

---

[1297] Vgl. *Lösler*, NZG 2005, S. 104 (105). Siehe auch §§ 31, 32 WpHG.

[1298] Ausnahmen stellen etwa die speziellen Compliance-Maßnahmen im Reklamationsmanagement dar.

[1299] Siehe auch *Bergmoser/Theusinger/Gushurst*, BB-Special 5, 2008, S. 1, die bei börsennotierten Unternehmen sogar eine Kurssteigerung annehmen. Zum Einfluss von „weichen" Faktoren auf den Wert des Unternehmens siehe auch *Meckel/Fieseler/Mohr/Vater*, ZCG 2008, S. 59 ff.

Mitarbeiter – Glaubwürdigkeit und stärkt somit die Wettbewerbsfähigkeit im Allgemeinen[1300] sowie als Arbeitgeber oder auch hinsichtlich öffentlich-rechtlicher Aufträge[1301]. Die Marketing-Funktion der Compliance sollte nicht unterschätzt oder als bloßer Nebeneffekt zur Schutzfunktion zu verstehen sein, sondern erst Recht für das Unternehmen fruchtbar gemacht werden. Unterstützend dazu sind Elemente wie Mission Statement oder unternehmensinterne Compliance-Richtlinien. Die faktische Notwendigkeit von Compliance, die das heutige Gesellschaftsrecht im angepassten Umfang bereits an jede Aktiengesellschaft stellt, birgt somit gleichzeitig große Chancen. Im strengsten Sinne verhilft das Anforderungsprofil der Business Judgment Rule deshalb über die Fremdauswirkung auf die Compliance zum Erfolgsrezept eines erfolgreichen Unternehmens.

[1300] Zur Beeinträchtigung der Wettbewerbsfähigkeit durch unlautere Geschäfte: Vgl. *Wieland*, CCZ 2008, S. 15 (17).

[1301] Zur öffentlich-rechtlichen Vergabesperre bei Korruption: LG Frankfurt a.M., NZBau 2004, S. 630 ff.; *Bachmann/Prüfer*, ZRP 2005, S. 109 (110); *v. Steinau-Steinrück/Glanz*, NJW-Spezial 5, 2008, S. 146.